SPECTACULAR SPIDER-MAN™

1986

PETER DAVID, JIM OWSLEY,
LEN KAMINSKI, BILL MANTLO

Scénario

RICH BUCKLER, MARK BEACHUM, BOB McLEOD,
JOE BROZOWSKY, DWAYNE TURNER, MIKE ZECK,
KEITH GIFFEN, JOHN BUSCEMA, JOHN ROMITA SR

Dessin

MANY HANDS, PAT REDDING, KEITH WILLIAMS, DEL BARRAS,
BOB McLEOD, JOE RUBINSTEIN, VINCE COLLETTA,
ALAN KUPPERBERG, MARK TEXEIRA

Encrage

BOB SHAREN, NEL YOMTOV, GEORGE ROUSSOS,
CHRISTIE SCHEELE, DOC MARTIN

Couleurs

MAKMA/NICK MEYLAENDER, SOPHIE WATINE-VIEVARD

Traduction

BIT, LUCIA TRUCCONE

Lettrage

JIM OWSLEY, TOM DeFALCO, JIM SHOOTER, C.B. CEBULSKI,
JOE QUESADA, DAN BUCKLEY, ALAN FINE

Rédaction USA

Pour l'édition française : Panini France S.A. - Nice La Plaine, Bât. C2,
Avenue Emmanuel Pontremoli, 06200 Nice.
ISBN : 978-2-8094-7672-9
Dépôt légal : **mars 2019**
Achevé d'imprimer en **Inde** en **décembre 2018** par **Replika Press PVT. LTD.**
310-311, Epip, Hsidc, Kundli, Sonipat. Haryana 131028.
Code produit : **FSPII042**

www.paninicomics.fr

Préface

L'année 1986 est marquée par deux grands événements pour *Peter Parker, The Spectacular Spider-Man*. En effet, la deuxième série de **Spider-Man** célèbre son dixième anniversaire, tandis que Marvel, créée en 1961, fête ses 25 ans. Le temps fort de l'année est la couverture du numéro de novembre (la Maison des Idées est née officiellement avec le premier numéro de *Fantastic Four* daté de novembre 1961), où le portrait de **Peter Parker** est entouré des super-héros les plus populaires de l'éditeur. De manière générale, 1986 est assez hétérogène pour la série bien que **Peter David** soit l'auteur de neuf des douze épisodes ainsi que du sixième Annual. On a l'impression que David n'a pas les moyens de développer les histoires autour de la vie privée de Peter Parker, et notamment sa relation avec **Mary Jane Watson**. Il semble qu'il ait déjà été décidé "en haut lieu" que MJ doit devenir l'épouse de Peter, ce qui se produira dès 1987. Le futur rédacteur en chef **Joe Quesada** critiquera toutefois cette décision, ce qui est finalement assez fréquent quand un héros se marie. Selon Quesada, le mariage rend la vie privée du héros "stérile" ; ce sera d'ailleurs lui qui mettra fin à cette union en utilisant **Méphisto** pour "annuler" le mariage sans que MJ ni Peter ne puissent en être tenus responsables. Mais revenons à l'année 1986 : David maintient le statu quo, mais s'attache malgré tout à étudier plus en profondeur les sentiments de Peter, en introduisant notamment la **Chatte Noire** qui aide le héros à mieux comprendre ce qu'il ressent pour MJ. Mais avant cela, l'année débute avec la conclusion de la saga troublante sur la mort de **Jean DeWolff**. Après la commissaire, c'est au tour d'une amie d'enfance de Peter, **Betty Brant**, de risquer la vie. Après cet épisode vient un tie-in de *Secret Wars II*, la maxi-série de **Jim Shooter** et **Al Milgrom**, suite de la célèbre saga également écrite par Shooter et publiée entre 1984 et 1985. Cette fois, Shooter se "contente" de neuf épisodes au lieu de douze comme précédemment. Si l'antagoniste est toujours le même, le **Beyonder**, le conflit se déroule non plus sur Battleworld, mais sur la Terre, où le vilain cherche à mener ses expériences. Le tie-in de *Peter Parker, The Spectacular Spider-Man* (écrit par **Jim Owsley**) met en scène le **Puma**, l'antihéros introduit par **Tom DeFalco** dans *The Amazing Spider-Man*.

Sommaire

4 LA MORT DE JEAN DEWOLFF (4)
The Death of Jean DeWolff, part 4: All My Sins Remembered
Peter Parker, The Spectacular Spider-Man (1976) 110
janvier 1986

28 À CHACUN SON RÔLE...
...And Then The Gods Cried
Peter Parker, The Spectacular Spider-Man (1976) 111
février 1986

53 ON NE T'ENTEND JAMAIS
You Never Make a Sound
Peter Parker, The Spectacular Spider-Man (1976) 112
mars 1986

75 CHAOS !
Mayhem!
Peter Parker, The Spectacular Spider-Man (1976) 113
avril 1986

97 LA CLÉ
The Key
Peter Parker, The Spectacular Spider-Man (1976) 114
mai 1986

119 TOUT VA À VAU-L'EAU
Things Fall Apart
Peter Parker, The Spectacular Spider-Man (1976) 115
juin 1986

Pour le troisième épisode de l'année, c'est **Mark Beachum** qui signe les dessins après avoir déjà illustré l'Annual du volume précédent. En 1986, il dessine un autre épisode ainsi que l'Annual, suite et fin de l'histoire d'**Ace** (cet étrange personnage introduit par David et inspiré du chanteur **Prince**) débutée l'année précédente. Beachum est passionné par les belles femmes, ce qui transparaît clairement dans ses dessins. Tous les personnages féminins sont représentés dans des poses sexy, à commencer par la Chatte Noire. L'épisode 113 aborde des thématiques plus sombres et métropolitaines, qui correspondent bien à l'époque : on y voit peu de super-criminels, mais de nombreuses situations de criminalité "réelle". David ne nous épargne aucun détail sordide ou cynique, en témoigne le compagnon de tante **May** qui termine en fauteuil roulant. L'histoire suivante présente un intérêt tout relatif, puisqu'il s'agit d'un fill-in réalisé par **Len Kaminski** au début de sa carrière. Dans le numéro 115, nous retrouvons David, Beachum et la Chatte Noire, mais aussi le **Dr Strange** en guest star. Cet épisode marque le début d'une saga dans laquelle apparaîtront **Dents de Sabre** et l'**Étranger**. La présence du premier a de quoi surprendre dans un récit de Spidey, mais il faut dire qu'il n'était pas encore le personnage emblématique qu'il allait devenir dans les séries mutantes. Il ne semble pas aussi puissant et féroce que lorsqu'il affronte **Wolverine**, et même la Chatte Noire parvient à lui tenir tête. L'Étranger, pour sa part, est un super-vilain créé par David et apparu pour la première fois (du moins, on peut "entendre" sa voix) dans le *Web of Spider-Man* du mois précédent (que vous pouvez lire dans l'INTÉGRALE 1986 de *Web of Spider-Man*). Pour être précis, l'Étranger ne possède pas de super-pouvoirs : il s'agit "simplement" d'un homme doté d'une maîtrise absolue de sa force, de ses aptitudes et des arts martiaux. Pour le créer, David s'est inspiré de **Patrick McGoohan**, l'inoubliable acteur qui a donné vie à la série culte *Le Prisonnier* dans les années 60. Cela dit, le visage du personnage me rappelle plutôt celui d'**Humphrey Bogart**, mais je ne suis peut-être pas très physionomiste... L'année se termine avec un autre fill-in signé **Bill Mantlo** et **Keith Giffen** (dont le style laisse entrevoir celui qu'il adoptera dans *Legion of Super-Heroes* chez DC Comics), puis avec un récit plutôt original de David, dessiné notamment par **John Romita** père, l'auteur mythique de *The Amazing Spider-Man* dans les années 60.

141 LE PETIT CHAT EST MORT
102 Uses for a Dead Cat
Peter Parker, The Spectacular Spider-Man (1976) 116
juillet 1986

165 L'HEURE DU DÎNER
Dinner Hour
Peter Parker, The Spectacular Spider-Man (1976) 117
août 1986

189 TOUT N'EST QUE POUSSIÈRE
Ashes To Ashes!
Peter Parker, The Spectacular Spider-Man (1976) 118
septembre 1986

211 CHÂTIMENT !
Catfight!
Peter Parker, The Spectacular Spider-Man (1976) 119
octobre 1986

234 UN FOYER N'EST PAS UN ÂTRE
A House Is Not a Home
Peter Parker, The Spectacular Spider-Man (1976) 120
novembre 1986

260 TÉMOINS OCULAIRES !
Eye Witness
Peter Parker, The Spectacular Spider-Man (1976) 121
décembre 1986

282 ACE II
Ace II
Peter Parker, The Spectacular Spider-Man
Annual (1976) 6 - 1986

323 COUVERTURES ORIGINALES

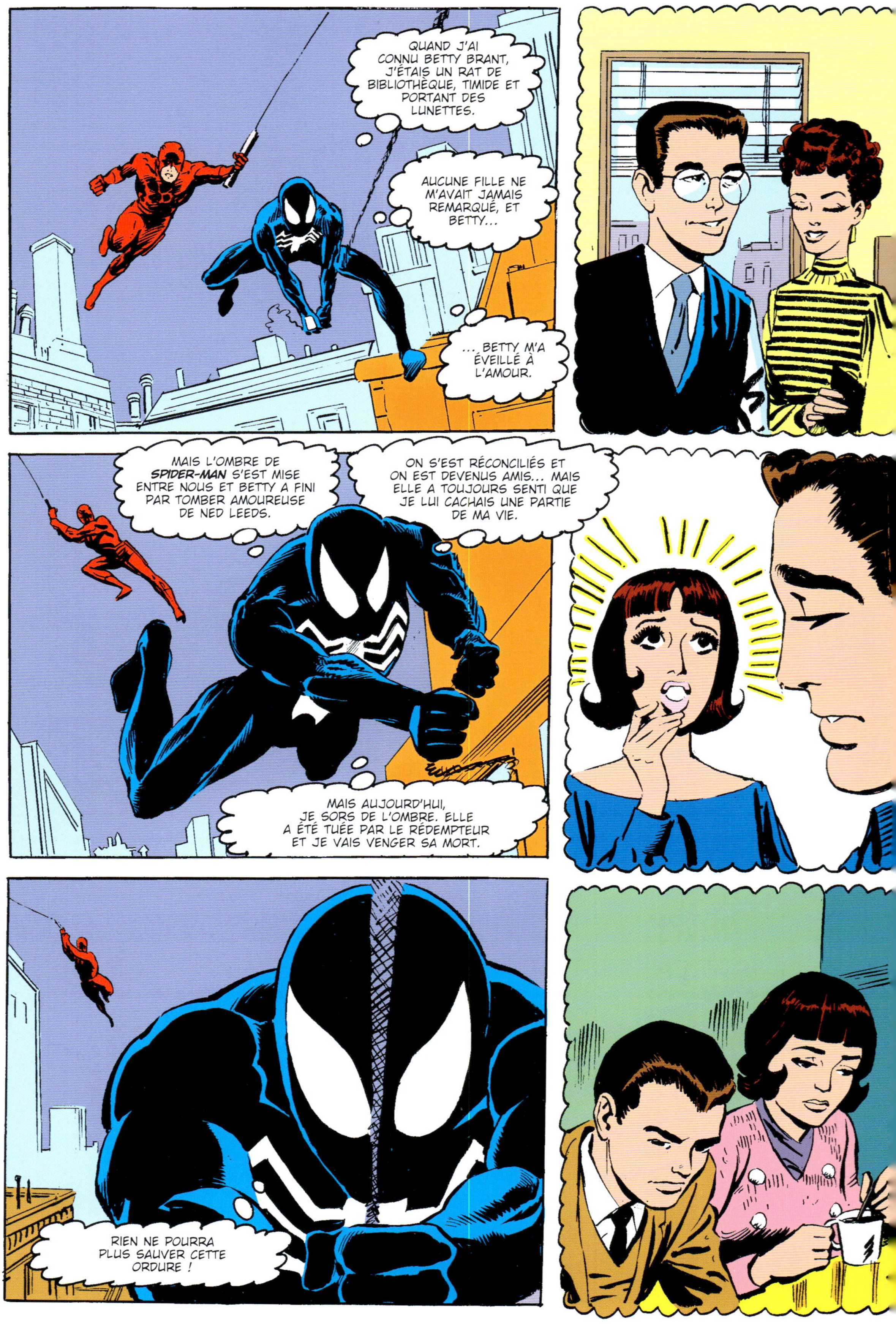
QUAND J'AI CONNU BETTY BRANT, J'ÉTAIS UN RAT DE BIBLIOTHÈQUE, TIMIDE ET PORTANT DES LUNETTES.
AUCUNE FILLE NE M'AVAIT JAMAIS REMARQUÉ, ET BETTY...
... BETTY M'A ÉVEILLÉ À L'AMOUR.
MAIS L'OMBRE DE **SPIDER-MAN** S'EST MISE ENTRE NOUS ET BETTY A FINI PAR TOMBER AMOUREUSE DE NED LEEDS.
ON S'EST RÉCONCILIÉS ET ON EST DEVENUS AMIS... MAIS ELLE A TOUJOURS SENTI QUE JE LUI CACHAIS UNE PARTIE DE MA VIE.
MAIS AUJOURD'HUI, JE SORS DE L'OMBRE. ELLE A ÉTÉ TUÉE PAR LE RÉDEMPTEUR ET JE VAIS VENGER SA MORT.
RIEN NE POURRA PLUS SAUVER CETTE ORDURE !

Stan Lee présente : **THE SPECTACULAR SPIDER-MAN !**

JAMAIS JE NE RATE MA CIBLE...
... C'EST LA MAIN DE DIEU QUI A DÛ TE GUIDER SOUS CE BUREAU.
LÈVE-TOI, MON ENFANT. D'ÉVIDENCE, TU N'ES PAS J. JONAH JAMESON LE PÉCHEUR.
MAHH... MAHH...
OÙ EST JAMESON ?
MAH... MARLA...?
TON AMIE EST PARTIE. J'AI ENTENDU LA PORTE CLAQUER.
EST-CE QUE TU TRAVAILLES POUR JAMESON LE PÉCHEUR ?
OUI. HEU... NON.
QUEL DOMMAGE QUE TU AIES DÉCIDÉ DE T'ASSOCIER À CE MAUDIT ÉDITEUR.
PUISQUE JE NE PUIS ATTEINDRE JAMESON, JE VAIS LUI LAISSER UN MESSAGE...
TU LE LUI TRANSMET-TRAS...
... QUAND VOUS VOUS RETROUVEREZ DANS L'AU-DELÀ.

P-POURQUOI M-MOI...?
TOI ? TU N'ES RIEN. JE VOULAIS JAMESON PARCE QU'IL SE DRESSE CONTRE LES JUSTICIERS.
J'AI TUÉ LE PRÊTRE PARCE QU'IL LUTTAIT CONTRE LA PEINE DE MORT...
J'AI TUÉ LE JUGE PARCE QU'IL PROTÉGEAIT LES CRIMINELS...
ET JEAN DEWOLFF, JE L'AI TUÉE...
... PARCE QUE J'EN AVAIS ENVIE.
CHUT
ARRRGHH!
SALE GARCE !
TU M'AS POIGNARDÉ AVEC UN COUPE-PAPIER ? JE VAIS...
QUOI ?! QU'EST-CE QU'IL Y A...?
AGGH C'EST... C'EST...

KRASH!
NON !!

TU VEUX CETTE FILLE, SPIDER-MAN ? PRENDS-LA... VOUS ÊTES BIEN ASSORTIS !
BETTY ! VIVANTE !
EN EFFET.
MAIS PLUS POUR LONGTEMPS.
NON ! JE NE SAIS PAS POURQUOI MAIS J'AI DROIT À UNE SECONDE CHANCE !
THWIP
JE NE VAIS PAS LA GÂCHER.
ET TOUT D'ABORD, DIS ADIEU À TON JOUET.
UN JOUET ?! C'EST LA VOIX DE DIEU ! C'EST UNE PARTIE DE MOI !
AH, BON ? ET LAQUELLE ?
TON COU, PEUT-ÊTRE ?
KRACK!

TU SAIS POURQUOI TU T'OPPOSES À MOI, SPIDER-MAN ?
PARCE QUE NOUS SOMMES PAREILS. NOUS FAISONS JUSTICE À NOTRE FAÇON...
FAUX, CARTER ! ON N'A RIEN DE COMMUN !
THWONK
JE PROTÈGE LES INNOCENTS, TANDIS QUE TOI, TU LES TUES !
K-CHONK!
TU SÈMES LES CADAVRES DERRIÈRE TOI, MAIS C'EST FINI !
TERMINÉ !
ARRÊTE...
TU CHERCHES À REPRENDRE DES FORCES, HEIN ?
BWAM!
DANS TES RÊVES !

TU T'ES MOQUÉ DE MOI DEPUIS LE DÉBUT, HEIN, CARTER ?
TU T'ES FAIT PASSER POUR UN AMI...
C'EST ÉCŒURANT...
IL FAUT SE MÉFIER DE L'EAU QUI DORT.
JE...
... SUIS DÉSOLÉ.
DÉSOLÉ ?!
ÇA VA PAS SUFFIRE !
WHUMF!
DIS ÇA AU JUGE !
... OU AU PRÊTRE !
... OU MIEUX...
... DIS ÇA À JEAN DEWOLFF !
WHAMM!

LE RYTHME CARDIAQUE DE SPIDER-MAN S'AFFOLE. JAMAIS JE NE L'AI VU AUSSI **VIOLENT** !
SPIDER-MAN ! ARRÊTE ! C'EST FINI.
NON ! IL POURRAIT ENCORE S'ENFUIR ET TUER QUELQU'UN. ÇA NE SERA PAS FINI AVANT...
... QU'IL SOIT **MORT** ?
REPRENDS-TOI ! IL NE REPRÉSENTE PLUS UNE MENACE !
LA SEULE MENACE ICI, C'EST **TOI** !
T'EN MÊLE PAS !
SI TU LE VEUX...
... IL FAUDRA ME PASSER SUR LE CORPS.
THWAM!
JE T'AI DIT DE NE PAS T'EN MÊLER.
C'EST ENTRE **CARTER** ET **MOI** !

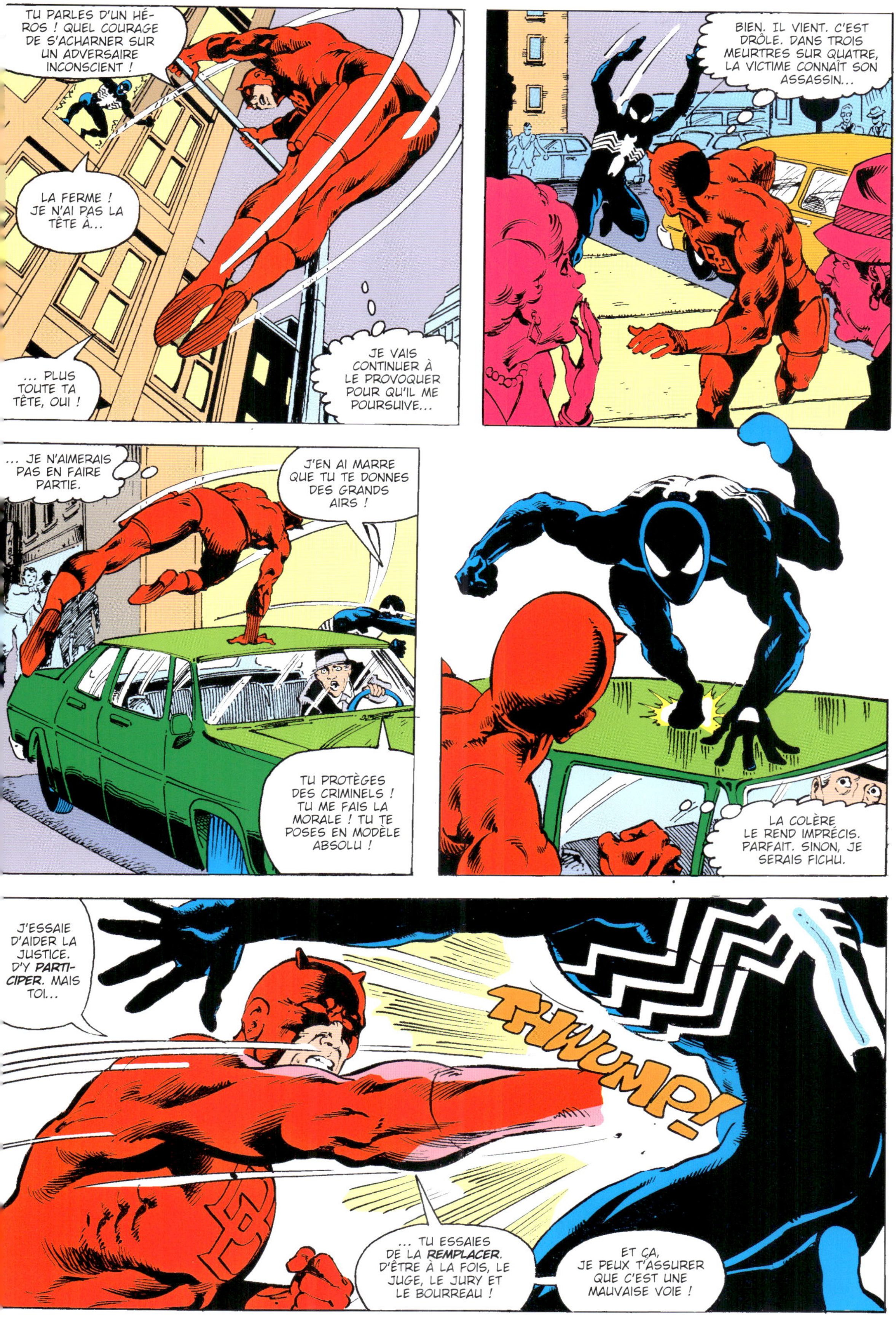
TU PARLES D'UN HÉROS ! QUEL COURAGE DE S'ACHARNER SUR UN ADVERSAIRE INCONSCIENT !
LA FERME ! JE N'AI PAS LA TÊTE À...
... PLUS TOUTE TA TÊTE, OUI !
JE VAIS CONTINUER À LE PROVOQUER POUR QU'IL ME POURSUIVE...
BIEN. IL VIENT. C'EST DRÔLE. DANS TROIS MEURTRES SUR QUATRE, LA VICTIME CONNAÎT SON ASSASSIN...
... JE N'AIMERAIS PAS EN FAIRE PARTIE.
J'EN AI MARRE QUE TU TE DONNES DES GRANDS AIRS !
TU PROTÈGES DES CRIMINELS ! TU ME FAIS LA MORALE ! TU TE POSES EN MODÈLE ABSOLU !
LA COLÈRE LE REND IMPRÉCIS. PARFAIT. SINON, JE SERAIS FICHU.
J'ESSAIE D'AIDER LA JUSTICE. D'Y PARTICIPER. MAIS TOI...
THWUMP!
... TU ESSAIES DE LA REMPLACER. D'ÊTRE À LA FOIS, LE JUGE, LE JURY ET LE BOURREAU !
ET ÇA, JE PEUX T'ASSURER QUE C'EST UNE MAUVAISE VOIE !

TU CHERCHES À M'ASSIMILER AU RÉDEMPTEUR !
TU PARLES COMME SI MOI AUSSI, JE M'EN PRENAIS À DES INNOCENTS !
IL EST FURIEUX. BIEN. JE VAIS UTILISER CETTE COLÈRE.
J'UTILISE MES POUVOIRS POUR PROTÉGER LES GENS **CONTRE** LES CRIMINELS !
QUELLE EST LA DÉFINITION D'UN CRIMINEL ?
QU'EST-CE QUE TU RACONTES ?! UN CRIMINEL EST UN CRIMINEL !
TU AS RAISON ! ET IL FAUT ARRÊTER CES TYPES !
LES TYPES COMME TOI !
QUOI ?
TU SAIS, JE LIS LES JOURNAUX ! JE SAIS TOUT SUR TOI !
JE SAIS PARFAITEMENT QUE TU ES UN **CRIMINEL** !
THWAK!
TU **DÉFORMES** TOUT ! TU DEVRAIS ÊTRE **AVOCAT**, TIENS !
ET N'ESPÈRE PAS ME PRENDRE PAR-DERRIÈRE AVEC TON FAMEUX LASSO-CANNE !
MON SENS D'ARAIGNÉE PEUT REPÉRER N'IMPORTE QUOI. HEIN...? IL CONTINUE À...
N'IMPORTE QUOI, OUI. MAIS PAS **TOUT**. PAS DANS TON ÉTAT.
BWAM!
URMF !
J'AI EU DE LA CHANCE D'ATTIRER SON ATTENTION AVEC LA MOITIÉ DE MON LASSO-CANNE...
... ET DE L'ASSOMMER AVEC L'AUTRE MOITIÉ. MAIS PAS QUESTION DE FAIBLIR.
WHAM!
SI JE LUI LAISSE LA MOINDRE CHANCE, IL VA ME RÉDUIRE EN BOUILLIE.

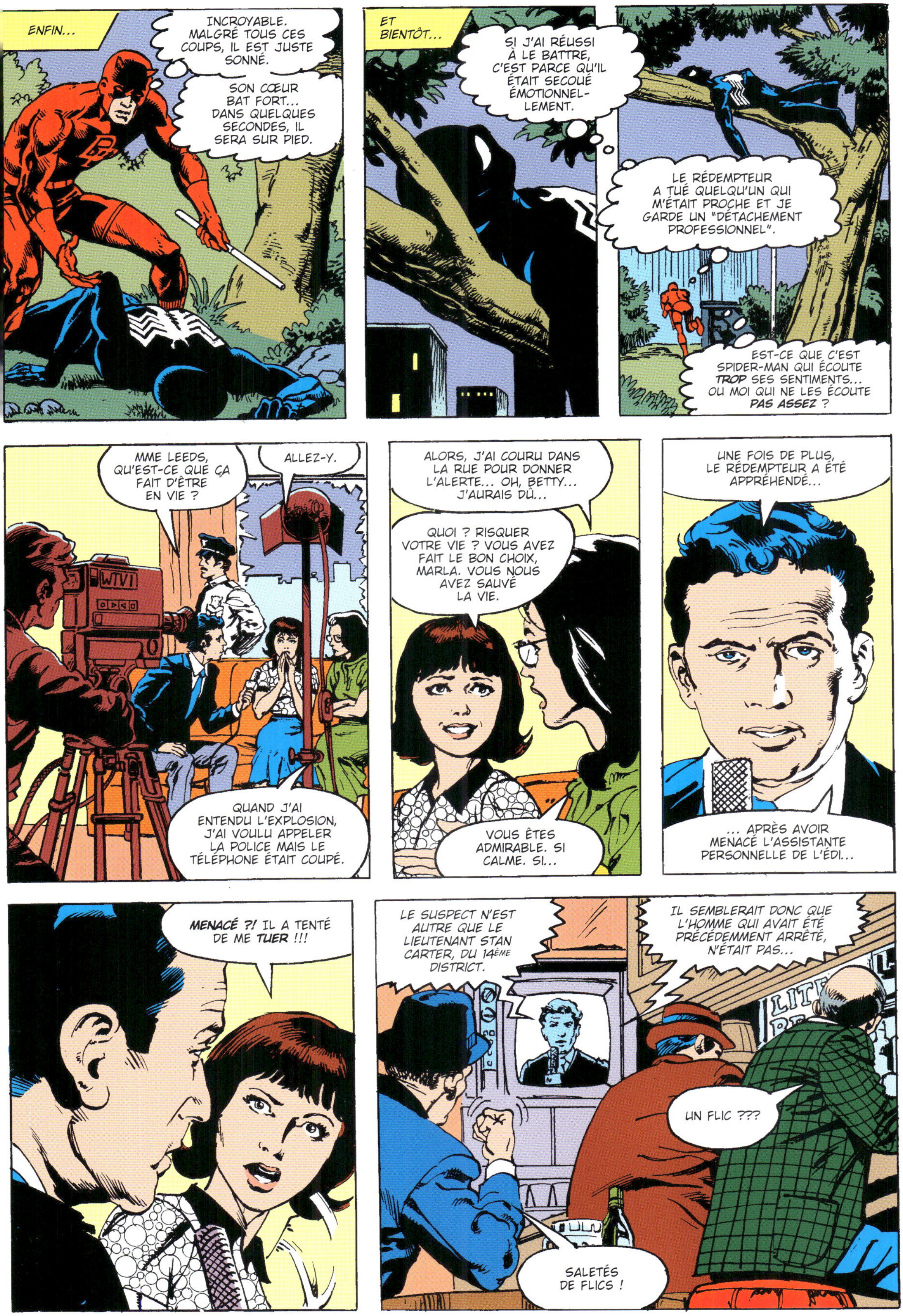
ENFIN...
INCROYABLE. MALGRÉ TOUS CES COUPS, IL EST JUSTE SONNÉ.
SON CŒUR BAT FORT... DANS QUELQUES SECONDES, IL SERA SUR PIED.
ET BIENTÔT...
SI J'AI RÉUSSI À LE BATTRE, C'EST PARCE QU'IL ÉTAIT SECOUÉ ÉMOTIONNELLEMENT.
LE RÉDEMPTEUR A TUÉ QUELQU'UN QUI M'ÉTAIT PROCHE ET JE GARDE UN "DÉTACHEMENT PROFESSIONNEL".
EST-CE QUE C'EST SPIDER-MAN QUI ÉCOUTE **TROP** SES SENTIMENTS... OU MOI QUI NE LES ÉCOUTE **PAS ASSEZ** ?
MME LEEDS, QU'EST-CE QUE ÇA FAIT D'ÊTRE EN VIE ?
ALLEZ-Y.
WTVI
QUAND J'AI ENTENDU L'EXPLOSION, J'AI VOULU APPELER LA POLICE MAIS LE TÉLÉPHONE ÉTAIT COUPÉ.
ALORS, J'AI COURU DANS LA RUE POUR DONNER L'ALERTE... OH, BETTY... J'AURAIS DÛ...
QUOI ? RISQUER VOTRE VIE ? VOUS AVEZ FAIT LE BON CHOIX, MARLA. VOUS NOUS AVEZ SAUVÉ LA VIE.
VOUS ÊTES ADMIRABLE. SI CALME. SI...
UNE FOIS DE PLUS, LE RÉDEMPTEUR A ÉTÉ APPRÉHENDÉ...
... APRÈS AVOIR MENACÉ L'ASSISTANTE PERSONNELLE DE L'ÉDI...
MENACÉ ?! IL A TENTÉ DE ME **TUER** !!!
LE SUSPECT N'EST AUTRE QUE LE LIEUTENANT STAN CARTER, DU 14ÈME DISTRICT.
IL SEMBLERAIT DONC QUE L'HOMME QUI AVAIT ÉTÉ PRÉCÉDEMMENT ARRÊTÉ, N'ÉTAIT PAS...
UN FLIC ???
SALETÉS DE FLICS !

"IL SE TROUVE QUE LE LIEUTENANT CARTER AVAIT ÉTÉ CHARGÉ DE L'ENQUÊTE SUR LE MEURTRE DU CAPITAINE JEAN DEWOLFF, PREMIÈRE VICTIME CONNUE DU RÉDEMPTEUR."
STAN... J'Y CROIS PAS.
APPELEZ LE LIEUTENANT... DÉSOLÉ... LE *CAPITAINE* D'ANGELO AU TÉLÉPHONE.
IL A HÉRITÉ DU POSTE DE JEAN...
ON VA PAS EN PLUS LE LAISSER DORMIR.
J'OSE MÊME PAS IMAGINER CE QUE LES GENS VONT DIRE DE NOUS MAINTENANT.
DÉJÀ QU'ON DOIT SE MÉFIER DES CRIMINELS... SI LES FLICS S'Y METTENT AUSSI...!
J'SUIS SÛR QU'ILS SAVAIENT ET QU'ILS LE COUVRAIENT. Y SONT TOUS DE MÈCHE.
OUAIS... VOUS VOUS RAPPELEZ LA FOIS OÙ ILS AVAIENT TUÉ UNE FEMME ET QU'ILS S'EN ÉTAIENT TIRÉS ?
OUAIS... ON PEUT PLUS FAIRE CONFIANCE À PERSONNE !
TIMMY ?
QU'EST-CE QUE TU FAIS DEBOUT À LA FENÊTRE ? ON EST EN PLEINE NUIT.
RETOURNE TE COUCHER... HÉ, POURQUOI TU SOURIS ?
C'EST UN SECRET.

MAIS TU VAS AVOIR UN TRÈS BEAU CADEAU POUR NOËL.
C'EST CHOUETTE. BONNE NUIT.
J'AI HÂTE QUE PAPA REÇOIVE SA GROSSE TÉLÉ COULEUR ! ET TOUT CE QUE J'AI EU À FAIRE C'EST...
CHÉRIE ? OÙ EST LA TÉLÉ PORTATIVE ?
... DONNER LA PETITE AU PÈRE NOËL.
... HO HO HO...
LE LENDEMAIN, DANS LE HALL DU DAILY BUGLE...
SEIGNEUR. IL N'Y A VRAIMENT PAS BEAUCOUP DE "JOUETS POUR LES ENFANTS DÉFAVORISÉS" CETTE ANNÉE.
LES GENS NE SONT PAS VRAIMENT D'HUMEUR À DONNER, ON DIRAIT.
CE QUI SEMBLE DOMINER, C'EST LA COLÈRE.
DÉGAGEZ OU JE VOUS VIRE.
JE NE TRAVAILLE PAS ICI.
BIEN. JE VOUS ENGAGE.
ET MAINTENANT, DEHORS.
AU FAIT, BIEN LE BONJOUR, JONAH...
... COMMENT S'EST PASSÉ LA RÉUNION DES DISTRIBUTEURS ?
BIEN, SI ON AIME LES CATASTROPHES.
UN DES GROSSISTES NE SUPPORTAIT PAS MES CIGARES... RÉSULTAT, ON NE SERA PLUS DISTRIBUÉS À CLEVELAND.

ENSUITE, AU RETOUR, NOTRE AVION AVAIT QUATRE HEURES DE RETARD... ON NOUS A ENTASSÉS COMME DES SARDINES... ENFIN, BREF !
JE N'AI PAS LU LE JOURNAL. QUELLES SONT LES NOUVELLES ?
EH BIEN...
LE RÉDEMPTEUR A DÉBARQUÉ AU BUGLE EN HURLANT QU'IL VOULAIT VOUS TUER.
ROBBIE S'EST FAIT PASSER POUR VOUS ET ON A RÉUSSI À DÉSARMER LE RÉDEMPTEUR.
MAIS EN FAIT, C'ÉTAIT PAS VRAIMENT LUI. JUSTE UN IMITATEUR. LE ***VRAI*** TUEUR EST ALLÉ CHEZ VOUS, JONAH. OÙ SE TROUVAIENT VOTRE FEMME MARLA ET AUSSI BETTY, NED.
HEUREUSEMENT, SPIDER-MAN EST ARRIVÉ À TEMPS POUR LES SAUVER. LE RÉDEMPTEUR EST ACTUELLEMENT SOUS LES VERROUS.
VOUS AVEZ TOUS LES DEUX UNE SACRÉE DETTE ENVERS SPIDEY.
PAS... SPIDER-MAN...
MAIS... MAIS...
HMMM. J'AI L'IMPRESSION QUE JONAH ET NED SONT COMPLÈTEMENT SOUS LE CHOC APRÈS CETTE NOUVELLE.
UN MESSAGE POUR VOUS. DOIS-JE VOUS APPELER "FLASH" ?
MERCI, ANNE. MAIS C'EST PAS PARCE QUE JE SUIS PHOTOGRAPHE QUE VOUS DEVEZ M'APPELER FLASH. JE PRÉFÈRE PAS.
BIEN. AJOUTEZ UN PEU D'HUMOUR ET ÇA FERA UN "SCOOP".
TRÈS DRÔLE.
ALLÔ, TANTE MAY ?

EXCUSE-MOI DE TE DÉRANGER, MAIS... C'EST ERNIE. IL ÉTAIT TRÈS AGITÉ CE MATIN. SURTOUT APRÈS AVOIR ENTENDU LES INFORMATIONS...
NE T'INQUIÈTE PAS. IL A SANS DOUTE JUSTE BESOIN DE RELÂCHER LA PRESSION. DEPUIS SON AGRESSION...
C'EST ÇA QUI M'INQUIÈTE, JUSTEMENT. IL A EMPORTÉ SON VIEUX REVOLVER DE L'ARMÉE.
BON. JE VAIS TÂCHER DE LE TROUVER. MAIS TU DEVRAIS APPELER LA POLICE.
OH, NON. JE NE VEUX PAS LUI ATTIRER DES ENNUIS.
MAIS ICI, ON EST TOUS TRÈS INQUIETS DE CE QUI RISQUE D'ARRIVER.
JE VAIS M'EN OCCUPER, TANTE MAY.
MÊME SI TANTE MAY N'EN A PAS PARLÉ, SON AMI NATHAN S'EST RETROUVÉ À L'HÔPITAL...
... À CAUSE DE MA NÉGLIGENCE*. IL FAUT QUE JE ME RACHÈTE.
*VOIR INTÉGRALE SPECTACULAR SPIDER-MAN 1985
AH, PETER ! J'AI BESOIN QUE TU ACCOMPAGNES SNYDER POUR UN MICRO-TROTTOIR. TU ME PRENDS LES GENS EN PHOTO, D'ACCORD ?
MAIS... IL FAUT QUE JE CHERCHE QUELQU'UN.
TU LE CHERCHERAS EN PRENANT TES PHOTOS... D'UNE PIERRE, DEUX COUPS !
MAIS ROBBIE...
BON. JE VAIS DIRE À TON NOUVEAU CHEF... KATHRYN CUSHING... QUE TU AS REFUSÉ UNE MISSION... TU LUI EXPLIQUERAS TES RAISONS.
À MOINS QUE...
BONJOUR. IVAN SNYDER DU DAILY BUGLE. J'AIMERAIS AVOIR VOTRE OPINION...
ÉTANT DONNÉ CE QU'ON A APPRIS SUR LE RÉDEMPTEUR, LA POLICE VOUS SEMBLE-T-ELLE MOINS DIGNE DE CONFIANCE ?
VOUS RIGOLEZ ? J'AI JAMAIS FAIT CONFIANCE À LA POLICE.
ON DEVRAIT POUVOIR AVOIR CONFIANCE... MAIS MALHEUREUSEMENT, C'EST IMPOSSIBLE.
ET DIEU SAIT CE QUI PEUT ARRIVER SI ON FAIT CONFIANCE À LA MAUVAISE PERSONNE.

TOUTES CES INFORMATIONS, C'EST ATROCE.
TOUS CES PAUVRES GENS SANS DÉFENSE QUE CE DINGUE A TUÉS.
LES CRIMINELS S'ATTAQUENT AUX GENS SANS DÉFENSE. COMME JE L'ÉTAIS... *AVANT*.
ET S'IL N'Y AVAIT QUE ÇA, MAIS... TOUS LES JOURS, LA POLICE COMMET DES BAVURES... PEUT-ÊTRE QU'ILS CRAQUENT À CAUSE DE LA PRESSION.
MAIS C'EST FINI. PLUS JAMAIS ERNIE POPCHIK NE COURBERA L'ÉCHINE. IL SE BATTRA.
JE DESCENDRAI À LA PROCHAINE. ET DU WORLD TRADE CENTER, JE POURRAI CONTEMPLER LA VILLE COMME SI ELLE M'APPARTENAIT. PARCE QUE JE N'AI PLUS PEUR.
EH, LES MECS... CE MONSIEUR VA SÛREMENT AVOIR PITIÉ DE NOTRE AMI. IL VA MÊME NOUS DONNER DU FRIC POUR L'AIDER.
OUAIS... ÇA ME REND DINGUE. ET JE SUIS PAS LE SEUL. ET JE PEUX VOUS DIRE QUE ÇA VA...
HEU... JE PRÉFÈRE NE PAS EN DIRE PLUS MAINTENANT.
PARDON, MONSIEUR. NOUS AVONS UN AMI MALADE ET NOUS DEVONS LUI ACHETER DES MÉDICAMENTS.
UN HOMME DE VOTRE ÂGE COMPREND SÛREMENT CE GENRE DE SITUATION.
MAIS LES MÉDICAMENTS SONT TRÈS CHERS ET NOUS AVONS BESOIN D'ARGENT... SI POSSIBLE TOUT CE QUE VOUS AVEZ SUR VOUS.

HÉ...
JE N'AI QUE ÇA SUR MOI...
... MAIS C'EST UN PLAISIR DE PARTAGER AVEC VOUS.
BLAM
BLAM
BLAM
WORLD TRADE CENTER. WORLD TRADE CENTER. DERNIER ARRÊT.
DERNIER ARRÊT.
TOUS LES PASSAGERS SONT INVITÉS À DESCENDRE DE LA RAME.
TOUS LES PASSAGERS SONT INVITÉS À DESCENDRE.
NOUS INTERROMPONS NOS PROGRAMMES POUR VOUS ANNONCER QUE LE LIEUTENANT **STAN CARTER**, SUSPECTÉ D'ÊTRE LE RÉDEMPTEUR, SERA TRANSFÉRÉ À RIKER'S ISLAND.
EN EFFET, LE 14ÈME DICTRICT, OÙ IL EST ACTUELLEMENT DÉTENU, NE PRÉSENTERAIT PAS TOUTES LES GARANTIES DE SÉCURITÉ ÉTANT DONNÉ...
GÉNIAL. D'ANGELO VA PIQUER UNE CRISE QUAND IL SAURA QU'IL Y A EU UNE FUITE.
ET LA FOULE DEHORS, ELLE EST CAPABLE DE LYNCHER STAN... OÙ EST D'ANGELO, AU FAIT ?
DANS SON BUREAU, AVEC LE COMMANDANT... ET... TU VAS PAS ME CROIRE...

"... AUSSI UN AGENT DU S.H.I.E.L.D."
SI JE RÉSUME, VOUS DITES QUE CARTER POURRAIT ÊTRE LIBÉRÉ ?
NON. JUSTE QUE CARTER POURRAIT NE PAS AVOIR ÉTÉ DANS SON ÉTAT NORMAL.
GÉNIAL. EXPLIQUEZ-NOUS.
QUAND IL ÉTAIT AGENT DU S.H.I.E.L.D., STAN A PARTICIPÉ À UN PROGRAMME DU R&D.
RECHERCHE ET DÉVELOPPEMENT ? DE QUOI ?
LA FORCE SURHUMAINE QUI ACCOMPAGNE LA PRISE DE DROGUES TELLES QUE LE PCP OU LA POUSSIÈRE D'ANGE. LES UTILISATEURS DEVIENNENT QUASIMENT INCONTRÔLABLES.
STAN ET D'AUTRES SE SONT VU INJECTER DU PCP MODIFIÉ POUR VÉRIFIER SI ON POURRAIT L'UTILISER SANS DANGER.
C'EST TOUT À FAIT EFFRAYANT.
LE R&D EN EST ARRIVÉ À LA MÊME CONCLUSION. LA DROGUE AMÉLIORAIT LA FORCE ET L'ENDURANCE MAIS ÉTAIT TROP INSTABLE. LES EFFETS SECONDAIRES ÉTAIENT TROP NOMBREUX ET IMPRÉVISIBLES.
STAN N'A PAS TRÈS BIEN PRIS L'ARRÊT DU PROGRAMME.
IL ESTIMAIT QUE LES RESPONSABLES AGISSAIENT PAR CAPRICE. QU'ILS JOUAIENT AVEC LA VIE D'AUTRUI. IL EST DEVENU... VIOLENT.
QUAND IL A QUITTÉ NOS SERVICES, ON CROYAIT SON ORGANISME DÉBARRASSÉ DE LA DROGUE...

... MAIS ON A PU SE TROMPER ET LE RÉCENT DÉCÈS DE SON PARTENAIRE A PEUT-ÊTRE TOUT...
... REDÉCLENCHÉ. MAGNIFIQUE.
NON SEULEMENT CETTE AFFAIRE EST GÊNANTE POLITIQUEMENT...
... MAIS VOUS ME DITES MAINTENANT QU'À CAUSE DE VOS ERREURS...
... IL POURRAIT PLAIDER LA FOLIE. ON VA SE FAIRE MASSACRER.
CE DINGUE A TUÉ UN PRÊTRE NOIR, BON SANG. MAIS LES MÉDECINS POURRAIENT BIEN DIRE QUE TOUT VA BIEN AU BOUT D'UNE ANNÉE EN OBSERVATION...
ET ALORS, IL S'EN SORTIRAIT SANS MÊME FAIRE DE PRISON. C'EST CE QUE VOUS ME DITES ?
OUI.
EH BIEN, DITES TOUT ÇA À EUX.
KRASH
OÙ EST LE FOURGON DE RIKER'S, BON SANG ?! ILS BALANCENT DES BRIQUES !
IL ARRIVE, MONSIEUR !
QU'IL SE GARE DERRIÈRE ! SORTEZ VOS BOUCLIERS ET VOS MATRAQUES, MESSIEURS...
C'EST L'ÉTAT DE SIÈGE !
POLICE
ÇA TOMBE BIEN QUE ROBBIE M'AIT ENVOYÉ DANS LA RUE... C'EST ICI QUE TOUT SE PASSE !
QU'EST-CE QU'ILS DIRAIENT SI CARTER S'ÉTAIT FICHU D'EUX COMME IL S'EST FICHU DE MOI !

SI J'AVAIS RÉFLÉCHI UN PEU, J'AURAIS COMPRIS QUE CET APPEL DU SERVICE BALISTIQUE N'AVAIT PAS EU LIEU...
... ON NE PEUT PAS IDENTIFIER LES BALLES TIRÉES PAR CE GENRE D'ARME !
ET CETTE PHRASE QU'IL DISAIT : "IL FAUT SE MÉFIER DE L'EAU QUI DORT."
ÇA ME REND MALADE DE PENSER QUE TOUT DU LONG, IL... OH-OH... MON SENS D'ARAIGNÉE...
DAREDEVIL ! CACHONS VITE CET APPAREIL !
T'AS UN SACRÉ CULOT DE VENIR ICI ! ÇA VEUT DIRE QUOI DE ME TRAITER DE CRIMINEL ? ET SOIS CONVAINCANT SINON TU VAS LE REGRETTER !
PRESQUE TOUT LE MONDE TE PREND POUR UN CRIMINEL, NON ? MAIS SI TU ÉTAIS ARRÊTÉ, N'AURAIS-TU PAS DROIT À UN PROCÈS ?
OU DEVRAIT-ON TE LIVRER À LA VINDICTE POPULAIRE ? À CETTE FOULE QUI VOUDRAIT LYNCHER STAN CARTER ?
JE NE SUIS PAS CARTER. NUANCE.
PAS POUR MOI !
MINCE ! REGARDE CE QUI SE PASSE...
POL
JUSTICE ! JUSTICE ! JUSTICE !
VOUS ÊTES TOUS COMPLICES ! VOUS PROTÉGEZ CE TARÉ ! FAITES-LE SORTIR !
FAITES-LE SORTIR ! FAITES-LE SORTIR !
FAITES-LE SORTIR ! VITE !
PENDANT QUE LA FOULE EST OCCUPÉE DEVANT.
HEUREUSEMENT QU'IL EST SOUS SÉDATIFS... N'OUBLIONS PAS QU'IL A TENU SACRÉMENT LONGTEMPS CONTRE SPIDER-MAN.

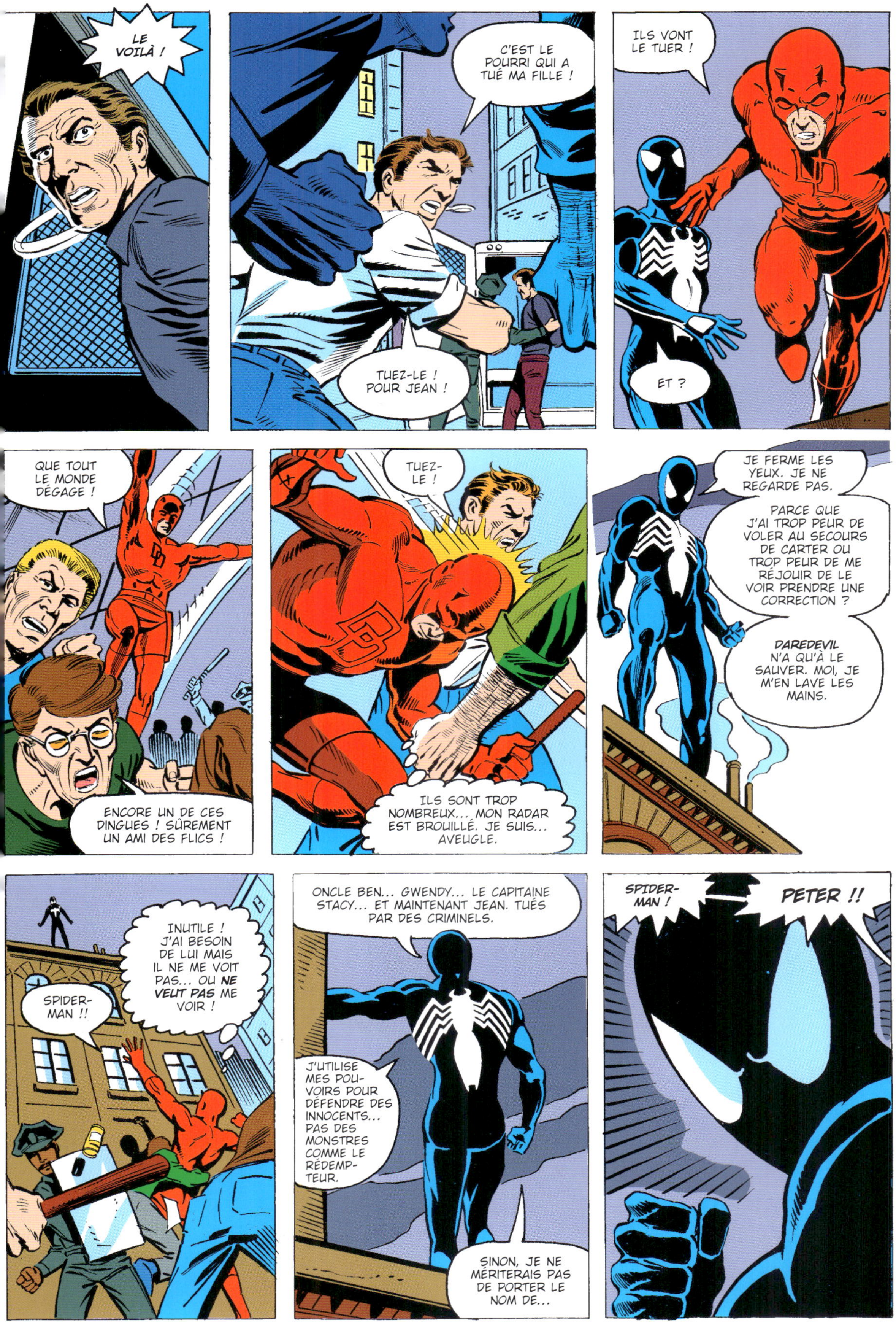
LE VOILÀ !
C'EST LE POURRI QUI A TUÉ MA FILLE !
TUEZ-LE ! POUR JEAN !
ILS VONT LE TUER !
ET ?
QUE TOUT LE MONDE DÉGAGE !
ENCORE UN DE CES DINGUES ! SÛREMENT UN AMI DES FLICS !
TUEZ-LE !
ILS SONT TROP NOMBREUX... MON RADAR EST BROUILLÉ. JE SUIS... AVEUGLE.
JE FERME LES YEUX. JE NE REGARDE PAS.
PARCE QUE J'AI TROP PEUR DE VOLER AU SECOURS DE CARTER OU TROP PEUR DE ME RÉJOUIR DE LE VOIR PRENDRE UNE CORRECTION ?
DAREDEVIL N'A QU'À LE SAUVER. MOI, JE M'EN LAVE LES MAINS.
INUTILE ! J'AI BESOIN DE LUI MAIS IL NE ME VOIT PAS... OU NE VEUT PAS ME VOIR !
SPIDER-MAN !!
ONCLE BEN... GWENDY... LE CAPITAINE STACY... ET MAINTENANT JEAN. TUÉS PAR DES CRIMINELS.
J'UTILISE MES POUVOIRS POUR DÉFENDRE DES INNOCENTS... PAS DES MONSTRES COMME LE RÉDEMPTEUR.
SINON, JE NE MÉRITERAIS PAS DE PORTER LE NOM DE...
SPIDER-MAN !
PETER !!

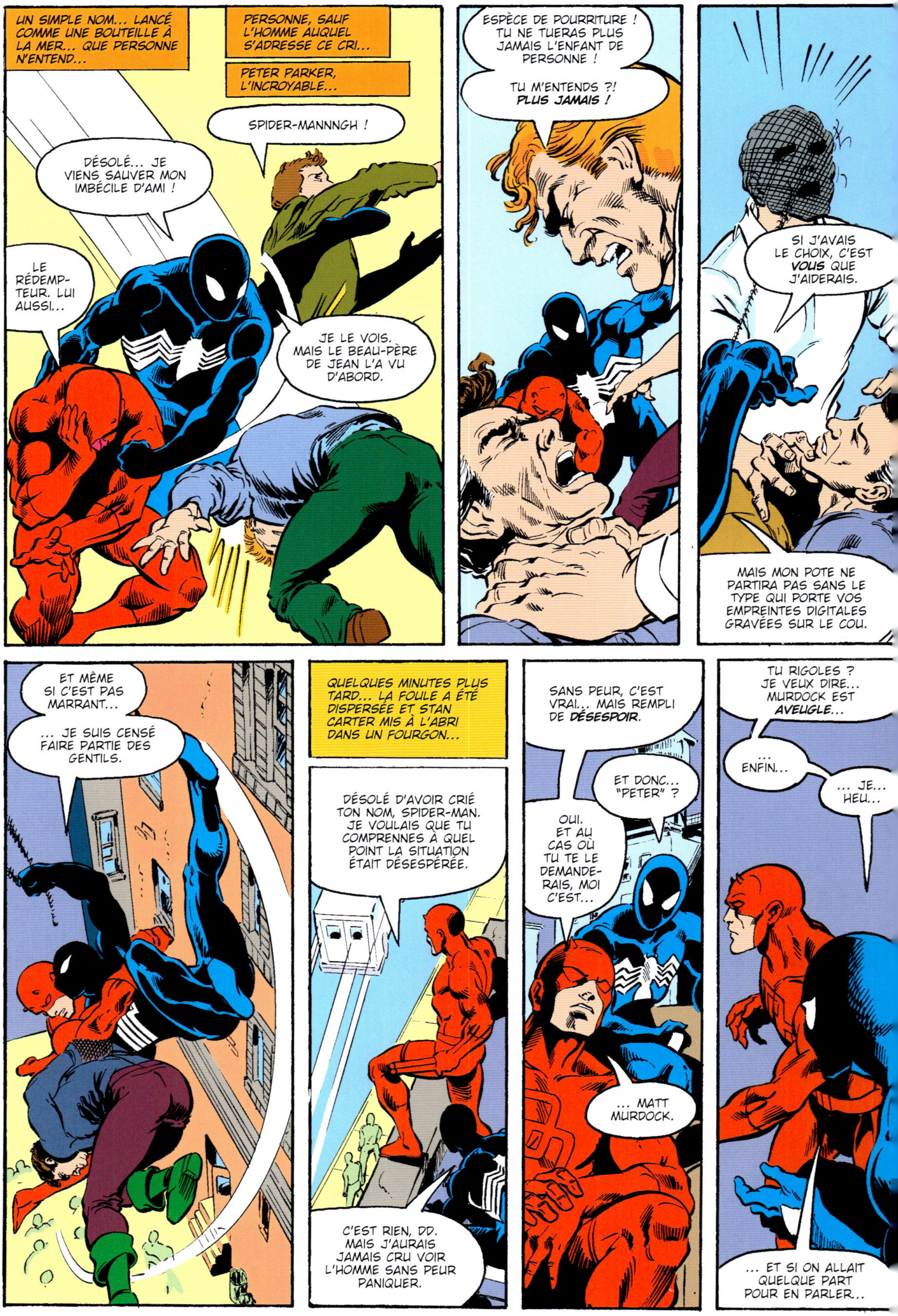
UN SIMPLE NOM... LANCÉ COMME UNE BOUTEILLE À LA MER... QUE PERSONNE N'ENTEND...
PERSONNE, SAUF L'HOMME AUQUEL S'ADRESSE CE CRI...
PETER PARKER, L'INCROYABLE...
SPIDER-MANNNGH !
DÉSOLÉ... JE VIENS SAUVER MON IMBÉCILE D'AMI !
LE RÉDEMPTEUR. LUI AUSSI...
JE LE VOIS. MAIS LE BEAU-PÈRE DE JEAN L'A VU D'ABORD.
ESPÈCE DE POURRITURE ! TU NE TUERAS PLUS JAMAIS L'ENFANT DE PERSONNE !
TU M'ENTENDS ?! PLUS JAMAIS !
SI J'AVAIS LE CHOIX, C'EST VOUS QUE J'AIDERAIS.
MAIS MON POTE NE PARTIRA PAS SANS LE TYPE QUI PORTE VOS EMPREINTES DIGITALES GRAVÉES SUR LE COU.
ET MÊME SI C'EST PAS MARRANT...
... JE SUIS CENSÉ FAIRE PARTIE DES GENTILS.
QUELQUES MINUTES PLUS TARD... LA FOULE A ÉTÉ DISPERSÉE ET STAN CARTER MIS À L'ABRI DANS UN FOURGON...
DÉSOLÉ D'AVOIR CRIÉ TON NOM, SPIDER-MAN. JE VOULAIS QUE TU COMPRENNES À QUEL POINT LA SITUATION ÉTAIT DÉSESPÉRÉE.
C'EST RIEN, DD. MAIS J'AURAIS JAMAIS CRU VOIR L'HOMME SANS PEUR PANIQUER.
SANS PEUR, C'EST VRAI... MAIS REMPLI DE DÉSESPOIR.
ET DONC... "PETER" ?
OUI. ET AU CAS OÙ TU TE LE DEMANDERAIS, MOI C'EST...
... MATT MURDOCK.
TU RIGOLES ? JE VEUX DIRE... MURDOCK EST AVEUGLE...
... ENFIN...
... JE... HEU...
... ET SI ON ALLAIT QUELQUE PART POUR EN PARLER...

UN PEU PLUS TARD...
DRÔLE D'ODEUR MAIS JOLI APPARTEMENT.
TU ES BEL ET BIEN AVEUGLE. ET, OUI, IL Y A EU UN INCENDIE.
RÉSUMONS... EN ENTENDANT LES BATTEMENTS DE CŒUR DE PETER PARKER, PUIS, PLUS TARD, CEUX DE SPIDER-MAN, TU AS SU QUE C'ÉTAIT LA MÊME PERSONNE ? COMMENT TU APPELLES CE POUVOIR ?
ÉCOUTER.
JETS
MERCI ENCORE POUR TON AIDE TOUT À L'HEURE.
TU TE BATTAIS POUR TES CONVICTIONS. JE N'ALLAIS PAS LES LAISSER TE **TUER** PARCE QUE TU FAISAIS CE QUI TE SEMBLAIT **JUSTE**.
EUX AUSSI, ILS FAISAIENT CE QUI LEUR SEMBLAIT JUSTE. À TES YEUX, J'AVAIS **PLUS** RAISON QU'EUX ?
J'AI HÉSITÉ. SI TU N'AVAIS PAS ÉTÉ EN DANGER, J'IGNORE SI J'AURAIS SAUVÉ STAN... TOI, TU ÉTAIS INNOCENT. PAS STAN.
SELON LA LOI, IL L'ÉTAIT. IL FAUT SOUTENIR NOTRE SYSTÈME, SINON IL S'EFFONDRE. ET S'IL NE FONCTIONNE PAS, À NOUS DE LE FAIRE FONCTIONNER. ON N'A PAS LE DROIT DE L'IGNORER.
IMAGINE QUE ÇA SOIT SPIDER-MAN QUI SOIT UN JOUR L'ACCUSÉ... AVEC LA TÊTE SUR LE BILLOT. OU...
RRING
EXCUSE-MOI. ALLÔ ?
TANTE MAY ? ATTENDS... PARLE MOINS VITE !
ERNIE POPCHIK A ÉTÉ ARRÊTÉ ? POURQUOI ?
IL A TIRÉ SUR QUI ?
TROIS ADOLESCENTS, PETER. LES BLESSURES NE SONT PAS GRAVES MAIS ILS SONT À L'HÔPITAL.
ERNIE S'EST LIVRÉ À LA POLICE... IL A DIT QUE C'ÉTAIT DE L'AUTODÉFENSE, MAIS CES GARÇONS N'ÉTAIENT PAS ARMÉS...
... IL EST DANS DE SALES DRAPS ET IL N'A PAS LES MOYENS DE PRENDRE UN AVOCAT...
MME PARKER ? ICI MATT MURDOCK... J'AI ENTENDU CE QUE VOUS DISIEZ...
OUI, CE MATT MURDOCK-LÀ. MONSIEUR POPCHIK AURA DROIT À UN AVOCAT. GRATUITEMENT.
NON, ÇA NE SERA PAS MOI, MAIS JE VEILLERAI À CE QUE SON PROCÈS SOIT ÉQUITABLE. JE VEUX PROUVER À VOTRE NEVEU QUE NOTRE SYSTÈME FONCTIONNE.
JE NE DEMANDE QUE ÇA.
JETS
J'EN SUIS HEUREUX, PETER. ET... MADAME PARKER... PUIS-JE VOUS APPELER **MAY**... ?
FIN
PETER DAVID
Scénario
RICH BUCKLER
Dessin
M. HANDS
Encrage
BOB SHAREN
Couleurs
SOPHIE WATINE-VIEVARD
Traduction
LUCIA TRUCCONE
Lettrage
JIM OWSLEY, JIM SHOOTER
Rédaction USA

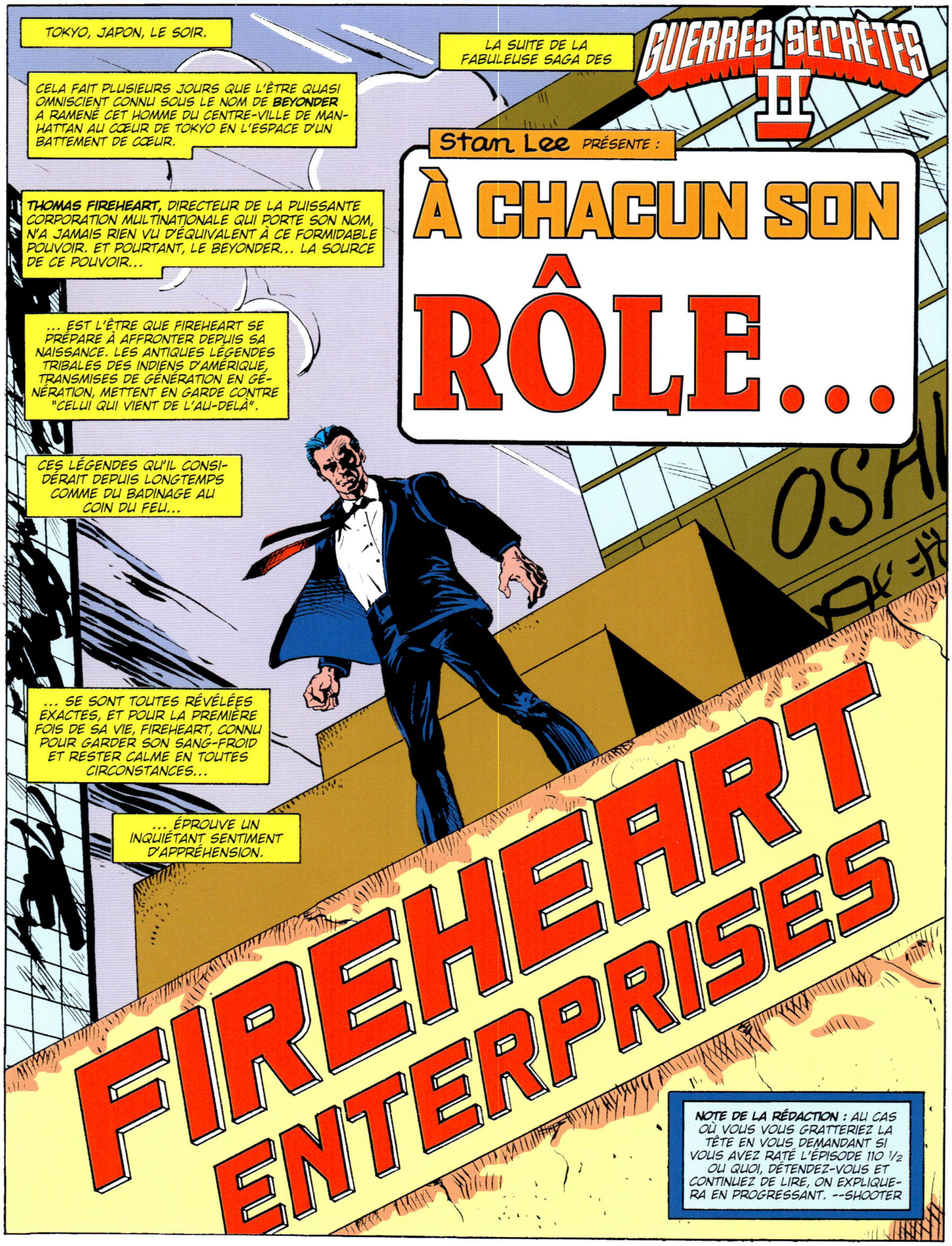
TOKYO, JAPON, LE SOIR.
LA SUITE DE LA FABULEUSE SAGA DES
GUERRES SECRÈTES II
CELA FAIT PLUSIEURS JOURS QUE L'ÊTRE QUASI OMNISCIENT CONNU SOUS LE NOM DE **BEYONDER** A RAMENÉ CET HOMME DU CENTRE-VILLE DE MANHATTAN AU CŒUR DE TOKYO EN L'ESPACE D'UN BATTEMENT DE CŒUR.
Stan Lee PRÉSENTE :
À CHACUN SON RÔLE...
THOMAS FIREHEART, DIRECTEUR DE LA PUISSANTE CORPORATION MULTINATIONALE QUI PORTE SON NOM, N'A JAMAIS RIEN VU D'ÉQUIVALENT À CE FORMIDABLE POUVOIR. ET POURTANT, LE BEYONDER... LA SOURCE DE CE POUVOIR...
... EST L'ÊTRE QUE FIREHEART SE PRÉPARE À AFFRONTER DEPUIS SA NAISSANCE. LES ANTIQUES LÉGENDES TRIBALES DES INDIENS D'AMÉRIQUE, TRANSMISES DE GÉNÉRATION EN GÉNÉRATION, METTENT EN GARDE CONTRE "CELUI QUI VIENT DE L'AU-DELÀ".
CES LÉGENDES QU'IL CONSIDÉRAIT DEPUIS LONGTEMPS COMME DU BADINAGE AU COIN DU FEU...
OSA
... SE SONT TOUTES RÉVÉLÉES EXACTES, ET POUR LA PREMIÈRE FOIS DE SA VIE, FIREHEART, CONNU POUR GARDER SON SANG-FROID ET RESTER CALME EN TOUTES CIRCONSTANCES...
... ÉPROUVE UN INQUIÉTANT SENTIMENT D'APPRÉHENSION.
FIREHEART ENTERPRISES
NOTE DE LA RÉDACTION : AU CAS OÙ VOUS VOUS GRATTERIEZ LA TÊTE EN VOUS DEMANDANT SI VOUS AVEZ RATÉ L'ÉPISODE 110 1/2 OU QUOI, DÉTENDEZ-VOUS ET CONTINUEZ DE LIRE, ON EXPLIQUERA EN PROGRESSANT. --SHOOTER

THOMAS FIREHEART, UN HOMME INFORMÉ DEPUIS L'ENFANCE DE SON GRAND DESTIN.
LE PRODUIT DE GÉNÉRATIONS DE DÉLICATES SÉLECTIONS DÉLIBÉRÉES.
UNE ANOMALIE COMPLEXE, FAITE DE SCIENCES EN GÉNÉTIQUE...
... ET DE MAGIES NOIRES TRIBALES.
THOMAS FIREHEART EST...
... LE PUMA !
J'AIMAIS CETTE VILLE, AVANT.
J'AI INSISTÉ POUR QUE LE GROUPE AIT UNE FILIALE À TOKYO MAIS C'ÉTAIT UN SIMPLE PRÉTEXTE POUR POUVOIR VENIR ICI QUAND J'EN AVAIS ENVIE...
... EN FAISANT PASSER LE VOYAGE DANS MES FRAIS PROFESSIONNELS NON IMPOSABLES ! MAIS ÊTRE AMENÉ ICI PAR LE BEYONDER... ME RETROUVER FACE À UN TEL POUVOIR...
... DONNE L'IMPRESSION QUE CHAQUE NOUVEAU CRÉPUSCULE ANNONCE L'APPROCHE DE LA MORT...
... ET CHAQUE AUBE EST UNE MALÉDICTION. LE BEYONDER SE MOQUE DE MOI ! IL SAIT QUE J'AI ÉTÉ CRÉÉ ET ÉLEVÉ POUR L'AFFRONTER...
... IL SAIT QUEL GÂCHIS A ÉTÉ MA VIE ! J'AI PASSÉ TOUTE MON EXISTENCE À M'ENTRAÎNER...
... POUR AFFRONTER UN ÊTRE QUI POURRAIT ME VAPORISER SUR UN COUP DE TÊTE. JE DOIS RETOURNER AUX USA !
MAIS POUR CE FAIRE, JE DOIS ATTENDRE QUE MON PASSEPORT SOIT INTRODUIT CLANDESTINEMENT EN VILLE, AVEC LES VISAS D'ENTRÉE APPROPRIÉS DESSUS.
APRÈS TOUT, COMMENT EXPLIQUER À UN DOUANIER EN REPARTANT QUE JE N'AI JAMAIS UTILISÉ MON PASSEPORT POUR ENTRER AU JAPON...
... QUE LE BEYONDER M'A SIMPLEMENT "TÉLÉPORTÉ" ICI ! LE BEYONDER M'A EMPRISONNÉ ICI JUSQU'À CE QUE J'ORGANISE MON DÉPART DU TERRITOIRE.
ET POURTANT, IL L'A FAIT AVEC UNE INNOCENCE QUI SEMBLAIT INDIQUER QU'IL IGNORAIT LES CONSÉQUENCES DE SES ACTES !
MAIS JE NE SUIS PAS DUPE. JE REFUSE D'ACCEPTER QU'UN ÊTRE AUSSI PUISSANT QUE LUI NE SE RENDE PAS COMPTE DES IMMENSES RÉPERCUTIONS DU PLUS INSIGNIFIANT DE SES ACTES !

"LE BEYONDER N'EST PAS INNOCENT. IL EST LE PLUS DANGEREUX ADVERSAIRE QUE J'AFFRONTERAI JAMAIS. ET, D'UNE MANIÈRE OU D'UNE AUTRE, JE LE DÉTRUIRAI.
"EH BIEN, VU QUE JE SUIS COINCÉ À TOKYO, AUTANT RENDRE VISITE AU VIEUX MAÎTRE."
BIENTÔT, À TRENTE KILOMÈTRES DE LA VILLE...
NON, PAS EUX.
IL N'Y A AUCUNE DIGNITÉ À COMBATTRE LES GARDIENS DU PÉRIMÈTRE.
QUAND ILS AURONT FAIT LEURS PREUVES EN SURVIVANT À PLUSIEURS ANNÉES DE SERVICE À CE POSTE, ILS SERONT PROMUS...
... À L'INTÉRIEUR. OUI... JE PERÇOIS LEURS ODEURS À PRÉSENT. TRÈS FAIBLES, SE FONDANT PRESQUE DANS LE FEUILLAGE.
À L'OREILLE ET AU REGARD SEULS, ILS SONT INVISIBLES. ILS ONT ÉTÉ EXCELLEMMENT BIEN FORMÉS. MAIS MÊME LE MEILLEUR ENTRAÎNEMENT...
ILS NE FONT AUCUN BRUIT. ON N'ENTEND MÊME PAS LA MOINDRE RESPIRATION SIFFLER ENTRE LES FEUILLES.
... NE PEUT PAS MASQUER LA POINTE DE RESPIRATION SÈCHE CARACTÉRISTIQUE.
ILS SONT TROIS. ILS VONT ATTAQUER...

... MAIN-TENANT.
<BONJOUR, LES SILENCIEUX. J'AI AFFAIRE AVEC VOTRE MAÎTRE.>*
* TRADUIT DU JAPONAIS. --SHOOTER.
<LAISSEZ PASSER...>
<... OU MOUREZ.>
LE MÉLODRAME EST SIIII EFFICACE.
IL AJOUTE JUSTE LA BONNE MOTIVATION POUR QUE CES GARS ME SAUTENT À LA GORGE...
... MÊME SI JE SUIS EXTRÊMEMENT GENTIL AVEC EUX. JE N'AI PAS ENVIE DE LES BLESSER, APRÈS TOUT.
JE VEUX JUSTE M'ENTRAÎNER UN PEU.

MALGRÉ TOUT, UN FAUX PAS ET JE SUIS MORT.
DONC...
... JE NE FERAI AUCUN FAUX PAS !
<MAÎTRE MURAMOTO ! FAIS-MOI FACE !>
<MAÎTRE !>
<MURAMOTO !>
PUMA, TES SENS SONT ASSEZ DÉVELOPPÉS POUR REPÉRER UNE PLUME DE MOINEAU SE POSANT SUR UNE MARE D'EAU CALME.
ALORS J'AI DU MAL À CROIRE QUE TU NE TE SOIS PAS RENDU COMPTE...
QUE JE N'EN SUIS QU'À LA MOITIÉ DE LA FACE B DU DERNIER ALBUM DE DURAN DURAN !
TU DOIS APPRENDRE LA PATIENCE, MON FILS.

MERCI DE NE PAS AVOIR BLESSÉ MES ÉLÈVES.
<SI JE L'AVAIS FAIT, ÇA AURAIT ENTRAÎNÉ MON DÉSHONNEUR...>
ARRÊTE DE ME PARLER EN JAPONAIS. TOUT CE PLAN À LA "PETIT SCARABÉE" ME REND NERVEUX.
BON, PRENONS LE THÉ ET DISCUTONS.
ALORS, PUMA, QU'EST-CE QUI T'AMÈNE À TOKYO *CETTE* FOIS ?
CLAP! CLAP!
JE SENS UN GRAND MALAISE EN TOI.
SENSEI... JE NE SAURAIS PAS PAR QUOI COMMENCER.
"IL Y A CET ÊTRE... UNE CRÉATURE DE L'AU-DELÀ IMMENSÉMENT PUISSANTE.
"J'AI RÉCEMMENT PASSÉ DU TEMPS À LE RECHERCHER, À L'INSISTANCE DE MON ONCLE.
"QUAND JE L'AI TROUVÉ, IL A LU DANS MES PENSÉES, A APPRIS QUE J'AVAIS UNE AFFAIRE À RÉGLER ICI À TOKYO...
"... ET AVANT QUE JE PUISSE RÉAGIR... EN UN CLIN D'ŒIL...
"... J'ÉTAIS ICI ! SANS VISA ET SANS PASSEPORT !
"J'AI ENFIN COMPRIS À QUEL POINT CE 'BEYONDER' EST DANGEREUX !"

TU AS RÉGLÉ TON AFFAIRE ?
TU VEUX RIRE ? J'AI PASSÉ MON TEMPS À CHERCHER UN MOYEN DE RENTRER CHEZ MOI LE PLUS VITE POSSIBLE.
DOMMAGE. J'AURAIS AIMÉ QUE TU PUISSES RESTER UN PEU.
SALUT, PUMA.
J'AI UN AUTRE INVITÉ CHEZ MOI POUR QUELQUES JOURS. VOUS ÊTES ASSEZ SEMBLABLES.
LE BEYONDER !!?
IL N'A PAS D'ODEUR... RIEN QUI PERMETTE DE LE REPÉRER OU L'IDENTIFIER !
IL AURAIT PU VENIR DANS MON DOS ET ME TUER SANS PROBLÈME...
JE N'AURAIS PAS BESOIN D'AGIR EN TRAÎTRE POUR LE FAIRE !
SENSEI... CET HOMME EST DANGEREUX !! C'EST L'ÊTRE DONT JE PARLAIS !
JE M'EN DOUTAIS.
KURAMI... OU "BEYONDER" COMME TU L'APPELLES... EST UN VIEIL AMI. ON A BEAUCOUP DISCUTÉ DERNIÈREMENT.
SURTOUT À TON SUJET.
JE NE SUIS PAS SI DANGEREUX QUE ÇA, PUMA.
LE PLUS GRAND DANGER ICI EST TA PEUR DE MOI.
PEUT-ÊTRE QUE SI J'EXPLIQUE QUI JE SUIS ET D'OÙ JE VIENS...
... TU COMPRENDRAS PEUT-ÊTRE LE MESSAGE...
LE BEYONDER... IL NOUS TÉLÉPORTE AILLEURS...

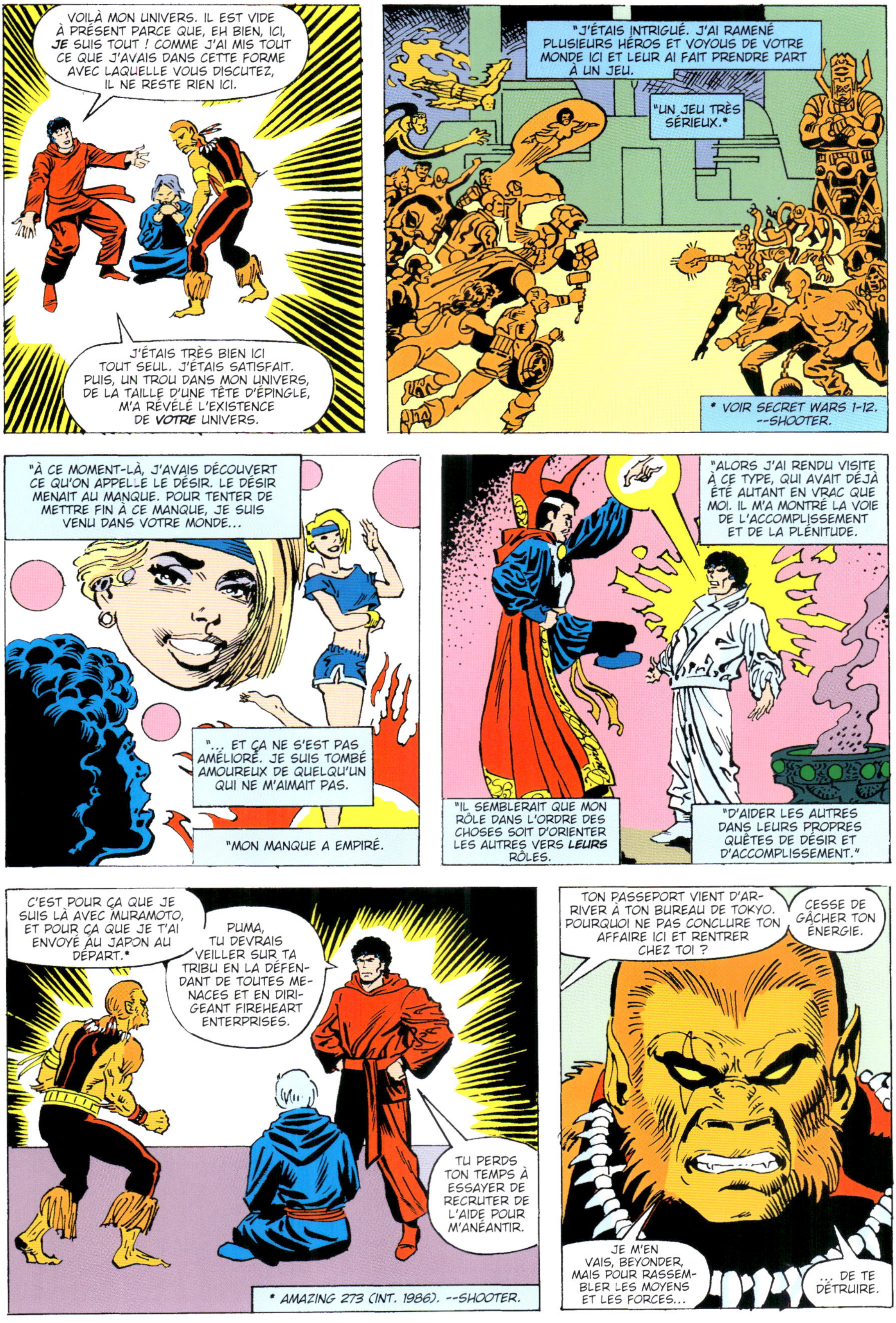

VOILÀ MON UNIVERS. IL EST VIDE À PRÉSENT PARCE QUE, EH BIEN, ICI, JE SUIS TOUT ! COMME J'AI MIS TOUT CE QUE J'AVAIS DANS CETTE FORME AVEC LAQUELLE VOUS DISCUTEZ, IL NE RESTE RIEN ICI.
J'ÉTAIS TRÈS BIEN ICI TOUT SEUL. J'ÉTAIS SATISFAIT. PUIS, UN TROU DANS MON UNIVERS, DE LA TAILLE D'UNE TÊTE D'ÉPINGLE, M'A RÉVÉLÉ L'EXISTENCE DE VOTRE UNIVERS.
"J'ÉTAIS INTRIGUÉ. J'AI RAMENÉ PLUSIEURS HÉROS ET VOYOUS DE VOTRE MONDE ICI ET LEUR AI FAIT PRENDRE PART À UN JEU.
"UN JEU TRÈS SÉRIEUX.*
* VOIR SECRET WARS 1-12. --SHOOTER.
"À CE MOMENT-LÀ, J'AVAIS DÉCOUVERT CE QU'ON APPELLE LE DÉSIR. LE DÉSIR MENAIT AU MANQUE. POUR TENTER DE METTRE FIN À CE MANQUE, JE SUIS VENU DANS VOTRE MONDE...
"... ET ÇA NE S'EST PAS AMÉLIORÉ. JE SUIS TOMBÉ AMOUREUX DE QUELQU'UN QUI NE M'AIMAIT PAS.
"MON MANQUE A EMPIRÉ.
"ALORS J'AI RENDU VISITE À CE TYPE, QUI AVAIT DÉJÀ ÉTÉ AUTANT EN VRAC QUE MOI. IL M'A MONTRÉ LA VOIE DE L'ACCOMPLISSEMENT ET DE LA PLÉNITUDE.
"IL SEMBLERAIT QUE MON RÔLE DANS L'ORDRE DES CHOSES SOIT D'ORIENTER LES AUTRES VERS LEURS RÔLES.
"D'AIDER LES AUTRES DANS LEURS PROPRES QUÊTES DE DÉSIR ET D'ACCOMPLISSEMENT."
C'EST POUR ÇA QUE JE SUIS LÀ AVEC MURAMOTO, ET POUR ÇA QUE JE T'AI ENVOYÉ AU JAPON AU DÉPART.*
PUMA, TU DEVRAIS VEILLER SUR TA TRIBU EN LA DÉFENDANT DE TOUTES MENACES ET EN DIRIGEANT FIREHEART ENTERPRISES.
TU PERDS TON TEMPS À ESSAYER DE RECRUTER DE L'AIDE POUR M'ANÉANTIR.
* AMAZING 273 (INT. 1986). --SHOOTER.
TON PASSEPORT VIENT D'ARRIVER À TON BUREAU DE TOKYO. POURQUOI NE PAS CONCLURE TON AFFAIRE ICI ET RENTRER CHEZ TOI ?
CESSE DE GÂCHER TON ÉNERGIE.
JE M'EN VAIS, BEYONDER, MAIS POUR RASSEMBLER LES MOYENS ET LES FORCES...
... DE TE DÉTRUIRE.

-PFF-
TU N'AS TOUJOURS PAS COMPRIS, HEIN ? J'ESSAIE JUSTE DE T'AIDER...
JE N'AI PAS BESOIN DE TON AIDE !
JE VAIS TE TUER, BEYONDER.
TU LE CROIS, CE MEC ?
KURAMI... SAIS-TU VRAIMENT QUI C'EST...?
JE SAIS CE QUE JE VEUX SAVOIR.
ALORS JE TE SUGGÈRE DE SOUHAITER DE SAVOIR TOUT CE QU'IL Y A À SAVOIR SUR LE PUMA...
... ET LA SÉRIE D'ÉVÉNEMENTS CATASTROPHIQUES QUE TU VIENS DE METTRE EN BRANLE.
NEW YORK, L'AUBE.
JEAN DEWOLFF EST MORTE.
NATHAN LUBENSKY EST À L'HÔPITAL, HOMER POPCHIK EST EN PRISON, ET DOMINIC FORTUNE A PRIS UN AVION POUR DIEU SAIT OÙ POUR RETROUVER UN AMOUR PERDU.
TROIS AMIS AUX CHEVEUX BLANCS DE MA TANTE MAY, TOUS AVEC UNE CHOSE EN COMMUN. ILS ONT EU LA MALCHANCE DE ME RENCONTRER...
... PETER PARKER, LE PAS SI SPECTACULAIRE SPIDER-MAN !*
* JE VOUS RENVERRAIS BIEN SUR AMAZING 271, PETER PARKER 110 ET WEB 10, MAIS VOUS COLLECTIONNEZ DÉJÀ LES TROIS TITRES DE SPIDEY, HEIN...? --SHOOTER.
PUIS IL Y A JEAN... TUÉE DANS SON SOMMEIL PAR CE FOU DE RÉDEMPTEUR. PUIS IL Y A CES GAMINS QUI ONT INCENDIÉ MON APPARTEMENT... ET IL Y A CE "SLYDE"...
... PAS ÉTONNANT QUE J'AIE PÉTÉ LES PLOMBS ET AGRESSÉ JONAH JAMESON COMME ÇA.* JE VEUX DIRE, D'HABITUDE, J'IGNORE SA RHÉTORIQUE DANS SON JOURNAL, LE DAILY BUGLE. MAIS CES DERNIERS TEMPS, JE SUIS TELLEMENT À CRAN...
... PAUVRE JEAN... JE N'ARRÊTE PAS DE PENSER À ELLE...
WWWHHHEEEE-OOOO!!
* DANS WEB OF SPIDER-MAN 13, INÉDIT EN FRANÇAIS. --SHOOTER.
DES SIRÈNES ! ÇA SIGNIFIE DES VOITURES DE FLICS ! DES FLICS SIGNIFIENT UN DÉLIT ! ET COMME LE VIGILANT MONTE-EN-L'AIR QUE JE SUIS LE SAIT BIEN, UN DÉLIT...
... SIGNIFIE DES PHOTOS.
QUE JE PEUX VENDRE POUR PAYER MON LOYER, TOUJOURS EN RETARD !
RESSAISIS-TOI, TÊTE DE TOILE...

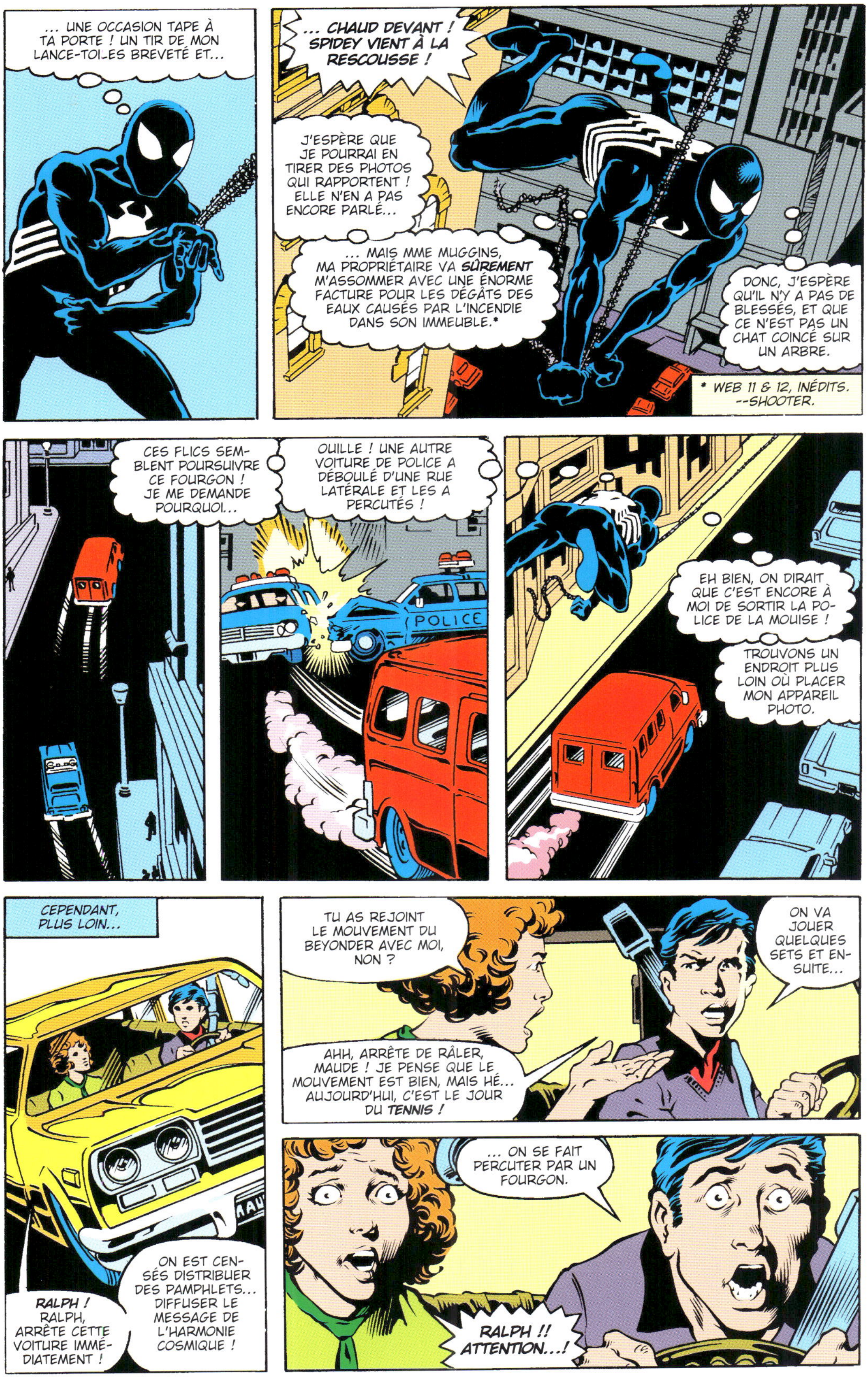

... UNE OCCASION TAPE À TA PORTE ! UN TIR DE MON LANCE-TOILES BREVETÉ ET...
... CHAUD DEVANT ! SPIDEY VIENT À LA RESCOUSSE !
J'ESPÈRE QUE JE POURRAI EN TIRER DES PHOTOS QUI RAPPORTENT ! ELLE N'EN A PAS ENCORE PARLÉ...
... MAIS MME MUGGINS, MA PROPRIÉTAIRE VA SÛREMENT M'ASSOMMER AVEC UNE ÉNORME FACTURE POUR LES DÉGÂTS DES EAUX CAUSÉS PAR L'INCENDIE DANS SON IMMEUBLE.*
DONC, J'ESPÈRE QU'IL N'Y A PAS DE BLESSÉS, ET QUE CE N'EST PAS UN CHAT COINCÉ SUR UN ARBRE.
* WEB 11 & 12, INÉDITS. --SHOOTER.
CES FLICS SEMBLENT POURSUIVRE CE FOURGON ! JE ME DEMANDE POURQUOI...
OUILLE ! UNE AUTRE VOITURE DE POLICE A DÉBOULÉ D'UNE RUE LATÉRALE ET LES A PERCUTÉS !
POLICE
EH BIEN, ON DIRAIT QUE C'EST ENCORE À MOI DE SORTIR LA POLICE DE LA MOUISE !
TROUVONS UN ENDROIT PLUS LOIN OÙ PLACER MON APPAREIL PHOTO.
CEPENDANT, PLUS LOIN...
RALPH ! RALPH, ARRÊTE CETTE VOITURE IMMÉDIATEMENT !
ON EST CENSÉS DISTRIBUER DES PAMPHLETS... DIFFUSER LE MESSAGE DE L'HARMONIE COSMIQUE !
TU AS REJOINT LE MOUVEMENT DU BEYONDER AVEC MOI, NON ?
AHH, ARRÊTE DE RÂLER, MAUDE ! JE PENSE QUE LE MOUVEMENT EST BIEN, MAIS HÉ... AUJOURD'HUI, C'EST LE JOUR DU TENNIS !
ON VA JOUER QUELQUES SETS ET ENSUITE...
... ON SE FAIT PERCUTER PAR UN FOURGON.
RALPH !! ATTENTION...!

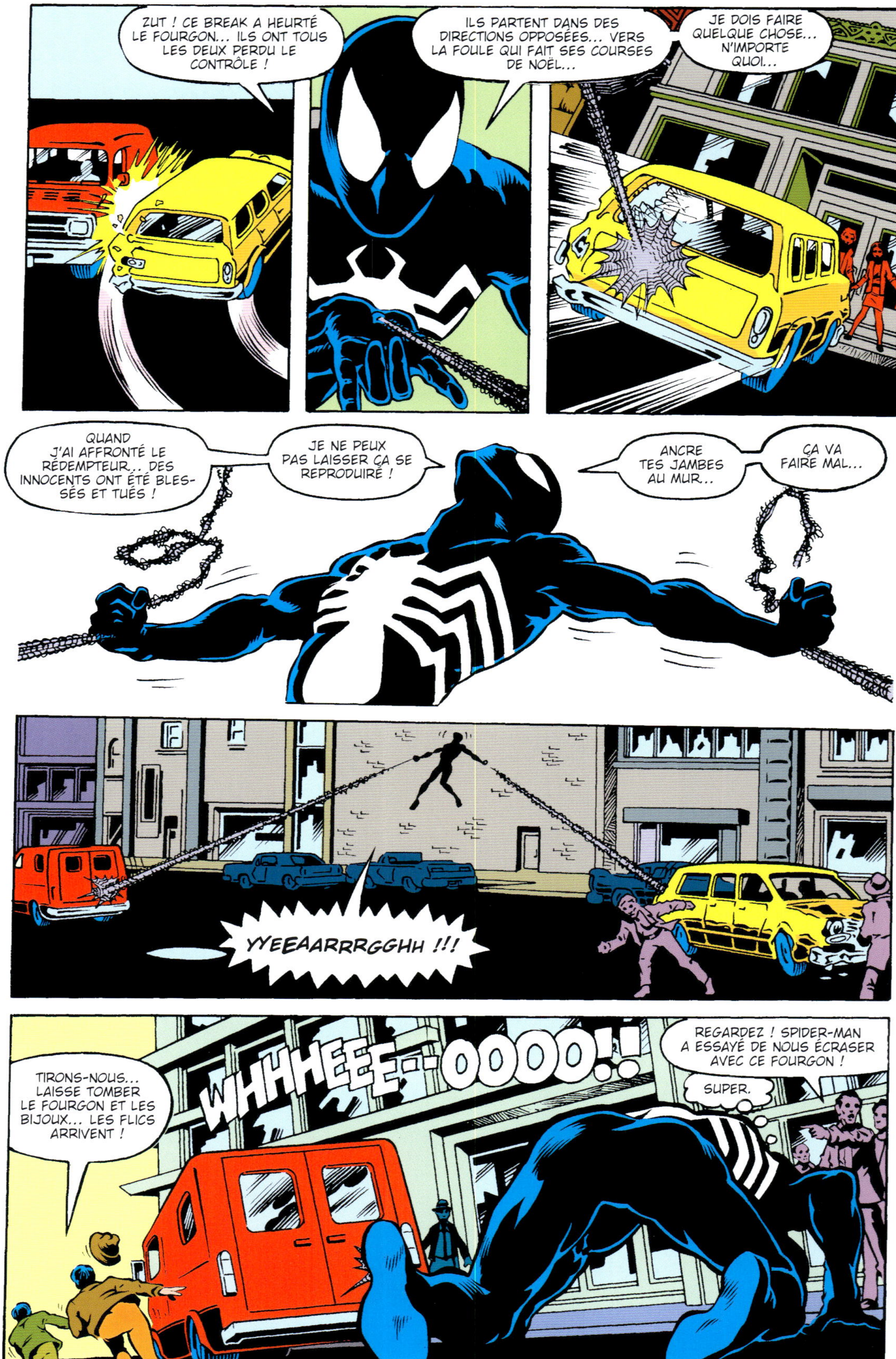
ZUT ! CE BREAK A HEURTÉ LE FOURGON... ILS ONT TOUS LES DEUX PERDU LE CONTRÔLE !
ILS PARTENT DANS DES DIRECTIONS OPPOSÉES... VERS LA FOULE QUI FAIT SES COURSES DE NOËL...
JE DOIS FAIRE QUELQUE CHOSE... N'IMPORTE QUOI...
QUAND J'AI AFFRONTÉ LE RÉDEMPTEUR... DES INNOCENTS ONT ÉTÉ BLESSÉS ET TUÉS !
JE NE PEUX PAS LAISSER ÇA SE REPRODUIRE !
ANCRE TES JAMBES AU MUR...
ÇA VA FAIRE MAL...
YYEEAARRRGGHH !!!
WHHHEEE--OOOO!!
TIRONS-NOUS... LAISSE TOMBER LE FOURGON ET LES BIJOUX... LES FLICS ARRIVENT !
REGARDEZ ! SPIDER-MAN A ESSAYÉ DE NOUS ÉCRASER AVEC CE FOURGON !
SUPER.

CEPENDANT, À L'INSU DE SPIDER-MAN...
QU... QUELQUE CHOSE NOUS A ARRÊTÉS... EN NOUS RETENANT...
MAUDE, ON EST...
M... MAUDE...?
MAUDE !
PLUS TARD, DANS L'APPARTEMENT DE PETER PARKER...
ENFIN, CET ENDROIT COMMENCE À PRENDRE FORME !
OUAIS, MARY JANE, IL NOUS FALLAIT JUSTE QUELQUES COUCHES DE PEINTURE... ET UN BULLDOZER !
NOK! NOK!
QUELQU'UN TAPE À MA PORTE...?
QUELQUE CHOSE ME DIT QU'IL EST DE NOUVEAU TEMPS DE M'ÉCLIPSER.
PUMA ?! ICI ?!
VEUILLEZ M'EXCUSER D'ÊTRE AUSSI CAVALIER, JEUNE DAME, MAIS J'AI PRIS LA LIBERTÉ DE VOUS RAMENER UN PETIT SOUVENIR DU JAPON.
DU JAPON ? QU'EST-CE QUE TU FAISAIS AU JAPON ?
C'EST UNE LONGUE HISTOIRE, SPIDER-MAN.
MA BRÈVE RENCONTRE AVEC LE BEYONDER M'A CONVAINCU QU'IL ÉTAIT LA PLUS GRANDE MENACE DE L'HISTOIRE DE L'HUMANITÉ !
SPIDER-MAN, IL FAUT QU'ON JOIGNE NOS FORCES ET QU'ON LE FRAPPE AVEC TOUT CE QU'ON A !
TU AS PERDU LA TÊTE ? C'EST IMPOSSIBLE DE SURPRENDRE UN TYPE QUI EST OMNISCIENT ! IL POURRAIT TRÈS BIEN ÊTRE EN TRAIN DE NOUS ÉCOUTER, LÀ !
IL SUFFIRAIT JUSTE DE CRIER "HÉ, BEYONDER !" ET...
OH, NON ! QU'EST-CE QUE J'AI FAIT ?!
OUI...?
QU'EST-CE QUE TU VEUX ?

TU **SAIS** CE QUE JE VEUX.
TU N'AS TOUJOURS PAS COMPRIS, HEIN, PUMA ?
TU FERAIS MIEUX DE RESSEMBLER À TON AMI. SPIDER-MAN EST PÉTRI DE DIZAINES DE CONFLITS ET DE REMISES EN QUESTION...
... IL SE REPROCHE BEAUCOUP DE CHOSES DONT IL N'EST PAS RESPONSABLE, MAIS TOUT BIEN CONSIDÉRÉ, IL EST PLUTÔT EN BONNE FORME.
IL CONNAÎT SON RÔLE DANS L'ORDRE DES CHOSES.
IL EST SPIDER-MAN. UN CHAMPION AU SERVICE DE LA VIE. ET IL A UNE FAMILLE ET DES AMIS DONT IL DOIT PRENDRE SOIN.
IL A UN PROFOND ENGAGEMENT ET UN SENS DES RESPONSABILITÉS QUI NE LUI FERONT JAMAIS DÉFAUT.
TU SAIS QUOI... IL A RAISON...
JE T'OFFRE UN AUTRE EXEMPLE, PUMA. QUELQU'UN DE BEAUCOUP PLUS PROCHE DE TOI.
QUELQU'UN QUE J'AI ENFIN CONVAINCU DU FAIT QU'IL PERDAIT SON TEMPS. QUELQU'UN QUI A ENFIN ASSUMÉ SON VÉRITABLE RÔLE DANS L'UNIVERS !
MURAMOTO ! LE VIEUX MAÎTRE !
QUOI...?! CE N'EST PAS POSSIBLE...
AH, PUMA, MAIS ÇA L'EST.
TU CONNAIS MON AMOUR DE LA MUSIQUE ROCK DEPUIS UN BON MOMENT. POURQUOI ES-TU SURPRIS ?
QU'EST-CE QUE LE BEYONDER T'A FAIT ?
RIEN. IL A SIMPLEMENT PARLÉ. J'AI SIMPLEMENT ÉCOUTÉ.
RAMONES

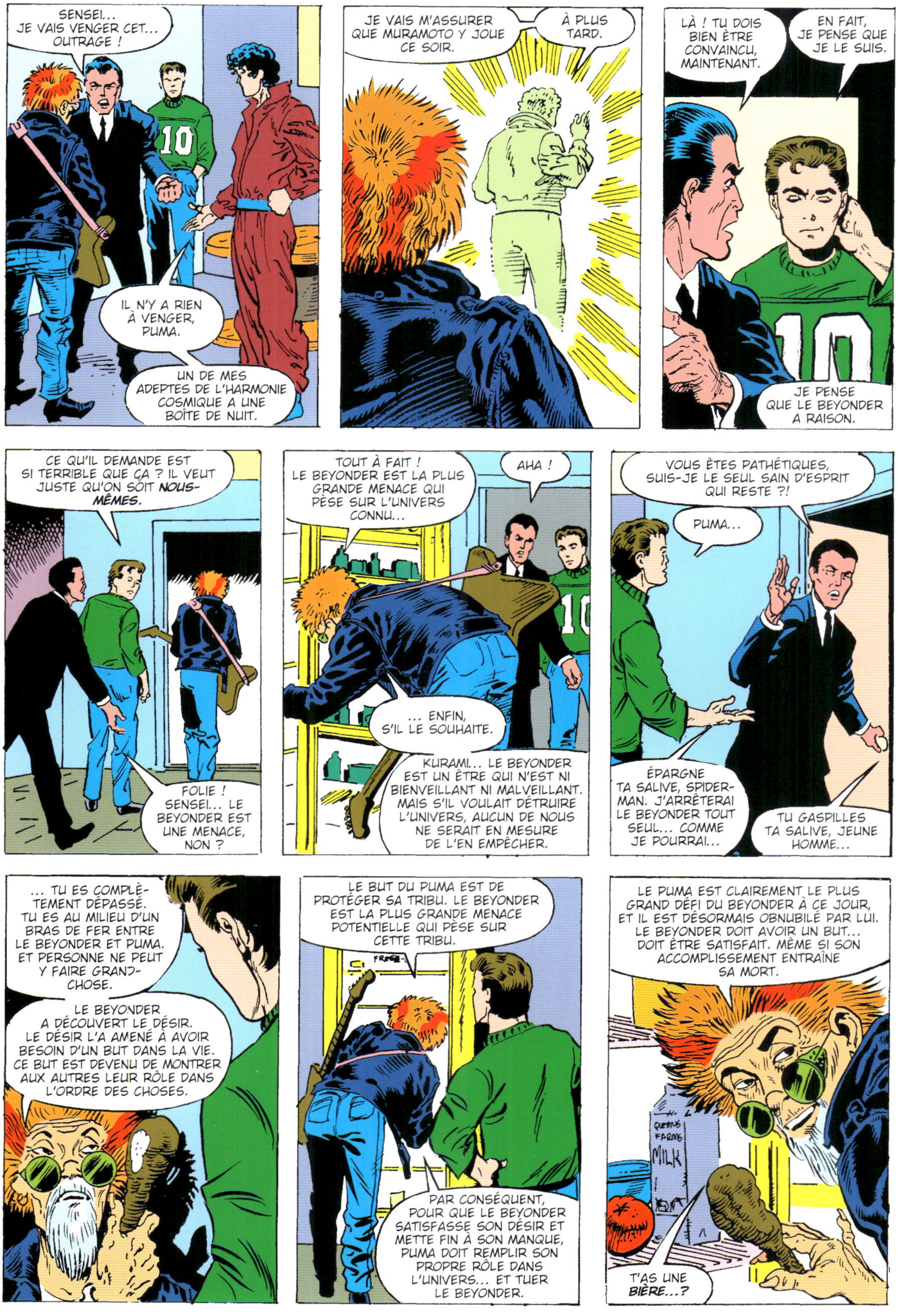
SENSEI... JE VAIS VENGER CET... OUTRAGE !
IL N'Y A RIEN À VENGER, PUMA.
UN DE MES ADEPTES DE L'HARMONIE COSMIQUE A UNE BOÎTE DE NUIT.
JE VAIS M'ASSURER QUE MURAMOTO Y JOUE CE SOIR.
À PLUS TARD.
LÀ ! TU DOIS BIEN ÊTRE CONVAINCU, MAINTENANT.
EN FAIT, JE PENSE QUE JE LE SUIS.
JE PENSE QUE LE BEYONDER A RAISON.
CE QU'IL DEMANDE EST SI TERRIBLE QUE ÇA ? IL VEUT JUSTE QU'ON SOIT NOUS-MÊMES.
FOLIE ! SENSEI... LE BEYONDER EST UNE MENACE, NON ?
TOUT À FAIT ! LE BEYONDER EST LA PLUS GRANDE MENACE QUI PÈSE SUR L'UNIVERS CONNU...
AHA !
... ENFIN, S'IL LE SOUHAITE.
KURAMI... LE BEYONDER EST UN ÊTRE QUI N'EST NI BIENVEILLANT NI MALVEILLANT. MAIS S'IL VOULAIT DÉTRUIRE L'UNIVERS, AUCUN DE NOUS NE SERAIT EN MESURE DE L'EN EMPÊCHER.
VOUS ÊTES PATHÉTIQUES, SUIS-JE LE SEUL SAIN D'ESPRIT QUI RESTE ?!
PUMA...
ÉPARGNE TA SALIVE, SPIDER-MAN. J'ARRÊTERAI LE BEYONDER TOUT SEUL... COMME JE POURRAI...
TU GASPILLES TA SALIVE, JEUNE HOMME...
... TU ES COMPLÈTEMENT DÉPASSÉ. TU ES AU MILIEU D'UN BRAS DE FER ENTRE LE BEYONDER ET PUMA. ET PERSONNE NE PEUT Y FAIRE GRAND-CHOSE.
LE BEYONDER A DÉCOUVERT LE DÉSIR. LE DÉSIR L'A AMENÉ À AVOIR BESOIN D'UN BUT DANS LA VIE. CE BUT EST DEVENU DE MONTRER AUX AUTRES LEUR RÔLE DANS L'ORDRE DES CHOSES.
LE BUT DU PUMA EST DE PROTÉGER SA TRIBU. LE BEYONDER EST LA PLUS GRANDE MENACE POTENTIELLE QUI PÈSE SUR CETTE TRIBU.
PAR CONSÉQUENT, POUR QUE LE BEYONDER SATISFASSE SON DÉSIR ET METTE FIN À SON MANQUE, PUMA DOIT REMPLIR SON PROPRE RÔLE DANS L'UNIVERS... ET TUER LE BEYONDER.
LE PUMA EST CLAIREMENT LE PLUS GRAND DÉFI DU BEYONDER À CE JOUR, ET IL EST DÉSORMAIS OBNUBILÉ PAR LUI. LE BEYONDER DOIT AVOIR UN BUT... DOIT ÊTRE SATISFAIT. MÊME SI SON ACCOMPLISSEMENT ENTRAÎNE SA MORT.
MILK
T'AS UNE BIÈRE...?

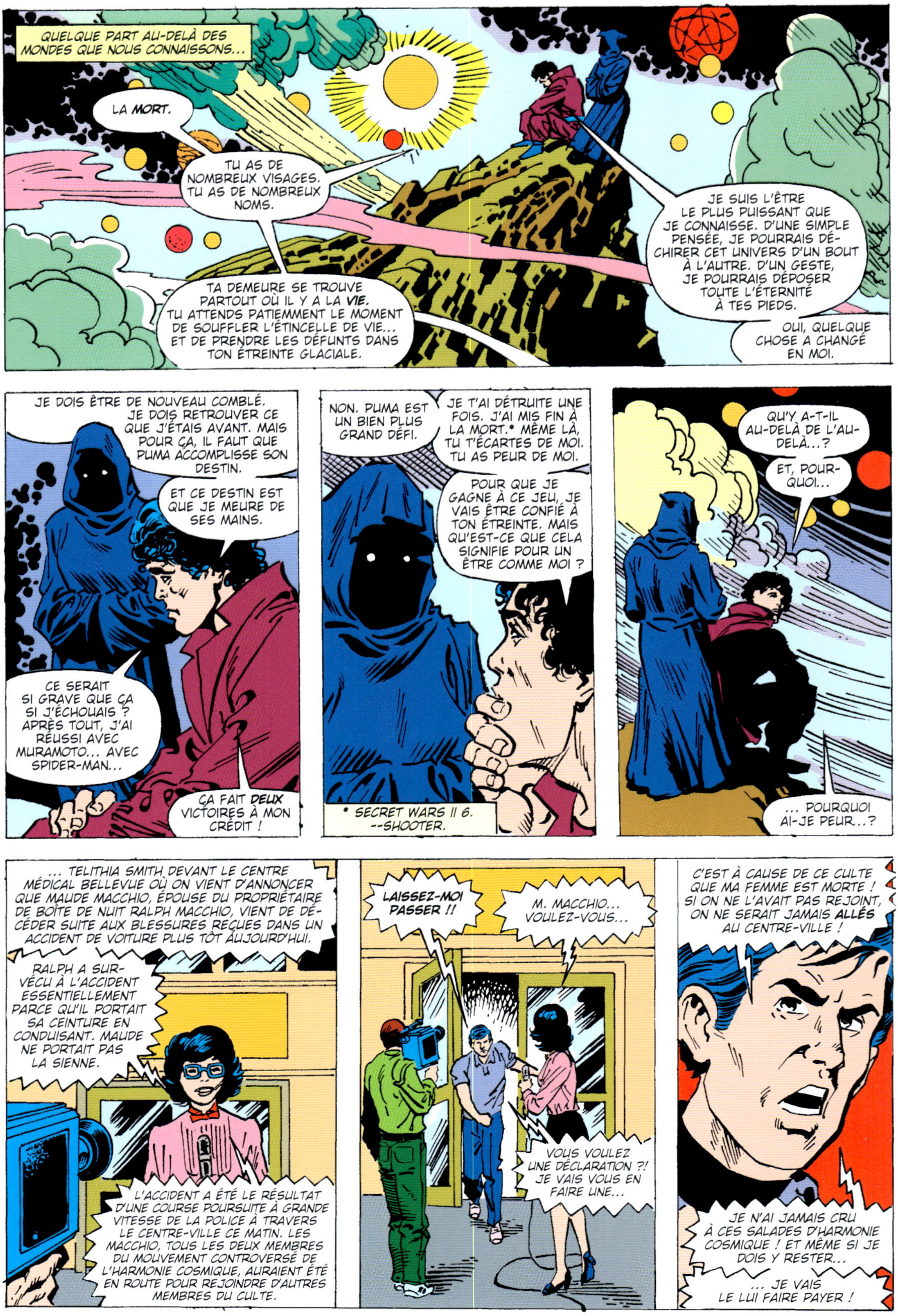
QUELQUE PART AU-DELÀ DES MONDES QUE NOUS CONNAISSONS...
LA MORT.
TU AS DE NOMBREUX VISAGES. TU AS DE NOMBREUX NOMS.
TA DEMEURE SE TROUVE PARTOUT OÙ IL Y A LA VIE. TU ATTENDS PATIEMMENT LE MOMENT DE SOUFFLER L'ÉTINCELLE DE VIE... ET DE PRENDRE LES DÉFUNTS DANS TON ÉTREINTE GLACIALE.
JE SUIS L'ÊTRE LE PLUS PUISSANT QUE JE CONNAISSE. D'UNE SIMPLE PENSÉE, JE POURRAIS DÉCHIRER CET UNIVERS D'UN BOUT À L'AUTRE. D'UN GESTE, JE POURRAIS DÉPOSER TOUTE L'ÉTERNITÉ À TES PIEDS.
OUI, QUELQUE CHOSE A CHANGÉ EN MOI.
JE DOIS ÊTRE DE NOUVEAU COMBLÉ. JE DOIS RETROUVER CE QUE J'ÉTAIS AVANT. MAIS POUR ÇA, IL FAUT QUE PUMA ACCOMPLISSE SON DESTIN.
ET CE DESTIN EST QUE JE MEURE DE SES MAINS.
CE SERAIT SI GRAVE QUE ÇA SI J'ÉCHOUAIS ? APRÈS TOUT, J'AI RÉUSSI AVEC MURAMOTO... AVEC SPIDER-MAN...
ÇA FAIT DEUX VICTOIRES À MON CRÉDIT !
NON. PUMA EST UN BIEN PLUS GRAND DÉFI.
JE T'AI DÉTRUITE UNE FOIS. J'AI MIS FIN À LA MORT.* MÊME LÀ, TU T'ÉCARTES DE MOI. TU AS PEUR DE MOI.
POUR QUE JE GAGNE À CE JEU, JE VAIS ÊTRE CONFIÉ À TON ÉTREINTE. MAIS QU'EST-CE QUE CELA SIGNIFIE POUR UN ÊTRE COMME MOI ?
* SECRET WARS II 6. --SHOOTER.
QU'Y A-T-IL AU-DELÀ DE L'AU-DELÀ...?
ET, POURQUOI...
... POURQUOI AI-JE PEUR...?
... TELITHIA SMITH DEVANT LE CENTRE MÉDICAL BELLEVUE OÙ ON VIENT D'ANNONCER QUE MAUDE MACCHIO, ÉPOUSE DU PROPRIÉTAIRE DE BOÎTE DE NUIT RALPH MACCHIO, VIENT DE DÉCÉDER SUITE AUX BLESSURES REÇUES DANS UN ACCIDENT DE VOITURE PLUS TÔT AUJOURD'HUI.
RALPH A SURVÉCU À L'ACCIDENT ESSENTIELLEMENT PARCE QU'IL PORTAIT SA CEINTURE EN CONDUISANT. MAUDE NE PORTAIT PAS LA SIENNE.
L'ACCIDENT A ÉTÉ LE RÉSULTAT D'UNE COURSE POURSUITE À GRANDE VITESSE DE LA POLICE À TRAVERS LE CENTRE-VILLE CE MATIN. LES MACCHIO, TOUS LES DEUX MEMBRES DU MOUVEMENT CONTROVERSÉ DE L'HARMONIE COSMIQUE, AURAIENT ÉTÉ EN ROUTE POUR REJOINDRE D'AUTRES MEMBRES DU CULTE.
LAISSEZ-MOI PASSER !!
M. MACCHIO... VOULEZ-VOUS...
VOUS VOULEZ UNE DÉCLARATION ?! JE VAIS VOUS EN FAIRE UNE...
C'EST À CAUSE DE CE CULTE QUE MA FEMME EST MORTE ! SI ON NE L'AVAIT PAS REJOINT, ON NE SERAIT JAMAIS ALLÉS AU CENTRE-VILLE !
JE N'AI JAMAIS CRU À CES SALADES D'HARMONIE COSMIQUE ! ET MÊME SI JE DOIS Y RESTER...
... JE VAIS LE LUI FAIRE PAYER !

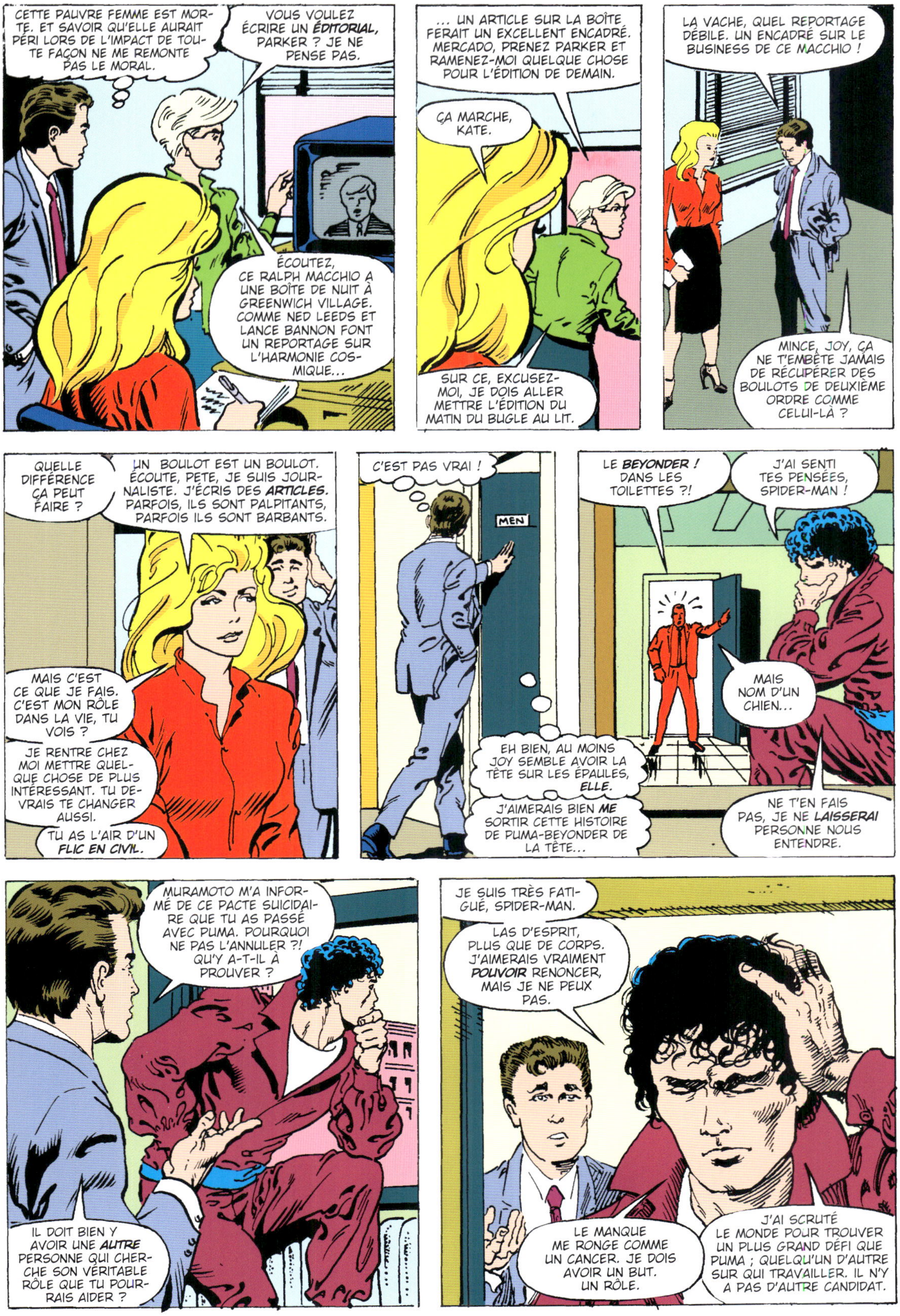

CETTE PAUVRE FEMME EST MORTE. ET SAVOIR QU'ELLE AURAIT PÉRI LORS DE L'IMPACT DE TOUTE FAÇON NE ME REMONTE PAS LE MORAL.
VOUS VOULEZ ÉCRIRE UN **ÉDITORIAL,** PARKER ? JE NE PENSE PAS.
ÉCOUTEZ, CE RALPH MACCHIO A UNE BOÎTE DE NUIT À GREENWICH VILLAGE. COMME NED LEEDS ET LANCE BANNON FONT UN REPORTAGE SUR L'HARMONIE COSMIQUE...
... UN ARTICLE SUR LA BOÎTE FERAIT UN EXCELLENT ENCADRÉ. MERCADO, PRENEZ PARKER ET RAMENEZ-MOI QUELQUE CHOSE POUR L'ÉDITION DE DEMAIN.
ÇA MARCHE, KATE.
SUR CE, EXCUSEZ-MOI, JE DOIS ALLER METTRE L'ÉDITION DU MATIN DU BUGLE AU LIT.
LA VACHE, QUEL REPORTAGE DÉBILE. UN ENCADRÉ SUR LE BUSINESS DE CE MACCHIO !
MINCE, JOY, ÇA NE T'EMBÊTE JAMAIS DE RÉCUPÉRER DES BOULOTS DE DEUXIÈME ORDRE COMME CELUI-LÀ ?
QUELLE DIFFÉRENCE ÇA PEUT FAIRE ?
UN BOULOT EST UN BOULOT. ÉCOUTE, PETE, JE SUIS JOURNALISTE. J'ÉCRIS DES **ARTICLES.** PARFOIS, ILS SONT PALPITANTS, PARFOIS ILS SONT BARBANTS.
MAIS C'EST CE QUE JE FAIS. C'EST MON RÔLE DANS LA VIE, TU VOIS ?
JE RENTRE CHEZ MOI METTRE QUELQUE CHOSE DE PLUS INTÉRESSANT. TU DEVRAIS TE CHANGER AUSSI.
TU AS L'AIR D'UN **FLIC EN CIVIL.**
C'EST PAS VRAI !
MEN
EH BIEN, AU MOINS JOY SEMBLE AVOIR LA TÊTE SUR LES ÉPAULES, ***ELLE.***
J'AIMERAIS BIEN ***ME*** SORTIR CETTE HISTOIRE DE PUMA-BEYONDER DE LA TÊTE...
LE ***BEYONDER !*** DANS LES TOILETTES ?!
J'AI SENTI TES PENSÉES, SPIDER-MAN !
MAIS NOM D'UN CHIEN...
NE T'EN FAIS PAS, JE NE ***LAISSERAI*** PERSONNE NOUS ENTENDRE.
MURAMOTO M'A INFORMÉ DE CE PACTE SUICIDAIRE QUE TU AS PASSÉ AVEC PUMA. POURQUOI NE PAS L'ANNULER ?! QU'Y A-T-IL À PROUVER ?
IL DOIT BIEN Y AVOIR UNE ***AUTRE*** PERSONNE QUI CHERCHE SON VÉRITABLE RÔLE QUE TU POURRAIS AIDER ?
JE SUIS TRÈS FATIGUÉ, SPIDER-MAN.
LAS D'ESPRIT, PLUS QUE DE CORPS. J'AIMERAIS VRAIMENT ***POUVOIR*** RENONCER, MAIS JE NE PEUX PAS.
LE MANQUE ME RONGE COMME UN CANCER. JE DOIS AVOIR UN BUT. UN RÔLE.
J'AI SCRUTÉ LE MONDE POUR TROUVER UN PLUS GRAND DÉFI QUE PUMA ; QUELQU'UN D'AUTRE SUR QUI TRAVAILLER. IL N'Y A PAS D'AUTRE CANDIDAT.

LE PUMA A LE POUVOIR DE ME DÉTRUIRE... ET NE LE SAIT MÊME PAS. J'EN AI CONCLU, SPIDER-MAN, QUE MON RÔLE ULTIME...
... EST DE MOURIR.
AVEC DE LA CHANCE, D'INNOMBRABLES INDIVIDUS TIRERONT LES ENSEIGNEMENTS DE MON EXEMPLE ET TROUVERONT LEUR RÔLE. L'INÉGALITÉ DE CE MONDE, LE MANQUE TOUT AUTOUR DE NOUS PRENDRA FIN.
PUMA SERA MA GRANDE VICTOIRE. J'EN AI BESOIN. JE DOIS L'AVOIR.
SI JE NE L'AI PAS... EH BIEN...
... JE N'AI MÊME PAS ENVIE D'Y PENSER...
L'IRS* N'A RIEN TROUVÉ, MONSIEUR FIREHEART.
NOS CONTACTS AU CAPITOLE DISENT QU'ILS NE PEUVENT RIEN FAIRE...
* INTERNAL REVENUE SERVICE (FISC). --SHOOTER.
... LE MOUVEMENT DE L'HARMONIE COSMIQUE N'EST PAS OFFICIELLEMENT UNE SECTE...
JE SUIS DÉSOLÉ, M. FIREHEART. ON EST DANS UNE IMPASSE, À TOUS LES NIVEAUX.
MERCI POUR VOTRE AIDE, MESSIEURS.
VOUS POUVEZ RENTRER CHEZ VOUS.
ÇA Y EST ! DANS UNE SECONDE, IL VA SE METTRE À SORTIR LES PRÉAVIS DE LICENCIEMENT !
C'ÉTAIT QUOI CETTE HISTOIRE...?
POURQUOI S'INTÉRESSER À L'INTERDICTION DE CETTE SECTE DÉBILE ?
"JE NE SAIS PAS, MAIS JE DIRAIS...
"... QUE NOTRE JEUNE M. FIREHEART EST À COURT D'OPTIONS."

TRÈS BIEN, CHER PUBLIC.
IL EST TEMPS DE PASSER AU LIVE.
VOILÀ **VIEUX MAÎTRE ET LES CHANTEURS !**
TRÈS BIEN, MES FILS.
ALLONS-Y.
OUAH... TU ES TELLEMENT... BEAU ! JE PEUX M'ASSEOIR ICI... ?
DÉGAGE, FILLETTE. **JE** L'AI VU LA PREMIÈRE.
DU CALME, MESDAMES. IL Y EN A POUR TOUT LE MONDE.
QUE CES CHOSES DEVIENNENT INSIGNIFIANTES QUAND ON CONSIDÈRE LE SORT DE L'UNIVERS.
SI JE PERDS, LE COÛT SERA DÉVASTATEUR. SI JE GAGNE...
... LA **MORT**...
ALORS, D'OÙ TU VIENS ?
JE VIENS DE L'AU-DELÀ.
OUAH ! J'HABITE AUSSI DANS LE NEW JERSEY !
MACCHIO'S
VA-T'EN.
MAIS... VOILÀ MA CARTE DE PRESSE...
MÊME SI TU ME MONTRAIS TON **NOMBRIL**, TU N'ENTRERAIS PAS, M'SIEUR...
... PETER PARKER.
OH, BIEN. IL SAIT LIRE...
ÇA N'A RIEN DE PERSONNEL, HEIN ? C'EST UNE BOÎTE PUNK. TU DOIS DÉCHIRER TA CHEMISE ET CHANGER DE POMPES...
TU AS L'AIR D'UN **FLIC EN CIVIL**...
SALUT, LOUIE...

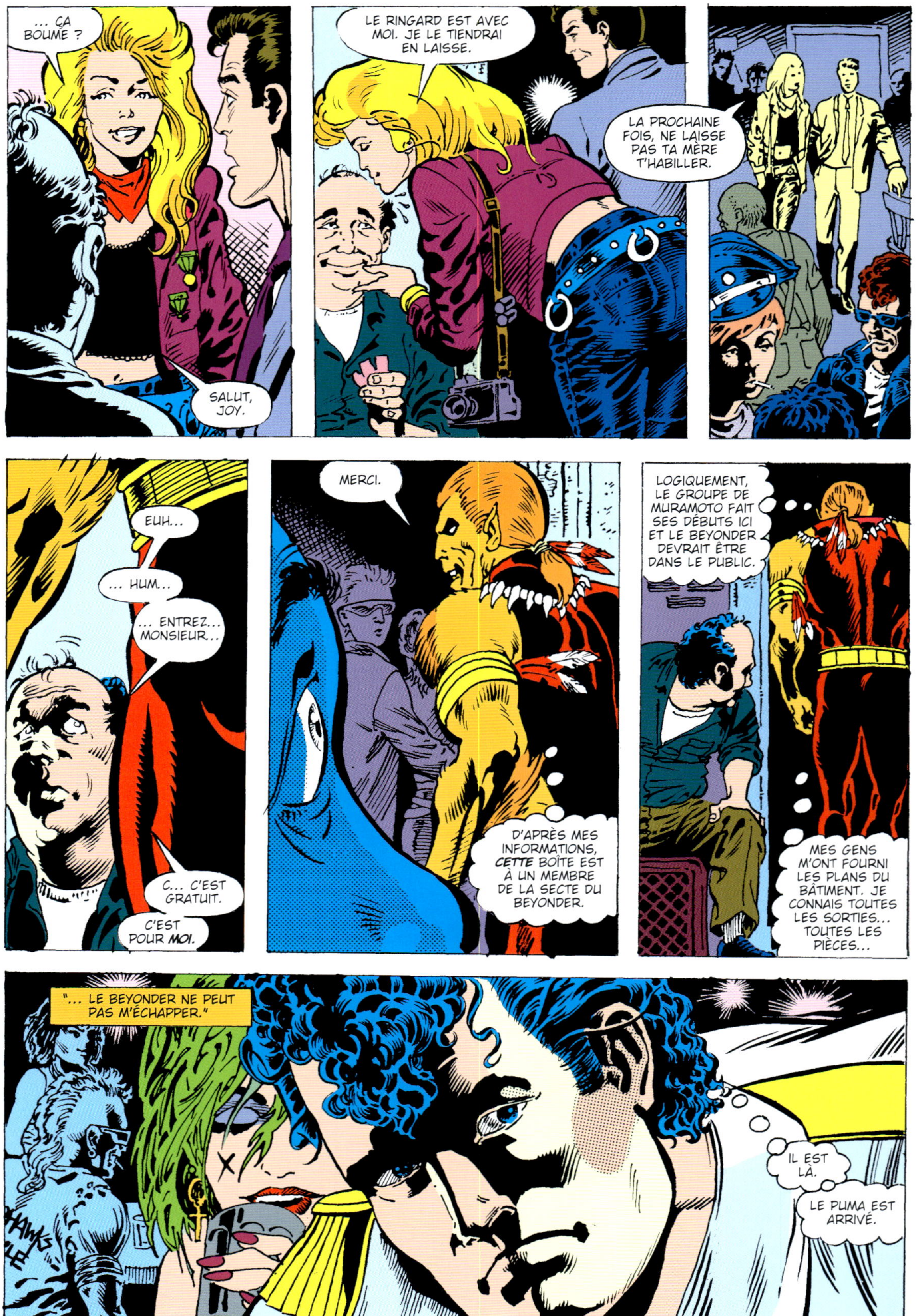
... ÇA BOUME ?
SALUT, JOY.
LE RINGARD EST AVEC MOI. JE LE TIENDRAI EN LAISSE.
LA PROCHAINE FOIS, NE LAISSE PAS TA MÈRE T'HABILLER.
EUH...
... HUM...
... ENTREZ... MONSIEUR...
C... C'EST GRATUIT.
C'EST POUR MOI.
MERCI.
D'APRÈS MES INFORMATIONS, CETTE BOÎTE EST À UN MEMBRE DE LA SECTE DU BEYONDER.
LOGIQUEMENT, LE GROUPE DE MURAMOTO FAIT SES DÉBUTS ICI ET LE BEYONDER DEVRAIT ÊTRE DANS LE PUBLIC.
MES GENS M'ONT FOURNI LES PLANS DU BÂTIMENT. JE CONNAIS TOUTES LES SORTIES... TOUTES LES PIÈCES...
"... LE BEYONDER NE PEUT PAS M'ÉCHAPPER."
IL EST LÀ.
LE PUMA EST ARRIVÉ.

IL A SANS AUCUN DOUTE SENTI MA PRÉSENCE. IL SAIT QUE JE SUIS LÀ.
ALORS, CET ENDROIT TE PLAÎT ?
BIEN SÛR ! C'EST COOL, PETEY !
TU DEVRAIS VIRER TA VESTE ET TA CRAVATE. TU SERAIS PLUS À L'AISE.
JE N'AI PAS ENVIE D'ÊTRE PLUS À L'AISE.
CETTE FILLE EST INCROYABLE ! C'EST DINGUE QUE JE NE L'AIE PAS REMARQUÉE PLUS TÔT...
MON SENS D'ARAIGNÉE S'EMBALLE.
CE DOIT ÊTRE LE BEYONDER ! JE ME DEMANDE SI PUMA EST LÀ...
ILS ONT DÛ DÉCLENCHER MON SENS D'ARAIGNÉE !
JE VAIS ME FAIRE LE BEYONDER. JE VAIS LE TUER. J'AI MON FLINGUE.
JE VAIS L'AVOIR... POUR MAUDE...
JE MEURS. JE VIS. JE MEURS.
MILLE MORTS. POURQUOI AI-JE PEUR ? QU'AI-JE TROUVÉ DANS CETTE VIE, DANS CE CORPS...
... QUE JE SUIS SI TERRIFIÉ DE PERDRE ?
PLUS DE DOUTES. PLUS DE PEURS.
PERSONNE NE VEUT ME SOUTENIR. PERSONNE NE VOIT LA MENACE. JE SUIS TOUT SEUL.
VOILÀ LE MOMENT POUR LEQUEL J'AI VÉCU TOUTE MON EXISTENCE. LE BEYONDER DOIT MOURIR.
LE BEYONDER VA MOURIR.
"... OU JE MOURRAI EN ESSAYANT."
JE PEUX Y METTRE FIN. EN UN ÉCLAIR, JE PEUX ÊTRE À L'AUTRE BOUT DE L'UNIVERS.
PUIS-JE VIVRE EN AYANT PERDU ? PUIS-JE MOURIR... JUSTE POUR GAGNER...?

UNE... ARME...
IL VISE LE BEYONDER...
KURAMI... ATTENTION !!
HEIN ?!
NON !! TU VAS TOUT GÂCHER !
PAS QUES-TION !
BLAMM!
ZUT ! J'ÉTAIS TELLEMENT FOCALISÉ SUR PUMA QUE JE N'AI MÊME PAS REMARQUÉ RALPH.
EH BIEN... JE PEUX SOIGNER ÇA. MURAMOTO... PAU-VRE IDIOT.
CE TYPE... SE PREND UNE BALLE DANS LA TÊTE... ET ÇA NE LUI FAIT RIEN...?
TU T'ES SACRIFIÉ POUR RIEN. LA BALLE DE RALPH NE POUVAIT PAS ME FAIRE DE MAL.
TU ÉTAIS UNIQUEMENT LÀ... POUR JOUER...
ALLONS-NOUS-EN D'ICI !
TU VEUX RIRE ? ÇA, MON GRAND, C'EST DE L'INFO !
CE N'ÉTAIT PAS TOI QUI RÂLAIS PARCE QUE TU TROUVAIS QUE CE REPORTAGE ÉTAIT BARBANT...?
JE N'AI PAS ENVIE DE MOURIR, JOY. ON S'EN VA, ON PRENDRA DES NOTES PLUS TARD !
TU T'EN VAS, LE PHOTOGRA-PHE. J'AI TON APPAREIL. JE VAIS À LA PÊCHE AU SCOOP !

POLICE ! FAUT LES APPELER !
PAS POSSIBLE ! ILS SE SONT SÉPARÉS !!
JE ME CASSE !
DÉGAGEZ ! DÉGAGEZ !
EXIT
BEYONDER.
MURAMOTO EST MORT. SI TU L'AVAIS LAISSÉ À TOKYO, IL SERAIT EN VIE.
ÉPARGNE-MOI L'HISTOIRE, PUMA. FAIS CE QUE TU ES VENU FAIRE.
JE VAIS LE FAIRE.
J'AI TOUJOURS EU DES DOUTES. MÊME CE SOIR. JE NE SAVAIS PAS SI JE VENAIS POUR FAIRE LA BONNE CHOSE.
MURAMOTO EST MORT. MON AMI EST MORT.
DU COUP, JE LE SAIS.
NOUS Y VOILÀ.
ALORS VAS-Y, PUMA. FAIS CE QUE TU ES VENU FAIRE !
ACCOMPLIS TON DESTIN !!
BLAMM!!
CHIO'S
DANS UNE RUELLE...
QU'EST-CE...
... QUE...
... C'ÉTAIT ?!

PEU APRÈS...
ÇA M'ENNUIE D'ÊTRE PASSÉ POUR UN LÂCHE DEVANT JOY, MAIS JE DEVAIS FILER POUR...
... ME CHANGER EN SPIDEY !
MAINTENANT QUE J'AI ENTOILÉ MES HABITS CIVILS SUR LE MUR DE LA RUELLE, JE PEUX...
... CETTE LUEUR...
NON !!
OUI !!
RESTE OÙ TU ES, SPIDER-MAN ! LE PUMA S'ADAPTE PARFAITEMENT AU RÔLE DE SA VIE... SANS AUCUN DOUTE... L'UNIVERS S'EST ALIGNÉ AUTOUR DE LUI HARMONIEUSEMENT ! IL NE FAIT QU'UN AVEC L'UNIVERS !
IL A MÊME LE POUVOIR DE ME TUER !
C'EST CE QU'ON VA VOIR !
J'AI ÉTÉ IDIOT ! QUELLE PERTE DE TEMPS ÇA A ÉTÉ POUR MOI DE RECHERCHER DE L'AIDE POUR TUER LE BEYONDER ! LES ANCIENNES LÉGENDES DISAIENT VRAI !
JE SUIS LE PUMA !
JE N'AI PAS BESOIN D'AIDE ! ET PERSONNE NE PEUT M'ARRÊTER !
THWACK!!

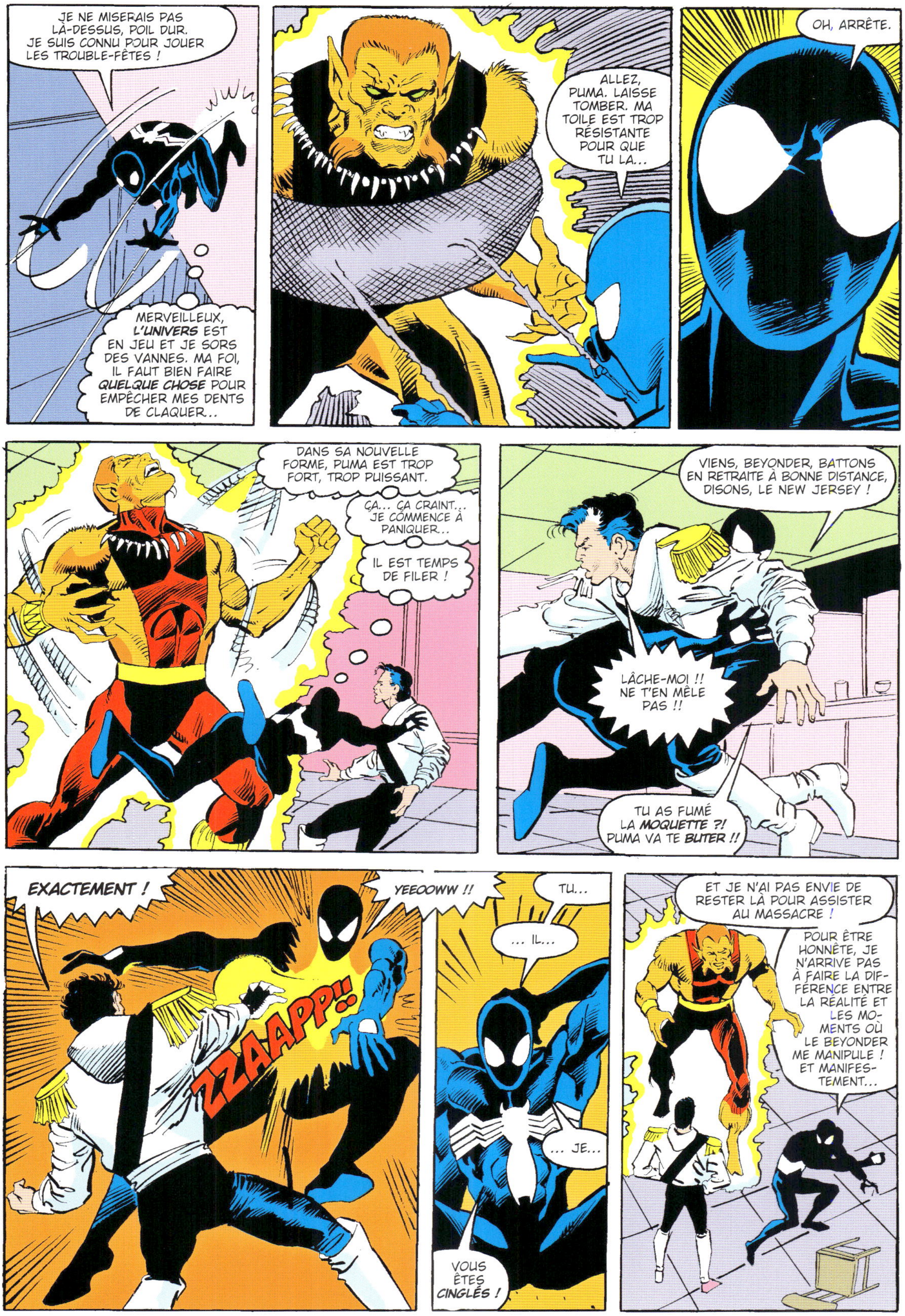

JE NE MISERAIS PAS LÀ-DESSUS, POIL DUR. JE SUIS CONNU POUR JOUER LES TROUBLE-FÊTES !
MERVEILLEUX, L'UNIVERS EST EN JEU ET JE SORS DES VANNES. MA FOI, IL FAUT BIEN FAIRE QUELQUE CHOSE POUR EMPÊCHER MES DENTS DE CLAQUER...
ALLEZ, PUMA. LAISSE TOMBER. MA TOILE EST TROP RÉSISTANTE POUR QUE TU LA...
OH, ARRÊTE.
DANS SA NOUVELLE FORME, PUMA EST TROP FORT, TROP PUISSANT.
ÇA... ÇA CRAINT... JE COMMENCE À PANIQUER...
IL EST TEMPS DE FILER !
VIENS, BEYONDER, BATTONS EN RETRAITE À BONNE DISTANCE, DISONS, LE NEW JERSEY !
LÂCHE-MOI !! NE T'EN MÊLE PAS !!
TU AS FUMÉ LA MOQUETTE ?! PUMA VA TE BUTER !!
EXACTEMENT !
ZZAAPP!!
YEEOOWW !!
TU...
... IL...
... JE...
VOUS ÊTES CINGLÉS !
ET JE N'AI PAS ENVIE DE RESTER LÀ POUR ASSISTER AU MASSACRE !
POUR ÊTRE HONNÊTE, JE N'ARRIVE PAS À FAIRE LA DIFFÉRENCE ENTRE LA RÉALITÉ ET LES MOMENTS OÙ LE BEYONDER ME MANIPULE ! ET MANIFESTEMENT...

JIM OWSLEY
Scénario

RICH BUCKLER
Dessin

M. HANDS
Encrage

NEL YOMTOV
Couleurs

MAKMA / NICK MEYLAENDER
Traduction

BIT
Lettrage

JIM SHOOTER & TOM DEFALCO
Rédaction USA

"LE JOUR DE NOËL, LA NEIGE AVAIT TOUT RECOUVERT DE BLANC ; MAIS LE PÈRE NOËL ÉTAIT VENU NOUS VOIR LA NUIT D'AVANT.
"IL AVAIT REMPLI MON PETIT SOULIER... JE SAVAIS QU'IL N'OUBLIERAIT PAS. OH MERCI, MERCI PÈRE NOËL, J'ESPÈRE QU'UN JOUR ON SE RENCONTRERA.
"TU ES TOUJOURS SI BON AVEC MOI QUAND LE JOUR DE NOËL ARRIVE, QUE JE ME DEMANDE SOUVENT COMMENT TU FAIS ! CAR..."
"on ne t'entend jamais."
HÉ ! REVENEZ AVEC ÇA ! ARRÊTEZ !

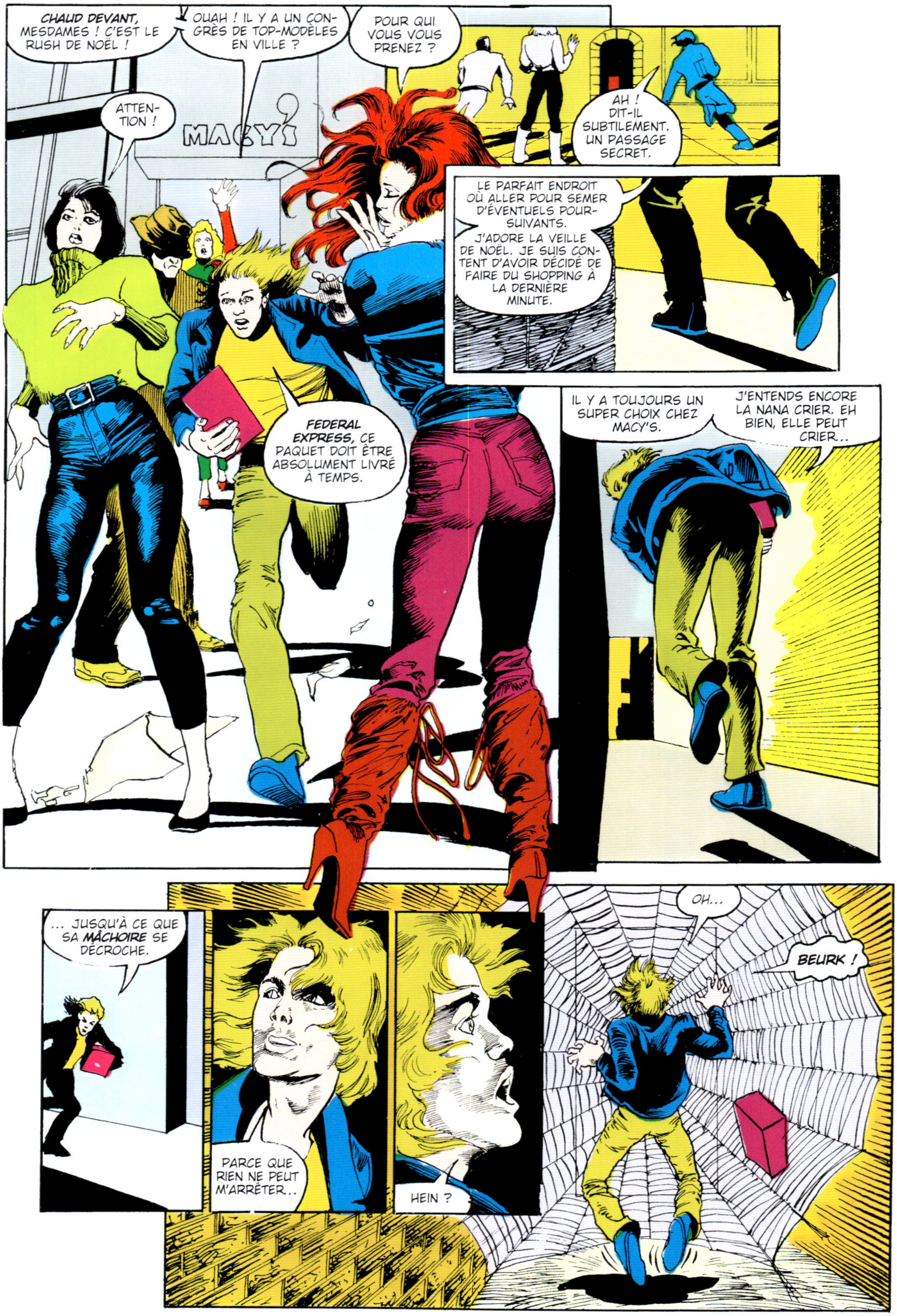
CHAUD DEVANT, MESDAMES ! C'EST LE RUSH DE NOËL !
OUAH ! IL Y A UN CONGRÈS DE TOP-MODÈLES EN VILLE ?
POUR QUI VOUS VOUS PRENEZ ?
ATTENTION !
MACY'S
FEDERAL EXPRESS, CE PAQUET DOIT ÊTRE ABSOLUMENT LIVRÉ À TEMPS.
AH ! DIT-IL SUBTILEMENT. UN PASSAGE SECRET.
LE PARFAIT ENDROIT OÙ ALLER POUR SEMER D'ÉVENTUELS POURSUIVANTS.
J'ADORE LA VEILLE DE NOËL. JE SUIS CONTENT D'AVOIR DÉCIDÉ DE FAIRE DU SHOPPING À LA DERNIÈRE MINUTE.
IL Y A TOUJOURS UN SUPER CHOIX CHEZ MACY'S.
J'ENTENDS ENCORE LA NANA CRIER. EH BIEN, ELLE PEUT CRIER...
... JUSQU'À CE QUE SA MÂCHOIRE SE DÉCROCHE.
PARCE QUE RIEN NE PEUT M'ARRÊTER...
HEIN ?
OH...
BEURK !

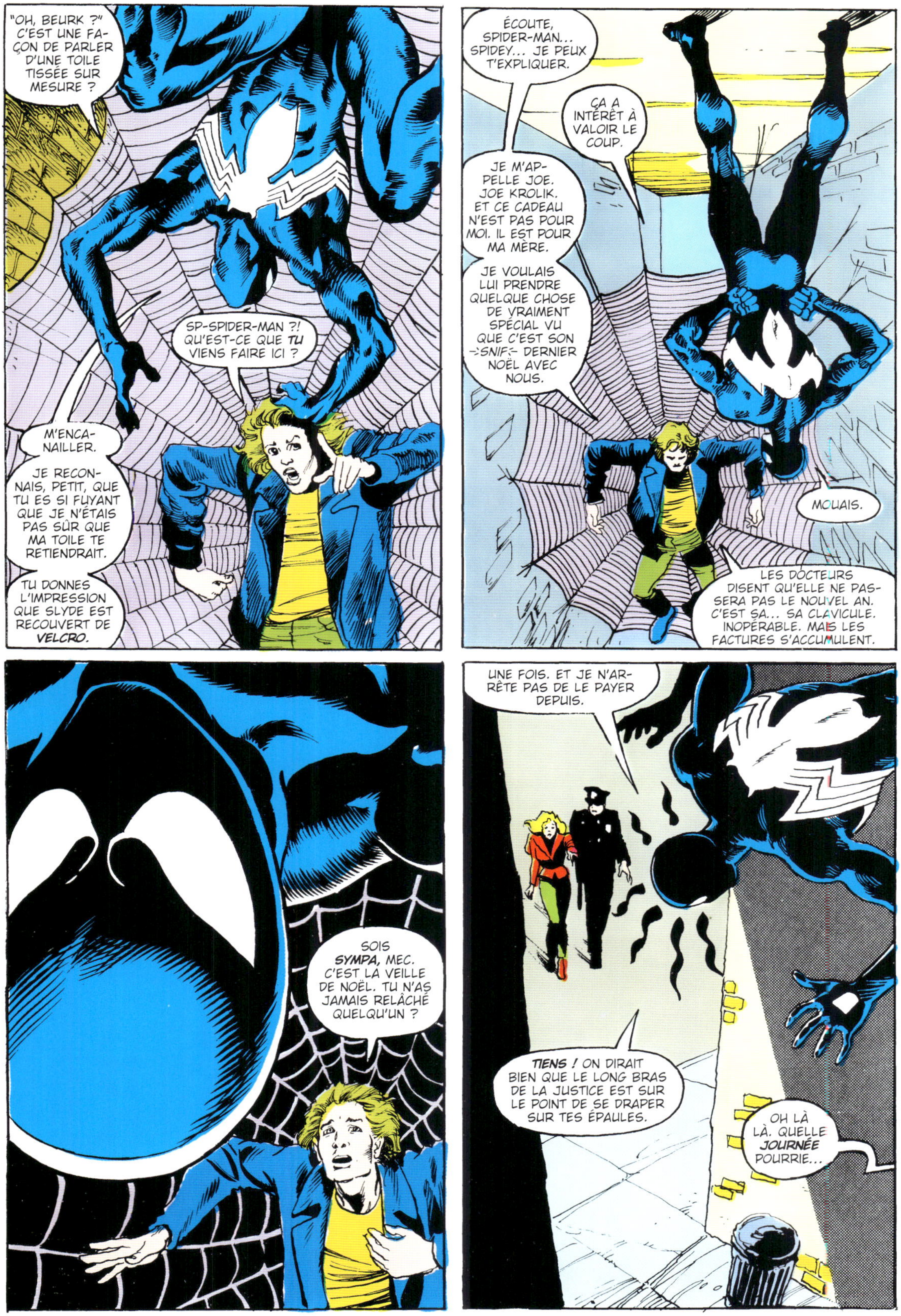
"OH, BEURK ?" C'EST UNE FAÇON DE PARLER D'UNE TOILE TISSÉE SUR MESURE ?
SP-SPIDER-MAN ?! QU'EST-CE QUE **TU** VIENS FAIRE ICI ?
M'ENCANAILLER.
JE RECONNAIS, PETIT, QUE TU ES SI FUYANT QUE JE N'ÉTAIS PAS SÛR QUE MA TOILE TE RETIENDRAIT.
TU DONNES L'IMPRESSION QUE SLYDE EST RECOUVERT DE **VELCRO.**
ÉCOUTE, SPIDER-MAN... SPIDEY... JE PEUX T'EXPLIQUER.
ÇA A INTÉRÊT À VALOIR LE COUP.
JE M'APPELLE JOE. JOE KROLIK. ET CE CADEAU N'EST PAS POUR MOI. IL EST POUR MA MÈRE.
JE VOULAIS LUI PRENDRE QUELQUE CHOSE DE VRAIMENT SPÉCIAL VU QUE C'EST SON -SNIF- DERNIER NOËL AVEC NOUS.
MOUAIS.
LES DOCTEURS DISENT QU'ELLE NE PASSERA PAS LE NOUVEL AN. C'EST SA... SA CLAVICULE. INOPÉRABLE. MAIS LES FACTURES S'ACCUMULENT.
SOIS **SYMPA,** MEC. C'EST LA VEILLE DE NOËL. TU N'AS JAMAIS RELÂCHÉ QUELQU'UN ?
UNE FOIS. ET JE N'ARRÊTE PAS DE LE PAYER DEPUIS.
TIENS ! ON DIRAIT BIEN QUE LE LONG BRAS DE LA JUSTICE EST SUR LE POINT DE SE DRAPER SUR TES ÉPAULES.
OH LÀ LÀ. QUELLE **JOURNÉE** POURRIE...

EN FAIT, J'AI LAISSÉ FILER PLUSIEURS PERSONNES... ET ÇA S'EST PRESQUE TOUJOURS AVÉRÉ UNE MAUVAISE IDÉE.
JE NE SAIS TOUJOURS PAS SI C'ÉTAIT INTELLIGENT, MAIS JE SUIS SÛR D'UNE CHOSE.
JE N'AI PAS OUBLIÉ BLACK FOX ET L'HISTOIRE DE DÉPART À LA RETRAITE QU'IL M'A SORTIE IL Y A UN PETIT MOMENT.
"IL FAUDRAIT VRAIMENT ÊTRE UN GOGO DE PREMIÈRE POUR GOBER L'HISTOIRE DÉBILE DE JOE."
SA CLAVICULE ? OH, LA PAUVRE.
JE SAVAIS QUE VOUS COMPRENDRIEZ.
OH, OUI. M. L'AGENT ! M. L'AGENT, J'AIMERAIS RETIRER MA PLAINTE.
C'EST PAS VRAI.
MA CHÈRE MADAME, JE SUIS DÉSOLÉ DE VOUS AVOIR FAIT DU TORT.
QUE VOUS PUISSIEZ AVOIR LE BON CŒUR DE ME PARDONNER ! VOUS ÊTES UNE SAINTE.
OUI, JE SAIS.
JOYEUX NOËL À VOUS !
À VOUS AUSSI !
UNE SAINTE ! UNE SAINTE !
CETTE FEMME EST UNE SAINTE !
EH BIEN, JE CROIS QUE J'AI ENCORE LE TEMPS D'ALLER CHEZ BLOOMIE'S ET...
LE TEMPS ? MA... MA MONTRE...
CE PETIT FUMIER M'A VOLÉ MA MONTRE !
PLUS TARD, DANS LE HALL D'ENTRÉE DU DAILY BUGLE...
DÉSOLÉ, LES NUMÉROS AVEC MADONNA ONT TOUS ÉTÉ VENDUS.
EH BÉ... IL N'Y A JAMAIS EU UNE AUSSI MAUVAISE PARTICIPATION À LA CAMPAGNE DE "JOUETS POUR LES DÉFAVORISÉS".
JE ME DEMANDE CE QUE LES GENS ONT EN TÊTE DE NOS JOURS, À DÉFAUT D'UN ESPRIT CHARITABLE ?

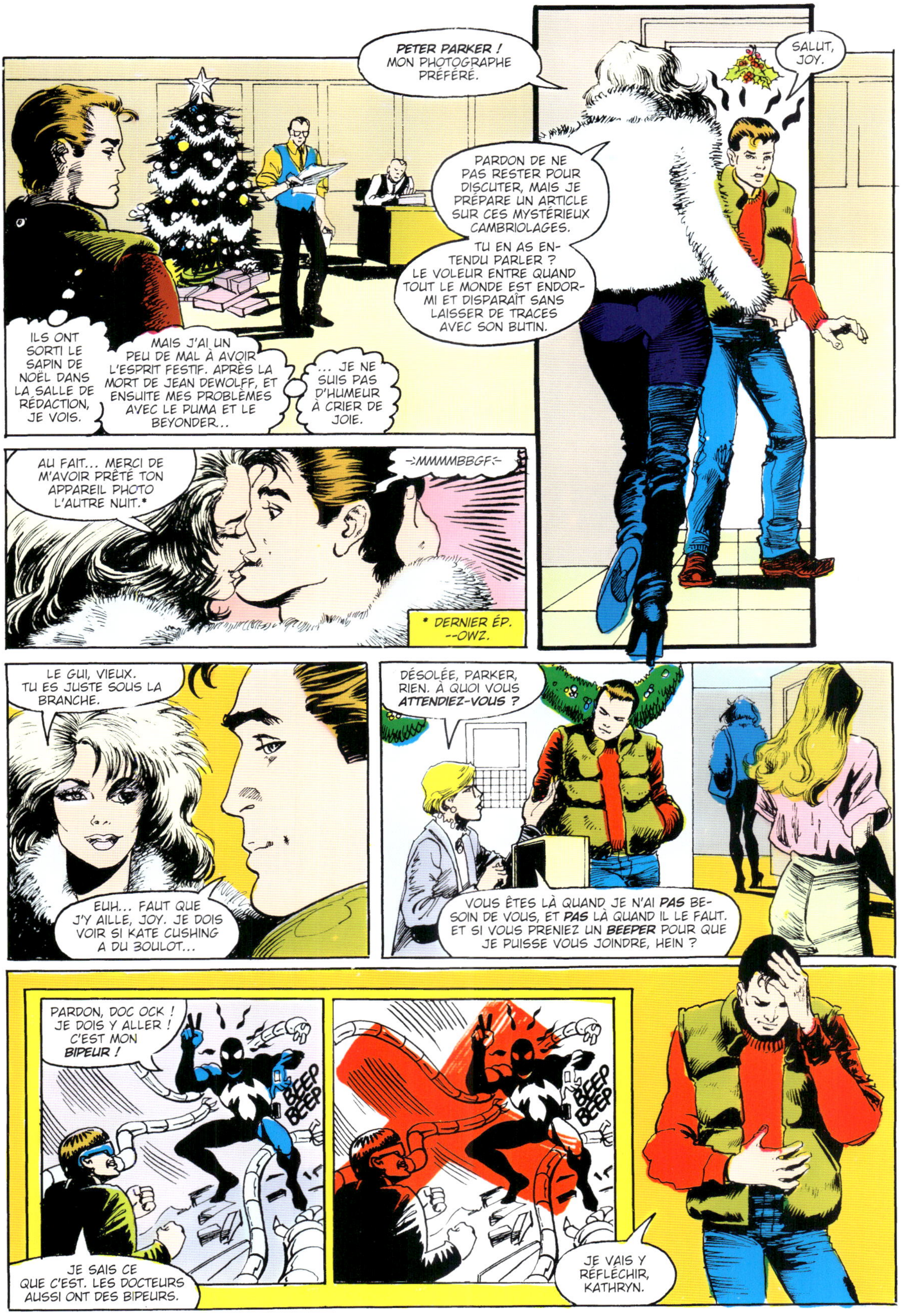
ILS ONT SORTI LE SAPIN DE NOËL DANS LA SALLE DE RÉDACTION, JE VOIS.
MAIS J'AI UN PEU DE MAL À AVOIR L'ESPRIT FESTIF. APRÈS LA MORT DE JEAN DEWOLFF, ET ENSUITE MES PROBLÈMES AVEC LE PUMA ET LE BEYONDER...
... JE NE SUIS PAS D'HUMEUR À CRIER DE JOIE.
PETER PARKER ! MON PHOTOGRAPHE PRÉFÉRÉ.
SALUT, JOY.
PARDON DE NE PAS RESTER POUR DISCUTER, MAIS JE PRÉPARE UN ARTICLE SUR CES MYSTÉRIEUX CAMBRIOLAGES.
TU EN AS ENTENDU PARLER ? LE VOLEUR ENTRE QUAND TOUT LE MONDE EST ENDORMI ET DISPARAÎT SANS LAISSER DE TRACES AVEC SON BUTIN.
AU FAIT... MERCI DE M'AVOIR PRÊTÉ TON APPAREIL PHOTO L'AUTRE NUIT.*
-MMMMBBGF-
* DERNIER ÉP. --OWZ.
LE GUI, VIEUX. TU ES JUSTE SOUS LA BRANCHE.
EUH... FAUT QUE J'Y AILLE, JOY. JE DOIS VOIR SI KATE CUSHING A DU BOULOT...
DÉSOLÉE, PARKER, RIEN. À QUOI VOUS ATTENDIEZ-VOUS ?
VOUS ÊTES LÀ QUAND JE N'AI PAS BESOIN DE VOUS, ET PAS LÀ QUAND IL LE FAUT. ET SI VOUS PRENIEZ UN BEEPER POUR QUE JE PUISSE VOUS JOINDRE, HEIN ?
PARDON, DOC OCK ! JE DOIS Y ALLER ! C'EST MON BIPEUR !
BEEP BEEP
BEEP BEEP
JE SAIS CE QUE C'EST. LES DOCTEURS AUSSI ONT DES BIPEURS.
JE VAIS Y RÉFLÉCHIR, KATHRYN.

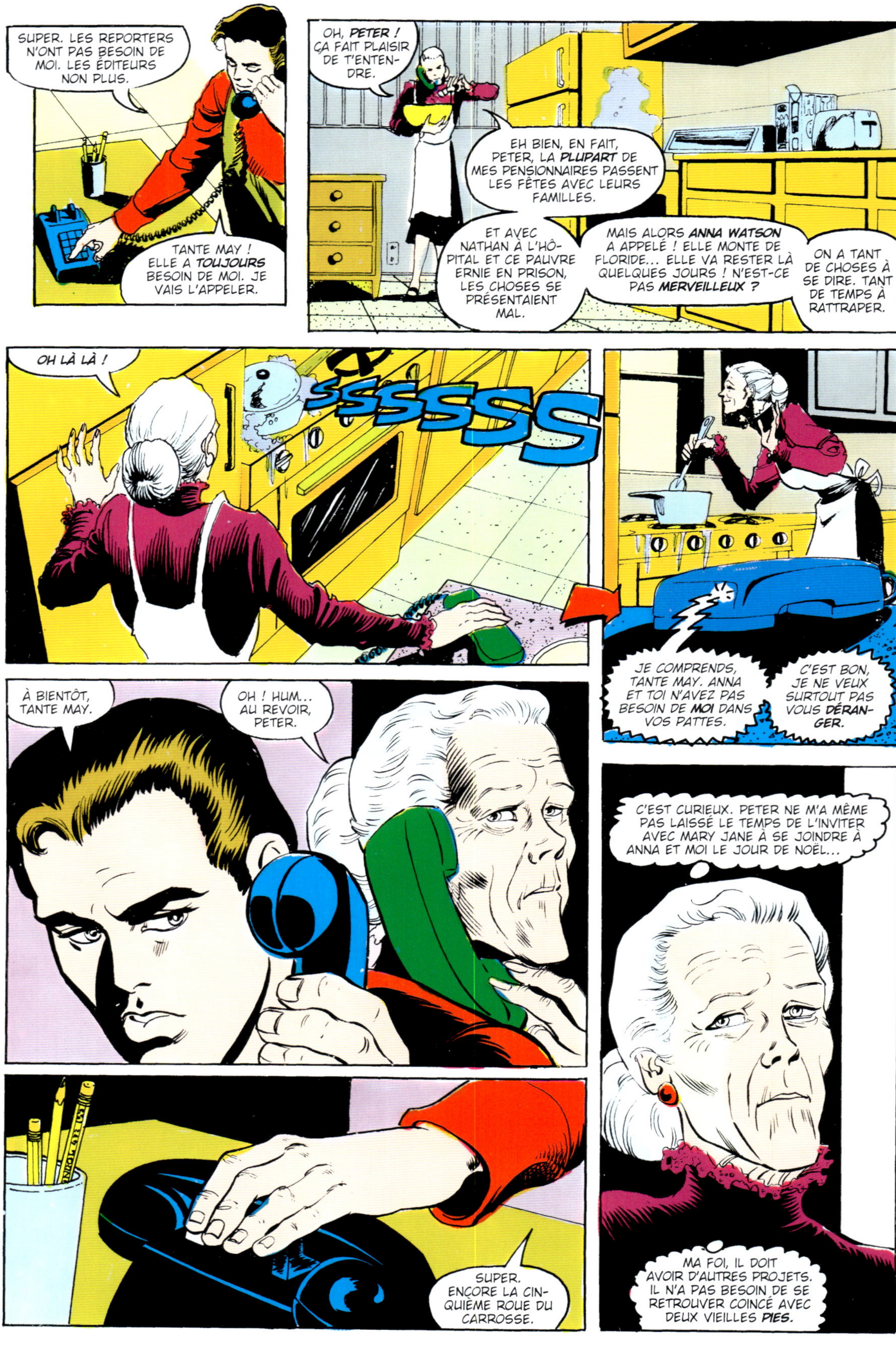
SUPER. LES REPORTERS N'ONT PAS BESOIN DE MOI. LES ÉDITEURS NON PLUS.
TANTE MAY ! ELLE A TOUJOURS BESOIN DE MOI. JE VAIS L'APPELER.
OH, PETER ! ÇA FAIT PLAISIR DE T'ENTENDRE.
EH BIEN, EN FAIT, PETER, LA PLUPART DE MES PENSIONNAIRES PASSENT LES FÊTES AVEC LEURS FAMILLES.
ET AVEC NATHAN À L'HÔPITAL ET CE PAUVRE ERNIE EN PRISON, LES CHOSES SE PRÉSENTAIENT MAL.
MAIS ALORS ANNA WATSON A APPELÉ ! ELLE MONTE DE FLORIDE... ELLE VA RESTER LÀ QUELQUES JOURS ! N'EST-CE PAS MERVEILLEUX ?
ON A TANT DE CHOSES À SE DIRE. TANT DE TEMPS À RATTRAPER.
OH LÀ LÀ !
SSSSSS
JE COMPRENDS, TANTE MAY. ANNA ET TOI N'AVEZ PAS BESOIN DE MOI DANS VOS PATTES.
C'EST BON, JE NE VEUX SURTOUT PAS VOUS DÉRANGER.
À BIENTÔT, TANTE MAY.
OH ! HUM... AU REVOIR, PETER.
C'EST CURIEUX. PETER NE M'A MÊME PAS LAISSÉ LE TEMPS DE L'INVITER AVEC MARY JANE À SE JOINDRE À ANNA ET MOI LE JOUR DE NOËL...
SUPER. ENCORE LA CINQUIÈME ROUE DU CARROSSE.
MA FOI, IL DOIT AVOIR D'AUTRES PROJETS. IL N'A PAS BESOIN DE SE RETROUVER COINCÉ AVEC DEUX VIEILLES PIES.

DITES, ROBBIE ! MONSIEUR LE RÉDACTEUR EN CHEF, QU'EST-CE QUE VOUS FAITES POUR NOËL, DEMAIN ?
J'AI PRÉVU DES RETROUVAILLES, PETE...
MON FILS RANDY RENTRE À LA MAISON POUR NOËL.
CE SERA MERVEILLEUX DE RÉUNIR DE NOUVEAU TOUTE LA FAMILLE. C'EST SI CALME DEPUIS QUE RANDY EST PARTI À L'UNIVERSITÉ.
JOE ! JE VEUX QUE VOUS DISIEZ À JONAH DE ME LÂCHER.
C'EST NOTRE ÉDITEUR, KATHRYN. QU'EST-CE QU'IL FAIT ?
IL... JE NE SAIS PAS. IL RÔDE. IL REGARDE PAR-DESSUS MON ÉPAULE. ÇA ME REND FOLLE.
CETTE PIPE VOUS TUERA, AU PASSAGE.
PEUT-ÊTRE, MAIS ELLE ME REND LA VIE PLUS SUPPORTABLE. NE VOUS LAISSEZ PAS TROUBLER PAR JONAH, KATHRYN. BIENTÔT, IL AURA LE MAGAZINE "NOW" POUR L'OCCUPER ET IL NE NOUS EMBÊTERA PLUS.
ESPÉRONS-LE.
DIS, PETE, ET SI TU TE JOIGNAIS À NOUS CE SOIR POUR LE DÎNER, OU DEMAIN POUR NOËL ?
TU N'AS PAS VU RANDY DEPUIS... PETE ?
PETER ?
MAIS OÙ EST-CE QU'IL A BIEN PU S'ENVOLER ?

ALORS QUOI, MAINTENANT, M. PARKER ? JE POURRAIS RENTRER À LA MAISON, JE SUPPOSE.
ENFIN, SI JE PEUX APPELER UNE BOÎTE DE CIGARES ENFUMÉE UNE MAISON.
ÇA ME FAIT PENSER… JE FERAIS MIEUX DE RÉESSAYER D'ENLEVER LA SUIE DE MON COSTUME BLEU ET ROUGE.
LA DERNIÈRE FOIS QUE JE L'AI MIS, J'AI CRU QUE L'ODEUR ALLAIT ME TUER.*
AH, SI SEULEMENT JE POUVAIS ÊTRE COMME CES ÉCOLIERS EN BAS. QUELS PROBLÈMES PEUVENT-ILS AVOIR ?
* INT. AMAZING SPIDER-MAN 1986.
MON PÈRE ÉTAIT FOU FURIEUX HIER SOIR, M. ESTEVEZ. SON AVOCAT LUI A DIT QU'IL AVAIT DES ENNUIS.
TU COMPRENDS POURQUOI, HEIN, ALEX ? C'EST POUR QUE TON PÈRE NE PUISSE PLUS TE FAIRE DE MAL.
ALEX… COMMENT TU T'ES FAIT CE COCARD ?
EUH… JE SUIS TOMBÉ DANS L'ESCALIER.
BIEN SÛR, ALEX. JE NE SUIS QUE TON INSTITUTEUR, MAIS C'EST PROMIS…
J'AI LANCÉ CETTE PROCÉDURE CONTRE TES PARENTS ET JE VAIS LA MENER JUSQU'AU BOUT.
ALEX !
J'ARRIVE, P'PA.
J'AI CRU COMPRENDRE, MONSIEUR, QUE VOUS AVIEZ LANCÉ UNE ACTION EN JUSTICE CONTRE MOI.
JE VOUS CONSEILLE DE VOUS CONTENTER D'ENSEIGNER, MONSIEUR, ET JE SERAI LE PÈRE D'ALEX, MERCI.
JE POURRAIS DEVENIR… NERVEUX… SI VOUS MONTREZ UN INTÉRÊT PARTICULIER POUR MON FILS. DES RUMEURS POURRAIENT NAÎTRE À VOTRE SUJET… SI VOUS VOYEZ CE QUE JE VEUX DIRE.
ET LES RUMEURS PEUVENT ÊTRE SI… AFFREUSES.

ET JE VEUX UN OPTIMUS PRIME, ET...
OH, ET LA VIDÉOCASSETTE DES "AVENTURIERS DE L'ARCHE PERDUE" POUR LE **MAGNÉTOSCOPE** DE MAMAN.
MAMAN ET SES COLOCATAIRES, CANDI ET RANDI, L'ONT ACHETÉ. IL EST TOUT PETIT, TOUT MIGNON.
VRAIMENT ?
RAPPELLE AU VIEUX PÈRE NOËL, JORDY... OÙ TU HABITES ? POUR ÊTRE SÛR DE T'APPORTER CETTE CASSETTE.
AVIS AUX CLIENTS DE MACY'S : C'EST VOTRE DERNIÈRE OCCASION DE VOIR LE SEUL ET UNIQUE PÈRE NOËL.
MOI APRÈS.
ET UN PUANTOR, ET...
JORDAN ! ALLEZ, CHÉRI, ÇA FAIT UNE ÉTERNITÉ QUE TU ES LÀ, LAISSE LA PLACE AUX AUTRES ENFANTS.
C'EST... TA **MÈRE**, JORDY ?
OUAIS. ELLE S'APPELLE BAMBI. JE VIENS LA VOIR POUR NOËL, MAIS D'HABITUDE JE VIS AVEC...
JORDAN, **ALLEZ !** LE PÈRE NOËL SE MOQUE DE CONNAÎTRE NOTRE VIE !
OK, M'MAN. SALUT, PÈRE NOËL ! N'OUBLIE RIEN, HEIN ?
SALUT, JORDAN. ET NE T'INQUIÈTE PAS...
JE N'OUBLIERAI RIEN.
Address Book
PENDANT CE TEMPS, À L'ADRESSE QU'EST EN TRAIN DE NOTER LE PÈRE NOËL (MAIS DANS L'APPARTEMENT D'À CÔTÉ), PETER PARKER MET SA COMBATIVITÉ À RUDE ÉPREUVE...

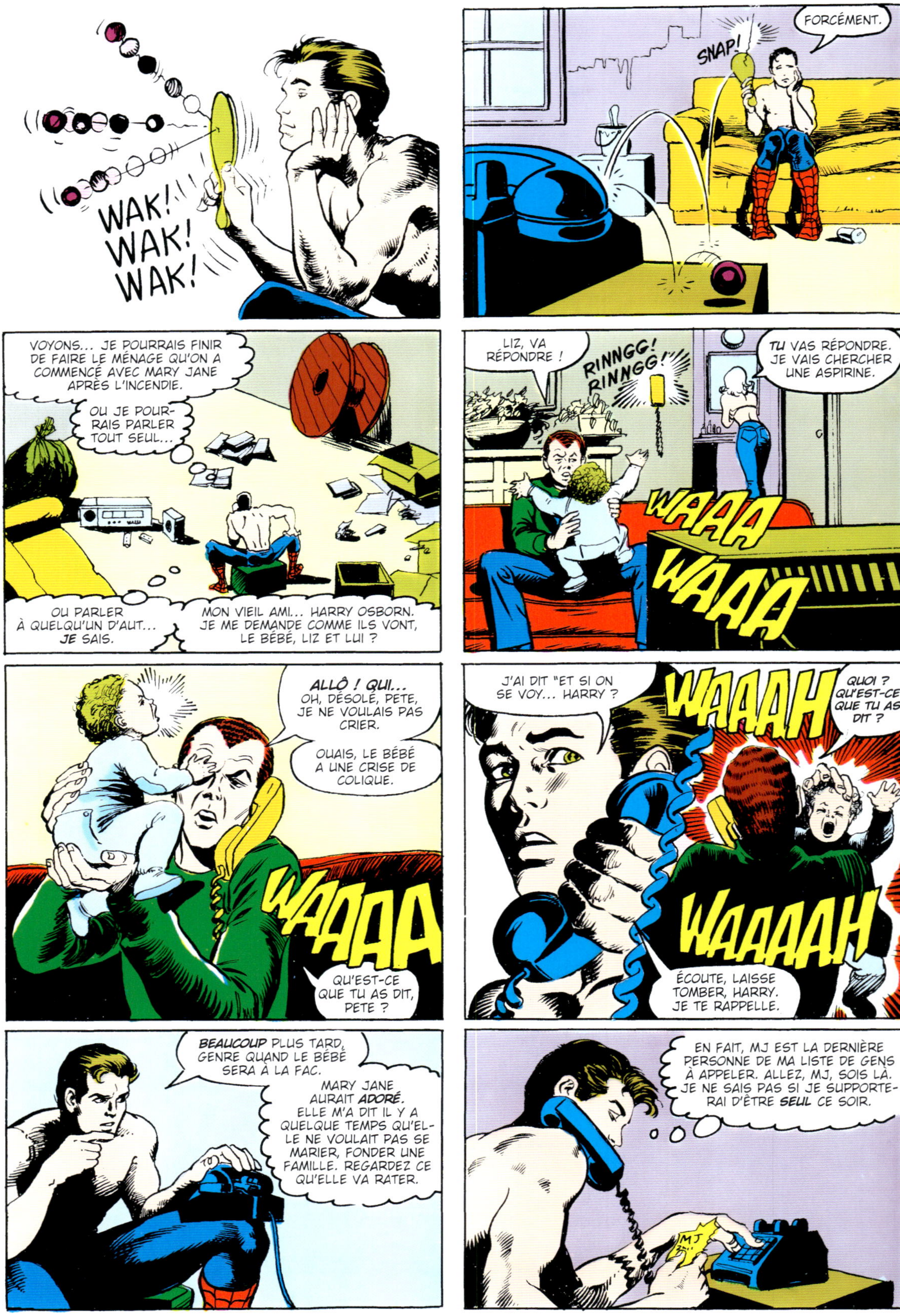
WAK! WAK! WAK!
SNAP!
FORCÉMENT.
VOYONS... JE POURRAIS FINIR DE FAIRE LE MÉNAGE QU'ON A COMMENCÉ AVEC MARY JANE APRÈS L'INCENDIE.
OU JE POURRAIS PARLER TOUT SEUL...
OU PARLER À QUELQU'UN D'AUT... JE SAIS.
MON VIEIL AMI... HARRY OSBORN. JE ME DEMANDE COMME ILS VONT, LE BÉBÉ, LIZ ET LUI ?
LIZ, VA RÉPONDRE !
RINNGG! RINNGG!
TU VAS RÉPONDRE. JE VAIS CHERCHER UNE ASPIRINE.
WAAA WAAA
ALLÔ ! QUI... OH, DÉSOLÉ, PETE, JE NE VOULAIS PAS CRIER.
OUAIS, LE BÉBÉ A UNE CRISE DE COLIQUE.
WAAAA
QU'EST-CE QUE TU AS DIT, PETE ?
J'AI DIT "ET SI ON SE VOY... HARRY ?
WAAAH
QUOI ? QU'EST-CE QUE TU AS DIT ?
WAAAAH
ÉCOUTE, LAISSE TOMBER, HARRY. JE TE RAPPELLE.
BEAUCOUP PLUS TARD, GENRE QUAND LE BÉBÉ SERA À LA FAC.
MARY JANE AURAIT ADORÉ. ELLE M'A DIT IL Y A QUELQUE TEMPS QU'ELLE NE VOULAIT PAS SE MARIER, FONDER UNE FAMILLE. REGARDEZ CE QU'ELLE VA RATER.
EN FAIT, MJ EST LA DERNIÈRE PERSONNE DE MA LISTE DE GENS À APPELER. ALLEZ, MJ, SOIS LÀ. JE NE SAIS PAS SI JE SUPPORTERAI D'ÊTRE SEUL CE SOIR.
MJ

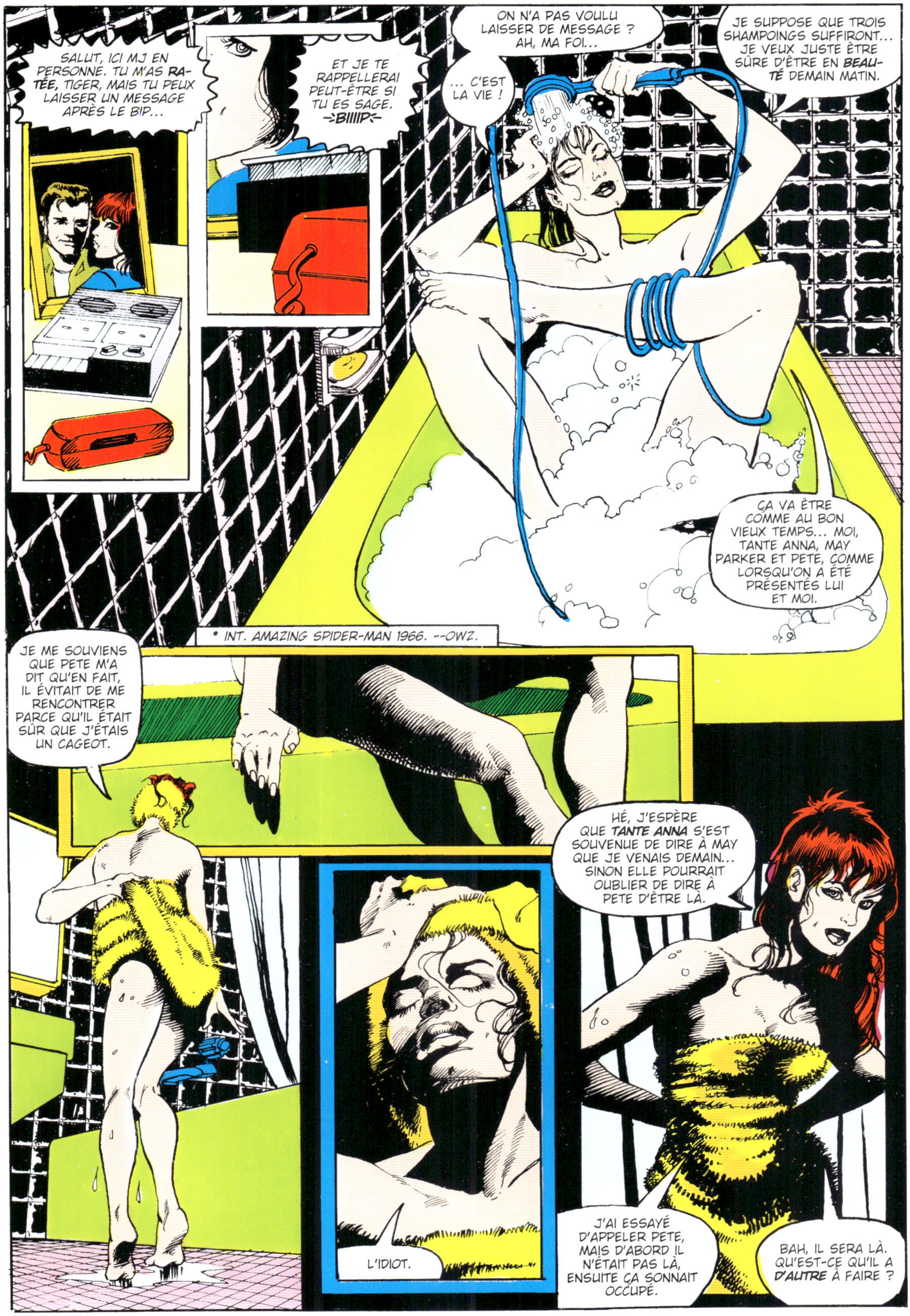

SALUT, ICI MJ EN PERSONNE. TU M'AS **RATÉE,** TIGER, MAIS TU PEUX LAISSER UN MESSAGE APRÈS LE BIP...
ET JE TE RAPPELLERAI PEUT-ÊTRE SI TU ES SAGE.
BIIIIP
ON N'A PAS VOULU LAISSER DE MESSAGE ? AH, MA FOI...
... C'EST LA VIE !
JE SUPPOSE QUE TROIS SHAMPOINGS SUFFIRONT... JE VEUX JUSTE ÊTRE SÛRE D'ÊTRE EN **BEAUTÉ** DEMAIN MATIN.
ÇA VA ÊTRE COMME AU BON VIEUX TEMPS... MOI, TANTE ANNA, MAY PARKER ET PETE, COMME LORSQU'ON A ÉTÉ PRÉSENTÉS LUI ET MOI.
* INT. AMAZING SPIDER-MAN 1966. --OWZ.
JE ME SOUVIENS QUE PETE M'A DIT QU'EN FAIT, IL ÉVITAIT DE ME RENCONTRER PARCE QU'IL ÉTAIT SÛR QUE J'ÉTAIS UN CAGEOT.
HÉ, J'ESPÈRE QUE **TANTE ANNA** S'EST SOUVENUE DE DIRE À MAY QUE JE VENAIS DEMAIN... SINON ELLE POURRAIT OUBLIER DE DIRE À PETE D'ÊTRE LÀ.
L'IDIOT.
J'AI ESSAYÉ D'APPELER PETE, MAIS D'ABORD IL N'ÉTAIT PAS LÀ, ENSUITE ÇA SONNAIT OCCUPÉ.
BAH, IL SERA LÀ. QU'EST-CE QU'IL A **D'AUTRE** À FAIRE ?

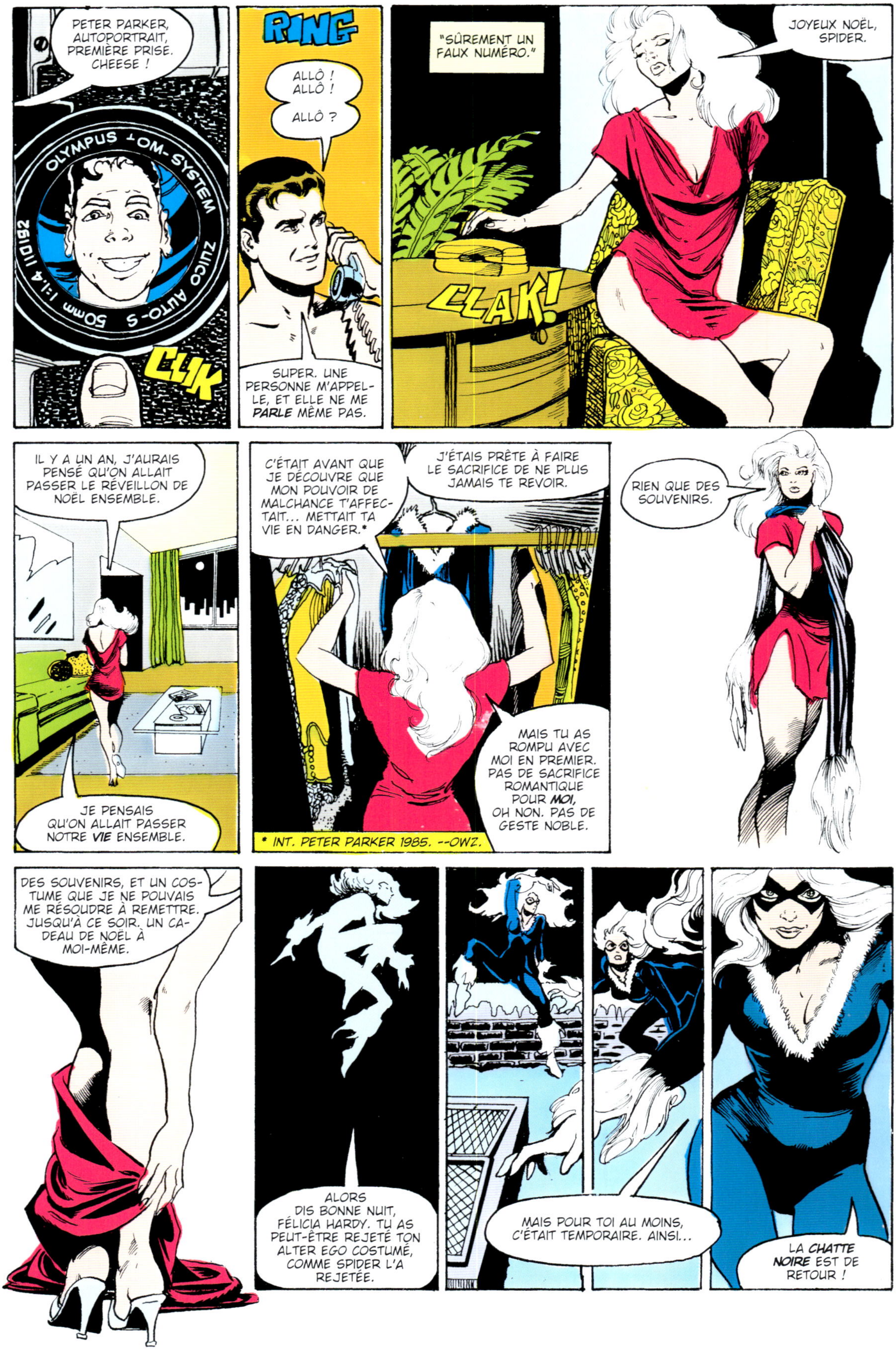

PETER PARKER, AUTOPORTRAIT, PREMIÈRE PRISE. CHEESE !
OLYMPUS OM-SYSTEM ZUICO AUTO-S 50mm 1:1.4 1101192
CLIK
RING
ALLÔ ! ALLÔ !
ALLÔ ?
SUPER. UNE PERSONNE M'APPELLE, ET ELLE NE ME PARLE MÊME PAS.
"SÛREMENT UN FAUX NUMÉRO."
CLAK!
JOYEUX NOËL, SPIDER.
IL Y A UN AN, J'AURAIS PENSÉ QU'ON ALLAIT PASSER LE RÉVEILLON DE NOËL ENSEMBLE.
JE PENSAIS QU'ON ALLAIT PASSER NOTRE VIE ENSEMBLE.
C'ÉTAIT AVANT QUE JE DÉCOUVRE QUE MON POUVOIR DE MALCHANCE T'AFFECTAIT... METTAIT TA VIE EN DANGER.*
J'ÉTAIS PRÊTE À FAIRE LE SACRIFICE DE NE PLUS JAMAIS TE REVOIR.
MAIS TU AS ROMPU AVEC MOI EN PREMIER. PAS DE SACRIFICE ROMANTIQUE POUR MOI, OH NON. PAS DE GESTE NOBLE.
* INT. PETER PARKER 1985. --OWZ.
RIEN QUE DES SOUVENIRS.
DES SOUVENIRS, ET UN COSTUME QUE JE NE POUVAIS ME RÉSOUDRE À REMETTRE. JUSQU'À CE SOIR. UN CADEAU DE NOËL À MOI-MÊME.
ALORS DIS BONNE NUIT, FÉLICIA HARDY. TU AS PEUT-ÊTRE REJETÉ TON ALTER EGO COSTUMÉ, COMME SPIDER L'A REJETÉE.
MAIS POUR TOI AU MOINS, C'ÉTAIT TEMPORAIRE. AINSI...
LA CHATTE NOIRE EST DE RETOUR !

C'EST ÇA QUE J'ÉVITAIS ?! J'ÉTAIS FOLLE ! C'EST MIEUX QUE TROIS HEURES DE SHOPPING CHEZ BLOOMINGDALE'S !
ET PUISQUE JE PARLE DE FIÈVRE ACHETEUSE...
VOILÀ DEUX GARS QUI ONT L'AIR DE SE DIRE QU'ILS FONT UNE BONNE AFFAIRE.
BIEN SÛR, CE MAGASIN DE MANTEAUX DE VISON EST FERMÉ, CE QUI NE LES A PAS EMPÊCHÉS DE L'OUVRIR.
EN TANT QU'ANCIENNE CAMBRIOLEUSE, JE SUIS SOLIDAIRE AVEC EUX. D'UN AUTRE CÔTÉ, J'AI BESOIN DE M'ENTRAÎNER.
OH, LES GARS ! IL Y A UN VISON À MA TAILLE, LÀ ? EXTRA-SVELTE ?
ZUT ! C'EST BLACK WIDOW !
LA... VEUVE NOIRE ?
ÇA FAIT MAL. MOINS QUE ÇA, JE PARIE.
KRUNK
ALLONS. ON NE PEUT PAS SURPRENDRE QUELQU'UN AVEC DES POUVOIRS DE MALCHANCE.

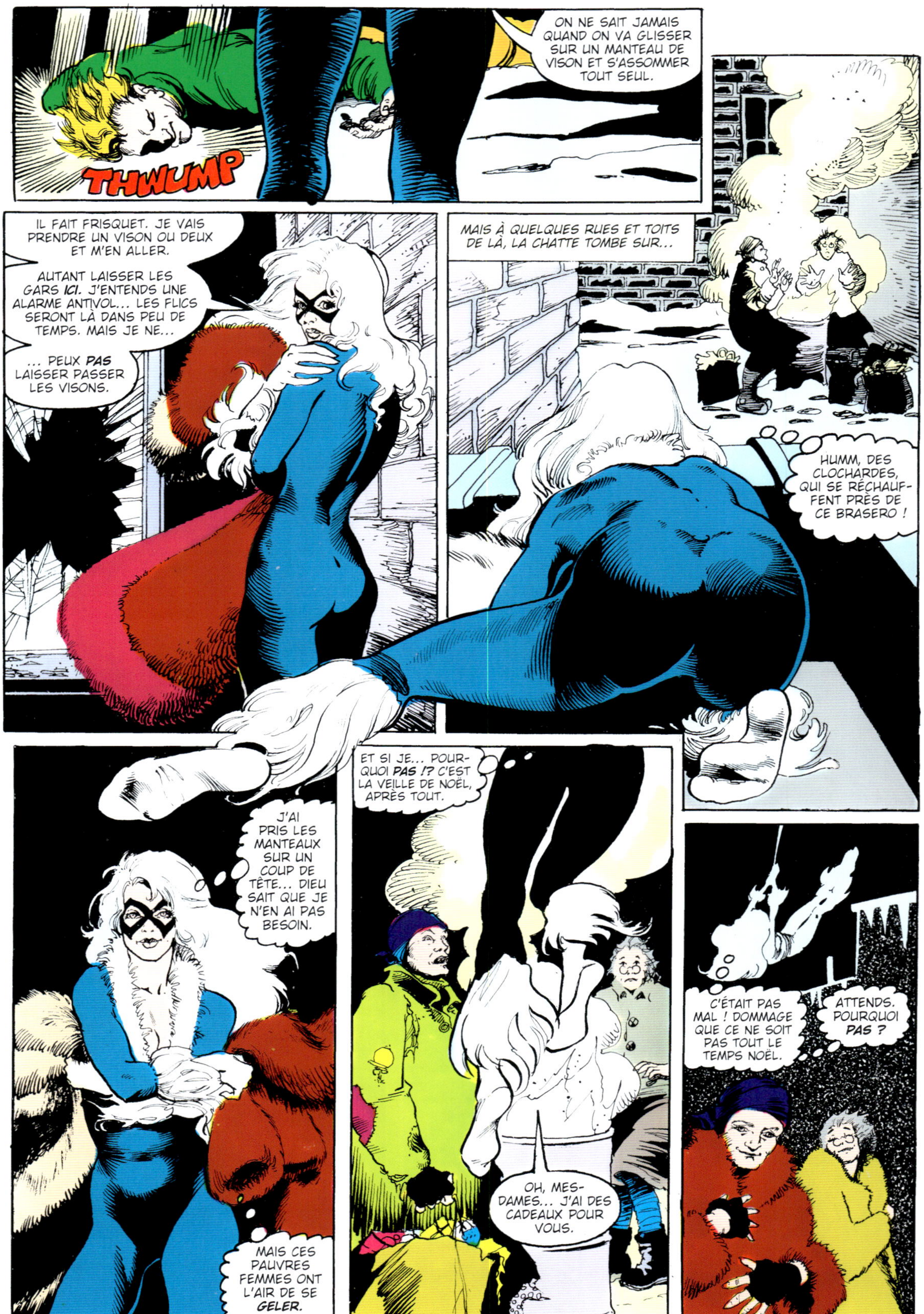
ON NE SAIT JAMAIS QUAND ON VA GLISSER SUR UN MANTEAU DE VISON ET S'ASSOMMER TOUT SEUL.
THWUMP
IL FAIT FRISQUET. JE VAIS PRENDRE UN VISON OU DEUX ET M'EN ALLER.
AUTANT LAISSER LES GARS ICI. J'ENTENDS UNE ALARME ANTIVOL... LES FLICS SERONT LÀ DANS PEU DE TEMPS. MAIS JE NE...
... PEUX PAS LAISSER PASSER LES VISONS.
MAIS À QUELQUES RUES ET TOITS DE LÀ, LA CHATTE TOMBE SUR...
HUMM, DES CLOCHARDES, QUI SE RÉCHAUFFENT PRÈS DE CE BRASERO !
J'AI PRIS LES MANTEAUX SUR UN COUP DE TÊTE... DIEU SAIT QUE JE N'EN AI PAS BESOIN.
MAIS CES PAUVRES FEMMES ONT L'AIR DE SE GELER.
ET SI JE... POURQUOI PAS !? C'EST LA VEILLE DE NOËL, APRÈS TOUT.
OH, MESDAMES... J'AI DES CADEAUX POUR VOUS.
C'ÉTAIT PAS MAL ! DOMMAGE QUE CE NE SOIT PAS TOUT LE TEMPS NOËL.
ATTENDS. POURQUOI PAS ?

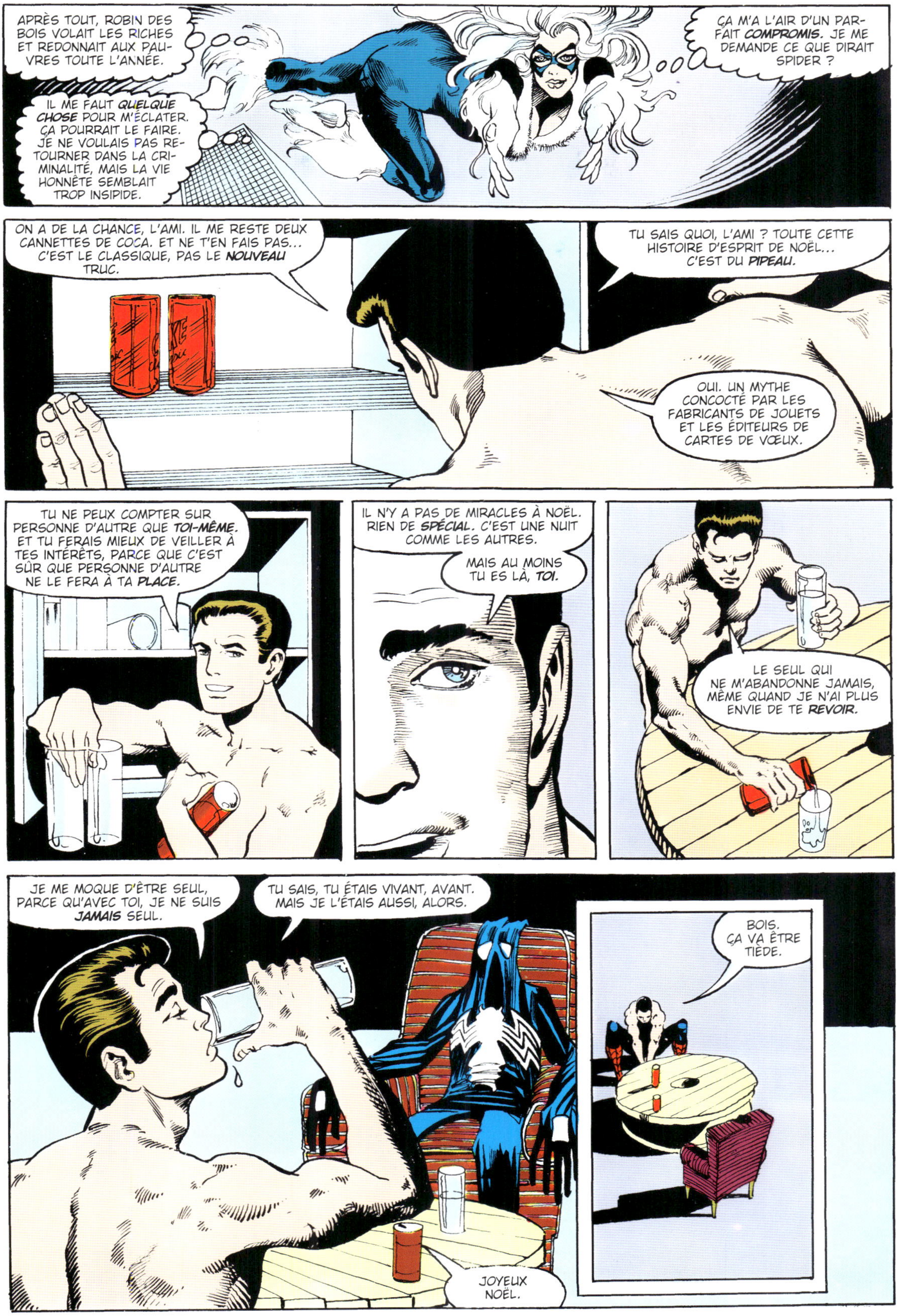

APRÈS TOUT, ROBIN DES BOIS VOLAIT LES RICHES ET REDONNAIT AUX PAUVRES TOUTE L'ANNÉE.
IL ME FAUT QUELQUE CHOSE POUR M'ÉCLATER. ÇA POURRAIT LE FAIRE. JE NE VOULAIS PAS RETOURNER DANS LA CRIMINALITÉ, MAIS LA VIE HONNÊTE SEMBLAIT TROP INSIPIDE.
ÇA M'A L'AIR D'UN PARFAIT COMPROMIS. JE ME DEMANDE CE QUE DIRAIT SPIDER ?
ON A DE LA CHANCE, L'AMI. IL ME RESTE DEUX CANNETTES DE COCA. ET NE T'EN FAIS PAS... C'EST LE CLASSIQUE, PAS LE NOUVEAU TRUC.
TU SAIS QUOI, L'AMI ? TOUTE CETTE HISTOIRE D'ESPRIT DE NOËL... C'EST DU PIPEAU.
OUI. UN MYTHE CONCOCTÉ PAR LES FABRICANTS DE JOUETS ET LES ÉDITEURS DE CARTES DE VOEUX.
TU NE PEUX COMPTER SUR PERSONNE D'AUTRE QUE TOI-MÊME. ET TU FERAIS MIEUX DE VEILLER À TES INTÉRÊTS, PARCE QUE C'EST SÛR QUE PERSONNE D'AUTRE NE LE FERA À TA PLACE.
IL N'Y A PAS DE MIRACLES À NOËL. RIEN DE SPÉCIAL. C'EST UNE NUIT COMME LES AUTRES.
MAIS AU MOINS TU ES LÀ, TOI.
LE SEUL QUI NE M'ABANDONNE JAMAIS, MÊME QUAND JE N'AI PLUS ENVIE DE TE REVOIR.
JE ME MOQUE D'ÊTRE SEUL, PARCE QU'AVEC TOI, JE NE SUIS JAMAIS SEUL.
TU SAIS, TU ÉTAIS VIVANT, AVANT. MAIS JE L'ÉTAIS AUSSI, ALORS.
JOYEUX NOËL.
BOIS. ÇA VA ÊTRE TIÈDE.

RANDY ! **J'ESPÉRAIS** QUE TU PARVIENNES À T'EN SORTIR, FISTON. JE SAIS QUE TON VOL EST BLOQUÉ PAR LA NEIGE À PITTSBURGH...
COMMENT JE LE SAIS ? FISTON, JE SUIS JOURNALISTE DE FORMATION. J'AI VÉRIFIÉ TON VOL POUR VOIR S'IL Y AVAIT LE MOINDRE PROBLÈME...
ET IL Y EN AVAIT UN, CLAIREMENT. BON, ON PREND UNE CHAMBRE D'HÔTEL EN...
"ON" ? TU RAMÈNES UN **INVITÉ,** RANDY ? NON PAS QUE CE SOIT UN PROBLÈME, MAIS TU AURAIS PU NOUS PRÉVENIR.
TWA
OH, OUI. C'EST, EUH, UNE VIEILLE **AMIE** SUR QUI JE SUIS TOMBÉ ICI À L'AÉROPORT.
C'EST UNE SACRÉE COÏNCIDENCE, HEIN ? OUAIS.
PEUT-ÊTRE QUE JE **RAMÈNERAI** MON AMIE. JE TE LE FERAI SAVOIR. EUH, PRENDS SOIN DE TOI, PAPA.
IL SAIT QUE JE MENS. JE NE SAIS PAS COMMENT, MAIS IL LE SAIT.
POURQUOI MENTIR ?
RANDY, CE SONT **TES** PARENTS. MAIS JE PENSE QU'ILS MÉRITENT DE SAVOIR QUE TU ES **MARIÉ.** ET MARIÉ À UNE BLANCHE...
SEAN ? OÙ TU ES PASSÉE, SEAN ?
UNE BLANCHE QUI EST **DINGUE** DE TOI.
PAREIL, MISS, ET NE T'EN FAIS PAS...
MES VIEUX SONT COOLS... **PARTICULIÈREMENT** PAPA. IL N'AURA AUCUN MAL À L'ACCEPTER...
... DÈS QUE J'AURAI LE CRAN DE LE LUI DIRE.
"C'ÉTAIT LA NUIT AVANT NOËL ET DANS TOUTE LA MAISON..."
... AUCUNE CRÉATURE NE S'AGITAIT, EN DEHORS D'UN **FRIPON.**

NOTRE HÉROS DORMAIT AVEC SON OURS EN PELUCHE DANS LES BRAS, CADEAU POUR RIRE DE MJ POUR LE PROTÉGER.
ET DANS L'APPARTEMENT D'À CÔTÉ, C'ÉTAIT AUSSI CALME, MÊME SI UNE FENÊTRE À PRÉSENT OUVERTE LAISSAIT ENTRER UNE BRISE.
RANDI ET CANDI DORMAIENT TOUTES LES DEUX DANS LEURS LITS, DES IMAGES DE TOM SELLECK DANSANT DANS LEURS TÊTES.
MAIS BAMBI ÉTAIT AGITÉE. ET LE COURANT D'AIR À TRAVERS LA PORTE NE FIT QUE RÉVEILLER UN PEU PLUS LA JEUNE FEMME.
ALORS ELLE ENTENDIT UN BRUIT DANS LE SALON ET SE DIT QUE JORDAN ÉTAIT EN TRAIN D'OUVRIR SES CADEAUX.
"MON FILS NE POUVAIT PAS ATTENDRE", PRÉSUMA-T-ELLE. MAIS QUAND BAMBI ENTRA DANS LA PIÈCE, ELLE SE FIGEA...
SURPRISE.
JE... DOIS ÊTRE EN PLEIN RÊVE.

RESTE JUSTE COLLÉE DOS AU MUR ET IL NE T'ARRIVERA RIEN.
UN RÊVE. C'EST ÇA. JE SUIS EN TRAIN DE RÊVER.
ALLEZ, BAMBI. RÉVEILLE-TOI. RÉVEILLE-TOI, BAMBI.
RÉVEIL-LE-TOI !
OUAH !
MON SENS D'ARAIGNÉE PÈTE LES PLOMBS ! IL Y A DU DANGER. MAIS IL N'Y A RIEN ICI !
C'EST À CÔTÉ ! L'APPARTEMENT DES FILLES. CE DOIT ÊTRE ÇA. JE DOIS VITE ME CHANGER ET Y ALLER !
QU-QU'EST-CE QUE VOUS VOULEZ ?
PARTAGER LA JOIE DE NOËL. ALORS, NE...
KRASH !
TE VOILÀ ! JE T'AI ENFIN RETROUVÉ !
THWIP !
TU M'AS PROMIS UN VÉLO IL Y A QUINZE ANS ET TU N'AS PAS TENU PAROLE, CRAPULE !
TU M'AS ENTENDU !? OÙ EST MON RALEIGH ?

ET EN T'EXPLIQUANT POUR LE VÉLO, TU VEUX BIEN AUSSI ME DIRE COMMENT TU ES ARRIVÉ ICI ?
HÉ ! D'OÙ DÉBARQUE CE GAMIN ?
PAS DU TOUT. MON JEUNE AMI ICI PRÉSENT M'A FAIT ENTRER. C'EST UN DE MES ASSISTANTS DÉVOYÉS.
PÈRE NOËL ? QUE SE PASSE... OH LA VACHE ! SPIDER-MAN !
SPIDER-MAN !
MAMAN !
MAMAN ?
SPIDER-MAN...
CANDY'S ROOM
SPIDER-MAN ? OÙ ÇA ? QU'EST-CE QUI SE PASSE ICI ?
BONNE NUIT !
HÉ ! NE ME FRAPPE PAS AVEC CE TRUC.
OH, BEURK !
GÉNIAL ! LES FILLES SE SONT MISES DEVANT MA TOILE ! MA DÉVEINE EST TOUJOURS AUSSI FIDÈLE.
JE NE POURRAIS MÊME PAS ATTRAPER UN CHÈQUE.
QU'EST-CE QUI SE PASSE ICI ? QU... SPIDER-MAN ! JE T'AI DÉJÀ VU TRAÎNER UNE FOIS DANS MON IMMEUBLE ! COMMENT OSES-TU...
CHÈRE MADAME...
JE N'AI PAS...
... LE TEMPS.
J'ADORE. COMBIEN DE LOCATAIRES ONT L'OCCASION DE SOULEVER LEUR PROPRIO SANS S'ATTIRER D'ENNUIS ?

J'ARRIVE À LA PORTE DU TOIT. JE POURRAI PEUT-ÊTRE LA REFERMER DERRIÈRE MOI.
KLUNK!
KLUNK!
KLUD
J'AI RÉUSSI ! J'AI...
NON ! CE... CE N'EST PAS POSSIBLE !
L'AN DERNIER, C'ÉTAIT LES FILMS DE SURINEURS. MAINTENANT, ÇA.
ÇA NE ME FAIT PAS RIRE.
TRÈS BIEN, SAINT NICOLAS. ON VA METTRE DU CHARBON DANS TES PETITS SOULIERS.
NICO ?
OH, NICO ?
NOM D'UN CHIEN.
IL EST PARTI.

BRING-A-RING...
... MMMBFGHH...
BONJOUR, PARKER. JOYEUX NOËL... J'AI UN **REPORTAGE** POUR VOUS.
KATHRYN ? VOUS ÊTES AU BUREAU ?
CHEZ MOI, PARKER. MAIS VOUS ALLEZ AU BUREAU... OU DU MOINS DANS LE HALL D'ENTRÉE.
ON A TROUVÉ LE PÈRE NOËL DU BUGLE... CELUI QUI ÉTAIT CENSÉ DISTRIBUER DES CADEAUX CE MATIN... ENFERMÉ DANS UN PLACARD À BALAIS.
ET QUELQU'UN A VOLÉ TOUS LES CADEAUX ?
PAS VRAIMENT. MAIS QUAND NOTRE HOMME A ÉTÉ LIBÉRÉ, QUELQU'UN AVAIT PRIS SA PLACE.
"ET VOUS NE DEVINEREZ JAMAIS QUI."
JOYEUX NOËL, LES ENFANTS !
C'EST **BIEN** LE CAMBRIOLEUR TORDU QU'ON RECHERCHAIT ! IL A AVOUÉ AVOIR COMMIS TOUS CES VOLS RÉCEMMENT.
ET VOUS RESTEZ LÀ ALORS QU'IL DISTRIBUE SON BUTIN ?
NON. SON BUTIN EST POSÉ DANS LE COIN LÀ-BAS. JE NE SAIS PAS **OÙ** IL A EU LES CADEAUX QU'IL DISTRIBUE, MAIS ÇA NE VIENT PAS D'UN MAGASIN.
DES JOUETS EN BOIS ET DES PELUCHES FAITS MAIN, MAGNIFIQUES. EN PLUS, **IL** NOUS A APPELÉS POUR **NOUS** DIRE QU'IL SERAIT LÀ. JE N'AI JAMAIS VU UN TRUC PAREIL.
VOUS VOULEZ PRENDRE MA PHOTO ? VOUS DEVEZ ÊTRE PETER.
EUH... OUAIS.
VOUS VOUS MÉFIEZ. JE VOUS COMPRENDS. MAIS J'AI **CHANGÉ**.
ET POUR PREUVE, VOICI UN MESSAGE QU'UN **AMI** M'A DEMANDÉ DE VOUS TRANSMETTRE.
À **MOI** ? MAIS QUE...

STAN LEE
présente :

un poème de
J. MORRIS JONES

"On christmas day"

PETER DAVID
Scénario

MARK BEACHUM
Dessin

PAT REDDING
Encrage

YOMTOV & ROUSSOS
Couleurs

MAKMA / NICK MEYLAENDER
Traduction

BIT
Lettrage

DONNER & BLITZEN
consultants créatifs

JIM OWSLEY & JIM SHOOTER
Rédaction usa

Et un joyeux Noël à tous de la part de la rédaction de Marvel

Stan Lee PRÉSENTE :

CHAOS !

M. POPCHIK, QUE PENSEZ-VOUS DE LA DÉCISION DU GRAND JURY DE NE PAS VOUS POURSUIVRE ?
VOUS ATTENDIEZ-VOUS À ÊTRE LIBÉRÉ AUSSI VITE, M. POPCHIK ?
OUSTE ! ALLEZ-VOUS-EN !
ILS... ILS ME POURSUIVENT DEPUIS LE MÉTRO. J'AI CRU QUE JE N'Y ARRIVERAIS JAMAIS.
ÇA FAIT P... PLAISIR DE VOUS RETROUVER TOUS. OH... MA POITRINE...
ÇA VA ALLER, ERNIE. ASSIEDS-TOI.
JE CROYAIS QUE TU RESTAIS CHEZ TON FILS, ERNIE.
OUI, MAIS LES REPORTERS REFUSAIENT DE PARTIR. ALORS JE SUIS PARTI. MAIS MON PETIT-FILS A LAISSÉ ÉCHAPPER QUE JE VENAIS ICI. DÉSOLÉ, MAY. C'EST TA MAISON.
N'Y PENSE PLUS, ERNIE, JE T'EN PRIE.
ON NE PEUT PAS LE REPROCHER AUX MÉDIAS, ERNIE. QUAND TU AS TIRÉ SUR CES VOYOUS DANS LE MÉTRO, TU ES DEVENU UN HÉROS POUR BIEN DES GENS.
JE NE SUIS PAS UN HÉROS, NATHAN. QUAND J'AI ÉTÉ AGRESSÉ, J'ÉTAIS MORTIFIÉ. ET LORSQUE LES AGRESSEURS ONT ÉTÉ ACQUITTÉS, J'ÉTAIS FURIEUX.
ALORS J'AI PORTÉ UNE ARME POUR ME RASSURER... JUSQU'À CE QUE JE L'UTILISE. DU COUP, JE SUIS UN HÉROS, MAIS JE SUIS TOUJOURS L'HOMME EFFRAYÉ QUE J'AI TOUJOURS ÉTÉ.
ET TU TE RETROUVES EMPRISONNÉ DANS TON PROPRE FOYER ! MAY, TON NEVEU PETER NE PEUT PAS FAIRE QUELQUE CHOSE POUR FAIRE PARTIR TOUS CES REPORTERS ? IL EST PHOTOGRAPHE AU DAILY BUGLE.
OUI, MAY. DIS À PETER DE FAIRE QUELQUE CHOSE POUR TOI POUR CHANGER.
ALLONS, NATHAN... PETER EST UN BON GARÇON. ET IL POURRA PEUT-ÊTRE CONVAINCRE SES AMIS JOURNALISTES DE FICHER LA PAIX À ERNIE.
PETER PEUT ÊTRE SI PERSUASIF.

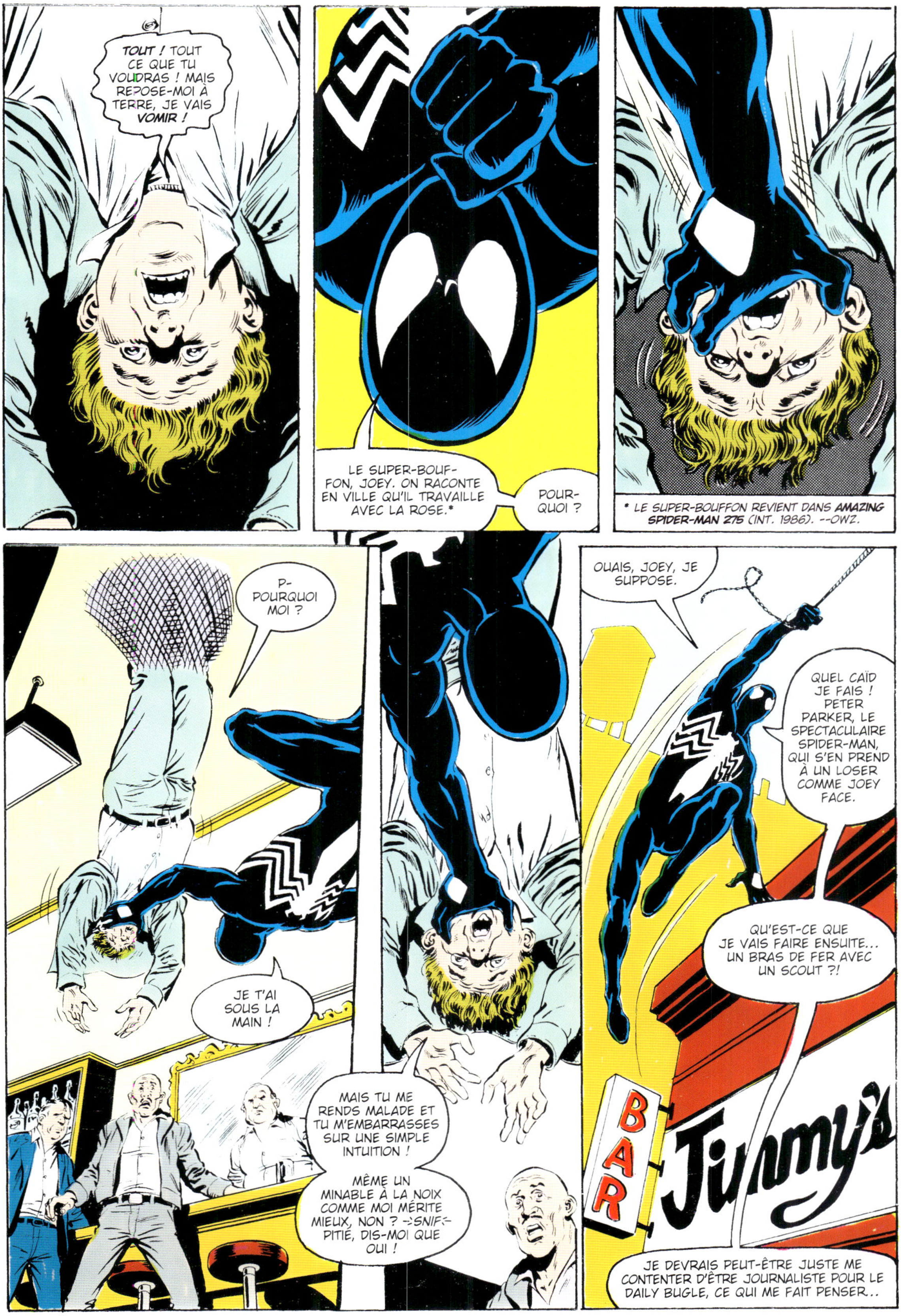
TOUT ! TOUT CE QUE TU VOUDRAS ! MAIS REPOSE-MOI À TERRE, JE VAIS VOMIR !
LE SUPER-BOUFFON, JOEY. ON RACONTE EN VILLE QU'IL TRAVAILLE AVEC LA ROSE.*
POURQUOI ?
* LE SUPER-BOUFFON REVIENT DANS AMAZING SPIDER-MAN 275 (INT. 1986). --OWZ.
P-POURQUOI MOI ?
JE T'AI SOUS LA MAIN !
MAIS TU ME RENDS MALADE ET TU M'EMBARRASSES SUR UNE SIMPLE INTUITION !
MÊME UN MINABLE À LA NOIX COMME MOI MÉRITE MIEUX, NON ? -SNIF- PITIÉ, DIS-MOI QUE OUI !
OUAIS, JOEY, JE SUPPOSE.
QUEL CAÏD JE FAIS ! PETER PARKER, LE SPECTACULAIRE SPIDER-MAN, QUI S'EN PREND À UN LOSER COMME JOEY FACE.
QU'EST-CE QUE JE VAIS FAIRE ENSUITE... UN BRAS DE FER AVEC UN SCOUT ?!
BAR
Jimmy's
JE DEVRAIS PEUT-ÊTRE JUSTE ME CONTENTER D'ÊTRE JOURNALISTE POUR LE DAILY BUGLE, CE QUI ME FAIT PENSER..

"QU'ON M'ATTEND LÀ-BAS."
JE PRÉFÉRERAIS ME BATTRE AVEC DOC OCK QU'AVOIR AFFAIRE À KATHRYN CUSHING, ÉDITRICE DES INFOS LOCALES !
ELLE DISCUTE AVEC JOY MERCADO ! JOY EST UNE SUPER JOURNALISTE...
... MÊME SI ELLE N'ARRÊTE PAS D'EMBUER L'OBJECTIF DE MON APPAREIL...
QUAND ON PARLE DU LOUP.
PETER PARKER ! ÇA VOUS DIRAIT, UN TOUR EN TAXI DANS LE QUEENS TOUS FRAIS PAYÉS ?
EUH... BIEN SÛR, KATHRYN. J'AI UNE TANTE QUI VIT DANS LE QUEENS...
ON LE SAIT.
MAY PARKER. ET ERNIE POPCHIK, LE TIREUR DU MÉTRO VIT DANS SA PENSION DE FAMILLE ! M. POPCHIK REFUSE D'ACCORDER DES INTERVIEWS À DE MODESTES REPORTERS COMME MOI...
... MAIS SI *TU* PLAIDES EN MA FAVEUR...
AH, JOY, NE ME METS PAS DANS CETTE POSITION.
VOTRE POSITION HABITUELLE, PETER, C'EST L'INEMPLOI À CAUSE DE VOS TALENTS INÉGAUX DE PHOTOGRAPHE.
MAIS LE DESTIN VOUS OFFRE UN REPORTAGE EXCLUSIF EN PREMIÈRE PAGE. JE VOUS DÉCONSEILLE DE LAISSER PASSER ÇA.
ALLEZ, PETE. LAISSE-TOI TENTER.
COMMENT DIRE NON ?
PAS POSSIBLE.
JE VAIS CULPABILISER PENDANT DES SEMAINES.
JE M'EN MOQUE.
MOI AUSSI.
ALLEZ, VIENS, PETE. ALLONS PARLER À MONSIEUR POPCHIK.
ENFIN, SI ON ARRIVE À TRAVERSER LA FOULE. IL Y A BEAUCOUP DE GENS QUI S'INTÉRESSENT À CE MONSIEUR.
DAILY BUGLE
POPCHIK EST LIBÉRÉ

ON DIRAIT QU'ON EST DANS LE JOURNAL, LES GARS. JUSTE SOUS LE GROS TITRE SUR NOTRE AMI ERNIE POPCHIK.
DAILY BUGLE
POPCHIK LIBÉRÉ
HOLLIS STONE EST DE RETOUR
LES VICTIMES DE LA FUSILLADE SONT SORTIES DE L'HÔPITAL
C'EST UNE BONNE CHOSE QU'ON NE CROISE PAS SA ROUTE.
OUAIS. ON PEUT FÉLICITER LE GRAND HÉROS... DE NOUS AVOIR **POINÇONNÉ** LE CORPS.
C'EST UNE BONNE CHOSE QUE TU N'AIES PAS ÉTÉ LÀ, GEORGY. ON ESSAYAIT DE SOUTIRER DU FRIC À CE MEC...
ET IL S'EST MIS À NOUS CANARDER. ON A FINI AUX URGENCES ET C'EST TOUT JUSTE SI **POPSCHNOCK** N'A PAS ÉTÉ **MÉDAILLÉ**.
EH BIEN, SI POPCHOC VEUT JOUER LES DURS, ON PEUT AUSSI.
C'EST UN VRAI PROBLÈME, HEIN, CHÉRIE ?
QU-QUOI ?
LE MÉTRO... IL N'EST VRAIMENT PLUS SÛR DE NOS JOURS. PRENDS UN MAGNIFIQUE BIJOU COMME TON COLLIER, PAR EXEMPLE...
MAMAN, QU'EST-CE QU'IL Y A ?
CE COLLIER POURRAIT TENTER TOUTES SORTES D'INDÉSIRABLES.
JE VAIS TE DIRE. POURQUOI TU NE ME LE PASSERAIS PAS ?
JUSTE PAR SÉCURITÉ.

AILLEURS...
DIS, TU VAS ÉVALUER CETTE BOUCLE D'OREILLE EN DIAMANT OU L'ÉPOUSER ?
JE SUPPOSE QUE JE TRAÎNE, MAIS ELLE EST SI BELLE. OÙ VOUS AVEZ EU TOUT ÇA ?
CHEZ TOYS 'Я' US. T'EN PENSES QUOI ? C'ÉTAIT À QUELQU'UN DE LA HAUTE.
ÇA NE M'ÉTONNE PAS. APRÈS TOUT, LES BIJOUX NE TOMBENT PAS DU CIEL COMME ÇA.
MAIS PARFOIS, ÇA NOUS ARRIVE.
TOMBANT PAR LA LUCARNE ! C'EST... C'EST...
SILVER SABLE !
THWUMP
OH, C'EST PAS VRAI !
KRUNCH !

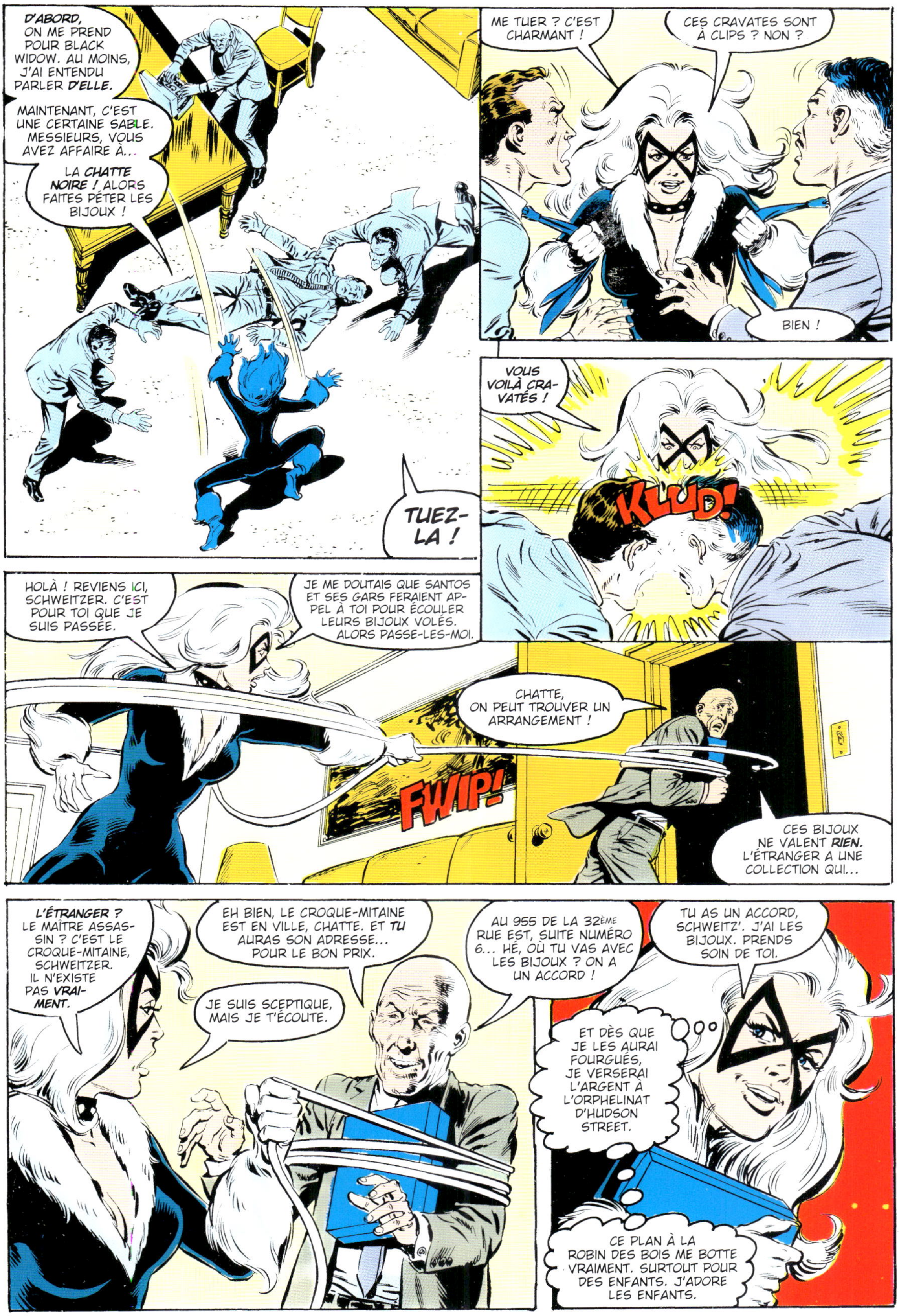
D'ABORD, ON ME PREND POUR BLACK WIDOW. AU MOINS, J'AI ENTENDU PARLER D'ELLE.
MAINTENANT, C'EST UNE CERTAINE SABLE. MESSIEURS, VOUS AVEZ AFFAIRE À...
LA CHATTE NOIRE ! ALORS FAITES PÉTER LES BIJOUX !
TUEZ-LA !
ME TUER ? C'EST CHARMANT !
CES CRAVATES SONT À CLIPS ? NON ?
BIEN !
VOUS VOILÀ CRAVATÉS !
KLUD!
HOLÀ ! REVIENS ICI, SCHWEITZER. C'EST POUR TOI QUE JE SUIS PASSÉE.
JE ME DOUTAIS QUE SANTOS ET SES GARS FERAIENT APPEL À TOI POUR ÉCOULER LEURS BIJOUX VOLÉS. ALORS PASSE-LES-MOI.
CHATTE, ON PEUT TROUVER UN ARRANGEMENT !
FWIP!
CES BIJOUX NE VALENT RIEN. L'ÉTRANGER A UNE COLLECTION QUI...
L'ÉTRANGER ? LE MAÎTRE ASSASSIN ? C'EST LE CROQUE-MITAINE, SCHWEITZER. IL N'EXISTE PAS VRAIMENT.
EH BIEN, LE CROQUE-MITAINE EST EN VILLE, CHATTE. ET TU AURAS SON ADRESSE... POUR LE BON PRIX.
JE SUIS SCEPTIQUE, MAIS JE T'ÉCOUTE.
AU 955 DE LA 32ÈME RUE EST, SUITE NUMÉRO 6... HÉ, OÙ TU VAS AVEC LES BIJOUX ? ON A UN ACCORD !
TU AS UN ACCORD, SCHWEITZ'. J'AI LES BIJOUX. PRENDS SOIN DE TOI.
ET DÈS QUE JE LES AURAI FOURGUÉS, JE VERSERAI L'ARGENT À L'ORPHELINAT D'HUDSON STREET.
CE PLAN À LA ROBIN DES BOIS ME BOTTE VRAIMENT. SURTOUT POUR DES ENFANTS. J'ADORE LES ENFANTS.

CEPENDANT...
LES ENFANTS ! SI SEULEMENT ALEXANDER POUVAIT CESSER DE M'IMPORTUNER... SA MÈRE ET LUI VEULENT TOUT LE TEMPS MON ATTENTION.
MAIS MÊME LEURS INTERRUPTIONS INCESSANTES N'ALLAIENT PAS RETARDER ÉTERNELLEMENT LA FINALISATION DE CE RAYON DÉSINTÉGRATEUR.
ZIZZ
EXCELLENT ! MAIS... LE RELEVÉ ÉNERGÉTIQUE EST TOUJOURS EN FLUX. JE ME DEMANDE POURQUOI ? JE N'OSE PAS LE MONTRER À MES SUPÉRIEURS AVANT QU'IL SOIT SANS FAILLE. ILS SONT JALOUX DE MON GÉNIE. ILS SAISIRONT LA MOINDRE...
PAPA ? NE TE FÂCHE PAS...
ALEXANDER ! ÇA A INTÉRÊT À ÊTRE IMPORTANT.
MAMAN M'A DIT DE TE DIRE QUE L'AVOCAT ÉTAIT LÀ. JE SAIS QUE JE NE DEVRAIS PAS T'ENNUYER, MAIS...
NON, ÇA IRA POUR CETTE FOIS. MAIS NE TOUCHE À RIEN ICI.
ET...
IL EST ÉVIDENT QU'ALEX A UN INSTITUTEUR BIEN INTENTIONNÉ MAIS MALAVISÉ QUI A TIRÉ DES CONCLUSIONS HÂTIVES ET A INTENTÉ UNE ACTION EN JUSTICE CONTRE VOUS POUR MALTRAITANCE SUR ENFANT.
MAIS TOUTE CETTE AFFAIRE JUDICIAIRE POURRAIT ÊTRE GÊNANTE ET POSER PROBLÈME. C'EST VOUS L'AVOCAT, COLBY. QUE PEUT-ON FAIRE ?
FACILE. DÉMÉNAGEZ À TROIS RUES PLUS AU NORD. VOUS CHANGEREZ DE CARTE SCOLAIRE. LES SERVICES SOCIAUX DU NOUVEAU SECTEUR DEVRONT REPARTIR DE ZÉRO POUR RENOUVELER LA PLAINTE.
PERSONNE N'AURA ENVIE DE RECOMMENCER TOUTE LA PAPERASSE. ILS LAISSERONT TOMBER. ET ÇA SERVIRA DE LEÇON À L'INSTITUTEUR.
JE VEUX DIRE, VOUS ÊTES MANIFESTEMENT UNE FAMILLE HEUREUSE. MAIS IL Y A TOUJOURS DES GENS POUR FOURRER LA MAIN OÙ ILS NE DEVRAIENT PAS.

FRITZ, CHÉRI, L'IDÉE DE DÉMÉNAGER NE M'EMBALLE PAS. NE PEUT-ON PAS PARLER À L'INSTITUTEUR POUR...
PARLER AUX ÉTRANGERS QUI VEULENT NOUS DIRE COMMENT ÉLEVER NOTRE FILS ?
JE PRÉFÉRERAIS BRÛLER EN...
FWZAM
ALEXANDER ! PAUVRE IDIOT ! TU AS RUINÉ MON EXPÉRIENCE !
... ÇA BRILLE... ÇA BRILLE...
JE T'AVAIS PRÉVENU ! MAIS NON, TU N'AS PAS ÉCOUTÉ ! ET MAINTENANT...
MAINTE-NANT...
ON PEUT REMERCIER LE CIEL QUE TU SOIS SAIN ET SAUF.
DIEU MERCI... TU VAS BIEN.

PLUS TARD, À FOREST HILLS...
ALLEZ, MARY JANE, DIS-MOI JUSTE CE QUI SE PASSE EXACTEMENT ENTRE PETER ET TOI ?
IL N'Y A RIEN À DIRE, TANTE ANNA. ON EST JUSTE DE BONS AMIS.
SOTTISES ! VOUS VOUS CONNAISSEZ DEPUIS DES ANNÉES. VOUS DEVRIEZ ÊTRE PLUS QUE DES AMIS.
ALORS, QUAND EST-CE QUE TU RETOURNES EN FLORIDE ?
QUELLE SUBTILITÉ, MARY JANE. NE COMPRENDS-TU PAS ? LES GENS VIVENT LEUR VIE PAR PROCURATION. ON SAIT TOUS TENDRE L'OREILLE PARCE QUE NOS VIES SONT SI ENNUYEUSES.
ON S'ENTHOUSIASME POUR LES LIAISONS DES AUTRES.
J'AI DIT "LIAISON" ? JE SUIS DÉSOLÉE.
NON, TU NE L'ES PAS.
ELLE N'A PAS PERDU LE COUP POUR ME PERCER À JOUR, HEIN ? ELLE LIT EN MOI COMME DANS UN LIVRE OUVERT...
... VOYANT À TRAVERS MA FAÇADE DE FÊTARDE...
... M'OBLIGEANT À FAIRE FACE À MES ANXIÉTÉS CONCERNANT MA RELATION AVEC PETER PARKER...
... LE SPECTACULAIRE SPIDER-MAN !
EH BIEN, TATA, SI TU ES SI CURIEUSE, POURQUOI NE PAS LE DEMANDER À MAY PARKER !? C'EST TA MEILLEURE AMIE ! TU RESTES CHEZ ELLE !
VOUS DEVRIEZ AVOIR LARGEMENT LE TEMPS DE DISCUTER DE PETEY ET MOI... QUOI ?
QUI SONT CES GARÇONS SI AFFREUX... QUI ENTRENT PAR EFFRACTION CHEZ MAY ?!
JE N'EN SAIS RIEN, MAIS ON FERAIT MIEUX D'APPELER PETER !
PETER ? QU'EST-CE QU'IL VA FAIRE, PRENDRE DES PHOTOS ? IL FAUT APPELER LA POLICE !
OH, D'ACCORD ! TROUVONS VITE UN TÉLÉPHONE !
MAIS, ET SI LES FLICS SE METTAIENT À TIRER... PETER ! IL FAUT QUE JE LE JOIGNE !

ALLEZ, SOURIS, PETE. TU DEVRAIS ÊTRE COMME MOI... PRÊT À VENDRE TA MÈRE POUR UN SCOOP.
BON SANG, JE VENDRAIS MA MÈRE, MON ÂME, MON CORPS POUR LE BON SCOOP. CHAQUE PARTIE DE MOI A UN PRIX.
"REPORTER" DEVRAIT PEUT-ÊTRE S'ÉCRIRE "RAPPORTER".
OUAIS ? EH BIEN, JE N'AI JAMAIS CONNU MA MÈRE, JOY. MAIS TANTE MAY A ÉTÉ LA MEILLEURE MÈRE QUE J'AURAIS PU VOULOIR.
ELLE M'A ÉLEVÉ ET M'A FAIT PASSER AVANT TOUT. ET MAINTENANT JE FAIS PASSER MON BOULOT AVANT ELLE.
ELLE COMPRENDRA QUE CETTE INTERVIEW EST IMPORTANTE.
COMMENT ? JE NE COMP...
QU'EST-CE QUI SE PASSE ?!
TANTE MAY ! QU'EST-CE QUI EST ARRIVÉ À TANTE MAY ?!

PETER ! RALENTIS ! COMMENT PEUX-TU BOUGER AUSSI VITE ?
LAISSEZ-MOI PASSER ! C'EST LA MAISON DE MA TANTE !
VOUS ÊTES UN PROCHE ?
UN PROCHE ?!
ET...
ICI LE LIEUTENANT KEATING. À TOUTES LES UNITÉS, RESTEZ EN POSITION...
MAIS NE TIREZ PAS, JE RÉPÈTE, NE TIREZ PAS AVANT D'AVOIR LES CIBLES EN JOUE. JE NE VEUX PAS QUE CES RETRAITÉS MEURENT.
QUOI ?
PETER ! DIEU MERCI, TU ES LÀ ! COMMENT TU AS SU ?
SAVOIR QUOI ? MARY JANE, QU'EST-CE QUI SE PASSE ?
ET QUAND MJ L'A MIS AU COURANT...
IL FAUT QUE JE L'AIDE, MJ. S'IL LUI ARRIVE QUELQUE CHOSE, JE NE ME LE PARDONNERAI JAMAIS.
PERSONNE NE VOUS FERA DE MAL À TES AMIS OU TOI, FISTON. SURTOUT SI VOUS SORTEZ TOUT DE SUITE.
SORTIR ? MEC, C'EST VOUS QUI AVEZ COMMENCÉ. ON VOULAIT JUSTE DÉROUILLER POPCHIK.
MAIS IL FALLAIT QUE VOUS DÉBARQUIEZ AVEC VOS CAISSES ET VOS ÉQUIPES DU SWAT. C'EST DE VOTRE FAUTE, MEC. LA VÔTRE.
JE SAIS QUE TU AS PEUR, FISTON.
PEUR ? PEUR ? JE VAIS TE MONTRER QUI A PEUR, MEC.
ON VA TOUS AVOIR PEUR.
MON SENS D'ARAIGNÉE ME PRÉVIENT D'UN DANGER.
PETER ! QU'EST-CE QU'IL Y A ?
ÉCOUTE, FISTON. NE FAIS PAS L'IDIOT. PERSONNE N'A ÉTÉ BLESSÉ JUSQUE-LÀ. NE FRANCHIS PAS LA LIGNE JAUNE.
ALLÔ ? ALLÔ ?

BLAM!
QUI…?!
À TERRE, LES TOURTEREAUX !
À TOUS LES TIREURS D'ÉLITE, ICI KEATING. ILS ONT FRANCHI LA LIGNE JAUNE. JE RÉPÈTE…
ILS ONT FRANCHI LA LIGNE JAUNE.
PETER, NON ! LAISSE FAIRE LA POLICE.
MAIS TANTE MAY EST À L'INTÉRIEUR !
COMMENT TU TE SENTIRAIS SI C'ÉTAIT TA TANTE ?
TERRIFIÉE. COMME TU L'ES.
NE COMPRENDS-TU PAS ? TU ES TROP CONCERNÉ. TU RISQUES DE FAIRE UNE BOULETTE.
ET SI TU GAFFES, ILS TUERONT TOUT LE MONDE À L'INTÉRIEUR.
TOUT LE MONDE ! ES-TU PRÊT À VIVRE AVEC ÇA, PETER ?
L'ES-TU ?
ET UNE VOITURE ! ET ELLE A INTÉRÊT À ÊTRE LÀ DANS UNE DEMI-HEURE OU JE TUE UN DES VIEUX.
JEUNES VAURIENS ! JE REGRETTE QU'ERNIE N'AIT PAS MIEUX VISÉ QUAND IL VOUS A TIRÉ DESSUS !

SI ON VA PASSER DU TEMPS ENSEMBLE, TU DEVRAIS VRAIMENT CESSER DE ME TRAITER DE VAURIEN.
EN FAIT, ON EST DES CÉLÉBRITÉS. VOUS NOUS CONNAISSEZ PEUT-ÊTRE.
JE M'APPELLE JOHN. MON AMI AVEC LES VIEILLES BIQUES DANS LA CUISINE EST PAUL.
MON POTE GEORGE SURVEILLE LE COUPLE MARIÉ DANS UNE DES CHAMBRES À L'ÉTAGE...
TOUT EST DE TA FAUTE !
C'EST DE TA FAUTE, PAS LA MIENNE !
FERMEZ-LA !
VOUS ALLEZ ARRÊTER DE VOUS DISPUTER ?! VOUS ÊTES PIRES QUE MES PARENTS !
ET CE BON VIEUX RINGO EST DANS UNE AUTRE PIAULE AVEC LE VIEUX AU BÉRET.
VOUS ÉTIEZ LÀ QUAND THOMSON A FAIT CE HOME-RUN EN '51 ? JE VOUS CROIS PAS.
ALORS NE ME CROIS PAS.
JE TROUVE QUE VOUS AVEZ BEAUCOUP DE CHAMBRES ICI, VU LE PEU D'ACTION QUI S'Y PASSE.
TU ES MORT DE LA TAILLE AUX PIEDS, PAPY ? C'EST POPCHIK ICI PRÉSENT QUI DOIT TE REMPLACER AUPRÈS DES VIEILLES DAMES ?
COMMENT OSEZ-VOUS DIRE ÇA À MON FIANCÉ ?
WAP!

TU ES CINGLÉE ? TU VEUX QUE JE TE BUTE ? HEIN, DIS ?
TU ES COMME L'ÉTAIT MA MÈRE... TOUJOURS À M'ENGUEULER.
ON N'AVAIT JAMAIS UN ROND, ALORS JE GAGNAIS DU FRIC DE LA SEULE MANIÈRE QUE JE POUVAIS, ET ELLE ME CRIAIT DESSUS.
JE LA NOURRISSAIS, JE L'HABILLAIS ET ELLE N'ARRÊTAIT PAS DE DIRE QUE JE NE VALAIS RIEN. JE LA LAVAIS QUAND ELLE N'A PLUS PU LE FAIRE SEULE ET ELLE CONTINUAIT DE M'ENGUEULER.
TOUJOURS À M'ENGUEULER !
OÙ EST LA VOITURE ? IL FAUT QUE JE SORTE D'ICI !
VOUS DEHORS ! VOUS AVEZ VINGT MINUTES.
OU C'EST LA PREMIÈRE À MOURIR !
PETER... CE QUE J'AI DIT AVANT.
OUBLIE-LE.
IL Y SERAIT ALLÉ DE TOUTE FAÇON. AUTANT QUE CE SOIT AVEC MA BÉNÉDICTION.
ET UN PEU PLUS TARD...
CE N'EST PAS LE MOMENT D'ÊTRE NOSTALGIQUE, MAIS VOILÀ LA FENÊTRE DE MON ANCIENNE CHAMBRE.
J'EN SUIS SORTI PLEIN DE FOIS EN DOUCE EN QUÊTE DE DANGER.
JE N'AURAIS JAMAIS CRU QUE J'Y ENTRERAI EN DOUCE POUR AFFRONTER UN DANGER.
ÇA NE VA PAS MARCHER. JE SUE COMME UN GORET ET TOUS MES MUSCLES SONT CONTRACTÉS.
MJ AVAIT PEUT-ÊTRE RAISON. MAIS JE ME SUIS ENGAGÉ. JE NE FERAI PAS D'ERREURS, C'EST TOUT.
C'EST TOUT.

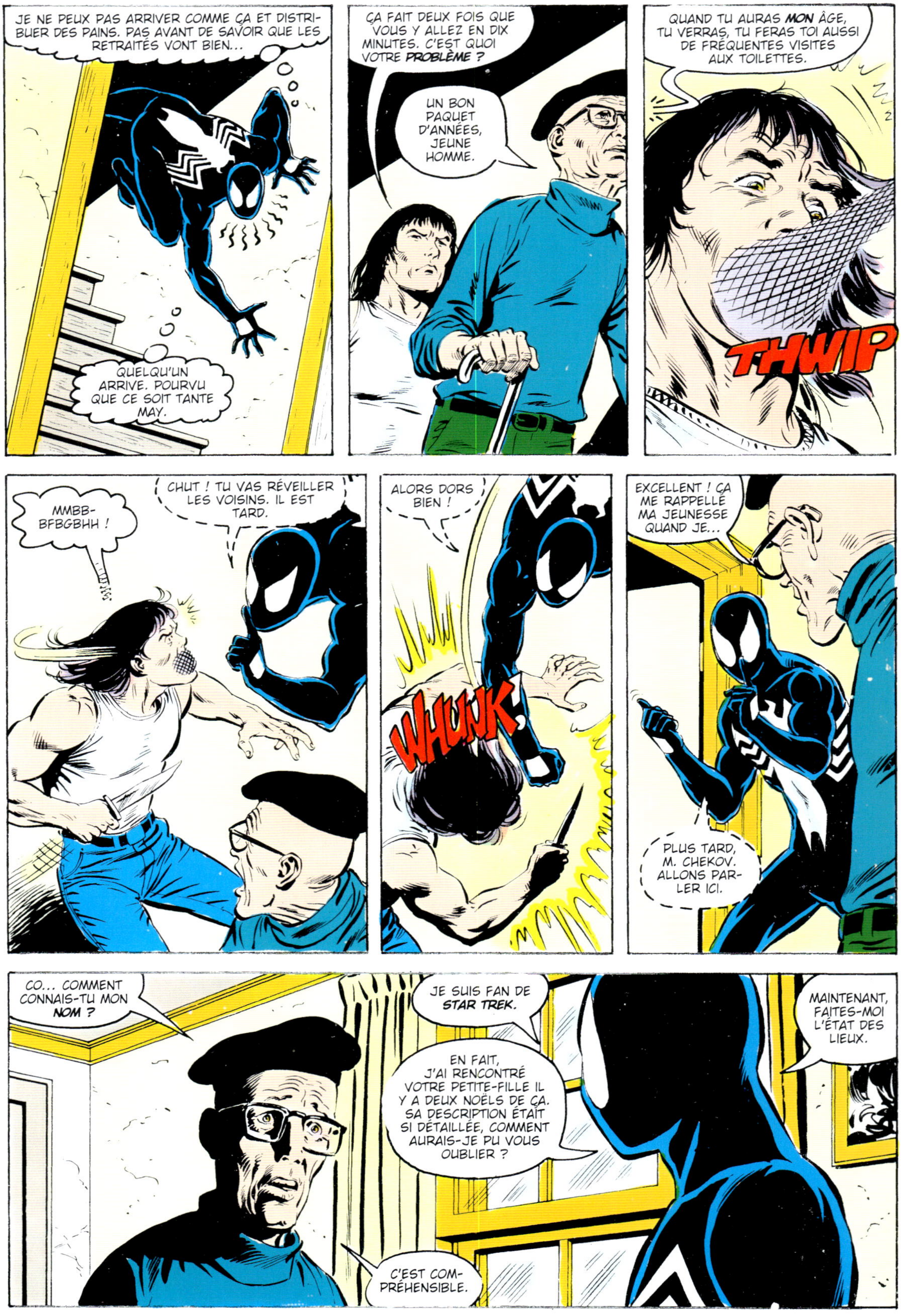
JE NE PEUX PAS ARRIVER COMME ÇA ET DISTRIBUER DES PAINS. PAS AVANT DE SAVOIR QUE LES RETRAITÉS VONT BIEN...
QUELQU'UN ARRIVE. POURVU QUE CE SOIT TANTE MAY.
ÇA FAIT DEUX FOIS QUE VOUS Y ALLEZ EN DIX MINUTES. C'EST QUOI VOTRE PROBLÈME ?
UN BON PAQUET D'ANNÉES, JEUNE HOMME.
QUAND TU AURAS MON ÂGE, TU VERRAS, TU FERAS TOI AUSSI DE FRÉQUENTES VISITES AUX TOILETTES.
THWIP
MMBB-BFGBGBHH !
CHUT ! TU VAS RÉVEILLER LES VOISINS. IL EST TARD.
ALORS DORS BIEN !
WHUNK !
EXCELLENT ! ÇA ME RAPPELLE MA JEUNESSE QUAND JE...
PLUS TARD, M. CHEKOV. ALLONS PARLER ICI.
CO... COMMENT CONNAIS-TU MON NOM ?
JE SUIS FAN DE STAR TREK.
EN FAIT, J'AI RENCONTRÉ VOTRE PETITE-FILLE IL Y A DEUX NOËLS DE ÇA. SA DESCRIPTION ÉTAIT SI DÉTAILLÉE, COMMENT AURAIS-JE PU VOUS OUBLIER ?
C'EST COMPRÉHENSIBLE.
MAINTENANT, FAITES-MOI L'ÉTAT DES LIEUX.

MAY, NE REFAIS PLUS UNE CHOSE PAREILLE ! NE LE PROVOQUE PAS. LES CRIMINELS COMME LUI SONT DANGEREUX.
FERME-LA, VIEILLARD.
JE NE LA FERMERAI PAS, SALE VOYOU. JE N'AI PAS PEUR DE TOI.
ALORS PEUT-ÊTRE QUE TU ES JUSTE BÊTE !
ET PEUT-ÊTRE QUE JE VAIS TE RENDRE MORT DE LA TAILLE À LA TÊTE !
NATHAN !
EH BIEN, ERNIE ? TU VAS JOUER AU HÉROS ?
ÉCOUTE... JOHN... QUE JE VOUS AIE TIRÉ DESSUS, C'EST INEXCUSABLE. VOUS ÉTIEZ DES VICTIMES, COMME MOI.
J'AVAIS PEUR... PEUR COMME TOI MAINTENANT. J'AI ÉTÉ AGRESSÉ UNE FOIS PAR D'AUTRES HOMMES, QUI ONT ÉTÉ LIBÉRÉS SOUS CAUTION. MON AMOUR-PROPRE, MON ASSURANCE EN ONT PRIS UN COUP.
JE ME SUIS MIS À PORTER UNE ARME POUR ME SENTIR DE NOUVEAU FORT. JE VOULAIS PRENDRE MA VIE EN MAIN. TU DOIS BIEN LE COMPRENDRE.
C'EST ENTRE VOUS ET MOI. LAISSE LES AUTRES PARTIR.
WUNK!
C'ÉTAIT QUOI, ÇA ?
QU'EST-CE QUI SE PASSE ? C'ÉTAIT QUOI CE BRUIT, COMME UN CORPS TOMBANT PAR TERRE ?
TU AS ENVOYÉ QUELQU'UN EN HAUT ? PARCE QUE JE LES TUERAI TOUS. NE ME CHERCHE PAS, MEC.
FISTON, C'EST ABSURDE ! QU'EST-CE QUE TU CROIS, QU'ON A ENVOYÉ QUELQU'UN GRAVIR LA FAÇADE DE LA MAISON ? SANS ÉCHELLE ?
LA FAÇADE... EST-CE QUE CE SERAIT...? NAN.
SI SEULEMENT ILS N'AVAIENT PAS BAISSÉ TOUS LES STORES DES FENÊTRES. ON NE VOIT RIEN À L'INTÉRIEUR.
SI SEULEMENT ON AVAIT UNE OUVERTURE...

JE T'AVAIS DIT QU'ON AURAIT DÛ ALLER CHEZ GIMBEL'S. EN CE MOMENT, ON FERAIT LES SOLDES SUR LE LINGE DE MAISON, AU LIEU D'AVOIR UNE ARME POINTÉE SUR NOUS. SI TU M'AVAIS ÉCOUTÉE, VICTOR...
OH, FERME-LA, VIEILLE PIE.
PERSONNE NE PARLE COMME ÇA À MA FEMME.
SAUF S'IL A UN PISTOLET.
VICTOR, SOIS PRUDENT.
OUAIS. SOIS PRUDENT, VICTOR.
RÉFLEXION FAITE, SOYONS TOUS PRUDENTS.
CESSONS D'ABORD DE POINTER DE VILAINES ARMES.
THWIP !
NON !
SI.
HAH ! VOYONS SI TU ES AUSSI CORIACE QUAND TU NE PEUX PLUS TIRER AVEC TON ARME OU TA LANGUE.
PARCE QUE LORSQU'ON COGNE VIC PALERMO, IL REND LES COUPS.
AÏE ! MES PHALANGES !
WUNK !
TU ES CONTENT, GROS DUR ? GROS MACHO ? TU AURAIS PU NOUS FAIRE TUER. ET...
OH, FERME-LA, VIEILLE PIE.

PAUL ! BOUGE TES FESSES ET VA EN HAUT. IL Y A UN PROBLÈME.
ALORS GARDE UN ŒIL SUR LES FOSSILES, LÀ.
D'AC-CORD.
JE PENSE QUE JOHNNY DEVIENT UN PEU NERVEUX.
MAIS C'EST COMPRÉHENSIBLE. PARCE QU'IL N'EST PAS...
BOND. JAMES BOND, AGENT 007, AVEC LE PERMIS DE TUER.
CE GENRE DE SITUATION EST HABITUEL POUR BOND.
JE SUIS ASSIÉGÉ PAR DES AGENTS DU SPECTRE.
ODDJOB ME TRAQUE.
MAIS SUIS-JE, MOI BOND, AGITÉ ? UN PEU.
AGITÉ ! MAIS PAS SECOUÉ.
PERSONNE ICI À PART LE VIEUX COUPLE.
PERSONNE ? UNE MINUTE ! OÙ EST GEORGE ?
AU MÊME ENDROIT QUE TOI... AU PAYS DES SONGES !
WHUNK !
VICTOR, IL EST HORRIBLE ! C'EST INHUMAIN DE GRIMPER AUX MURS COMME ÇA.
ÇA N'A RIEN D'ÉTRANGE ! AU BOUT DE CINQ MINUTES AVEC TOI, JE GRIMPE AUX MURS.
OH, MON PAUVRE CRÂNE. JE NE REFERAI PLUS CE COUP.
ÇA EN FAIT TROIS SUR QUATRE. IL NOUS RESTE LE TYPE EN BAS, AVEC TANTE MAY, NATHAN, ERNIE POPCHIK, LES DEUX SŒURS... ET LES NERFS À FLEUR DE PEAU.

HÉ, LES GARS ! SI C'EST UNE BLAGUE, ELLE EST **MALSAINE !**
QUE QUELQU'UN ME **RÉPONDE !**
TU ES TOUT SEUL, VAURIEN. ILS SONT PARTIS... OU **MORTS.**
NATHAN, ARRÊTE ! NE LUI FAIS PAS PEUR, IL VA...
PEUR ? **JE** VAIS VOUS MONTRER CE QUE C'EST.
TOI ! QUI QUE CE SOIT LÀ-HAUT.
SORS DE TA PLANQUE ET MONTRE-TOI, OU JE PULVÉRISE SA CERVELLE SUR LE JOLI PAPIER-PEINT !
C'EST TOI QUI L'AS **DEMANDÉ,** ORDURE. FAIS-TOI UN BISOU D'ADIEU !
LÀ, PENDANT QU'IL EST FIGÉ DE SURPRISE...
J'AI **RÉUSSI !** C'EST **FINI !**
THWIP!
NON.
QU... ARRÊTEZ ! JE...

BLAM!
ME RUHH...
MAINTENANT C'EST FINI.
JE... JE VOULAIS AVOIR CE VAURIEN. MAIS... PAS COMME ÇA.
MIEUX VAUT FILER. LES FLICS VONT DÉBARQUER.
TU N'AS PAS BESOIN DE LE DIRE, MAY. TOUT CE CAUCHEMAR EST DE MA FAUTE.
JE M'EN VAIS POUR QUE VOUS PUISSIEZ AVOIR DES VIES NORMALES.
ERNIE, NE DIS PAS DE BÊTISES.
LA BÊTISE À NE PAS FAIRE SERAIT DE VOUS METTRE EN DANGER PLUS LONGTEMPS.
MAY, IL VEUT PARTIR. LAISSE-LE PARTIR.
COMMENT PEUX-TU DIRE Ç...
POLICE ! PLUS UN...
... GESTE ? QUE S'EST-IL PASSÉ ?
SPIDER-MAN ? ENCORE ? OH LÀ LÀ, KEATING VA PÉTER LES PLOMBS.
VAN LEEUWAN, VA VOIR EN HAUT, QUE JE PUISSE DONNER LE FEU VERT.
C'ÉTAIT SPIDER-MAN. D'ABORD IL ÉTAIT EN HAUT, PUIS...

PETER DAVID
Scénario

BOB McLEOD
Dessin

CHRISTY SCHEELE
Couleurs

MAKMA / NICK MEYLAENDER
Traduction

BIT
Lettrage

JIM OWSLEY & JIM SHOOTER
Rédaction USA

Stan Lee PRÉSENTE :
LA CLÉ
8E
8G
LA VACHE, CES "FICHET" SONT AUSSI DURES À FORCER QU'ELLES COÛTENT CHER !
MAIS JE CROIS QUE J'AURAI BIENTÔT SA PEAU.

CLIK!
FICHE
ZUT ! ELLE EST ENCORE FERMÉE !
ALLEZ, SALETÉ DE SERRURE !
HÉ ! QU'EST-CE QUE VOUS FAITES ?
8E
MANNY
OH, NON !
8G
JE DOIS SORTIR D'ICI !
REVENEZ LÀ !
STAIRWELL
JE NE DOIS PAS ME FAIRE ARRÊTER !
ON DIRAIT QUE LE VIEUX N'A PAS RÉUSSI À ME SUIVRE. BIEN.
EXIT
ENCORE UN ESCALIER ET JE SERAI CHEZ MOI...
... LIBRE !
EXIT
CACRASH!

ACK !
GÉNIAL, NOLETTI, TOUT SIMPLEMENT GÉNIAL ! TU ES VRAIMENT UN PRO DU CAMBRIOLAGE !
POURQUOI JE ME DÉBROUILLE TOUJOURS POUR RATER TOUT CE QUE FAIS ? PARFOIS, JE...
ÉCOUTE, BELDONE...
HEIN ? IL Y A QUELQU'UN ICI !
SI C'EST LES FLICS, JE SUIS MORT !
... JE T'AI DÉJÀ AVERTI... NE VIENS PAS TRAÎNER DANS CE QUARTIER AVEC TA MEUTE DE BÊTES SAUVAGES !
AH, MEC ! ON N'A RIEN FAIT DU TOUT !
ON EST DOUX COMME DES AGNEAUX... HEIN, LES GARS ?
CES TYPES NE SONT CLAIREMENT PAS DES FLICS !
À PART CELUI EN COSTARD. ON VOIT TOUT DE SUITE QUE C'EST UN POULET.
MAIS ON DIRAIT QUE LES AUTRES MONOPOLISENT TROP SON ATTENTION POUR QU'IL ME REMARQUE.
NE ME PRENDS PAS POUR UN IMBÉCILE, BELDONE !
EXACT, CHEECH.
OUAIS, DES AGNEAUX.
ON A UNE TOISON BLANCHE ET TOUT !
VOUS ÊTES UNE BANDE DE PETITS POURRIS VICELARDS ET CE N'EST QU'UNE QUESTION DE TEMPS AVANT QUE JE VOUS COFFRE !

D'ICI LÀ, JE VEUX QUE VOUS DÉGAGIEZ VOS FESSES FANGEUSES DE LÀ AVANT QUE JE...
JOLI QUARTIER QUE VOUS AVEZ LÀ, MONSIEUR LE POLICIER.
Y A UN MAX À VOIR.
SALE POURRITURE ! JE DEVRAIS...
TU FERAIS MIEUX DE TE CALMER, MEC. PERSONNE NE ME CHERCHE, PAS MÊME MONSIEUR LE POLICIER !
LAISSE TOMBER, BELDONE.
JE N'AI PAS PEUR.
HÉ, MEC !
T'AS GAGNÉ, MEC !
JE VAIS TE DÉSOSSER !
SHAKT
KLIK
SNIK!
JE TE PRÉVIENS, BELDONE...
À MOI LA PREMIÈRE TRANCHE, LES GARS !

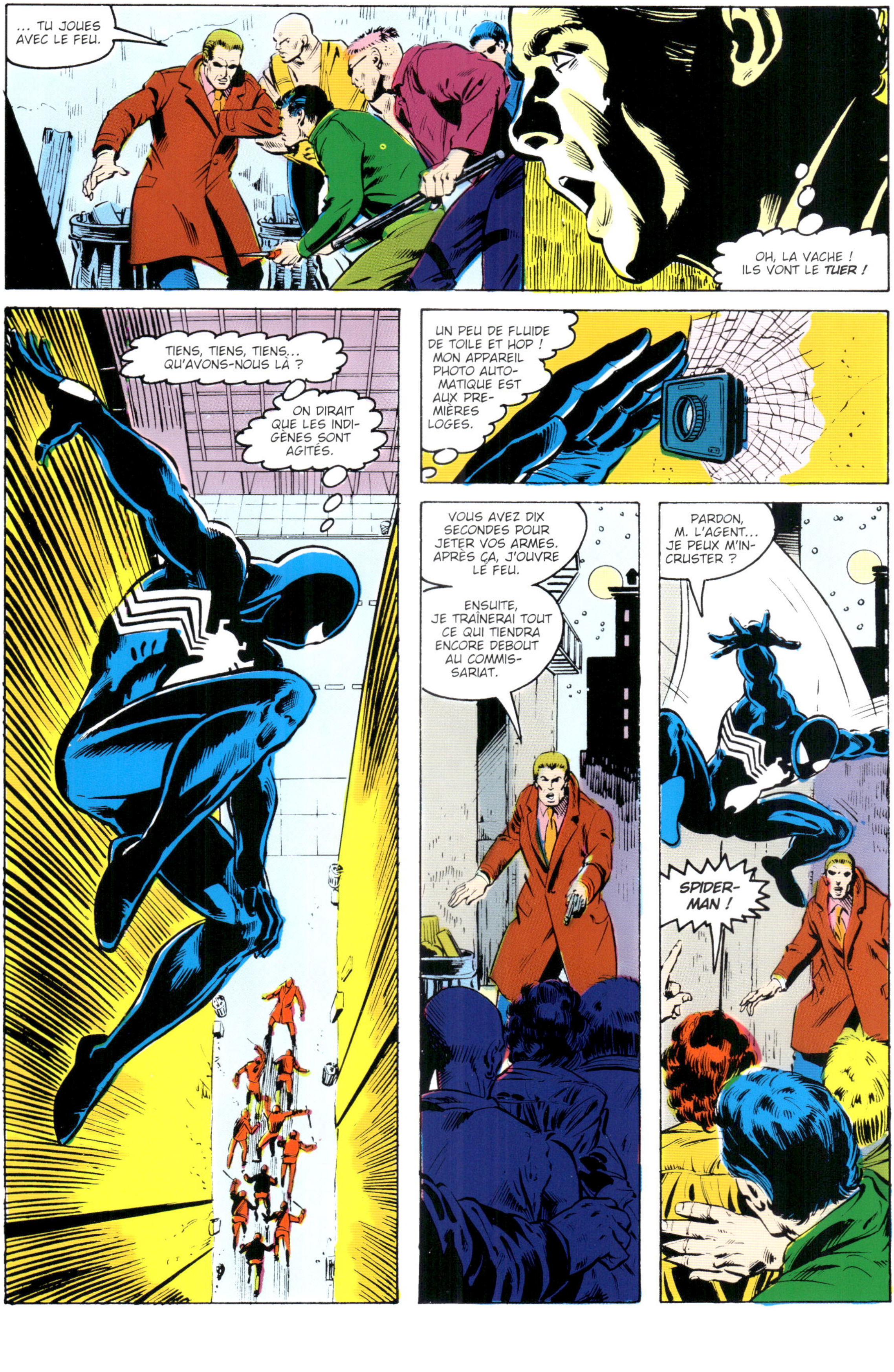
... TU JOUES AVEC LE FEU.
OH, LA VACHE ! ILS VONT LE TUER !
TIENS, TIENS, TIENS... QU'AVONS-NOUS LÀ ?
ON DIRAIT QUE LES INDIGÈNES SONT AGITÉS.
UN PEU DE FLUIDE DE TOILE ET HOP ! MON APPAREIL PHOTO AUTOMATIQUE EST AUX PREMIÈRES LOGES.
VOUS AVEZ DIX SECONDES POUR JETER VOS ARMES. APRÈS ÇA, J'OUVRE LE FEU.
ENSUITE, JE TRAÎNERAI TOUT CE QUI TIENDRA ENCORE DEBOUT AU COMMISSARIAT.
PARDON, M. L'AGENT... JE PEUX M'INCRUSTER ?
SPIDER-MAN !

SPIDER-MAN ? HÉ, C'EST PAS CE TISSEUR DE TOILES GLAMOUR QUI DISTRIBUE DES RACLÉES AUX VOYOUS À DEUX BALLES ?
SNAK
IL PARAÎT QUE C'EST UN MEC SENSAS...
... ET SON NOUVEAU COSTUME EST JUSTE, OH... SI CHIC !
VAS-Y, CONTINUE DE CAUSER PENDANT QUE JE...
TA MÈRE NE T'A PAS APPRIS QU'IL NE FALLAIT JAMAIS POINTER D'OBJETS POINTUS SUR LES GENS ?
ALLONS, ALLONS.
JE VEUX DIRE, UN COUP POURRAIT TRÈS BIEN PARTIR TOUT SEUL !
EN PLUS, SI JE NE TE L'AI PAS DÉJÀ DIT UN BON MILLIER DE FOIS...
QUAND ON DANSE...
JE CONDUIS !
WHOK
CASSONS-NOUS !
IL EST PLUS VIF QUE L'ÉCLAIR !
TSS-TSS, JE SUPPOSE QUE CERTAINS PRÉFÈRENT LA VALSE À LA RUMBA.
ÇA VA, M. L'AGENT ?

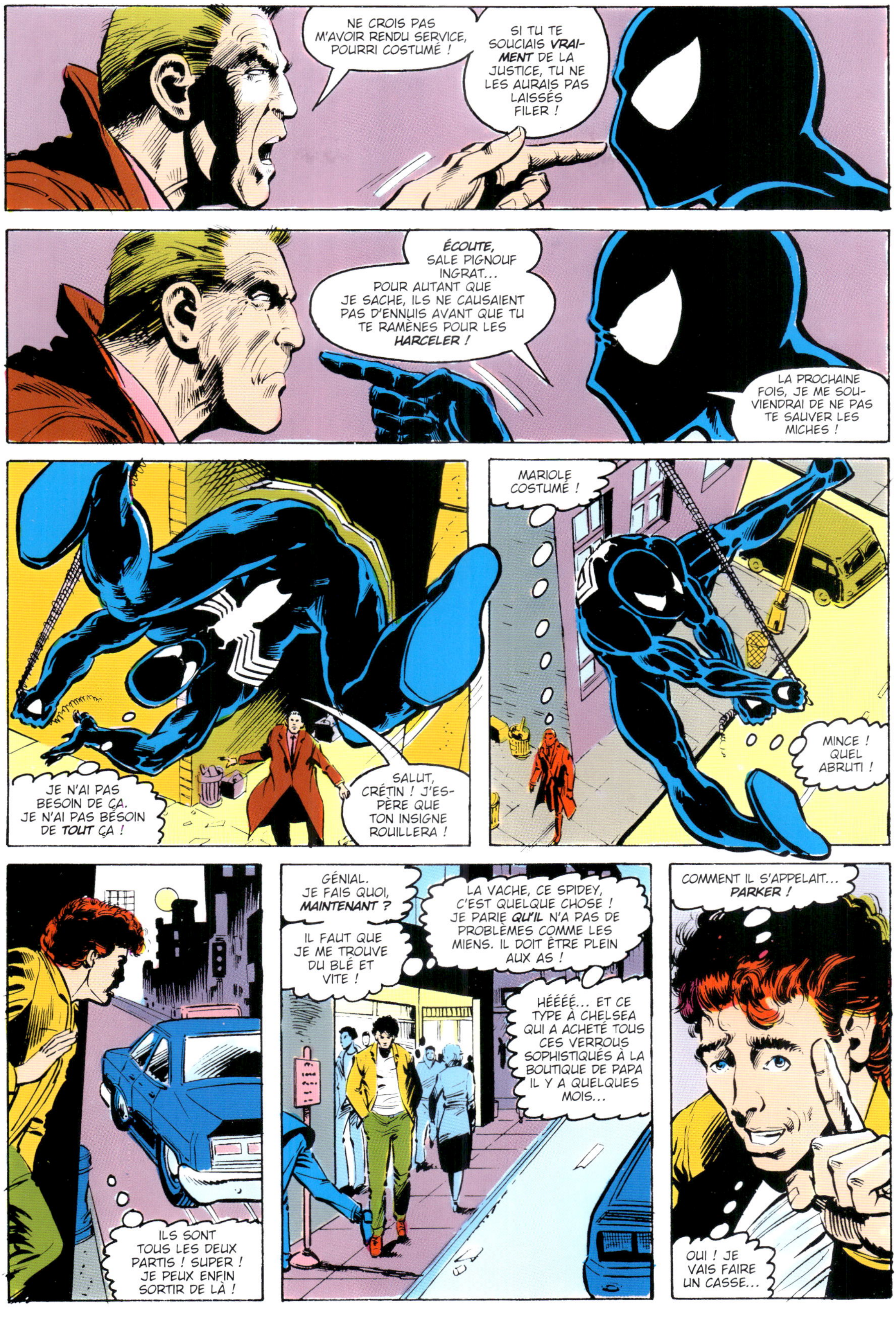
NE CROIS PAS M'AVOIR RENDU SERVICE, POURRI COSTUMÉ !
SI TU TE SOUCIAIS VRAIMENT DE LA JUSTICE, TU NE LES AURAIS PAS LAISSÉS FILER !
ÉCOUTE, SALE PIGNOUF INGRAT... POUR AUTANT QUE JE SACHE, ILS NE CAUSAIENT PAS D'ENNUIS AVANT QUE TU TE RAMÈNES POUR LES HARCELER !
LA PROCHAINE FOIS, JE ME SOUVIENDRAI DE NE PAS TE SAUVER LES MICHES !
JE N'AI PAS BESOIN DE ÇA. JE N'AI PAS BESOIN DE TOUT ÇA !
SALUT, CRÉTIN ! J'ESPÈRE QUE TON INSIGNE ROUILLERA !
MARIOLE COSTUMÉ !
MINCE ! QUEL ABRUTI !
ILS SONT TOUS LES DEUX PARTIS ! SUPER ! JE PEUX ENFIN SORTIR DE LÀ !
GÉNIAL. JE FAIS QUOI, MAINTENANT ?
IL FAUT QUE JE ME TROUVE DU BLÉ ET VITE !
LA VACHE, CE SPIDEY, C'EST QUELQUE CHOSE ! JE PARIE QU'IL N'A PAS DE PROBLÈMES COMME LES MIENS. IL DOIT ÊTRE PLEIN AUX AS !
HÉÉÉÉ... ET CE TYPE À CHELSEA QUI A ACHETÉ TOUS CES VERROUS SOPHISTIQUÉS À LA BOUTIQUE DE PAPA IL Y A QUELQUES MOIS...
COMMENT IL S'APPELAIT... PARKER !
OUI ! JE VAIS FAIRE UN CASSE...

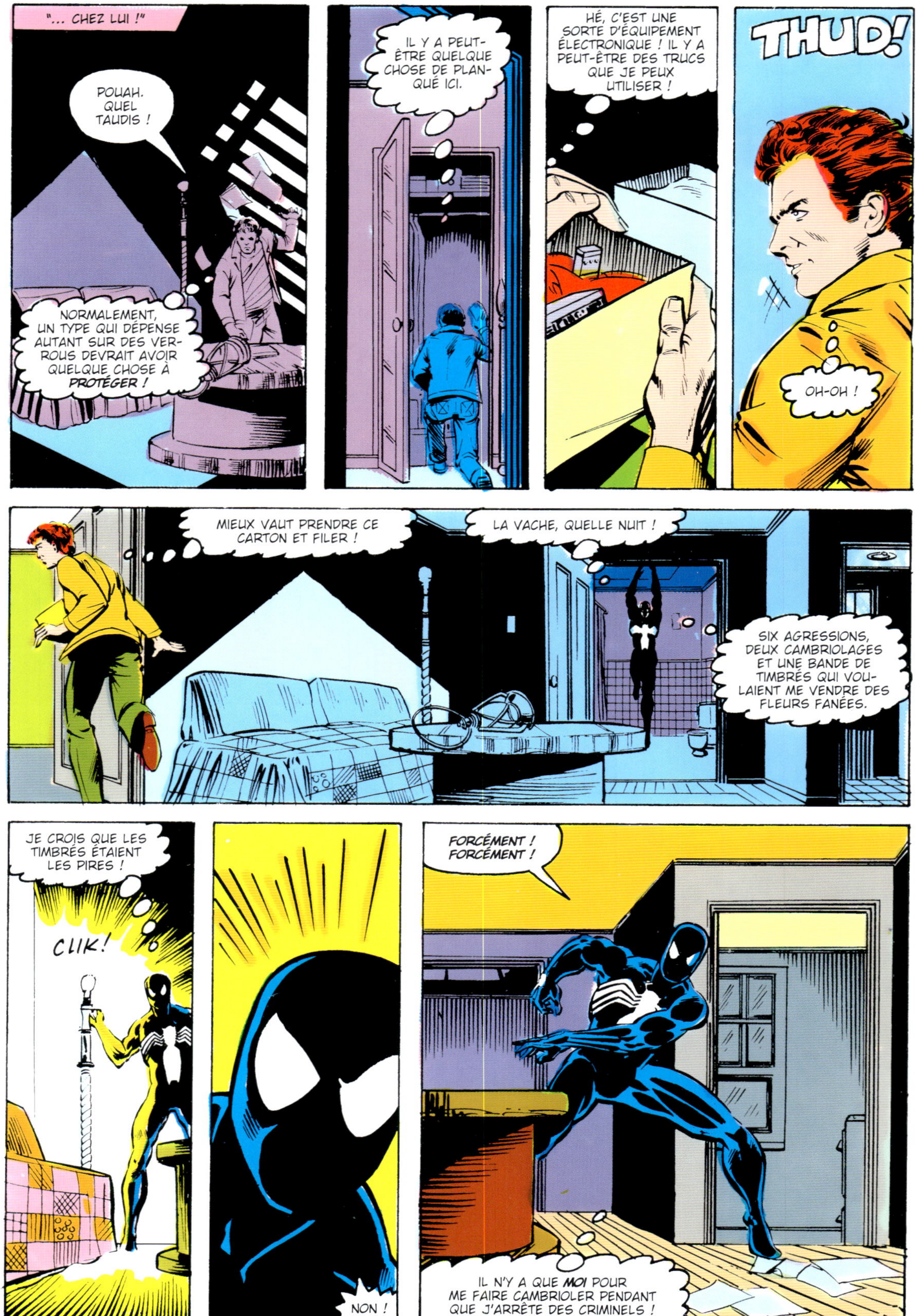
"... CHEZ LUI !"
POUAH. QUEL TAUDIS !
NORMALEMENT, UN TYPE QUI DÉPENSE AUTANT SUR DES VERROUS DEVRAIT AVOIR QUELQUE CHOSE À PROTÉGER !
IL Y A PEUT-ÊTRE QUELQUE CHOSE DE PLANQUÉ ICI.
HÉ, C'EST UNE SORTE D'ÉQUIPEMENT ÉLECTRONIQUE ! IL Y A PEUT-ÊTRE DES TRUCS QUE JE PEUX UTILISER !
THUD!
OH-OH !
MIEUX VAUT PRENDRE CE CARTON ET FILER !
LA VACHE, QUELLE NUIT !
SIX AGRESSIONS, DEUX CAMBRIOLAGES ET UNE BANDE DE TIMBRÉS QUI VOULAIENT ME VENDRE DES FLEURS FANÉES.
JE CROIS QUE LES TIMBRÉS ÉTAIENT LES PIRES !
CLIK!
NON !
FORCÉMENT ! FORCÉMENT !
IL N'Y A QUE MOI POUR ME FAIRE CAMBRIOLER PENDANT QUE J'ARRÊTE DES CRIMINELS !

OH, NON...
NE ME DITES PAS QUE... PITIÉ NE ME DITES PAS QUE C'EST...
C'EST PAS VRAI... C'EST PAS POSSIBLE...
THWAP
THUNK
MAIS SI !
MON COSTUME DE RECHANGE A DISPARU !
PEU DE TEMPS APRÈS, À LITTLE ITALY...
PFF, QUELLE NUIT POURRIE !
LE SEUL TRUC QUE J'AIE RÉUSSI À CHOURER, C'EST CE CARTON D'AFFAIRES DE L'APPART À CHELSEA.
J'AIMERAIS BIEN AVOIR UN AUTRE MOYEN DE GAGNER DES RONDS.
ÇA NE ME PLAÎT PAS D'ALLER CAMBRIOLER LES GENS.
J'AI ESSAYÉ DE TROUVER DU BOULOT, MAIS PERSONNE NE VEUT ENGAGER UN LYCÉEN SANS EXPÉRIENCE.
ET PAPA ET MOI AVONS BESOIN DE FRIC !
PAUVRE PAPA. IL TRAVAILLE SI DUR, MAIS LA SERRURERIE N'A PAS L'AIR DE RAPPORTER ASSEZ POUR NOUS FAIRE VIVRE CES TEMPS-CI.

AH, PAPA. TU AS ÉTÉ SI BON AVEC MOI DEPUIS LA MORT DE MAMAN.
JE SAIS QUE ÇA N'A PAS ÉTÉ FACILE POUR TOI DE M'ÉLEVER SEUL.
C'EST TOUT CE QUE J'ARRIVE À FAIRE POUR TE REMERCIER.. VOLER POUR AVOIR DE L'ARGENT POUR T'AIDER À PAYER LE LOYER ?
JE DOIS FAIRE EN SORTE QU'IL N'APPRENNE JAMAIS LA VÉRITÉ SUR LES "PETITS BOULOTS" QUI ME RAPPORTENT DU FRIC.
ÇA LUI BRISERAIT LE CŒUR ; ÇA POURRAIT MÊME LE TUER.
JE M'EN VOUDRAIS ÉTERNELLEMENT SI ÇA ARRIVAIT.
OH, MA FOI. JE POURRAI PEUT-ÊTRE UTILISER CERTAINS DE CES TRUCS POUR FINIR DE RÉPARER CETTE VIEILLE TÉLÉ.
APRÈS, JE POURRAIS SÛREMENT EN TIRER QUELQUES BILLETS.
QU'EST-CE QUE C'EST QUE ÇA ?
HÉ, LA BOUCLE DU CEINTURON, ON DIRAIT...
OHMONDIEU ! C'EST LUI !
C'EST LE COSTUME DE SPIDER-MAN !
IN-CROYABLE !
ET JE PENSE SAVOIR CE QUE JE VAIS EN FAIRE !

ENVIRONS QUATRE-VINGT-DIX MINUTES PLUS TARD ET TRENTE RUES PLUS LOIN...
LA VACHE, C'EST PLUS DUR QUE ÇA EN A L'A R !
COMME SI ÇA NE SUFFISAIT PAS QU'IL M'AIT FALLU UNE DEMI-HEURE POUR PIGER COMMENT VISER AVEC CES LANCE-TOILES DÉBILES, IL FAUT QUE JE MONTE ICI POUR DÉCOUVRIR QU'IL N'Y A QUASIMENT RIEN POUR S'ACCROCHER !
IL DOIT Y AVOIR UN MOYEN PLUS SIMPLE DE GAGNER SA VIE !
BON, AU MOINS PERSONNE NE FERME SES FENÊTRES À CLÉ AU SEPTIÈME ÉTAGE.
MURFLL... DMMH...
CLIK !
QU'EST-CE Q...?
HMMMD ?
OH, NON !
HIIIIIIIKKK !!
C'EST SPIDER-MAN !
EUH, ÉCOUTEZ, HUM, SALUT, M'DAME, JE NE VAIS PAS...
OH LÀ LÀ, JE NE SUIS VRAIMENT PAS FAIT POUR ÇA !
QU'EST-CE QU'ELLE BREDOUILLE ?
L'ARGENTERIE ESTDANSLE TROISIÈMETI-ROIR DELA CUISINE, MESBI JOUXSONT DANSLACHAMBRE, L'ARGENTET LESCARTES-DECRÉDIT SONT DAN-SMONSAC !
HÉÉÉÉ... ÇA VA PEUT-ÊTRE LE FAIRE, APRÈS TOUT !
EXCUSEZ-MOI, M'DAME, MAIS VOUS AVEZ UN SAC OU QUOI QUE JE PUISSE EMPRUNTER ?

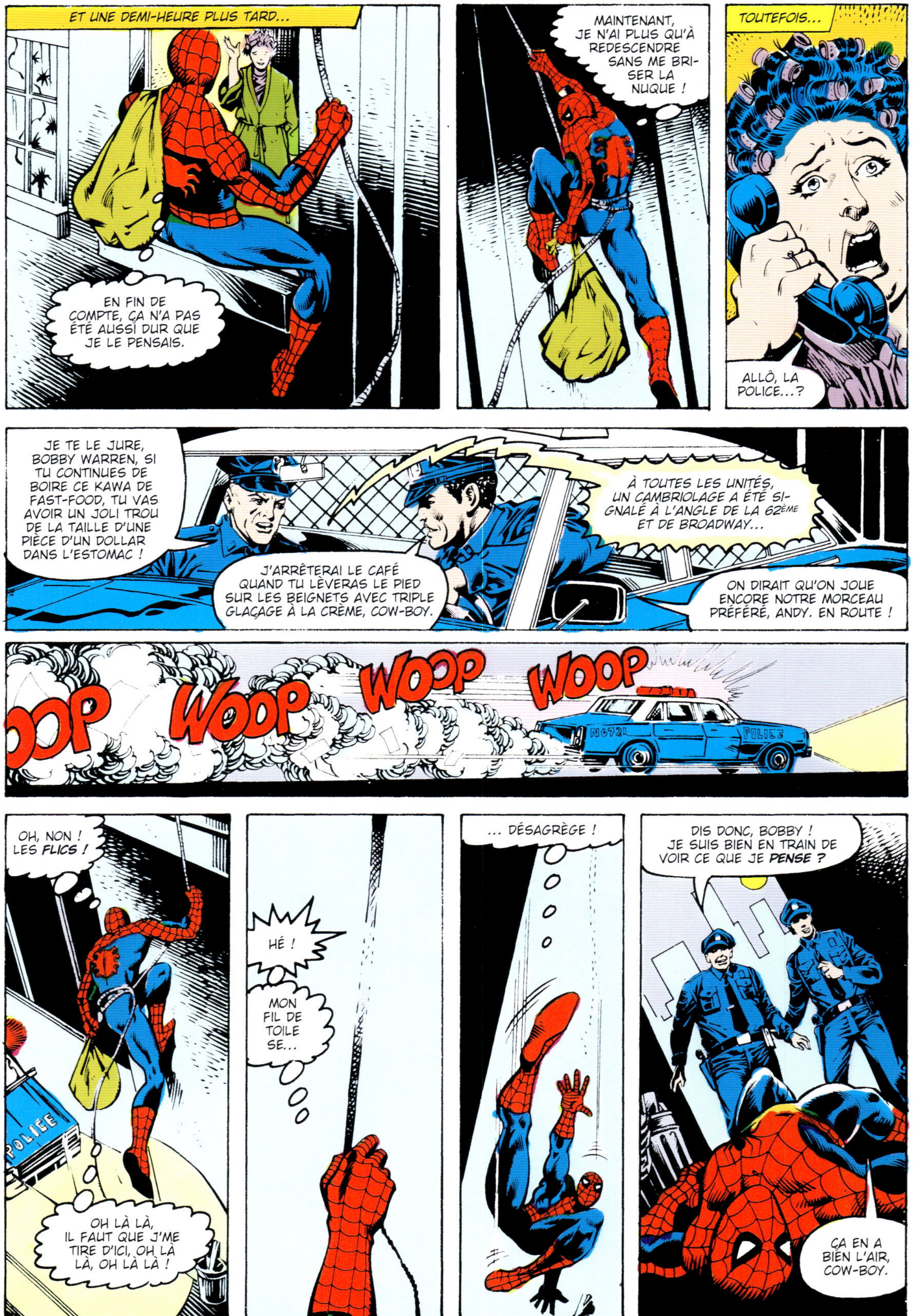
ET UNE DEMI-HEURE PLUS TARD...
EN FIN DE COMPTE, ÇA N'A PAS ÉTÉ AUSSI DUR QUE JE LE PENSAIS.
MAINTENANT, JE N'AI PLUS QU'À REDESCENDRE SANS ME BRISER LA NUQUE !
TOUTEFOIS...
ALLÔ, LA POLICE...?
JE TE LE JURE, BOBBY WARREN, SI TU CONTINUES DE BOIRE CE KAWA DE FAST-FOOD, TU VAS AVOIR UN JOLI TROU DE LA TAILLE D'UNE PIÈCE D'UN DOLLAR DANS L'ESTOMAC !
J'ARRÊTERAI LE CAFÉ QUAND TU LÈVERAS LE PIED SUR LES BEIGNETS AVEC TRIPLE GLAÇAGE À LA CRÈME, COW-BOY.
À TOUTES LES UNITÉS, UN CAMBRIOLAGE A ÉTÉ SIGNALÉ À L'ANGLE DE LA 62ÈME ET DE BROADWAY...
ON DIRAIT QU'ON JOUE ENCORE NOTRE MORCEAU PRÉFÉRÉ, ANDY. EN ROUTE !
OOP WOOP WOOP WOOP
OH, NON ! LES *FLICS* !
OH LÀ LÀ, IL FAUT QUE J'ME TIRE D'ICI, OH LÀ LÀ, OH LÀ LÀ !
HÉ !
MON FIL DE TOILE SE...
... DÉSAGRÈGE !
DIS DONC, BOBBY ! JE SUIS BIEN EN TRAIN DE VOIR CE QUE JE *PENSE* ?
ÇA EN A BIEN L'AIR, COW-BOY.

PENDANT CE TEMPS, À CHELSEA...
QUAND JE METTRAI LA MAIN SUR CE RAT, JE COMMENCERAI PAR BIEN L'EMMAILLOTER DE TOILE, PUIS JE BRISERAI TOUS LES OS DE SON CORPS L'UN APRÈS L'AUTRE ET ENSUITE JE...
ET ZUT. ÇA NE CHANGE RIEN AU PROBLÈME. JE DOIS D'ABORD RETROUVER CETTE CRAPULE.
POURQUOI J'AI PENSÉ QUE CES AFFAIRES SERAIENT PLUS EN SÉCURITÉ CACHÉES DANS CE CARTON ?
UNE MINUTE !
IL Y AVAIT DES SPIDER-TRACEURS DANS CE CARTON !
C'EST ÇA ! JE PEUX RETROUVER MES AFFAIRES GRÂCE À EUX !
PARKER, JE DIRAIS QUE TU ES UN GÉNIE S'IL N'Y AVAIT UN PETIT DÉTAIL...
... POURQUOI TU N'Y AS PAS PENSÉ PLUS TÔT ?
THWIPP!
POSTE DE LA 23ÈME CIRCONSCRIPTION...
IL Y A DES GENS, JE TE JURE ! COMME SI JE NE GALÉRAIS PAS DÉJÀ ASSEZ À GÉRER DOUZE HEURES PAR JOUR DES MALFAITEURS DÉPRAVÉS DE BASE... MAINTENANT JE DOIS FAIRE LE TAXI POUR UN DINGUE EN COSTUME D'HALLOWEEN À DEUX BALLES !
DÉTENDS-TOI, HAID. MAIS N'EN PARLONS PAS AUX AUTRES AVANT QUE LE CAPITAINE AIT DÉCIDÉ CE QU'ON VA FAIRE DE LUI.
POL
OUI ?
EUH, CAPITAINE, ON A QUELQUE CHOSE QUE VOUS DEVRIEZ VOIR.
VOUS N'ALLEZ PAS LE CROIRE, CAPITAINE...

... ON A RAMASSÉ UN AUTHENTIQUE, PUR ET DUR GARANTI À 100 %.
... TORDU DE SUPER-HÉROS !
AGENT HAID... AGENT WARREN...
VOUS N'AVEZ RIEN VU.
VOUS N'AVEZ RIEN VU DU TOUT.
QU'EST-CE QUE C'ÉTAIT QUE CETTE HISTOIRE ?
JE N'EN SAIS RIEN ET JE M'EN MOQUE.
ALLONS PRENDRE UN CAFÉ ET DES BEIGNETS, VA.
PLUS TARD...
URRRCCCH... JE, EUH, OÙ JE SUIS ?
HÉ ! MON MASQUE !
OH, NON !
JE VOIS QUE TU TE RÉVEILLES ENFIN. TU AS DORMI UN BON MOMENT.
LARGEMENT LE TEMPS DE TE PRENDRE EN PHOTO ET RELEVER TES EMPREINTES.
OH LÀ LÀ ! JE SENS QU'IL NE VOUDRA JAMAIS CROIRE QUE JE NE SUIS PAS LE VRAI SPIDER-MAN !
ET IL NE FAUT PAS QUE ÇA SE SACHE... ÇA TUERAIT PAPA ! JE...
ALORS, TU PEUX ÉCOUTER TRÈS ATTENTIVEMENT ET FAIRE EXACTEMENT CE QUE JE TE DIS...
... OU JE PEUX OFFRIR AU DAILY BUGLE L'EXCLUSIVITÉ DE LA CAPTURE DE SPIDER-MAN.
À TOI DE CHOISIR.
... JE DOIS FAIRE CE QU'IL DIT.
TRÈS BIEN, M. L'AGENT. C'EST D'ACCORD.
JE N'EN ATTENDAIS PAS MOINS. BON, VOIS-TU, IL Y A CE GANG DE POURRIS QUE JE VEUX REMETTRE EN PLACE...

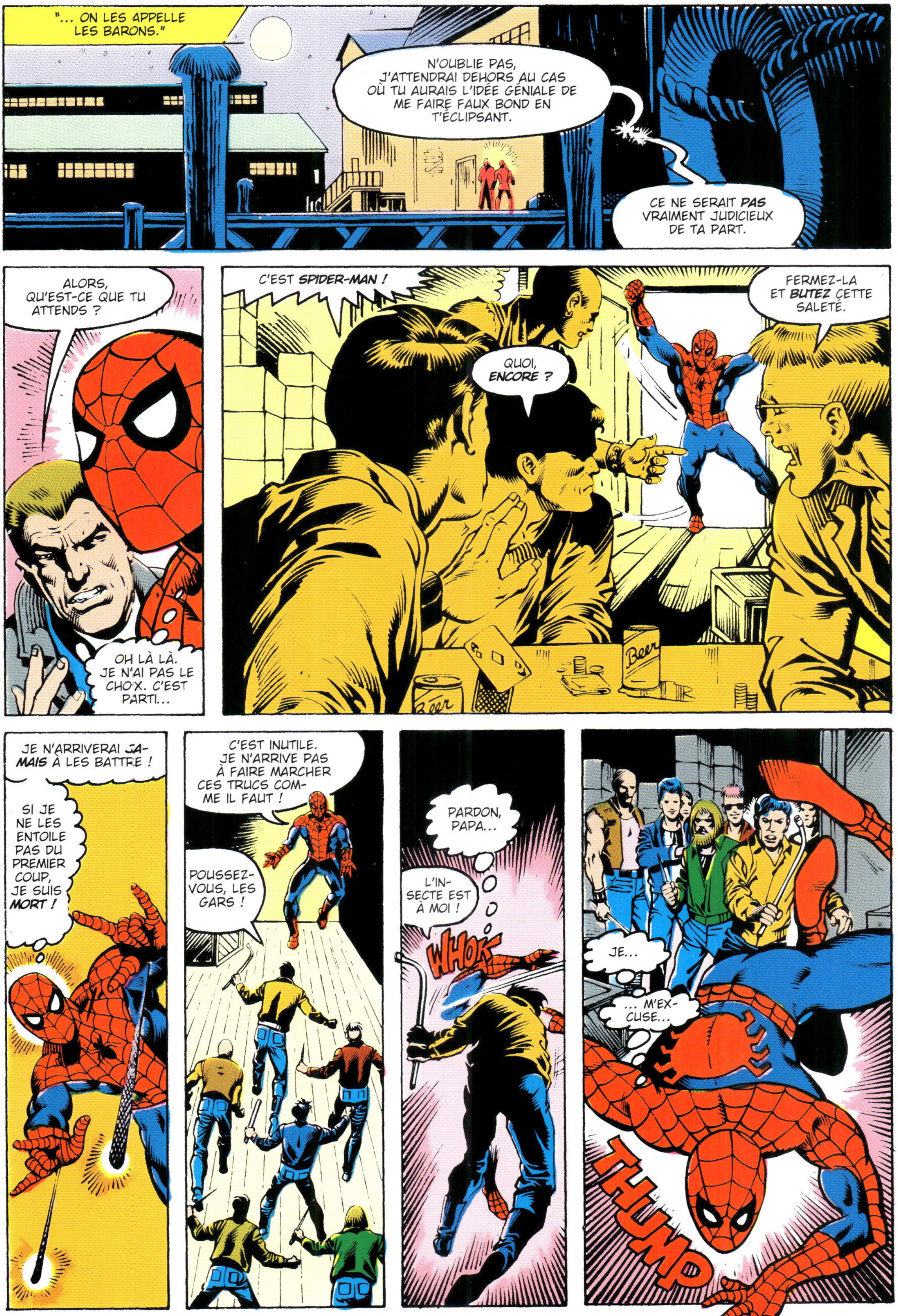
"... ON LES APPELLE LES BARONS."
N'OUBLIE PAS, J'ATTENDRAI DEHORS AU CAS OÙ TU AURAIS L'IDÉE GÉNIALE DE ME FAIRE FAUX BOND EN T'ÉCLIPSANT.
CE NE SERAIT PAS VRAIMENT JUDICIEUX DE TA PART.
ALORS, QU'EST-CE QUE TU ATTENDS ?
OH LÀ LÀ. JE N'AI PAS LE CHOIX. C'EST PARTI...
C'EST SPIDER-MAN !
QUOI, ENCORE ?
FERMEZ-LA ET BUTEZ CETTE SALETÉ.
JE N'ARRIVERAI JAMAIS À LES BATTRE !
SI JE NE LES ENTOILE PAS DU PREMIER COUP, JE SUIS MORT !
C'EST INUTILE. JE N'ARRIVE PAS À FAIRE MARCHER CES TRUCS COMME IL FAUT !
POUSSEZ-VOUS, LES GARS !
PARDON, PAPA...
L'INSECTE EST À MOI !
WHOK
JE...
... M'EXCUSE...
THUMP

IL SE PASSE QUELQUE CHOSE D'ÉTRANGE LÀ-DEDANS.
IL AURAIT DÛ LES ACHEVER À L'HEURE QU'IL EST !
CREAK
ÉCOUTEZ !
IL Y A QUELQU'UN DEHORS !
TIENS, TIENS, TIENS, SI CE N'EST PAS **MONSIEUR LE POLICIER.**
JE NE SAIS PAS COMMENT ILS ONT PU BATTRE SPIDER-MAN...
... MAIS JE SAIS QU'ILS ME METTRONT EN PIÈCES SI JE LEUR EN LAISSE L'OCCASION !
JE DOIS...
WHUNK
UNHWK !
BIEN **JOUÉ**, MEC !
PLUS TARD...
C'ÉTAIT VRAIMENT SYMPA DE NOUS LIVRER SPIDER-MAN, MONSIEUR LE POLICIER.
JE SAIS QU'IL Y A UN PAQUET DE GARS EN VILLE QUI SERAIENT PRÊTS À PAYER GROS POUR POUVOIR METTRE LA MAIN SUR LUI.
UNE FOIS **QU'ON** SE SERA UN PEU AMUSÉS AVEC TOI, BIEN SÛR.
TU AS PERDU LA TÊTE, BELDONE.
QU'EST-CE QUI TE FAIT CROIRE QUE TU T'EN SORTIRAS SANS PROBLÈME ?
SIMPLE, MEC...
... C'EST **MOI** QUI AI LE **FLINGUE** !

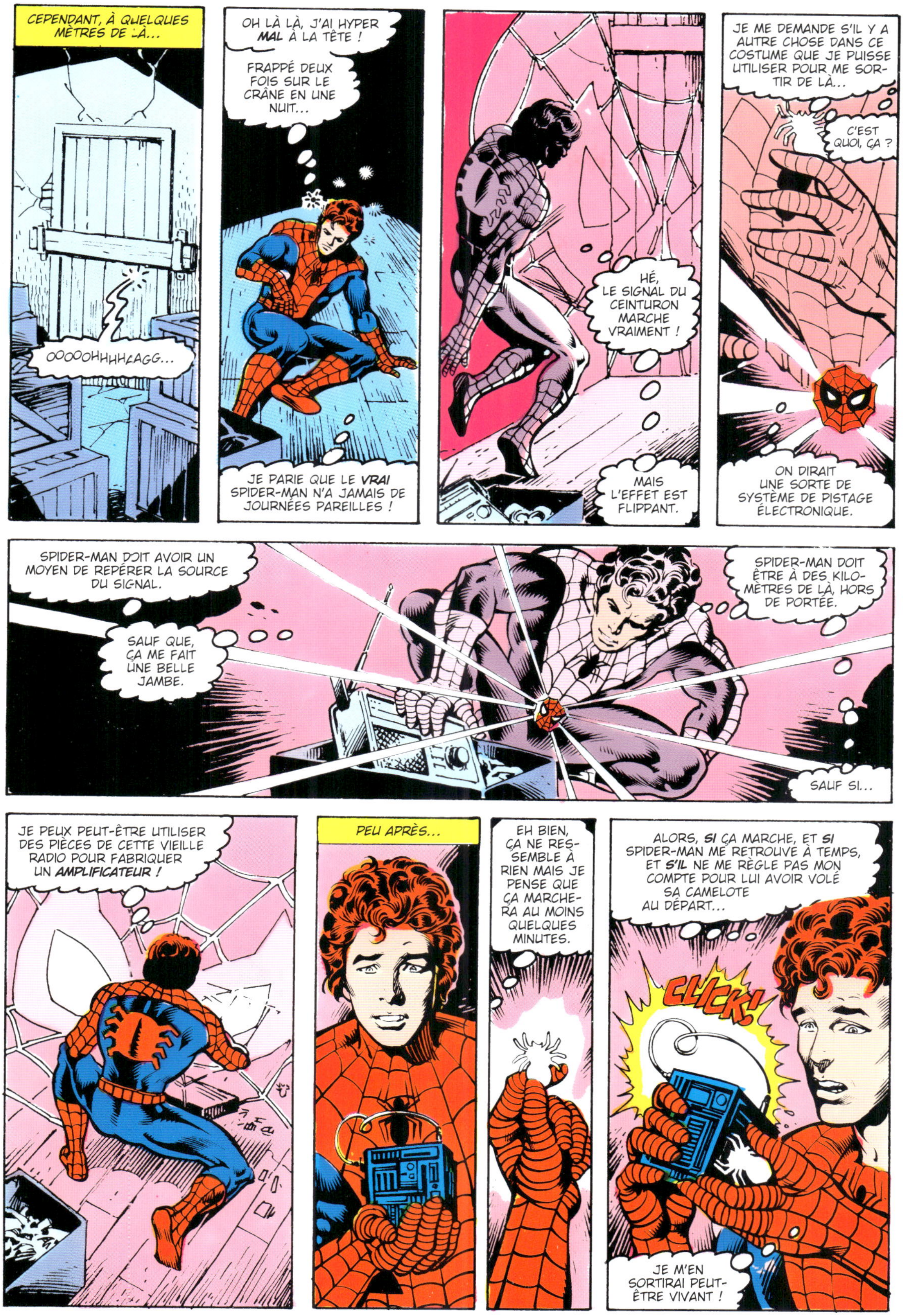

CEPENDANT, À QUELQUES MÈTRES DE LÀ...
OOOOOHHHHLAGG...
OH LÀ LÀ, J'AI HYPER **MAL** À LA TÊTE !
FRAPPÉ DEUX FOIS SUR LE CRÂNE EN UNE NUIT...
JE PARIE QUE LE **VRAI** SPIDER-MAN N'A JAMAIS DE JOURNÉES PAREILLES !
HÉ, LE SIGNAL DU CEINTURON MARCHE VRAIMENT !
MAIS L'EFFET EST FLIPPANT.
JE ME DEMANDE S'IL Y A AUTRE CHOSE DANS CE COSTUME QUE JE PUISSE UTILISER POUR ME SORTIR DE LÀ...
C'EST QUOI, ÇA ?
ON DIRAIT UNE SORTE DE SYSTÈME DE PISTAGE ÉLECTRONIQUE.
SPIDER-MAN DOIT AVOIR UN MOYEN DE REPÉRER LA SOURCE DU SIGNAL.
SAUF QUE, ÇA ME FAIT UNE BELLE JAMBE.
SPIDER-MAN DOIT ÊTRE À DES KILOMÈTRES DE LÀ, HORS DE PORTÉE.
SAUF SI...
JE PEUX PEUT-ÊTRE UTILISER DES PIÈCES DE CETTE VIEILLE RADIO POUR FABRIQUER UN **AMPLIFICATEUR** !
PEU APRÈS...
EH BIEN, ÇA NE RESSEMBLE À RIEN MAIS JE PENSE QUE ÇA MARCHERA AU MOINS QUELQUES MINUTES.
ALORS, **SI** ÇA MARCHE, ET **SI** SPIDER-MAN ME RETROUVE À TEMPS, ET **S'IL** NE ME RÈGLE PAS MON COMPTE POUR LUI AVOIR VOLÉ SA CAMELOTE AU DÉPART...
CLICK !
JE M'EN SORTIRAI PEUT-ÊTRE VIVANT !

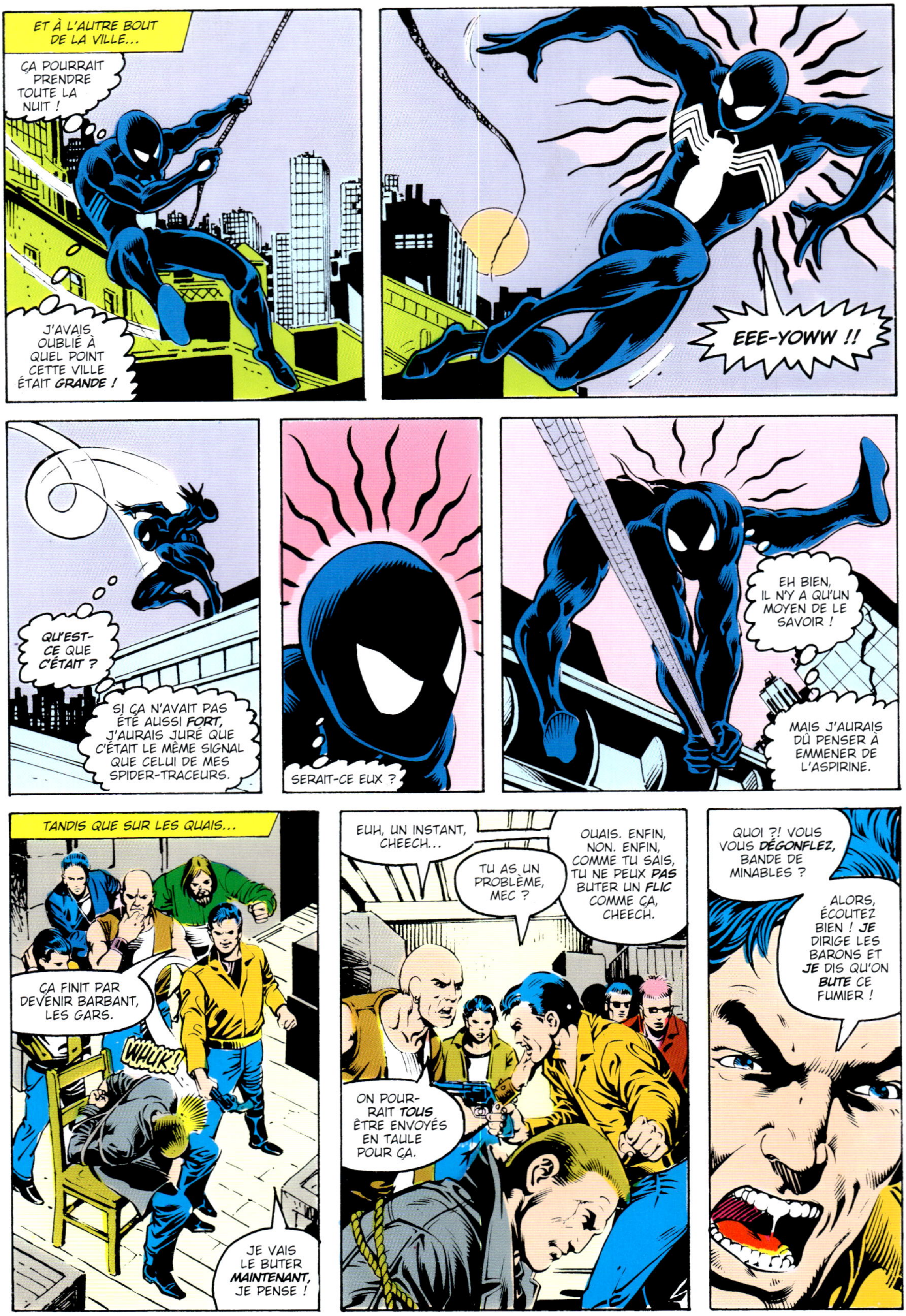

ET À L'AUTRE BOUT DE LA VILLE...
ÇA POURRAIT PRENDRE TOUTE LA NUIT !
J'AVAIS OUBLIÉ À QUEL POINT CETTE VILLE ÉTAIT GRANDE !
EEE-YOWW !!
QU'EST-CE QUE C'ÉTAIT ?
SI ÇA N'AVAIT PAS ÉTÉ AUSSI FORT, J'AURAIS JURÉ QUE C'ÉTAIT LE MÊME SIGNAL QUE CELUI DE MES SPIDER-TRACEURS.
SERAIT-CE EUX ?
EH BIEN, IL N'Y A QU'UN MOYEN DE LE SAVOIR !
MAIS J'AURAIS DÛ PENSER À EMMENER DE L'ASPIRINE.
TANDIS QUE SUR LES QUAIS...
ÇA FINIT PAR DEVENIR BARBANT, LES GARS.
WHUK!
JE VAIS LE BUTER MAINTENANT, JE PENSE !
EUH, UN INSTANT, CHEECH...
TU AS UN PROBLÈME, MEC ?
OUAIS. ENFIN, NON. ENFIN, COMME TU SAIS, TU NE PEUX PAS BUTER UN FLIC COMME ÇA, CHEECH.
ON POURRAIT TOUS ÊTRE ENVOYÉS EN TAULE POUR ÇA.
QUOI ?! VOUS VOUS DÉGONFLEZ, BANDE DE MINABLES ?
ALORS, ÉCOUTEZ BIEN ! JE DIRIGE LES BARONS ET JE DIS QU'ON BUTE CE FUMIER !

EUH, ÉCOUTE, CHEECH, C'EST PAS CE QUE J'AI VOULU DIRE...
CHRASHAAKK
SPIDER-MAN !
QUOI, UN AUTRE ?
JE DOIS FAIRE VITE, AVANT QU'ILS PUISSENT FAIRE PLUS DE LÉSIONS À CE TYPE !
HOUF !
DU DANGER... DERRIÈRE MOI.
GGAGK !
BLAM ! BLAM ! BLAM !
JE L'AI RATÉ, MAIS COMMENT !?
VOUS N'ALLEZ PAS M'OFFRIR QUELQUE CHOSE À BOIRE ?
UNE TASSE DE CACAO CHAUD SERAIT SUPER... MAIS SANS PETITS BISCUITS !
JE FAIS UN RÉGIME !
WHAK
WHUNK
SWACK
THONK!
SHUNK
WHUMP
20

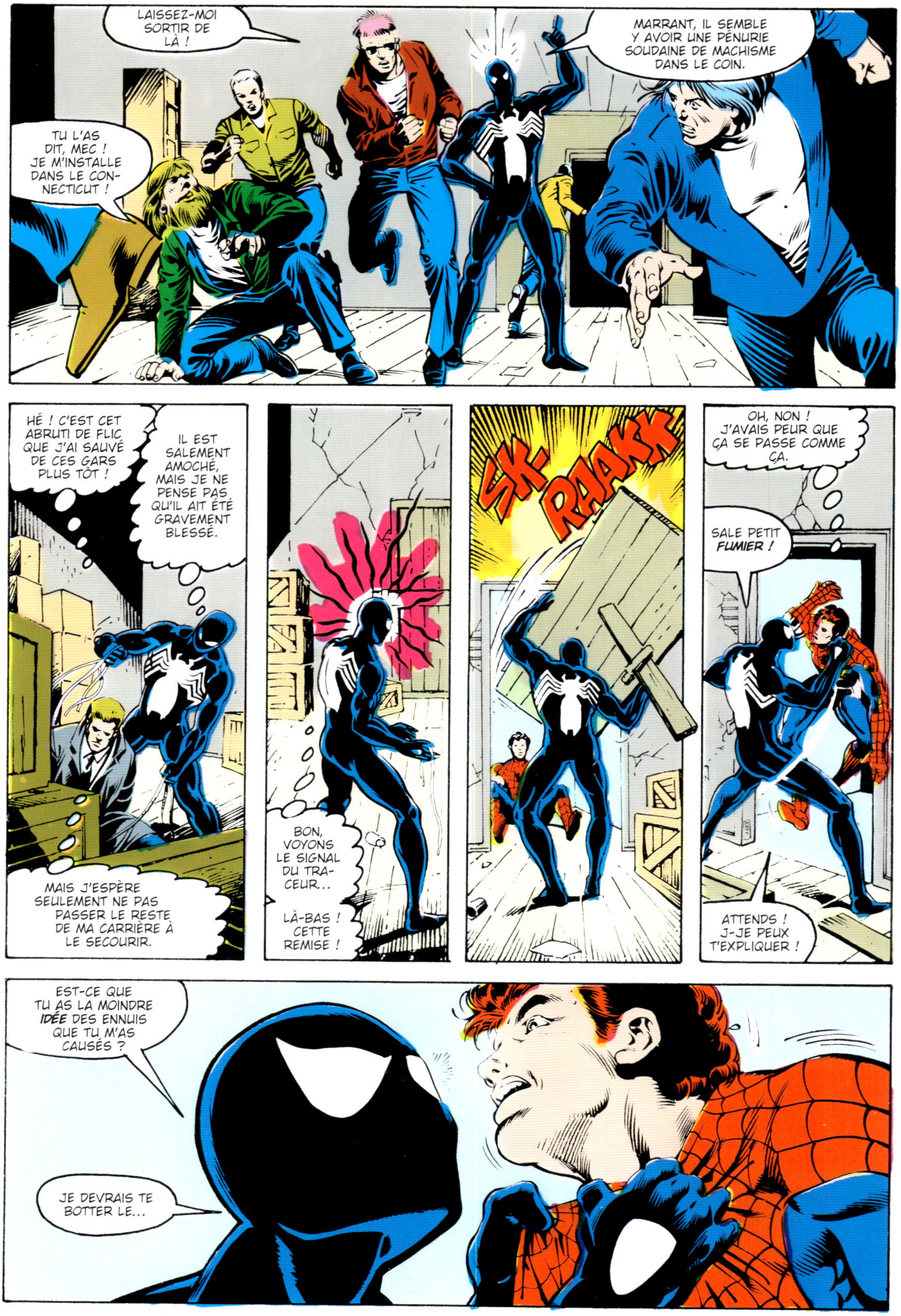
LAISSEZ-MOI SORTIR DE LÀ !
MARRANT, IL SEMBLE Y AVOIR UNE PÉNURIE SOUDAINE DE MACHISME DANS LE COIN.
TU L'AS DIT, MEC ! JE M'INSTALLE DANS LE CONNECTICUT !
HÉ ! C'EST CET ABRUTI DE FLIC QUE J'AI SAUVÉ DE CES GARS PLUS TÔT !
IL EST SALEMENT AMOCHÉ, MAIS JE NE PENSE PAS QU'IL AIT ÉTÉ GRAVEMENT BLESSÉ.
MAIS J'ESPÈRE SEULEMENT NE PAS PASSER LE RESTE DE MA CARRIÈRE À LE SECOURIR.
BON, VOYONS LE SIGNAL DU TRACEUR...
LÀ-BAS ! CETTE REMISE !
SK-RAAKK
OH, NON ! J'AVAIS PEUR QUE ÇA SE PASSE COMME ÇA.
SALE PETIT FUMIER !
ATTENDS ! J-JE PEUX T'EXPLIQUER !
EST-CE QUE TU AS LA MOINDRE IDÉE DES ENNUIS QUE TU M'AS CAUSÉS ?
JE DEVRAIS TE BOTTER LE...

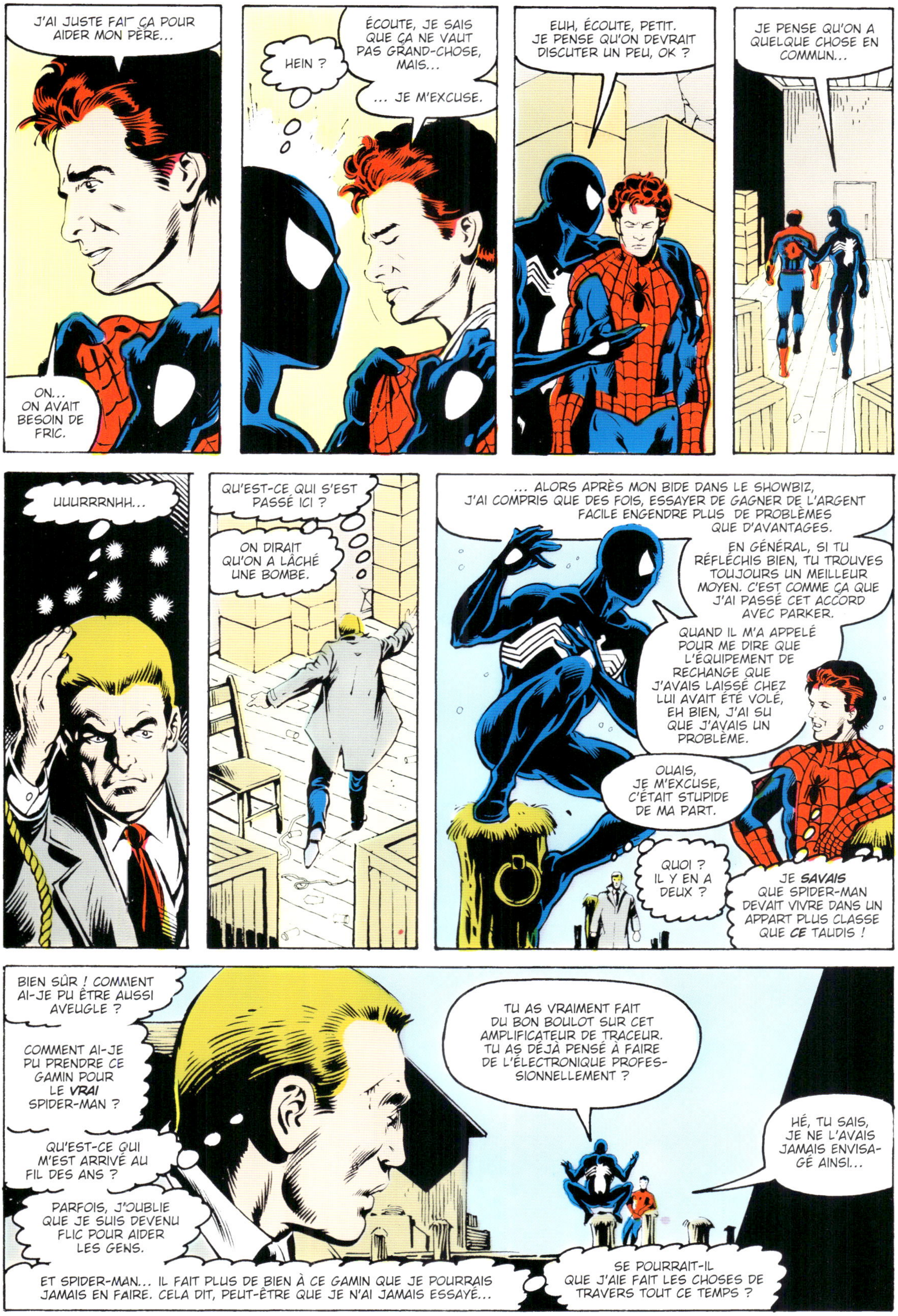
J'AI JUSTE FAIT ÇA POUR AIDER MON PÈRE...
ON... ON AVAIT BESOIN DE FRIC.
ÉCOUTE, JE SAIS QUE ÇA NE VAUT PAS GRAND-CHOSE, MAIS...
HEIN ?
... JE M'EXCUSE.
EUH, ÉCOUTE, PETIT. JE PENSE QU'ON DEVRAIT DISCUTER UN PEU, OK ?
JE PENSE QU'ON A QUELQUE CHOSE EN COMMUN...
UUURRRNHH...
QU'EST-CE QUI S'EST PASSÉ ICI ?
ON DIRAIT QU'ON A LÂCHÉ UNE BOMBE.
... ALORS APRÈS MON BIDE DANS LE SHOWBIZ, J'AI COMPRIS QUE DES FOIS, ESSAYER DE GAGNER DE L'ARGENT FACILE ENGENDRE PLUS DE PROBLÈMES QUE D'AVANTAGES.
EN GÉNÉRAL, SI TU RÉFLÉCHIS BIEN, TU TROUVES TOUJOURS UN MEILLEUR MOYEN. C'EST COMME ÇA QUE J'AI PASSÉ CET ACCORD AVEC PARKER.
QUAND IL M'A APPELÉ POUR ME DIRE QUE L'ÉQUIPEMENT DE RECHANGE QUE J'AVAIS LAISSÉ CHEZ LUI AVAIT ÉTÉ VOLÉ, EH BIEN, J'AI SU QUE J'AVAIS UN PROBLÈME.
OUAIS, JE M'EXCUSE, C'ÉTAIT STUPIDE DE MA PART.
QUOI ? IL Y EN A DEUX ?
JE **SAVAIS** QUE SPIDER-MAN DEVAIT VIVRE DANS UN APPART PLUS CLASSE QUE **CE** TAUDIS !
BIEN SÛR ! COMMENT AI-JE PU ÊTRE AUSSI AVEUGLE ?
COMMENT AI-JE PU PRENDRE CE GAMIN POUR LE ***VRAI*** SPIDER-MAN ?
QU'EST-CE QUI M'EST ARRIVÉ AU FIL DES ANS ?
PARFOIS, J'OUBLIE QUE JE SUIS DEVENU FLIC POUR AIDER LES GENS.
ET SPIDER-MAN... IL FAIT PLUS DE BIEN À CE GAMIN QUE JE POURRAIS JAMAIS EN FAIRE. CELA DIT, PEUT-ÊTRE QUE JE N'AI JAMAIS ESSAYÉ...
TU AS VRAIMENT FAIT DU BON BOULOT SUR CET AMPLIFICATEUR DE TRACEUR. TU AS DÉJÀ PENSÉ À FAIRE DE L'ÉLECTRONIQUE PROFESSIONNELLEMENT ?
HÉ, TU SAIS, JE NE L'AVAIS JAMAIS ENVISAGÉ AINSI...
SE POURRAIT-IL QUE J'AIE FAIT LES CHOSES DE TRAVERS TOUT CE TEMPS ?

LEN KAMINSKI
Scénario

JOE BROZOWSKY
Dessin

KEITH WILLIAMS & DEL BARRAS
Encrage

NEL YOMTOV
Couleurs

MAKMA / NICK MEYLAENDER
Traduction

BIT
Lettrage

JIM OWSLEY & JIM SHOOTER
Rédaction USA

VOICI BRENDA BURMAN.
ELLE DÉTESTE ÊTRE SEULE.
MAIS ELLE Y EST HABITUÉE. ELLE S'Y EST HABITUÉE AU LYCÉE QUAND SON ACNÉ ET SA SILHOUETTE COURTAUDE ONT FAIT D'ELLE UN PARIA.
LES ENFANTS PEUVENT ÊTRE CRUELS.
DONT
WALK
ALORS CE SOIR ELLE RENTRE CHEZ ELLE, SEULE, DU FILM QU'ELLE A ÉTÉ VOIR TOUTE SEULE.
QUAND ELLE ENTEND L'ÉCHO DE BRUITS DE PAS IRRÉGULIERS DANS LE SILENCE AUTOUR D'ELLE.
ET BRENDA, QUI EST ADULTE À PRÉSENT, PENSE À QUEL POINT LES ENFANTS PEUVENT ÊTRE CRUELS.
ET À QUEL POINT LES ADULTES PEUVENT L'ÊTRE AUSSI.
ET POUR UNE FOIS, ELLE AIMERAIT BIEN ÊTRE SEULE.
TOUT VA À VAU-L'EAU

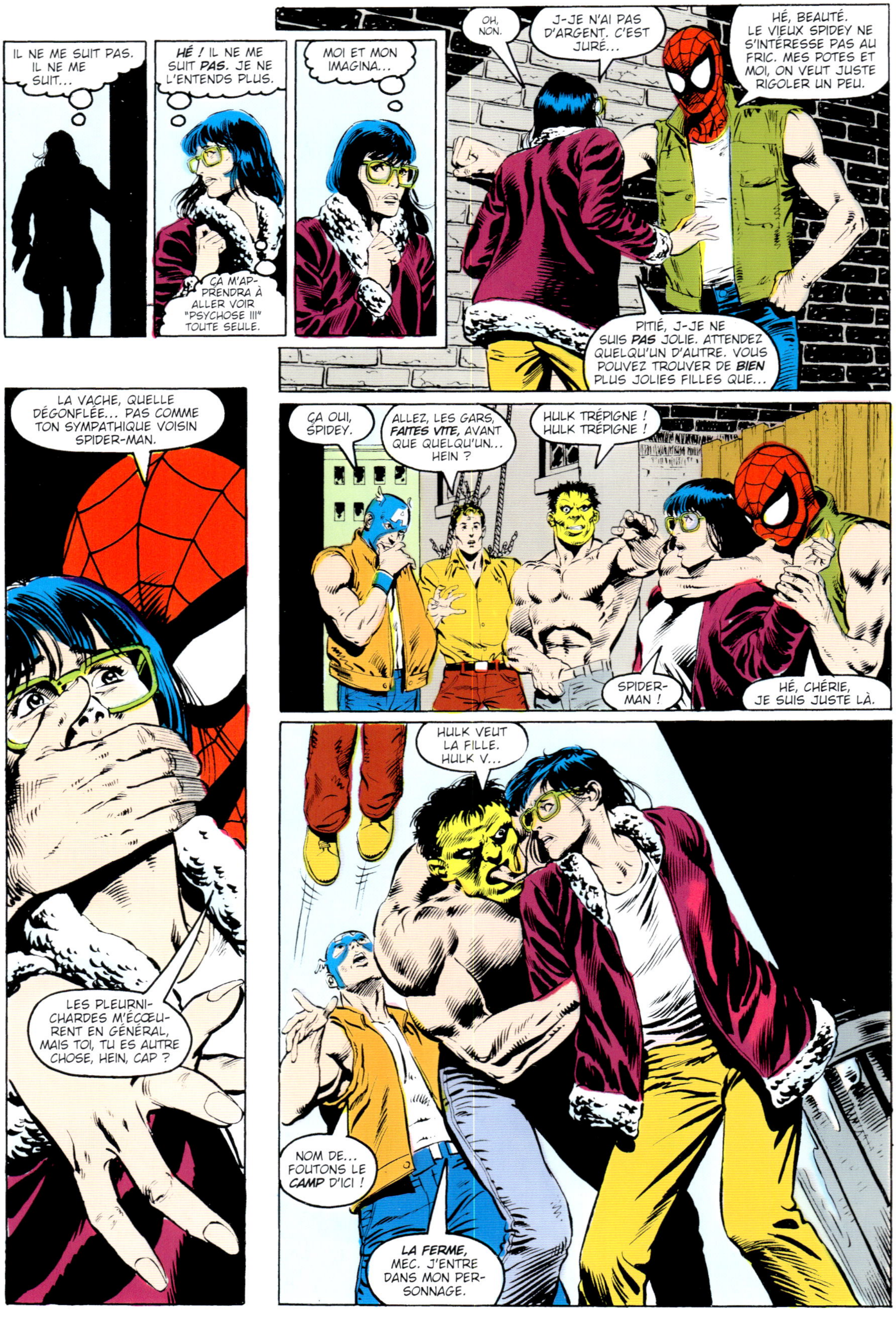
IL NE ME SUIT PAS. IL NE ME SUIT...
HÉ ! IL NE ME SUIT PAS. JE NE L'ENTENDS PLUS.
ÇA M'APPRENDRA À ALLER VOIR "PSYCHOSE III" TOUTE SEULE.
MOI ET MON IMAGINA...
OH, NON.
J-JE N'AI PAS D'ARGENT. C'EST JURÉ...
HÉ, BEAUTÉ. LE VIEUX SPIDEY NE S'INTÉRESSE PAS AU FRIC. MES POTES ET MOI, ON VEUT JUSTE RIGOLER UN PEU.
PITIÉ, J-JE NE SUIS PAS JOLIE. ATTENDEZ QUELQU'UN D'AUTRE. VOUS POUVEZ TROUVER DE BIEN PLUS JOLIES FILLES QUE...
LA VACHE, QUELLE DÉGONFLÉE... PAS COMME TON SYMPATHIQUE VOISIN SPIDER-MAN.
LES PLEURNICHARDES M'ÉCŒURENT EN GÉNÉRAL, MAIS TOI, TU ES AUTRE CHOSE, HEIN, CAP ?
ÇA OUI, SPIDEY.
ALLEZ, LES GARS, FAITES VITE, AVANT QUE QUELQU'UN... HEIN ?
HULK TRÉPIGNE ! HULK TRÉPIGNE !
SPIDER-MAN !
HÉ, CHÉRIE, JE SUIS JUSTE LÀ.
HULK VEUT LA FILLE. HULK V...
NOM DE... FOUTONS LE CAMP D'ICI !
LA FERME, MEC. J'ENTRE DANS MON PERSONNAGE.

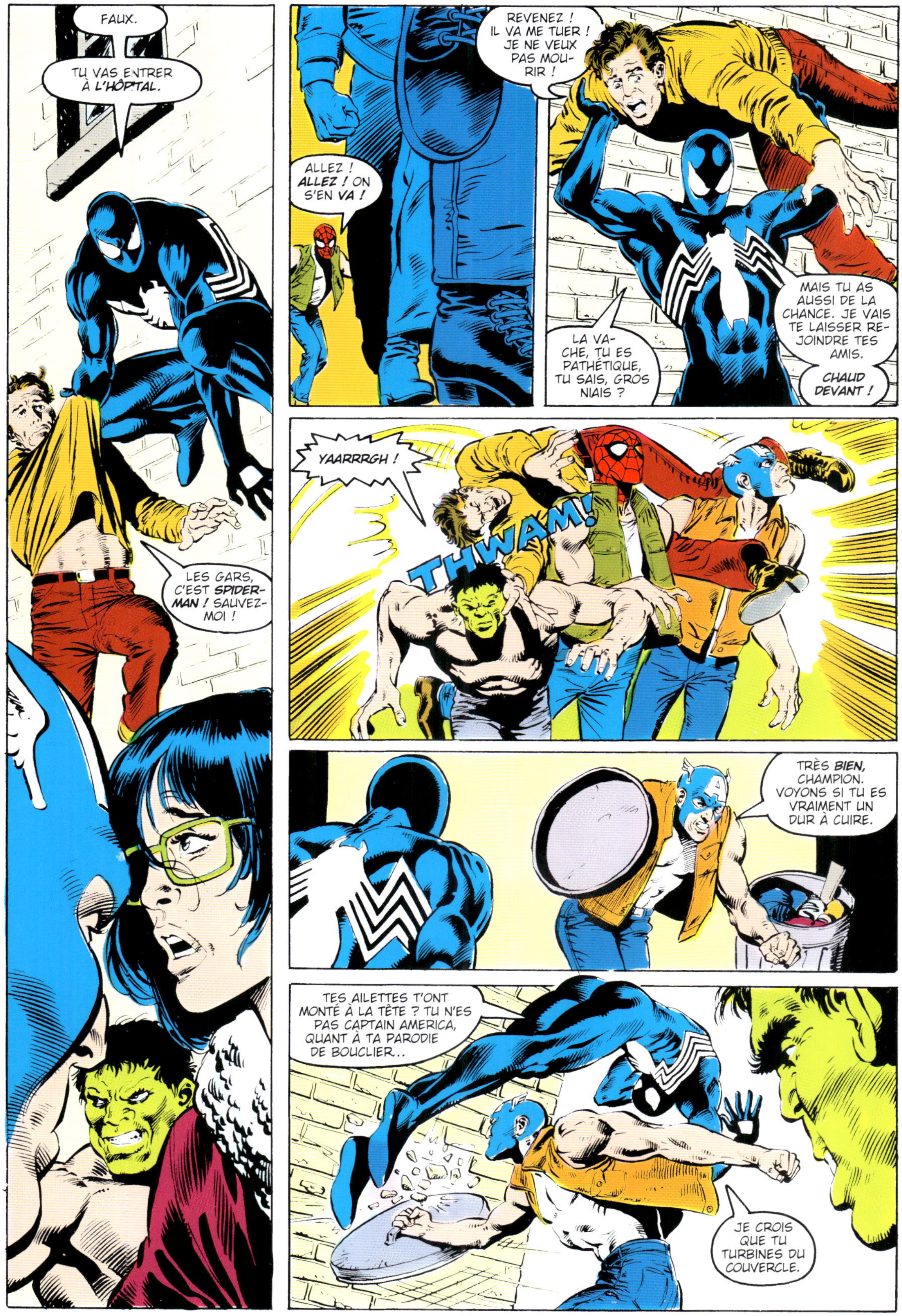
FAUX.
TU VAS ENTRER À L'HÔPITAL.
LES GARS, C'EST SPIDER-MAN ! SAUVEZ-MOI !
ALLEZ ! ALLEZ ! ON S'EN VA !
REVENEZ ! IL VA ME TUER ! JE NE VEUX PAS MOURIR !
LA VACHE, TU ES PATHÉTIQUE, TU SAIS, GROS NIAIS ?
MAIS TU AS AUSSI DE LA CHANCE. JE VAIS TE LAISSER REJOINDRE TES AMIS.
CHAUD DEVANT !
YAARRRGH !
THWAM!
TRÈS BIEN, CHAMPION. VOYONS SI TU ES VRAIMENT UN DUR À CUIRE.
TES AILETTES T'ONT MONTÉ À LA TÊTE ? TU N'ES PAS CAPTAIN AMERICA, QUANT À TA PARODIE DE BOUCLIER...
JE CROIS QUE TU TURBINES DU COUVERCLE.

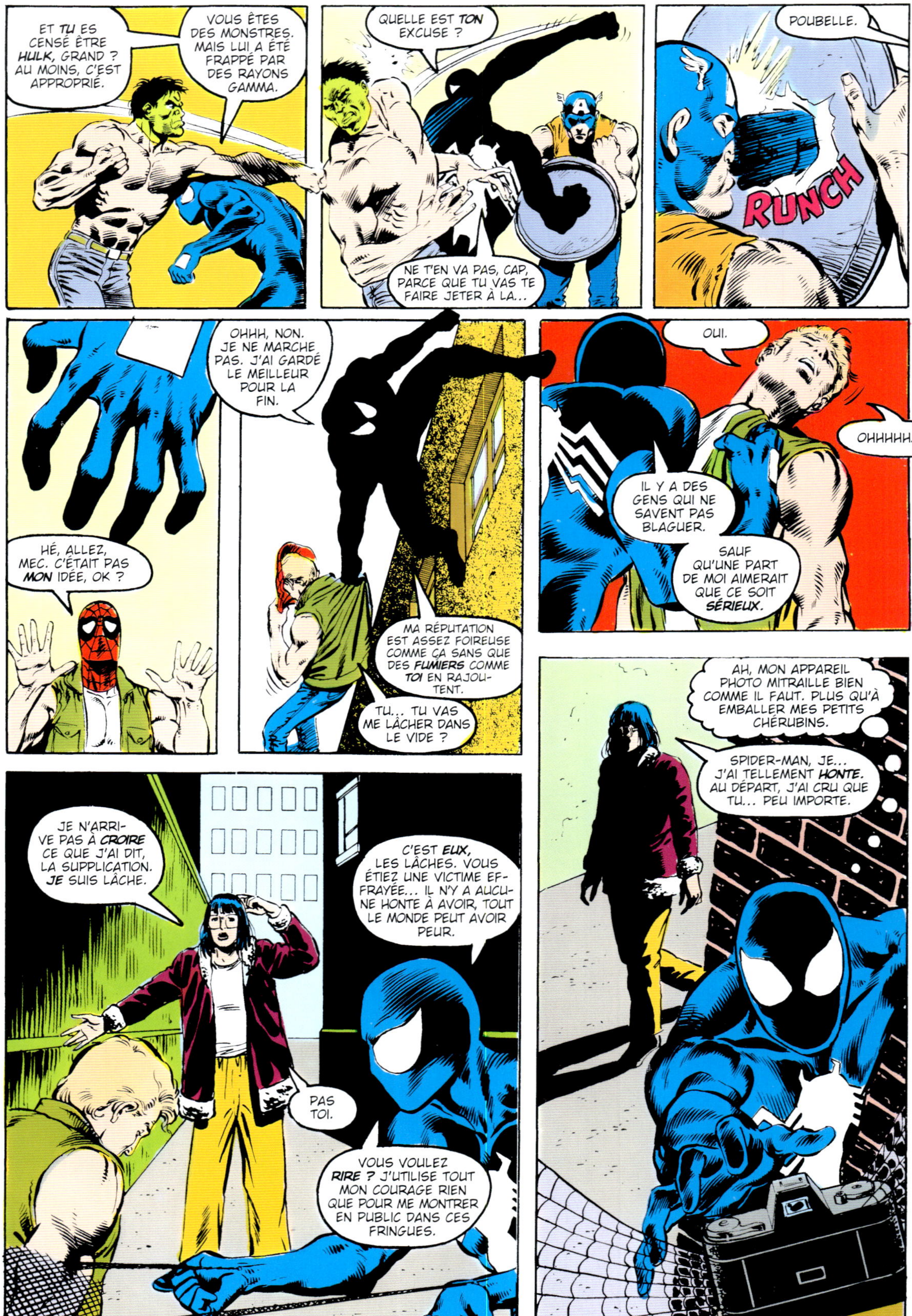
ET TU ES CENSÉ ÊTRE HULK, GRAND ? AU MOINS, C'EST APPROPRIÉ.
VOUS ÊTES DES MONSTRES. MAIS LUI A ÉTÉ FRAPPÉ PAR DES RAYONS GAMMA.
QUELLE EST TON EXCUSE ?
NE T'EN VA PAS, CAP, PARCE QUE TU VAS TE FAIRE JETER À LA...
POUBELLE.
RUNCH
HÉ, ALLEZ, MEC. C'ÉTAIT PAS MON IDÉE, OK ?
OHHH, NON. JE NE MARCHE PAS. J'AI GARDÉ LE MEILLEUR POUR LA FIN.
MA RÉPUTATION EST ASSEZ FOIREUSE COMME ÇA SANS QUE DES FUMIERS COMME TOI EN RAJOUTENT.
TU... TU VAS ME LÂCHER DANS LE VIDE ?
OUI.
OHHHHH...
IL Y A DES GENS QUI NE SAVENT PAS BLAGUER.
SAUF QU'UNE PART DE MOI AIMERAIT QUE CE SOIT SÉRIEUX.
JE N'ARRIVE PAS À CROIRE CE QUE J'AI DIT, LA SUPPLICATION. JE SUIS LÂCHE.
C'EST EUX, LES LÂCHES. VOUS ÉTIEZ UNE VICTIME EFFRAYÉE... IL N'Y A AUCUNE HONTE À AVOIR, TOUT LE MONDE PEUT AVOIR PEUR.
PAS TOI.
VOUS VOULEZ RIRE ? J'UTILISE TOUT MON COURAGE RIEN QUE POUR ME MONTRER EN PUBLIC DANS CES FRINGUES.
AH, MON APPAREIL PHOTO MITRAILLE BIEN COMME IL FAUT. PLUS QU'À EMBALLER MES PETITS CHÉRUBINS.
SPIDER-MAN, JE... J'AI TELLEMENT HONTE. AU DÉPART, J'AI CRU QUE TU... PEU IMPORTE.

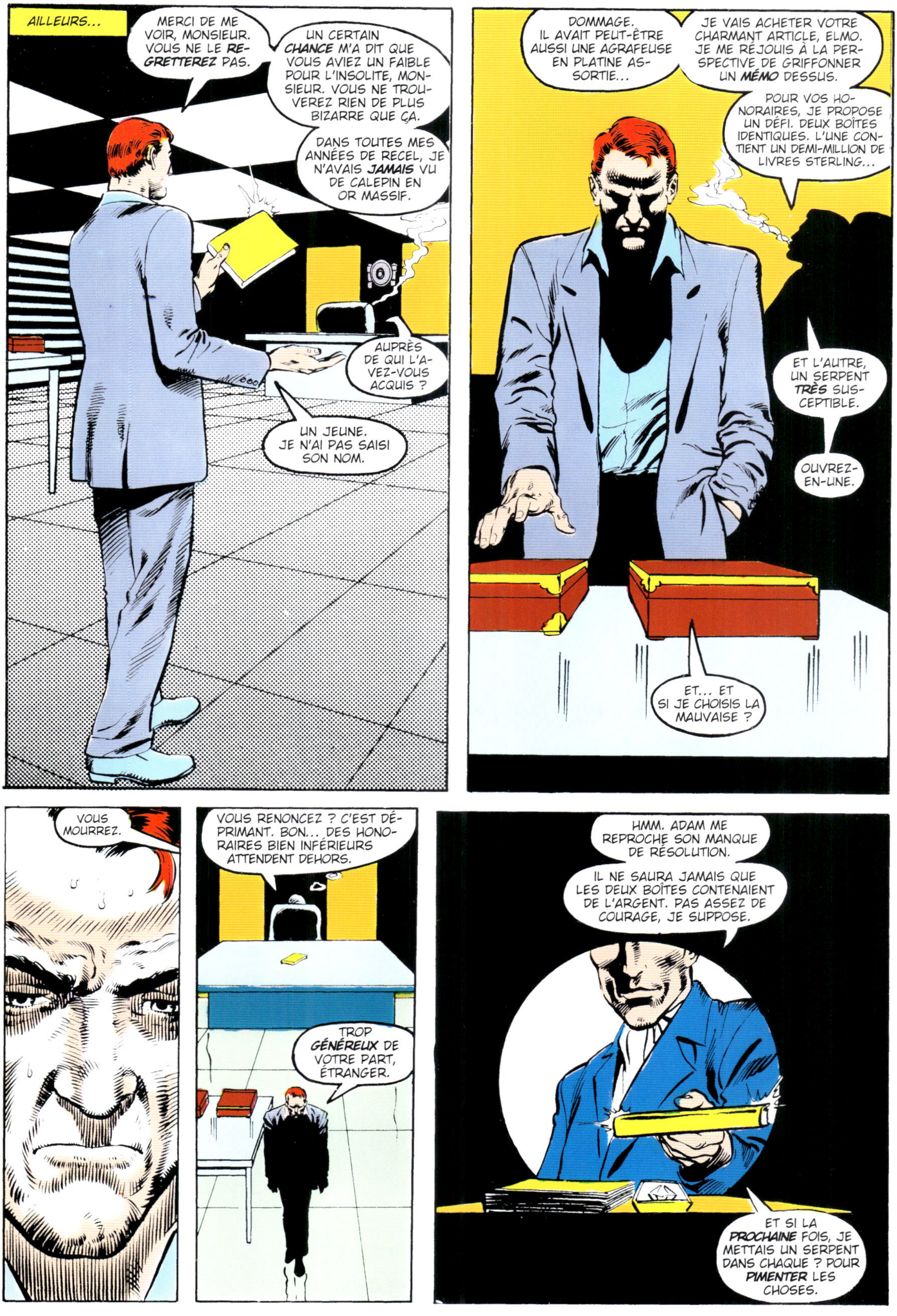
AILLEURS...
MERCI DE ME VOIR, MONSIEUR. VOUS NE LE REGRETTEREZ PAS.
UN CERTAIN CHANCE M'A DIT QUE VOUS AVIEZ UN FAIBLE POUR L'INSOLITE, MONSIEUR. VOUS NE TROUVEREZ RIEN DE PLUS BIZARRE QUE ÇA.
DANS TOUTES MES ANNÉES DE RECEL, JE N'AVAIS JAMAIS VU DE CALEPIN EN OR MASSIF.
AUPRÈS DE QUI L'AVEZ-VOUS ACQUIS ?
UN JEUNE. JE N'AI PAS SAISI SON NOM.
DOMMAGE. IL AVAIT PEUT-ÊTRE AUSSI UNE AGRAFEUSE EN PLATINE ASSORTIE...
JE VAIS ACHETER VOTRE CHARMANT ARTICLE, ELMO. JE ME RÉJOUIS À LA PERSPECTIVE DE GRIFFONNER UN MÉMO DESSUS.
POUR VOS HONORAIRES, JE PROPOSE UN DÉFI. DEUX BOÎTES IDENTIQUES. L'UNE CONTIENT UN DEMI-MILLION DE LIVRES STERLING...
ET L'AUTRE, UN SERPENT TRÈS SUSCEPTIBLE.
OUVREZ-EN-UNE.
ET... ET SI JE CHOISIS LA MAUVAISE ?
VOUS MOURREZ.
VOUS RENONCEZ ? C'EST DÉPRIMANT. BON... DES HONORAIRES BIEN INFÉRIEURS ATTENDENT DEHORS.
TROP GÉNÉREUX DE VOTRE PART, ÉTRANGER.
HMM. ADAM ME REPROCHE SON MANQUE DE RÉSOLUTION.
IL NE SAURA JAMAIS QUE LES DEUX BOÎTES CONTENAIENT DE L'ARGENT. PAS ASSEZ DE COURAGE, JE SUPPOSE.
ET SI LA PROCHAINE FOIS, JE METTAIS UN SERPENT DANS CHAQUE ? POUR PIMENTER LES CHOSES.

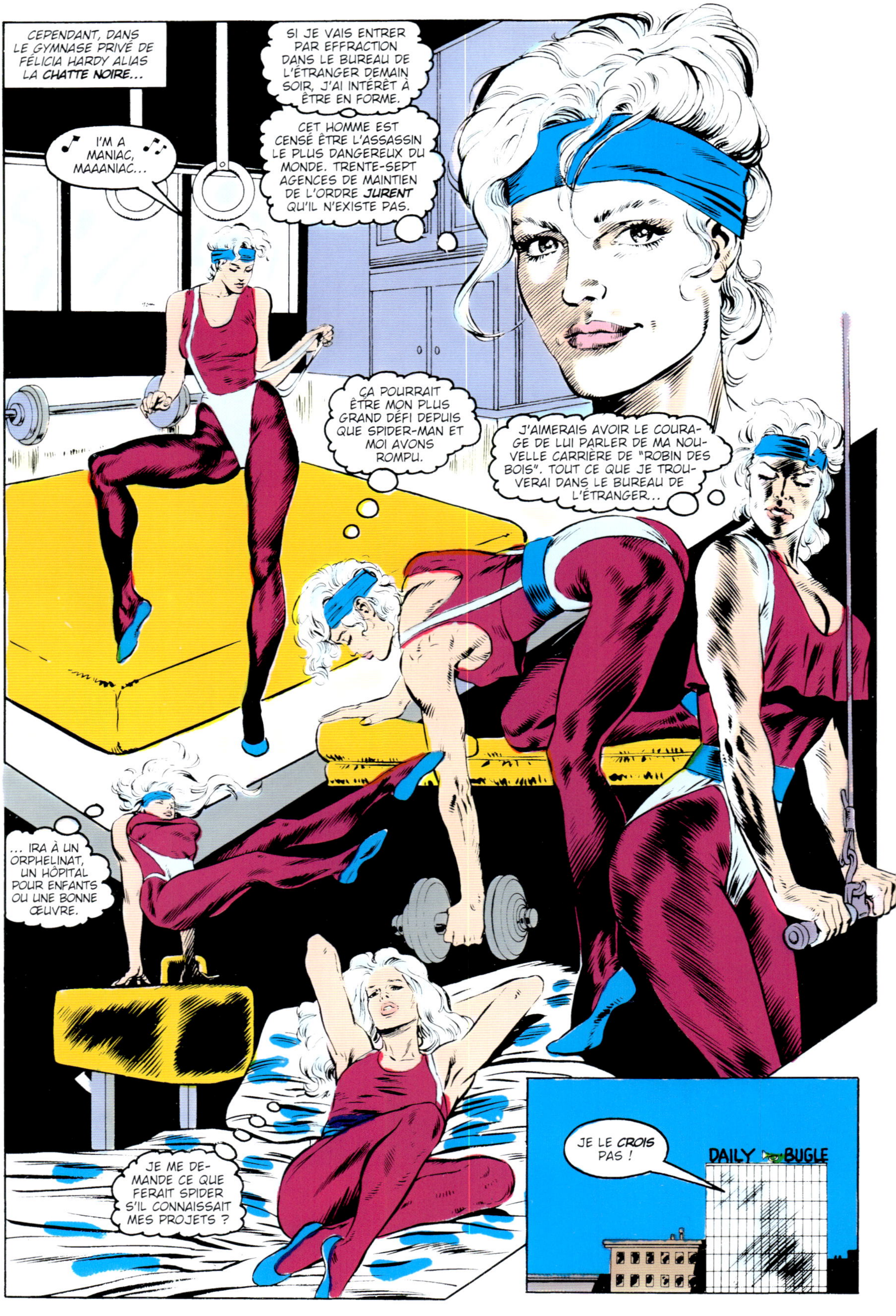
CEPENDANT, DANS LE GYMNASE PRIVÉ DE FÉLICIA HARDY ALIAS LA CHATTE NOIRE...
I'M A MANIAC, MAAANIAC...
SI JE VAIS ENTRER PAR EFFRACTION DANS LE BUREAU DE L'ÉTRANGER DEMAIN SOIR, J'AI INTÉRÊT À ÊTRE EN FORME.
CET HOMME EST CENSÉ ÊTRE L'ASSASSIN LE PLUS DANGEREUX DU MONDE. TRENTE-SEPT AGENCES DE MAINTIEN DE L'ORDRE JURENT QU'IL N'EXISTE PAS.
ÇA POURRAIT ÊTRE MON PLUS GRAND DÉFI DEPUIS QUE SPIDER-MAN ET MOI AVONS ROMPU.
J'AIMERAIS AVOIR LE COURAGE DE LUI PARLER DE MA NOUVELLE CARRIÈRE DE "ROBIN DES BOIS". TOUT CE QUE JE TROUVERAI DANS LE BUREAU DE L'ÉTRANGER...
... IRA À UN ORPHELINAT, UN HÔPITAL POUR ENFANTS OU UNE BONNE ŒUVRE.
JE ME DEMANDE CE QUE FERAIT SPIDER S'IL CONNAISSAIT MES PROJETS ?
JE LE CROIS PAS !
DAILY BUGLE

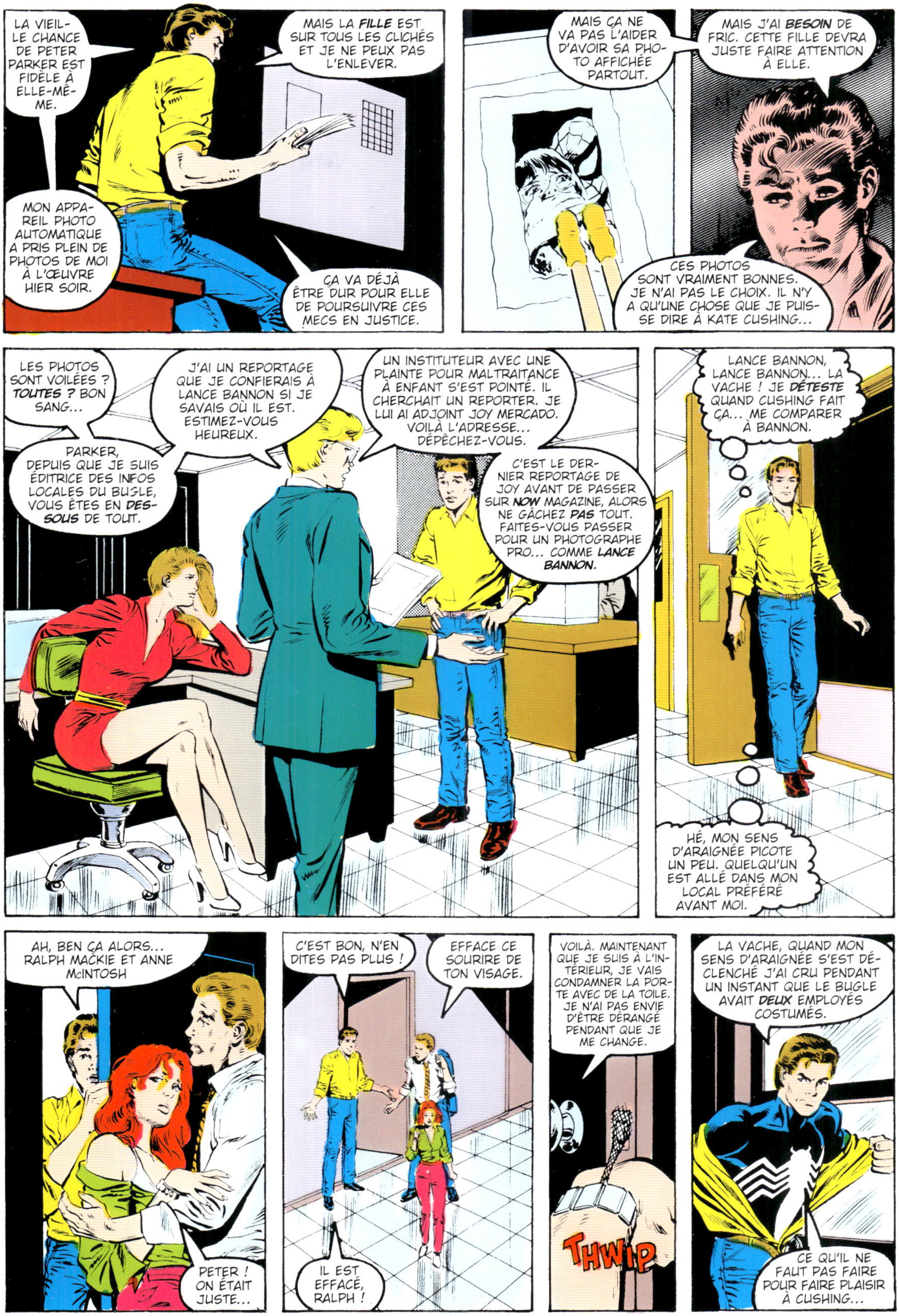

LA VIEIL-LE CHANCE DE PETER PARKER EST FIDÈLE À ELLE-MÊME.
MON APPAREIL PHOTO AUTOMATIQUE A PRIS PLEIN DE PHOTOS DE MOI À L'ŒUVRE HIER SOIR.
MAIS LA FILLE EST SUR TOUS LES CLICHÉS ET JE NE PEUX PAS L'ENLEVER.
ÇA VA DÉJÀ ÊTRE DUR POUR ELLE DE POURSUIVRE CES MECS EN JUSTICE.
MAIS ÇA NE VA PAS L'AIDER D'AVOIR SA PHOTO AFFICHÉE PARTOUT.
MAIS J'AI BESOIN DE FRIC. CETTE FILLE DEVRA JUSTE FAIRE ATTENTION À ELLE.
CES PHOTOS SONT VRAIMENT BONNES. JE N'AI PAS LE CHOIX. IL N'Y A QU'UNE CHOSE QUE JE PUISSE DIRE À KATE CUSHING...
LES PHOTOS SONT VOILÉES ? TOUTES ? BON SANG...
PARKER, DEPUIS QUE JE SUIS ÉDITRICE DES INFOS LOCALES DU BUGLE, VOUS ÊTES EN DESSOUS DE TOUT.
J'AI UN REPORTAGE QUE JE CONFIERAIS À LANCE BANNON SI JE SAVAIS OÙ IL EST. ESTIMEZ-VOUS HEUREUX.
UN INSTITUTEUR AVEC UNE PLAINTE POUR MALTRAITANCE À ENFANT S'EST POINTÉ. IL CHERCHAIT UN REPORTER. JE LUI AI ADJOINT JOY MERCADO. VOILÀ L'ADRESSE... DÉPÊCHEZ-VOUS.
C'EST LE DERNIER REPORTAGE DE JOY AVANT DE PASSER SUR NOW MAGAZINE, ALORS NE GÂCHEZ PAS TOUT. FAITES-VOUS PASSER POUR UN PHOTOGRAPHE PRO... COMME LANCE BANNON.
LANCE BANNON, LANCE BANNON... LA VACHE ! JE DÉTESTE QUAND CUSHING FAIT ÇA... ME COMPARER À BANNON.
HÉ, MON SENS D'ARAIGNÉE PICOTE UN PEU. QUELQU'UN EST ALLÉ DANS MON LOCAL PRÉFÉRÉ AVANT MOI.
AH, BEN ÇA ALORS... RALPH MACKIE ET ANNE McINTOSH
PETER ! ON ÉTAIT JUSTE...
C'EST BON, N'EN DITES PAS PLUS !
EFFACE CE SOURIRE DE TON VISAGE.
IL EST EFFACÉ, RALPH !
VOILÀ. MAINTENANT QUE JE SUIS À L'INTÉRIEUR, JE VAIS CONDAMNER LA PORTE AVEC DE LA TOILE. JE N'AI PAS ENVIE D'ÊTRE DÉRANGÉ PENDANT QUE JE ME CHANGE.
THWIP
LA VACHE, QUAND MON SENS D'ARAIGNÉE S'EST DÉCLENCHÉ J'AI CRU PENDANT UN INSTANT QUE LE BUGLE AVAIT DEUX EMPLOYÉS COSTUMÉS.
CE QU'IL NE FAUT PAS FAIRE POUR FAIRE PLAISIR À CUSHING...

"C'ÉTAIT MIEUX QUAND JOE ROBERTSON ÉTAIT RESPONSABLE DES INFOS LOCALES. ROBBIE EST GÉNIAL. IL NE SE DÉMONTE JAMAIS."
C'EST PAS UNE BIBLIOTHÈQUE, ICI. ACHETEZ-LE OU CIRCULEZ.
MERCI. PENDANT UN INSTANT, JE N'ÉTAIS PAS SÛR D'ÊTRE DE RETOUR À NEW YORK.
OÙ RÉCUPÈRE-T-ON LES BAGAGES ? L'AVION A DÛ ÊTRE DÉCHARGÉ À L'HEURE QU'IL EST.
JE SUIS QUOI, LES RENSEIGNEMENTS ?
ALL CANDY 60¢
JE PARIE QUE VOUS AVEZ UNE ENVIE PRESSANTE.
TIENS, VOILÀ UNE ODEUR FAMILIÈRE. LA MÊME MARQUE QU'UTILISE PAPA...
PAPA !
RANDY ? JE T'AI RATÉ À LA PORTE... JE CRAIGNAIS DE NE PAS TE RETROUVER !
TU N'AVAIS PAS BESOIN DE ME RETROUVER ICI À LAGUARDIA, PAPA.
JOE ROBERTSON, RATER LE RETOUR DE SON FILS DE L'UNIVERSITÉ DE PITTSBURGH ? JAMAIS.
À QUI EST CE BAGAGE À MAIN ?
À MOI.
EUH... HUM... PAPA. VOICI AMANDA. MA FEMME.
TA... FEMME. COMME DANS MARIÉE.
EH BIEN... AMANDA... C'EST UN... HUM... UN...
CHOC.
C'EST LE MOT, OUI.

QUEL CHOC. J'AI CRU MOURIR EN APPRENANT QUE FLASH THOMPSON EST LE SUPER-BOUFFON.
COMMENT UN TYPE QUI A ÉTÉ LE PLUS GRAND FAN DE SPIDEY DEPUIS QU'ON ÉTAIT AU LYCÉE...
... PEUT S'AVÉRER ÊTRE UN DE MES PIRES ENNEMIS ?
ON DIRAIT QUE TOUS CEUX QUE JE CONNAIS SONT MENACÉS PAR LA VIOLENCE OU Y PRENNENT PART.
PAUVRE TANTE MAY, RETENUE EN OTAGE PAR CES QUATRE VOYOUS. JE PENSE QU'ELLE EST ENCORE SOUS LE CHOC ! ELLE N'A PAS EU LE TEMPS DE RÉAGIR.
DIEU MERCI, J'AI PU LA SAUVER. SI JE N'AVAIS PAS ÉTÉ LÀ... JE N'AI MÊME PAS ENVIE D'Y SONGER.
DIRE QU'IL Y EN A QUI VEULENT SAUVER LE MONDE. J'AI DÉJÀ ASSEZ DE MAL COMME ÇA À PROTÉGER LE MIEN.
VOILÀ LA MAISON DE VILLE... OH-OH, JE SENS QU'IL Y A UN MALAISE.
OUAIS, VOILÀ JOY. ELLE EST AU CŒUR DE L'ACTION, COMME D'HABITUDE.
SI ÊTRE UN BON REPORTER CONSISTE À SE RETROUVER DANS LES GALÈRES DES AUTRES, JOY MERCADO EST LA MEILLEURE.

ÇA NE FERA PAS BON EFFET DANS LE **BUGLE** DE DEMAIN D'AVOIR FRAPPÉ UN ENSEIGNANT INQUIET, M. WOOLCOT.
ÇA VA, ESTEVEZ ?
JE CROIS QU'IL M'A DÉCHAUSSÉ UNE DENT. MAIS AU MOINS, JE LUI AI SAIGNÉ SUR LES PHALANGES.
JE VAIS TE DÉCHAUSSER LA TÊTE, PIGNOUF DONNEUR DE LEÇONS.
TU OSES DÉBARQUER CHEZ MOI EN M'ACCUSANT DE MALTRAITER MON PROPRE **FILS...**
DITES, MADEMOISELLE, ET SI VOUS DEMANDIEZ À M. ESTEVEZ POURQUOI IL EST OBNUBILÉ PAR MON FILS, HEIN ?
JE N'APPRÉCIE PAS VOS INSINUATIONS, WOOLCOT. ET QUANT À VOTRE MAISON...
JE NE VOIS QUE DES CARTONS DE DÉMÉNAGEMENT. VOUS VOUS ENFUYEZ ?
COMME LE LÂCHE QUE VOUS ÊTES ?
SALE PETIT...
PAPA, **NON ! ARRÊTE !**
MON **SENS D'ARAIGNÉE S'EMBALLE !** IL Y A DU DANGER !
SPIDER-MAN. QUELLE SURPRISE.
OH LA VACHE ! JE DOIS MAÎTRISER LE POUVOIR. SPIDER-MAN ME METTRA UNE RACLÉE S'IL VOIT CE QUE JE PEUX FAIRE.
CE... ÇA Y EST. IL S'EN VA. DIEU SOIT LOUÉ.

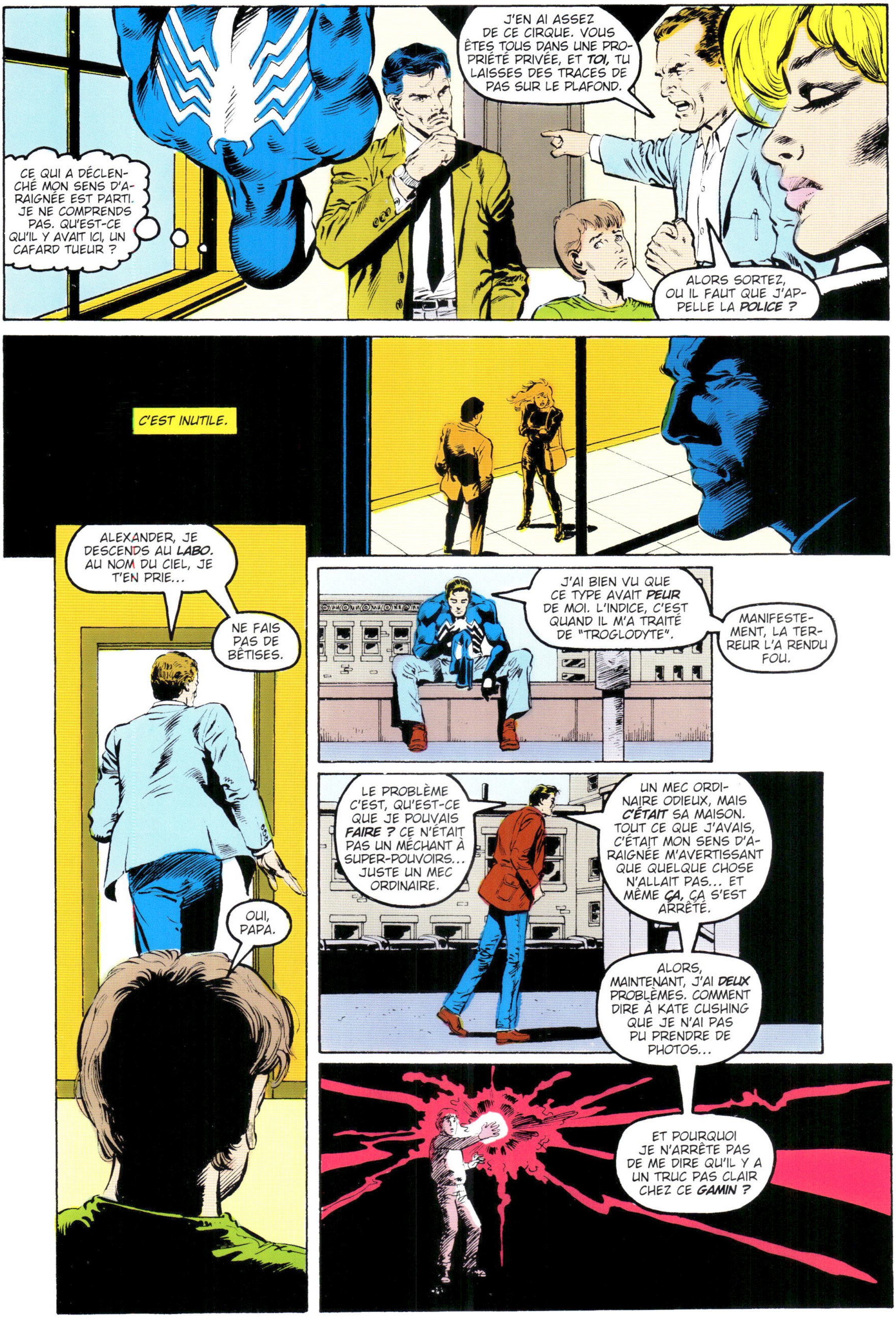
CE QUI A DÉCLENCHÉ MON SENS D'ARAIGNÉE EST PARTI. JE NE COMPRENDS PAS. QU'EST-CE QU'IL Y AVAIT ICI, UN CAFARD TUEUR ?
J'EN AI ASSEZ DE CE CIRQUE. VOUS ÊTES TOUS DANS UNE PROPRIÉTÉ PRIVÉE, ET TOI, TU LAISSES DES TRACES DE PAS SUR LE PLAFOND.
ALORS SORTEZ, OU IL FAUT QUE J'APPELLE LA POLICE ?
C'EST INUTILE.
ALEXANDER, JE DESCENDS AU LABO. AU NOM DU CIEL, JE T'EN PRIE...
NE FAIS PAS DE BÊTISES.
OUI, PAPA.
J'AI BIEN VU QUE CE TYPE AVAIT PEUR DE MOI. L'INDICE, C'EST QUAND IL M'A TRAITÉ DE "TROGLODYTE".
MANIFESTEMENT, LA TERREUR L'A RENDU FOU.
LE PROBLÈME C'EST, QU'EST-CE QUE JE POUVAIS FAIRE ? CE N'ÉTAIT PAS UN MÉCHANT À SUPER-POUVOIRS... JUSTE UN MEC ORDINAIRE.
UN MEC ORDINAIRE ODIEUX, MAIS C'ÉTAIT SA MAISON. TOUT CE QUE J'AVAIS, C'ÉTAIT MON SENS D'ARAIGNÉE M'AVERTISSANT QUE QUELQUE CHOSE N'ALLAIT PAS... ET MÊME ÇA, ÇA S'EST ARRÊTÉ.
ALORS, MAINTENANT, J'AI DEUX PROBLÈMES. COMMENT DIRE À KATE CUSHING QUE JE N'AI PAS PU PRENDRE DE PHOTOS...
ET POURQUOI JE N'ARRÊTE PAS DE ME DIRE QU'IL Y A UN TRUC PAS CLAIR CHEZ CE GAMIN ?

QU'EST-CE QUE JE VAIS *FAIRE ?*
JE SUIS UN ABRUTI ! COMME PAPA LE DIT TOUJOURS. J'AI MIS MA MAIN DANS SA MACHINE...
ET MAINTENANT, J'AI L'IMPRESSION D'AVOIR UN POUVOIR EN MOI, ET... ET...
IL VEUT SORTIR.
IL EST *ÉVIDENT* QUE WOOLCOT DÉMÉNAGE SA FAMILLE POUR CHANGER DE CARTE SCOLAIRE. QUAND CE SERA FAIT, TOUTES LES PLAINTES DEVRONT ÊTRE DE *NOUVEAU* DÉPOSÉES. ON DEVRA REPARTIR DE ZÉRO.
LES AUTORITÉS RISQUENT DE NE PAS VOULOIR SE RETAPER TOUTE LA PAPERASSE.
UN DE VOS AMIS ?
JOY ! ATTENDS-MOI !
PETER ! PARFAIT TIMING. ON ALLAIT GRIGNOTER UN MORCEAU EN DÉPRIMANT. JOINS-TOI À NOUS.

"AVEC PLAISIR."
FRIENDLY FRANK'S DINER
BIEN SÛR, ON ACCORDE BEAUCOUP D'ATTENTION AU PROBLÈME DES ENFANTS BATTUS.
MALHEUREUSEMENT, SI ON EST **ENSEIGNANT**, IL FAUT SE BATTRE AVEC UNE BUREAUCRATIE INCROYABLE.
ET POURTANT, VOUS VOUS BATTEZ.
QU'EST-CE QUE JE **DOIS** FAIRE... VOIR CE GAMIN JOUR APRÈS JOUR EN SACHANT CE QUI SE PASSE...
SANS RIEN FAIRE À CE SUJET ?
ON A TOUS L'OBLIGATION DE NOUS PROTÉGER LES UNS LES AUTRES. SI L'UN DE NOUS TOURNE LE DOS, ON PAIERA TOUS LE...
ATTENTION !
OH, DÉSOLÉ, PARKER. MAIS VOUS L'AVEZ PRESQUE ÉVITÉ. VOUS ÊTES RAPIDE.
HUM. VOUS VOULEZ UN AUTRE SODA ?
RAPIDE MAIS TREMPÉ. AU MOINS, JOY EST AUX TOILETTES, ELLE NE ME CHAMBRERA PAS.
ET TENTER LE SORT ?
TODAY'S SPECIALS
MOM
APRÈS TOUT, LE SORT **S'ACHARNE** SUR MOI CES TEMPS-CI. PAR EXEMPLE...
JE N'OSE PAS IMAGINER LA RÉACTION DE KATE CUSHING QUAND ELLE APPRENDRA QUE JE SUIS ARRIVÉ TROP TARD POUR PRENDRE DES PHOTOS.

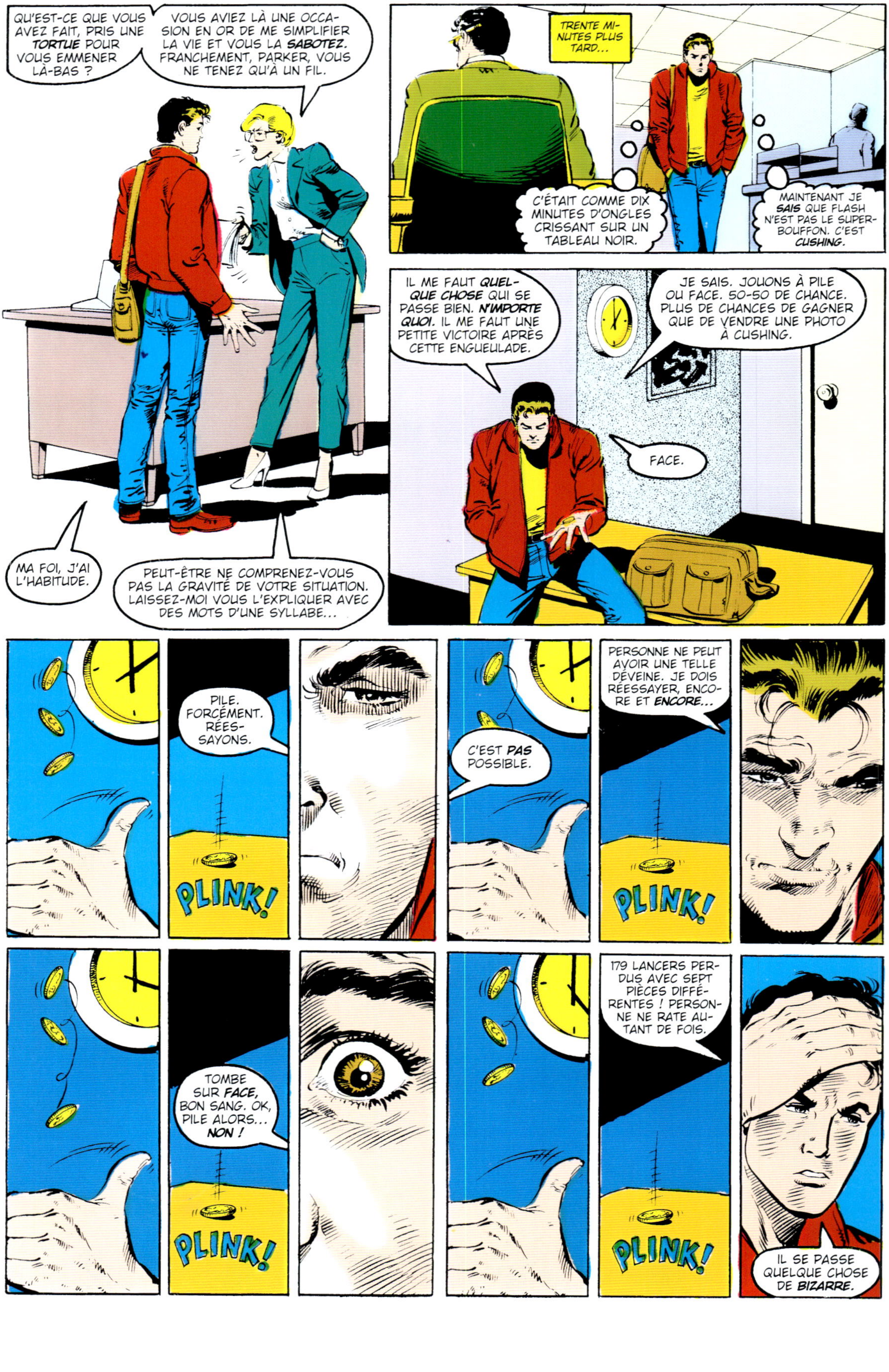

QU'EST-CE QUE VOUS AVEZ FAIT, PRIS UNE TORTUE POUR VOUS EMMENER LÀ-BAS ?
VOUS AVIEZ LÀ UNE OCCASION EN OR DE ME SIMPLIFIER LA VIE ET VOUS LA SABOTEZ. FRANCHEMENT, PARKER, VOUS NE TENEZ QU'À UN FIL.
MA FOI, J'AI L'HABITUDE.
PEUT-ÊTRE NE COMPRENEZ-VOUS PAS LA GRAVITÉ DE VOTRE SITUATION. LAISSEZ-MOI VOUS L'EXPLIQUER AVEC DES MOTS D'UNE SYLLABE...
TRENTE MINUTES PLUS TARD...
C'ÉTAIT COMME DIX MINUTES D'ONGLES CRISSANT SUR UN TABLEAU NOIR.
MAINTENANT JE SAIS QUE FLASH N'EST PAS LE SUPER-BOUFFON. C'EST CUSHING.
IL ME FAUT QUELQUE CHOSE QUI SE PASSE BIEN. N'IMPORTE QUOI. IL ME FAUT UNE PETITE VICTOIRE APRÈS CETTE ENGUEULADE.
JE SAIS. JOUONS À PILE OU FACE. 50-50 DE CHANCE. PLUS DE CHANCES DE GAGNER QUE DE VENDRE UNE PHOTO À CUSHING.
FACE.
PILE. FORCÉMENT. RÉESSAYONS.
PLINK!
C'EST PAS POSSIBLE.
PERSONNE NE PEUT AVOIR UNE TELLE DÉVEINE. JE DOIS RÉESSAYER, ENCORE ET ENCORE...
PLINK!
TOMBE SUR FACE, BON SANG. OK, PILE ALORS... NON !
PLINK!
179 LANCERS PERDUS AVEC SEPT PIÈCES DIFFÉRENTES ! PERSONNE NE RATE AUTANT DE FOIS.
PLINK!
IL SE PASSE QUELQUE CHOSE DE BIZARRE.

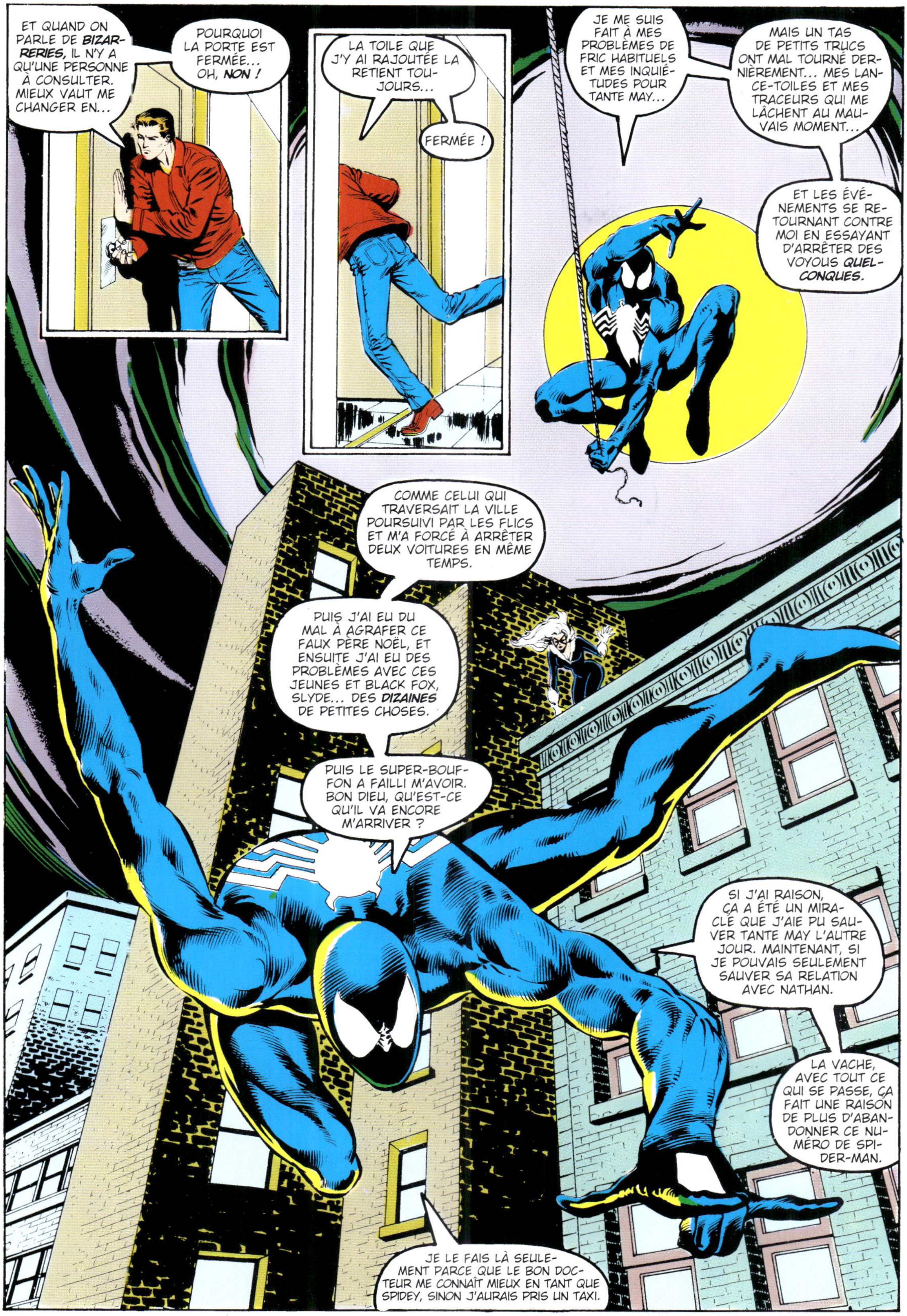
ET QUAND ON PARLE DE BIZAR-RERIES, IL N'Y A QU'UNE PERSONNE À CONSULTER. MIEUX VAUT ME CHANGER EN...
POURQUOI LA PORTE EST FERMÉE... OH, NON !
LA TOILE QUE J'Y AI RAJOUTÉE LA RETIENT TOU-JOURS...
FERMÉE !
JE ME SUIS FAIT À MES PROBLÈMES DE FRIC HABITUELS ET MES INQUIÉ-TUDES POUR TANTE MAY...
MAIS UN TAS DE PETITS TRUCS ONT MAL TOURNÉ DER-NIÈREMENT... MES LANCE-TOILES ET MES TRACEURS QUI ME LÂCHENT AU MAU-VAIS MOMENT...
ET LES ÉVÉ-NEMENTS SE RE-TOURNANT CONTRE MOI EN ESSAYANT D'ARRÊTER DES VOYOUS QUEL-CONQUES.
COMME CELUI QUI TRAVERSAIT LA VILLE POURSUIVI PAR LES FLICS ET M'A FORCÉ À ARRÊTER DEUX VOITURES EN MÊME TEMPS.
PUIS J'AI EU DU MAL À AGRAFER CE FAUX PÈRE NOËL, ET ENSUITE J'AI EU DES PROBLÈMES AVEC CES JEUNES ET BLACK FOX, SLYDE... DES DIZAINES DE PETITES CHOSES.
PUIS LE SUPER-BOUF-FON A FAILLI M'AVOIR. BON DIEU, QU'EST-CE QU'IL VA ENCORE M'ARRIVER ?
SI J'AI RAISON, ÇA A ÉTÉ UN MIRA-CLE QUE J'AIE PU SAU-VER TANTE MAY L'AUTRE JOUR. MAINTENANT, SI JE POUVAIS SEULEMENT SAUVER SA RELATION AVEC NATHAN.
LA VACHE, AVEC TOUT CE QUI SE PASSE, ÇA FAIT UNE RAISON DE PLUS D'ABAN-DONNER CE NU-MÉRO DE SPI-DER-MAN.
JE LE FAIS LÀ SEULE-MENT PARCE QUE LE BON DOC-TEUR ME CONNAÎT MIEUX EN TANT QUE SPIDEY, SINON J'AURAIS PRIS UN TAXI.

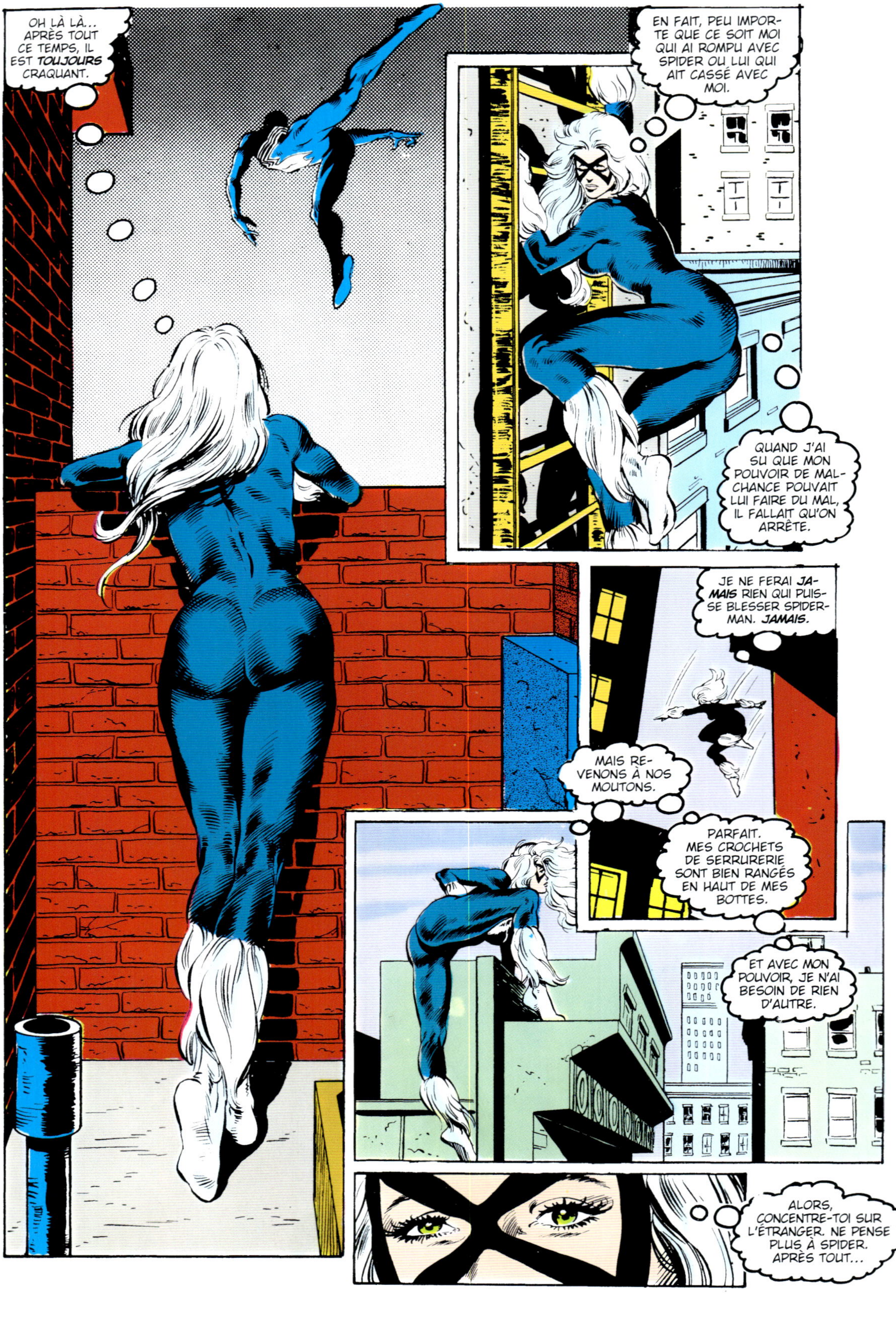

OH LÀ LÀ... APRÈS TOUT CE TEMPS, IL EST TOUJOURS CRAQUANT.
EN FAIT, PEU IMPORTE QUE CE SOIT MOI QUI AI ROMPU AVEC SPIDER OU LUI QUI AIT CASSÉ AVEC MOI.
QUAND J'AI SU QUE MON POUVOIR DE MALCHANCE POUVAIT LUI FAIRE DU MAL, IL FALLAIT QU'ON ARRÊTE.
JE NE FERAI JAMAIS RIEN QUI PUISSE BLESSER SPIDER-MAN. JAMAIS.
MAIS REVENONS À NOS MOUTONS.
PARFAIT. MES CROCHETS DE SERRURERIE SONT BIEN RANGÉS EN HAUT DE MES BOTTES.
ET AVEC MON POUVOIR, JE N'AI BESOIN DE RIEN D'AUTRE.
ALORS, CONCENTRE-TOI SUR L'ÉTRANGER. NE PENSE PLUS À SPIDER. APRÈS TOUT...

JE SUIS SÛRE QU'IL PENSE RAREMENT À MOI.
SI MES SOUPÇONS SONT AVÉRÉS, JE VAIS TORDRE LE COU DE FÉLICIA.
MAIS CETTE IDÉE EST SI FANTAISISTE QUE SEUL LE **DOCTEUR STRANGE** POURRAIT LA VÉRIFIER.
POUR UN GRAND MAGE VOYAGEUR INTERDIMENSIONNEL COMME LUI, ÇA DEVRAIT ÊTRE FACILE.
AVEC LA PLUPART DES DOCTEURS, ON REDOUTE TOUJOURS QU'ILS SOIENT PARTIS JOUER AU GOLF. AVEC CELUI-LÀ, ON A DE LA CHANCE S'IL EST SUR TERRE. ENFIN, TAPONS À LA PORTE... ET PRIONS...
HEUREUSEMENT...
TU PEUX ENTRER, SPIDER-MAN. IL VA TE VOIR.
IL Y A DE NOUVEAUX MAGAZINES DANS LA SALLE D'ATTENTE, J'ESPÈRE ?

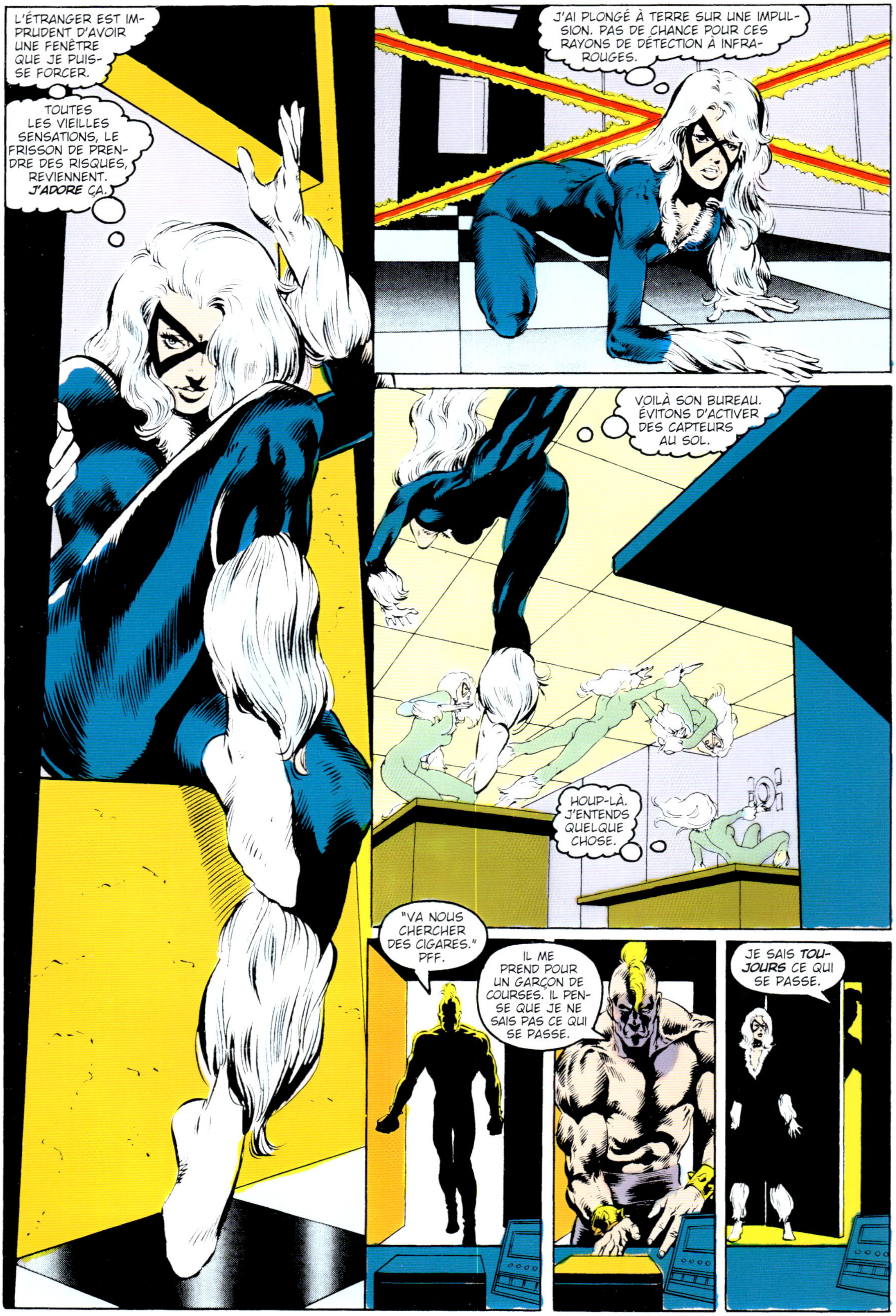
L'ÉTRANGER EST IMPRUDENT D'AVOIR UNE FENÊTRE QUE JE PUISSE FORCER.
TOUTES LES VIEILLES SENSATIONS, LE FRISSON DE PRENDRE DES RISQUES, REVIENNENT. *J'ADORE* ÇA.
J'AI PLONGÉ À TERRE SUR UNE IMPULSION. PAS DE CHANCE POUR CES RAYONS DE DÉTECTION À INFRAROUGES.
VOILÀ SON BUREAU. ÉVITONS D'ACTIVER DES CAPTEURS AU SOL.
HOUP-LÀ. J'ENTENDS QUELQUE CHOSE.
"VA NOUS CHERCHER DES CIGARES." PFF.
IL ME PREND POUR UN GARÇON DE COURSES. IL PENSE QUE JE NE SAIS PAS CE QUI SE PASSE.
JE SAIS *TOUJOURS* CE QUI SE PASSE.

PENDANT CE TEMPS, DANS LE SANCTUAIRE DU DR STRANGE...
TU AS TOUT À FAIT RAISON, SPIDER-MAN. TON AURA PERSONNELLE SEMBLE AVOIR ÉTÉ DÉNATURÉE PAR UNE SORTE DE POUVOIR DE **MALCHANCE.**
EN TERMES SIMPLES, UN SORT DE MALCHANCE S'ACCROCHE À TOI UN PEU COMME DE L'ÉLECTRICITÉ STATIQUE.
... EST UN MÉLANGE DE MUTATION GÉNÉTIQUE NATURELLE ET DE SCIENCE... À LA LIMITE DE LA SORCELLERIE.
JE PEUX PEUT-ÊTRE T'AIDER. MAIS C'EST UN PEU EN DEHORS DE MON DOMAINE. LE RÉSULTAT EST IMPRÉVISIBLE.
ET AU FINAL, DOC... VOUS POUVEZ ME LE **RETIRER ?**
PEUT-ÊTRE. IL FAUT QUE JE CONSULTE DES GRIMOIRES MYSTIQUES. LA DIFFICULTÉ, C'EST QUE L'AURA DE MALCHANCE QUI T'A AFFECTÉ...
DOC, CROYEZ-MOI, JE N'AI **RIEN** À PERDRE. METTONS-NOUS AU BOULOT.
BON BOULOT, FÉLICIA. TU N'AS PAS PERDU LA MAIN.
HÉ, QU'EST-CE QUE C'EST ? UN **CALEPIN EN OR MASSIF ?** PAS POSSIBLE.
CREAK
OH...
... OH.

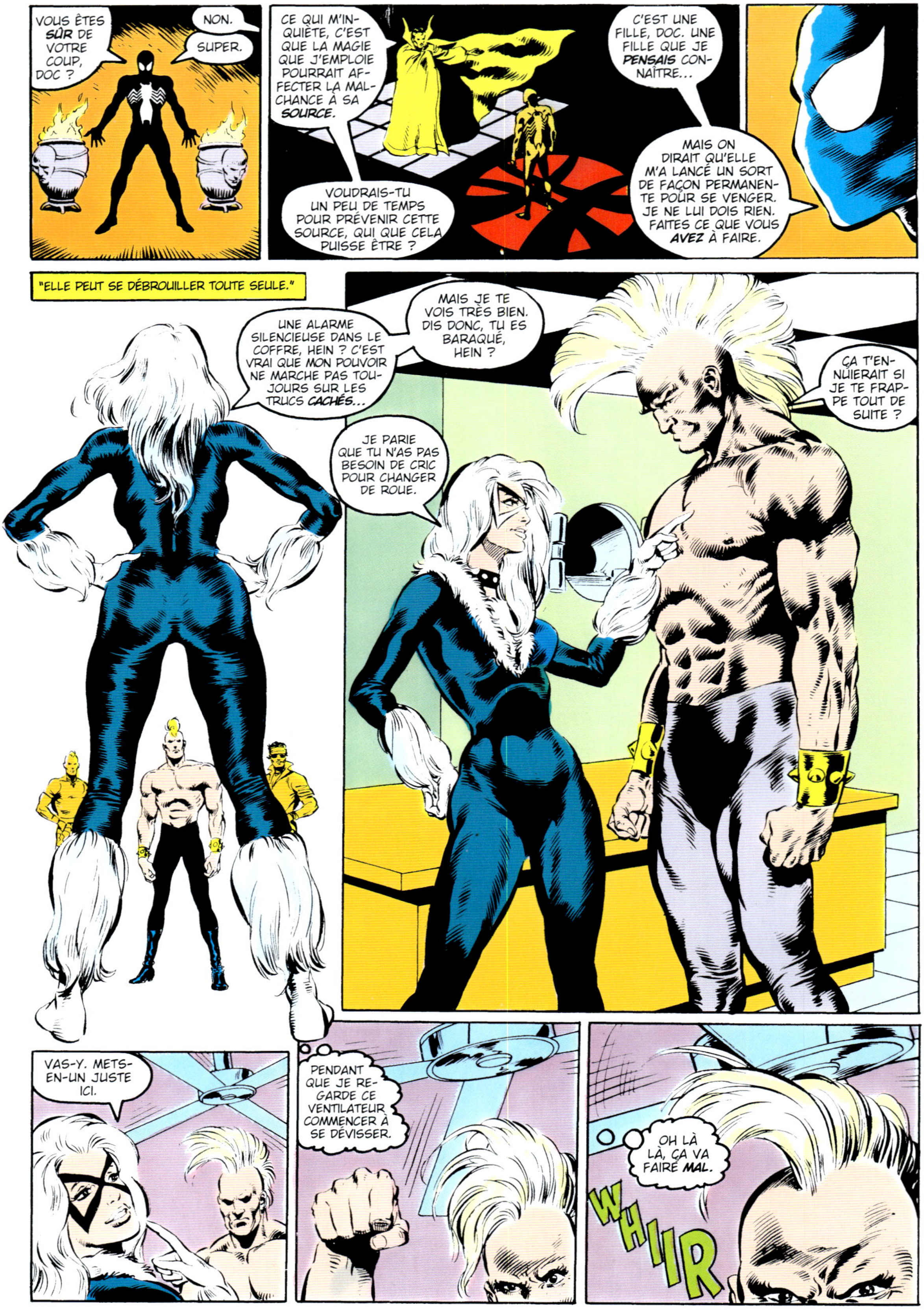
VOUS ÊTES SÛR DE VOTRE COUP, DOC ?
NON.
SUPER.
CE QUI M'INQUIÈTE, C'EST QUE LA MAGIE QUE J'EMPLOIE POURRAIT AFFECTER LA MALCHANCE À SA SOURCE.
VOUDRAIS-TU UN PEU DE TEMPS POUR PRÉVENIR CETTE SOURCE, QUI QUE CELA PUISSE ÊTRE ?
C'EST UNE FILLE, DOC. UNE FILLE QUE JE PENSAIS CONNAÎTRE...
MAIS ON DIRAIT QU'ELLE M'A LANCÉ UN SORT DE FAÇON PERMANENTE POUR SE VENGER. JE NE LUI DOIS RIEN. FAITES CE QUE VOUS AVEZ À FAIRE.
"ELLE PEUT SE DÉBROUILLER TOUTE SEULE."
UNE ALARME SILENCIEUSE DANS LE COFFRE, HEIN ? C'EST VRAI QUE MON POUVOIR NE MARCHE PAS TOUJOURS SUR LES TRUCS CACHÉS...
MAIS JE TE VOIS TRÈS BIEN. DIS DONC, TU ES BARAQUÉ, HEIN ?
JE PARIE QUE TU N'AS PAS BESOIN DE CRIC POUR CHANGER DE ROUE.
ÇA T'ENNUIERAIT SI JE TE FRAPPE TOUT DE SUITE ?
VAS-Y. METS-EN-UN JUSTE ICI.
PENDANT QUE JE REGARDE CE VENTILATEUR COMMENCER À SE DÉVISSER.
OH LÀ LÀ, ÇA VA FAIRE MAL.
WHIIIR

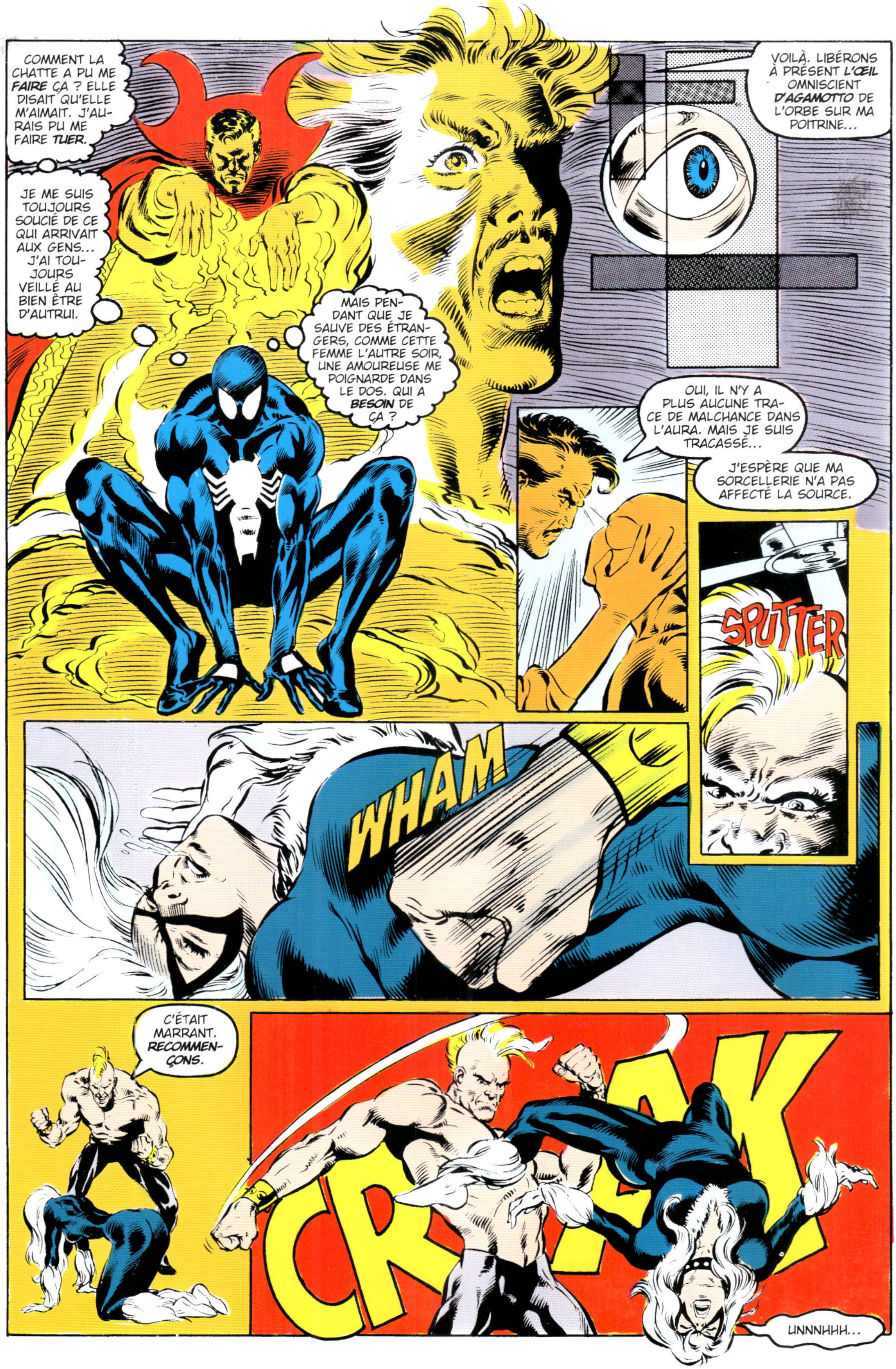
COMMENT LA CHATTE A PU ME FAIRE ÇA ? ELLE DISAIT QU'ELLE M'AIMAIT. J'AURAIS PU ME FAIRE TUER.
JE ME SUIS TOUJOURS SOUCIÉ DE CE QUI ARRIVAIT AUX GENS... J'AI TOUJOURS VEILLÉ AU BIEN ÊTRE D'AUTRUI.
MAIS PENDANT QUE JE SAUVE DES ÉTRANGERS, COMME CETTE FEMME L'AUTRE SOIR, UNE AMOUREUSE ME POIGNARDE DANS LE DOS. QUI A BESOIN DE ÇA ?
VOILÀ. LIBÉRONS À PRÉSENT L'ŒIL OMNISCIENT D'AGAMOTTO DE L'ORBE SUR MA POITRINE...
OUI, IL N'Y A PLUS AUCUNE TRACE DE MALCHANCE DANS L'AURA. MAIS JE SUIS TRACASSÉ...
J'ESPÈRE QUE MA SORCELLERIE N'A PAS AFFECTÉ LA SOURCE.
SPUTTER
WHAM
C'ÉTAIT MARRANT. RECOMMENÇONS.
UNNNHHH...

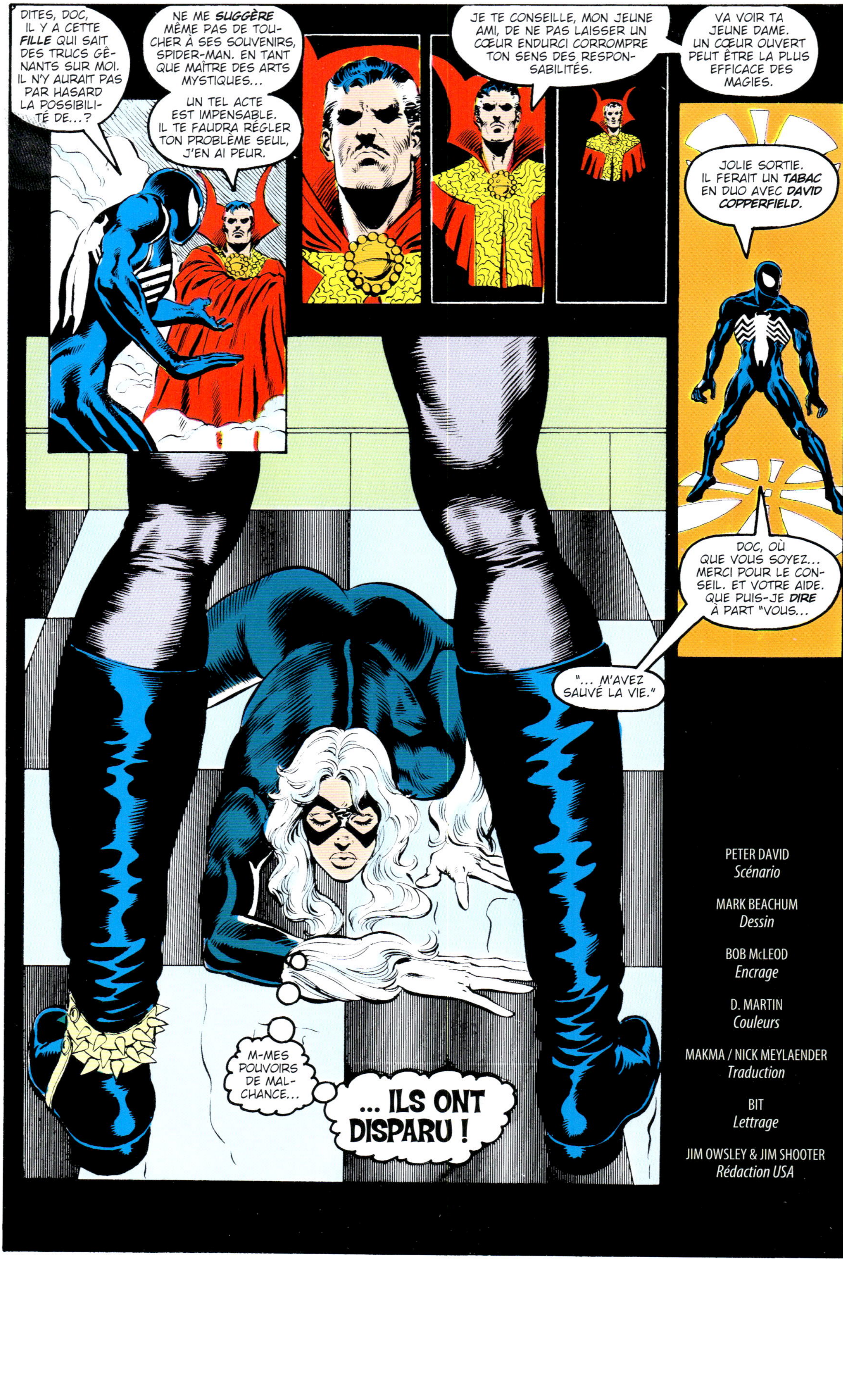

PETER DAVID
Scénario

MARK BEACHUM
Dessin

BOB McLEOD
Encrage

D. MARTIN
Couleurs

MAKMA / NICK MEYLAENDER
Traduction

BIT
Lettrage

JIM OWSLEY & JIM SHOOTER
Rédaction USA

STAN LEE PRÉSENTE : LE SPECTACULAIRE SPIDER-MAN !
"LE PETIT CHAT EST MORT"
DITES, COLLÈGUES SOCIOPATHES... JE VIENS DE RECON-NAÎTRE CE CHARMANT PETIT LOT.
CE QU'ON A LÀ, C'EST LA CHATTE NOIRE... L'ANCIENNE POULE DE SPIDER-MAN...
... ET CAM-BRIOLEUSE HORS PAIR DEVENUE RÉGLO, CE QUI ME POUSSE À POSER UNE QUESTION INTRIGANTE...
YO, POULETTE ! POUR-QUOI TU ES ENTRÉE PAR EFFRACTION DANS LE BUREAU DE NOTRE BOSS, L'ÉTRANGER, POUR TENTER DE VIDER SON COFFRE ?!
RÉPONDS LENTEMENT ET JE TE PÈTE TROIS CÔTES. RÉPONDS VITE ET JE N'EN PÈTE QU'UNE.
JE CROYAIS QUE LA CHATTE NOIRE AVAIT UN POUVOIR DE MALCHANCE QUI LA PROTÉGEAIT, SPENCER. OÙ IL EST PASSÉ ?
MON... MON BEZ. DU M'AS GASSÉ LE BEZ. GOM-MENT...?

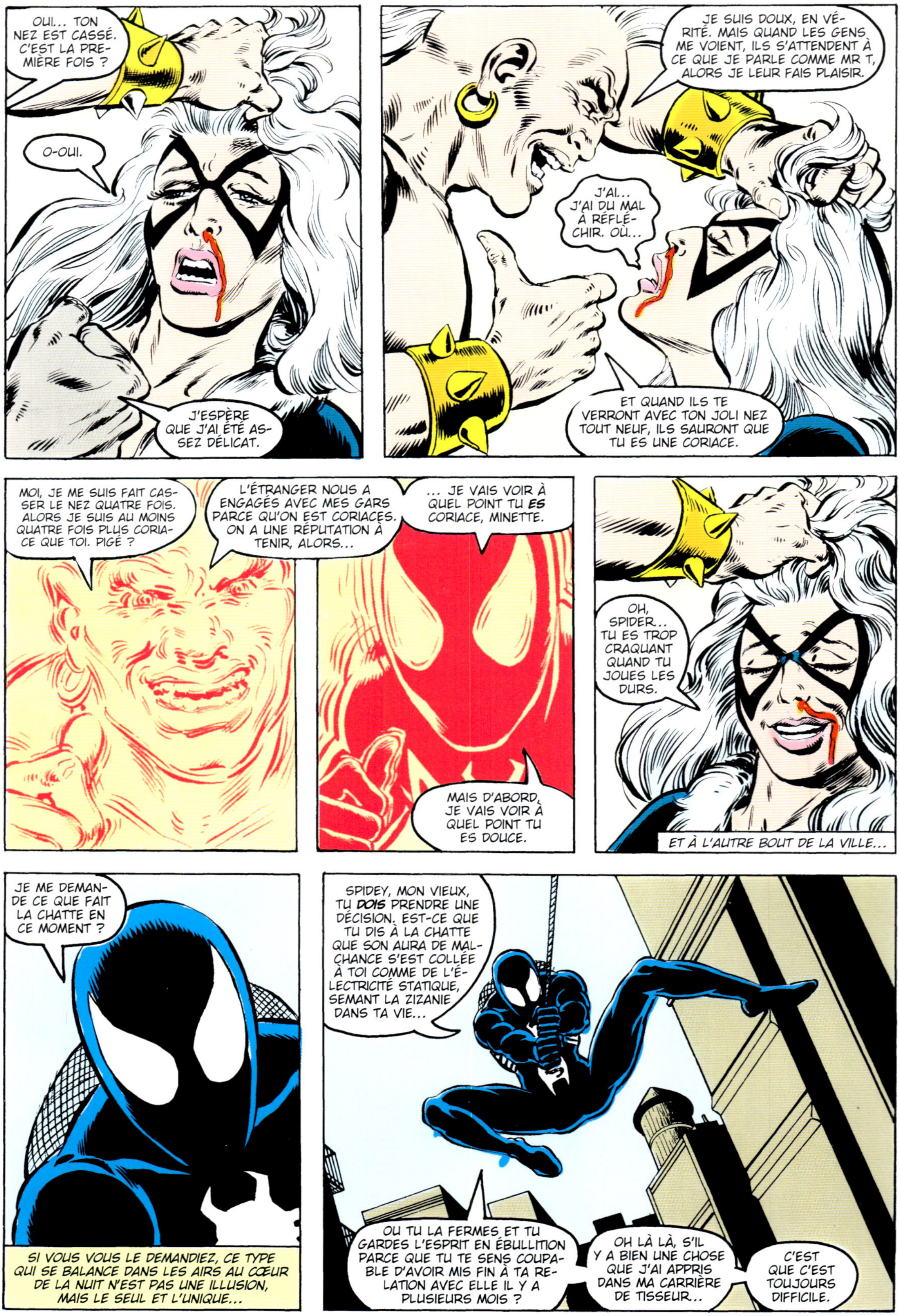
OUI... TON NEZ EST CASSÉ. C'EST LA PREMIÈRE FOIS ?
O-OUI.
J'ESPÈRE QUE J'AI ÉTÉ ASSEZ DÉLICAT.
JE SUIS DOUX, EN VÉRITÉ. MAIS QUAND LES GENS ME VOIENT, ILS S'ATTENDENT À CE QUE JE PARLE COMME MR T, ALORS JE LEUR FAIS PLAISIR.
J'AI... J'AI DU MAL À RÉFLÉCHIR. OÙ...
ET QUAND ILS TE VERRONT AVEC TON JOLI NEZ TOUT NEUF, ILS SAURONT QUE TU ES UNE CORIACE.
MOI, JE ME SUIS FAIT CASSER LE NEZ QUATRE FOIS. ALORS JE SUIS AU MOINS QUATRE FOIS PLUS CORIACE QUE TOI. PIGÉ ?
L'ÉTRANGER NOUS A ENGAGÉS AVEC MES GARS PARCE QU'ON EST CORIACES. ON A UNE RÉPUTATION À TENIR, ALORS...
... JE VAIS VOIR À QUEL POINT TU ES CORIACE, MINETTE.
MAIS D'ABORD, JE VAIS VOIR À QUEL POINT TU ES DOUCE.
OH, SPIDER... TU ES TROP CRAQUANT QUAND TU JOUES LES DURS.
ET À L'AUTRE BOUT DE LA VILLE...
JE ME DEMANDE CE QUE FAIT LA CHATTE EN CE MOMENT ?
SI VOUS VOUS LE DEMANDIEZ, CE TYPE QUI SE BALANCE DANS LES AIRS AU CŒUR DE LA NUIT N'EST PAS UNE ILLUSION, MAIS LE SEUL ET L'UNIQUE...
SPIDEY, MON VIEUX, TU DOIS PRENDRE UNE DÉCISION. EST-CE QUE TU DIS À LA CHATTE QUE SON AURA DE MALCHANCE S'EST COLLÉE À TOI COMME DE L'ÉLECTRICITÉ STATIQUE, SEMANT LA ZIZANIE DANS TA VIE...
OU TU LA FERMES ET TU GARDES L'ESPRIT EN ÉBULLITION PARCE QUE TU TE SENS COUPABLE D'AVOIR MIS FIN À TA RELATION AVEC ELLE IL Y A PLUSIEURS MOIS ?
OH LÀ LÀ, S'IL Y A BIEN UNE CHOSE QUE J'AI APPRIS DANS MA CARRIÈRE DE TISSEUR...
C'EST QUE C'EST TOUJOURS DIFFICILE.

CE QUI ME REND NERVEUX, C'EST QUE LORSQUE DOC STRANGE, MON SYMPATHIQUE VOISIN MAGICIEN, A RETIRÉ LES VESTIGES DU SORT DE LA CHATTE...
... IL A DIT QUE LE POUVOIR RISQUAIT PEUT-ÊTRE D'ÊTRE AFFECTÉ À SA SOURCE. COMMENT JE VAIS EXPLIQUER ÇA À LA CHATTE ?
ELLE ET MOI AVONS EU UNE VRAIE ROMANCE DE LIVRE D'HISTOIRE... AVEC TOUTES LES PAGES ARRACHÉES.
JE SUIS UN CHAMPION EN MATIÈRE DE RELATIONS. MA VIE AMOUREUSE EST INEXISTANTE...
ET MON PLUS VIEIL AMI, FLASH THOMPSON, S'AVÈRE ÊTRE UN DE MES PIRES ENNEMIS, LE SUPER-BOUFFON. C'EST INCROYABLE.
FLASH A SOUTENU SPIDEY PENDANT DES ANNÉES, MÊME QUAND PERSONNE D'AUTRE NE CROYAIT EN MOI.
TOUT ÇA SENT L'EMBROUILLE, MAIS QU'EST-CE QUE JE PEUX FAIRE...?
TIENS, JE SUIS PRÈS DE CHEZ MARY JANE. LA SEULE AMIE AU MONDE SUR QUI JE PUISSE COMPTER.
J'AI MES HABITS DANS MON SAC DE TOILE. AUTANT M'ARRÊTER POUR DIRE BONJOUR.
BIEN SÛR, MJ SAIT QUE JE SUIS SPIDEY, MAIS...
JE NE CROIS PAS QUE ÇA L'EMBALLERAIT SI JE ME POINTAIS À SA FENÊTRE.
MAIS C'EST SUPER D'ÊTRE SEULEMENT AMIS AVEC MJ. JE PARIE QUE SI ON ÉTAIT AMOUREUX, ON N'ARRÊTERAIT PAS DE SE DISPU...
... TER ?
RODERICK KINGSLEY ?! POURQUOI CE BON À RIEN SORT DE L'IMMEUBLE DE MJ ?
CE TYPE EST UNE VRAIE PRISE DE TÊTE. MARY JANE NE VOULAIT PLUS ENTENDRE PARLER DE LUI.
MAIS...
OUI, PETER, C'ÉTAIT RODDY. POURQUOI ? ET POURQUOI TU AS L'AIR D'AVOIR PERDU TON MEILLEUR AMI ?
"RODDY", HEIN ? MJ, CE TYPE A LE QI D'UNE HUÎTRE !

ET TOUT AUTANT DE PERSONNALITÉ ! JE N'ARRIVE PAS À CROIRE QU'IL ÉTAIT LÀ.
IL S'AVÈRE QU'IL AIME MON CORPS.
SANS BLAGUE !
COMME MANNEQUIN, PETER ! C'EST UN GRAND STYLISTE ET IL TROUVE QUE JE METS EN VALEUR SES VÊTEMENTS.
ET FRANCHEMENT, PETER, JE N'AIME PAS TON ATTITUDE. ÇA NE TE RESSEMBLE PAS.
PEUT-ÊTRE QUE TU NE SAIS PAS QUI JE SUIS VRAIMENT.
PEUT-ÊTRE PAS ! GRÂCE À RODDY, J'AI PU FINANCER LES TRAVAUX DANS TON APPARTEMENT ET...
OUPS. JE N'AURAIS PAS DÛ DIRE ÇA.
C'EST ÇA, MON APPARTEMENT ! LES AMIS NE SE FONT PAS DES COUPS EN DOUCE DANS LE DOS !
JE CROYAIS QU'ON ÉTAIT AMIS !
SLAM!
SAUF ERREUR DE MA PART...
J'AURAIS JURÉ QUE C'ÉTAIT UNE QUERELLE D'AMOUREUX.
AILLEURS...
JE NE PIGE PAS. IL M'A DIT DE NE PAS FAIRE DE BRUIT PENDANT QU'IL VISAIT...
PUIS IL PREND UNE ÉTERNITÉ, MÊME SI DANS LE PASSÉ, JE L'AI VU VISER ET TIRER EN UNE FRACTION DE SECONDE.
POURQUOI IL MET TOUT CE... UUUNE MINUTE.
ÉTRANGER ! TU ESSAYAIS DE ME FAIRE TAIRE !

TU AS RAISON.
THWUD
JE DEVRAIS TE TUER POUR ÇA, ÉTRANGER. PERSONNE NE MET EN BOÎTE DENTS DE SABRE.
TU PRÉFÉRERAIS UNE CAGE ?
HA-FOUTU-HA. SI JE NE COMPTAIS PAS SUR TOI POUR M'ENGAGER, JE T'ÉCHARPERAIS, VIEIL ENSEIGNANT.
TU MOURRAIS EN ESSAYANT, VIEIL ÉLÈVE.
JE NE TE COMPRENDS PAS. JE NE SAIS MÊME PAS SI TU ES CONTENT DE ME VOIR, APRÈS M'ÊTRE DONNÉ TOUT CE MAL POUR TE TROUVER.
J'AI CUISINÉ UN AGENT DE LA CIA POUR SAVOIR OÙ TU ÉTAIS...
ILS PENSENT QUE JE N'EXISTE PAS.
OUAIS, C'EST CE QU'IL M'A DIT AVANT QUE JE LE TUE.
J'AI ESSAYÉ LE FBI, UN TYPE D'INTERPOL...
ILS N'ONT PAS DE DOSSIER SUR MOI NON PLUS.
EXACT. J'AI BUTÉ UNE DEMI-DOUZAINE DE TYPES QUI TE CHERCHAIENT, ET TU SAIS CE QUE J'Y AI GAGNÉ ?
UN CROQUE-MORT RECONNAISSANT, J'IMAGINE.
QUE DALLE ! AU FAIT, TU VISES COMME UN PIED.
JE NE RATE JAMAIS. JE FAIS MONTER LE SUSPENSE. REGARDE.
LA BELLE AFFAIRE. BREF, J'AURAIS RENONCÉ SI UN SALE POIVROT, IRONIE DU SORT, NE M'AVAIT PAS REFILÉ TON ADRESSE.

C'ÉTAIT MOI.
MON C...
... MINCE ! BIEN SÛR ! L'ALCOOL RECOUVRAIT TON ODEUR.
SANS ÇA, MES HYPER-SENS AURAIENT REPÉRÉ TON PARFUM.
HAH. TU AS ENCORE LE COUP DE MAIN.
JE SAIS.
MERCI, J.D. UNE AUTRE BIÈRE, DENTS DE SABRE, VIEUX FRÈRE ?
JE NE SUIS PAS VENU BOIRE DE LA BIÈRE, ÉTRANGER. JE SUIS LÀ PARCE QUE TU DIRIGES LA PREMIÈRE ORGANISATION D'ASSASSINS AU MONDE ET JE VEUX EN FAIRE PARTIE.
ZUT, IL ME FAUT DE L'ACTION. JE N'AI PAS TUÉ QUELQU'UN DEPUIS DEUX JOURS... JE VAIS PERDRE LA MAIN !
RIEN NE TOURNE ROND POUR MOI DEPUIS QUE JE ME SUIS ÉVADÉ DE PRISON. MON ANCIEN ÉQUIPIER M'A LAISSÉ TOMBER...
MES VIEUX ENNEMIS ONT DISPARU DANS LA NATURE...
ÉTRANGER, TU DOIS BIEN AVOIR DU TRAVAIL POUR MOI ! JE DEVIENS CINGLÉ !
MON CHER AMI, TU ES CINGLÉ.
NON MAIS... POUR QUI TU TE PRENDS ?!
TU SAIS QUI JE SUIS.
TU ES PLUS CALME. BIEN. ALORS, POUR LE TRAVAIL, J'AVOUE QUE LES ASSASSINS COSTUMÉS SONT DURS À PLACER. POUR ÊTRE HONNÊTE, VIEILLE BRANCHE...
TU ES REPÉRABLE DANS LA FOULE.
OUAIS ? ET QUE ME FAUT-IL POUR ME FONDRE DEDANS ?
UNE ÉLECTROLYSE ORTHODONTIQUE, UNE MANUCURE...
... ET DES PUPILLES !

CEPENDANT...
MMMMM...
HÉ, SPENCER, MEC, PARTAGE UN PEU !
HMNH... SPIDER...?
DEVINE UN PEU, CHATON !
HUNH ?!
SALE...
THWUMPF
PORC !
PERSONNE N'ABUSE DE MOI !
PERSONNE !
URK... URK...
HÉ !

ELLE FONCE VERS LE COFFRE ! ARRÊTEZ-LA !
AT-TENDEZ ! JE L'AI !
ALLEZ, FÉLICIA, RESSAISIS-TOI ! TON CŒUR BAT COMME SI C'ÉTAIT TA PREMIÈRE BAGARRE.
TU SAIS CE QUE C'EST. TES POUVOIRS DE MALCHANCE ONT DISPARU. TU NE SAIS PAS COMMENT, ET TU NE SAIS PAS CE QUI RISQUE DE PARTIR ENSUITE. MES RÉFLEXES, MA VITESSE...
MON PIED !
HA !
HEIN ?
HAI !
KRUNCH!
VOUS N'ÊTES QUE DES FUMIERS ! MAIS JE SUIS LA CHAT-TE NOIRE !
J'AURAI CE COFFRE...
BWAM
... ET JE VOUS AURAI !
SI SEULEMENT JE N'AVAIS PLUS MAL AU NEZ...

QUE DE LA BOUCHE, MINETTE !
CHUKY ! BUTE-LA !
J'EN AVAIS PERDU UN DE VUE ! IDIOTE, IDIOTE, IDI...
TIENS ! ÇA TE PLAÎT ? C'EST POUR SPENCER !
ET LE PROCHAIN EST POUR TODD.
KRUNCH
OH, NON !
ET CELUI-LÀ EST POUR TOI !
IL FAUT QUE JE ME REPOSE. JE NE PEUX PAS CONTINUER DE ME BATTRE. J'AI DU MAL À TENIR DEBOUT...
JE NE SUIS PAS DUPE, SORCIÈRE !
REGARDE-TOI ! TU AS LA TÊTE QUI TOURNE ! TU SAIGNES !
UNNNH !
RIIIP
ET TU NE T'ATTENDAIS PAS À CE QUE JE CHANGE DE MAIN COMME ÇA.

ET JE PARIE QUE **TU** NE T'ATTENDAIS PAS À DEVENIR SOPRANO.
WHUNK
VENEZ, LES GARS ! JE L'AI **ACCULÉE !**
LES GARS ?
IL N'Y A PLUS QUE TOI ET MOI. ET DANS UNE SECONDE...
IL N'Y AURA QUE MOI.
SOIS **THÉÂTRALE,** FÉLICIA. FICHE-LUI LA TROUILLE DE SA VIE.
NE T'APPROCHE **PAS !** TU NE PEUX **PAS** NOUS AVOIR BATTUS. C'EST IMPOSSIBLE.
RIEN N'EST IMPOSSIBLE.
REVIENS LÀ ! J'AI UNE NOUVELLE GRIFFE...
... JUSTE POUR TOI.
NON !
OUI !

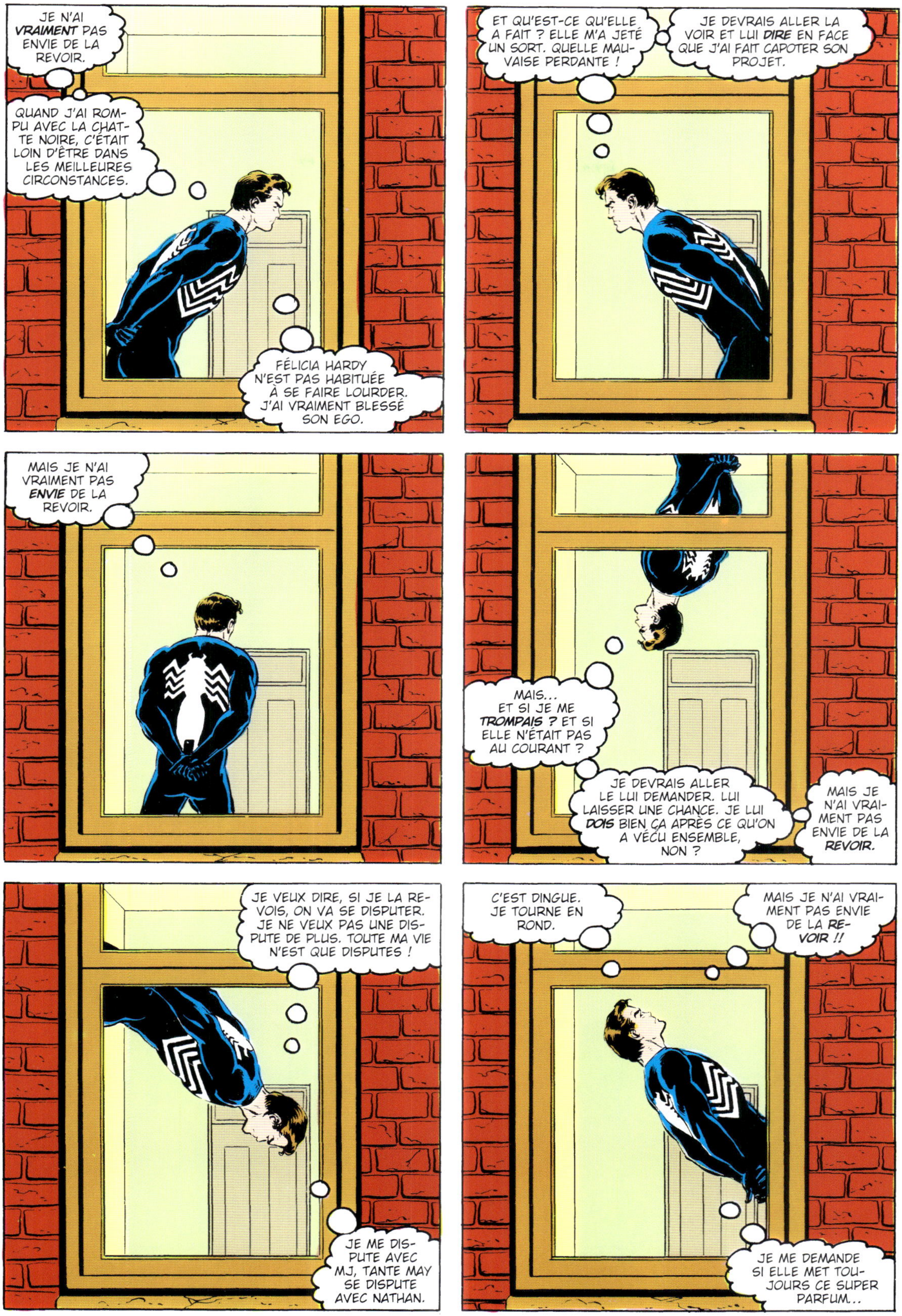
JE N'AI VRAIMENT PAS ENVIE DE LA REVOIR.
QUAND J'AI ROMPU AVEC LA CHATTE NOIRE, C'ÉTAIT LOIN D'ÊTRE DANS LES MEILLEURES CIRCONSTANCES.
FÉLICIA HARDY N'EST PAS HABITUÉE À SE FAIRE LOURDER. J'AI VRAIMENT BLESSÉ SON EGO.
ET QU'EST-CE QU'ELLE A FAIT ? ELLE M'A JETÉ UN SORT. QUELLE MAUVAISE PERDANTE !
JE DEVRAIS ALLER LA VOIR ET LUI DIRE EN FACE QUE J'AI FAIT CAPOTER SON PROJET.
MAIS JE N'AI VRAIMENT PAS ENVIE DE LA REVOIR.
MAIS... ET SI JE ME TROMPAIS ? ET SI ELLE N'ÉTAIT PAS AU COURANT ?
JE DEVRAIS ALLER LE LUI DEMANDER. LUI LAISSER UNE CHANCE. JE LUI DOIS BIEN ÇA APRÈS CE QU'ON A VÉCU ENSEMBLE, NON ?
MAIS JE N'AI VRAIMENT PAS ENVIE DE LA REVOIR.
JE VEUX DIRE, SI JE LA REVOIS, ON VA SE DISPUTER. JE NE VEUX PAS UNE DISPUTE DE PLUS. TOUTE MA VIE N'EST QUE DISPUTES !
JE ME DISPUTE AVEC MJ, TANTE MAY SE DISPUTE AVEC NATHAN.
C'EST DINGUE. JE TOURNE EN ROND.
MAIS JE N'AI VRAIMENT PAS ENVIE DE LA REVOIR !!
JE ME DEMANDE SI ELLE MET TOUJOURS CE SUPER PARFUM...

ET DANS UN APPARTEMENT NOUVELLEMENT OCCUPÉ...
QU'EST-CE QU'IL Y A, ALEXANDER ? JE DOIS DESCENDRE INSTALLER MON LABO... JE NE PEUX PAS PASSER MA JOURNÉE À TE RECADRER.
PARDON, PAPA. JE SUIS JUSTE UN PEU À PLAT.
DE QUOI TU TE PLAINS ENCORE, PETIT MORVEUX ?!
PITIÉ, PAPA, FAIS PAS ÇA !!
TU CROIS QUE ÇA M'A PLU DE QUITTER NOTRE MAISON ? C'EST CE QUE TU CROIS ? TU CROIS QUE ÇA A PLU À TA MÈRE DE DÉMÉNAGER ?!
N-NON.
DES MOIS ET DES MOIS D'EXPÉRIENCES SCIENTIFIQUES SOIGNEUSEMENT PRÉPARÉES, ANÉANTIS À CAUSE DE TOI !
CE DÉMÉNAGEMENT A PEUT-ÊTRE DÉTRUIT MA CARRIÈRE ! TOUT ÇA À CAUSE DE TOI !
ON A DÛ CHANGER DE SECTEUR SCOLAIRE POUR ÉVITER DES POURSUITES POUR MALTRAITANCE. MALTRAITANCE ? TU PENSES QUE JE T'AI FRAPPÉ ?
CE N'EST RIEN COMPARÉ À LA FAÇON DONT MON PÈRE ME ROSSAIT SI JE N'OBÉISSAIS PAS. TU DEVRAIS ME REMERCIER.
M-MERCI, PAPA. JE T'EN PRIE, NE ME HAIS PAS.
TE HAÏR ? NE DIS PAS DE BÊTISES. JE SUIS TON PÈRE. UN PÈRE AIME SON FILS.
JE VEUX JUSTE QUE TU COMPRENNES JUSQU'OÙ MON BOULOT POURRAIT M'AMENER SI TU NE ME DÉRANGEAIS PAS SANS ARRÊT COMME ÇA.
FRITZ ! CALME-TOI, JE T'EN PRIE. TU AVAIS PROMIS...
JE SAIS, JE SAIS. JE NE L'AI PAS TOUCHÉ. VOUS AGISSEZ TOUS COMME SI J'ÉTAIS UN MONSTRE.
CETTE CHAMBRE A INTÉRÊT À ÊTRE RANGÉE QUAND JE REVIENDRAI, OU TU AURAS DES ENNUIS.

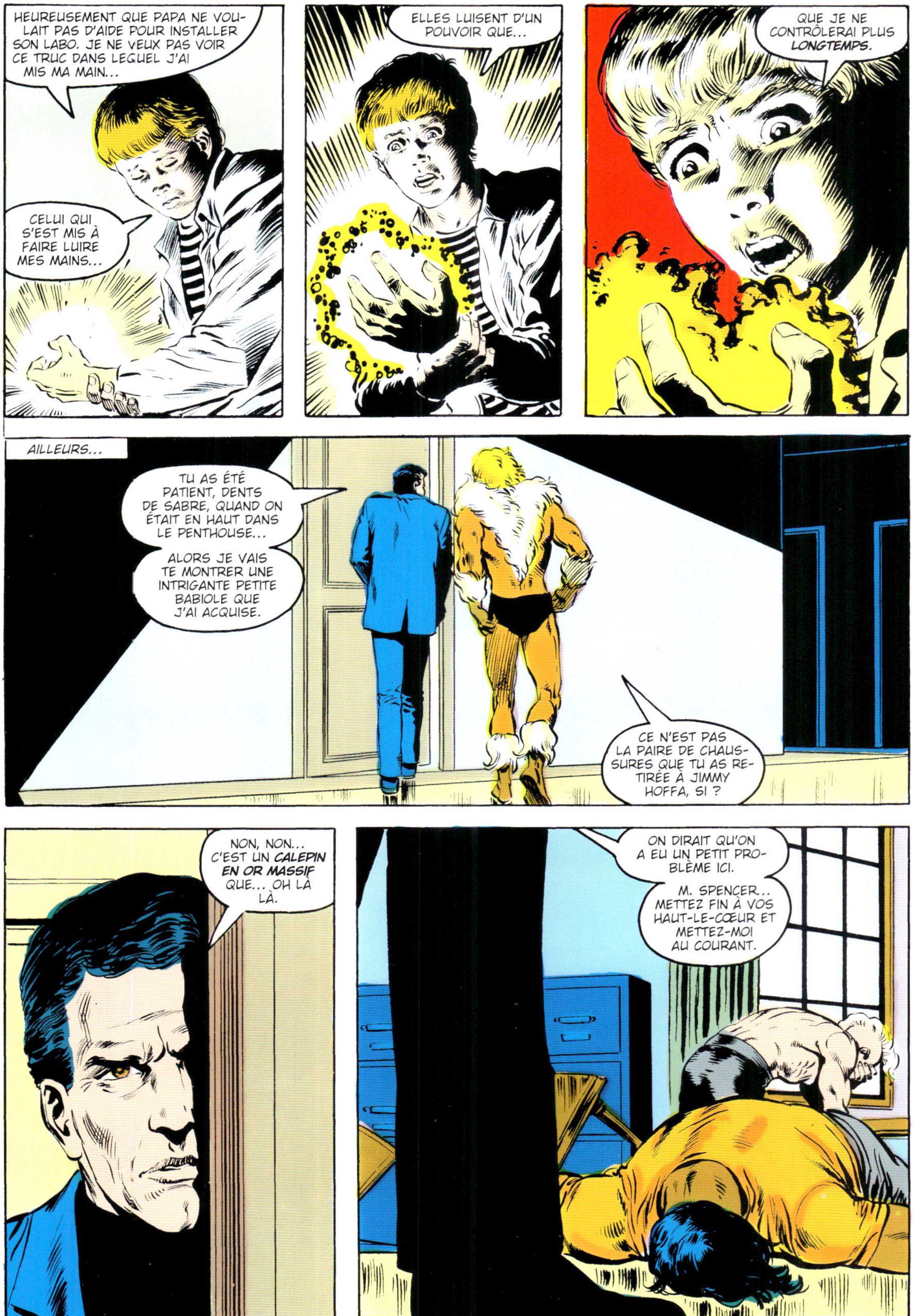
HEUREUSEMENT QUE PAPA NE VOULAIT PAS D'AIDE POUR INSTALLER SON LABO. JE NE VEUX PAS VOIR CE TRUC DANS LEQUEL J'AI MIS MA MAIN...
CELUI QUI S'EST MIS À FAIRE LUIRE MES MAINS...
ELLES LUISENT D'UN POUVOIR QUE...
QUE JE NE CONTRÔLERAI PLUS LONGTEMPS.
AILLEURS...
TU AS ÉTÉ PATIENT, DENTS DE SABRE, QUAND ON ÉTAIT EN HAUT DANS LE PENTHOUSE...
ALORS JE VAIS TE MONTRER UNE INTRIGANTE PETITE BABIOLE QUE J'AI ACQUISE.
CE N'EST PAS LA PAIRE DE CHAUSSURES QUE TU AS RETIRÉE À JIMMY HOFFA, SI ?
NON, NON... C'EST UN CALEPIN EN OR MASSIF QUE... OH LÀ LÀ.
ON DIRAIT QU'ON A EU UN PETIT PROBLÈME ICI.
M. SPENCER... METTEZ FIN À VOS HAUT-LE-CŒUR ET METTEZ-MOI AU COURANT.

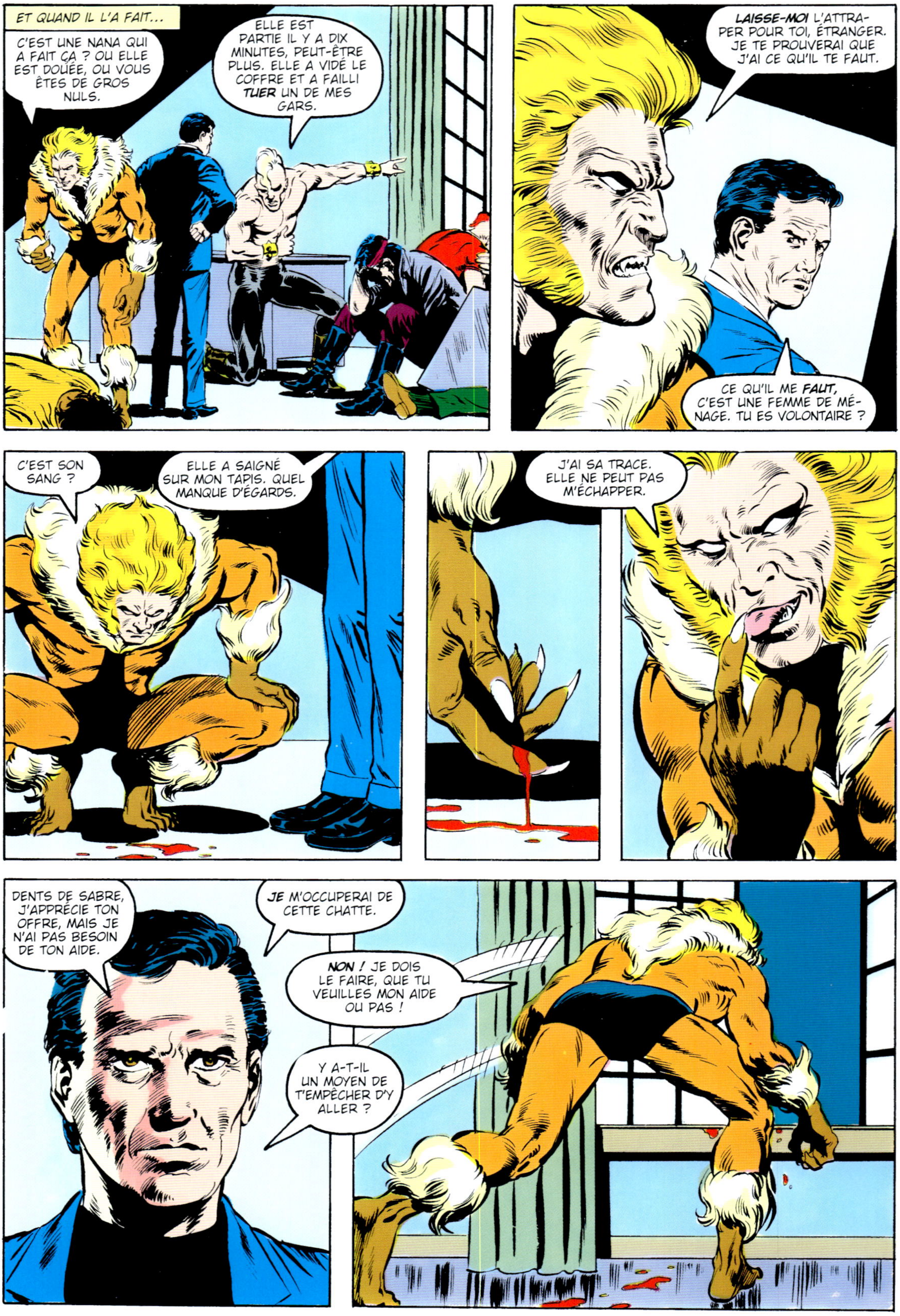
ET QUAND IL L'A FAIT...
C'EST UNE NANA QUI A FAIT ÇA ? OU ELLE EST DOUÉE, OU VOUS ÊTES DE GROS NULS.
ELLE EST PARTIE IL Y A DIX MINUTES, PEUT-ÊTRE PLUS. ELLE A VIDÉ LE COFFRE ET A FAILLI TUER UN DE MES GARS.
LAISSE-MOI L'ATTRAPER POUR TOI, ÉTRANGER. JE TE PROUVERAI QUE J'AI CE QU'IL TE FAUT.
CE QU'IL ME FAUT, C'EST UNE FEMME DE MÉNAGE. TU ES VOLONTAIRE ?
C'EST SON SANG ?
ELLE A SAIGNÉ SUR MON TAPIS. QUEL MANQUE D'ÉGARDS.
J'AI SA TRACE. ELLE NE PEUT PAS M'ÉCHAPPER.
DENTS DE SABRE, J'APPRÉCIE TON OFFRE, MAIS JE N'AI PAS BESOIN DE TON AIDE.
JE M'OCCUPERAI DE CETTE CHATTE.
NON ! JE DOIS LE FAIRE, QUE TU VEUILLES MON AIDE OU PAS !
Y A-T-IL UN MOYEN DE T'EMPÊCHER D'Y ALLER ?

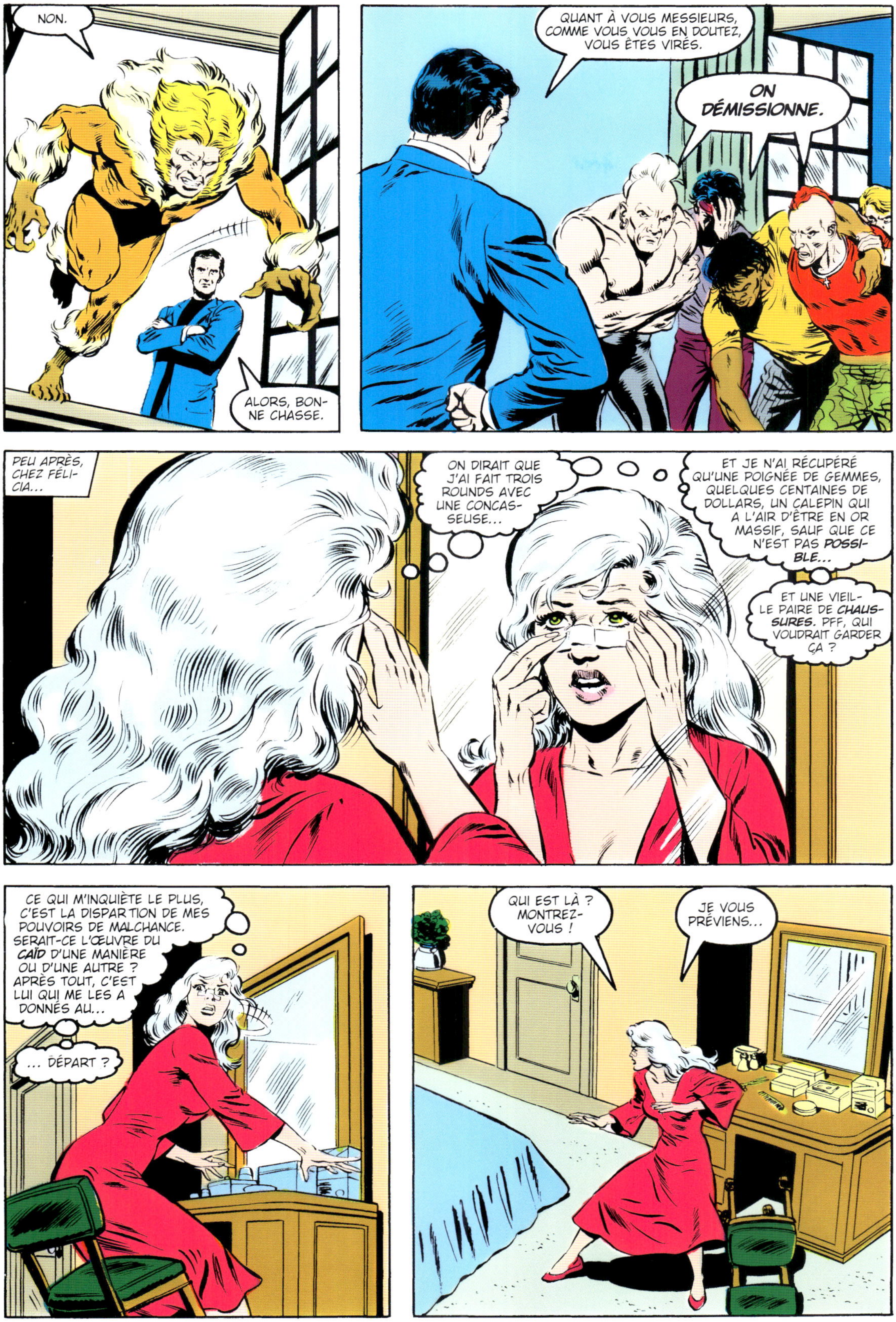
NON.
ALORS, BONNE CHASSE.
QUANT À VOUS MESSIEURS, COMME VOUS VOUS EN DOUTEZ, VOUS ÊTES VIRÉS.
ON DÉMISSIONNE.
PEU APRÈS, CHEZ FÉLICIA...
ON DIRAIT QUE J'AI FAIT TROIS ROUNDS AVEC UNE CONCASSEUSE...
ET JE N'AI RÉCUPÉRÉ QU'UNE POIGNÉE DE GEMMES, QUELQUES CENTAINES DE DOLLARS, UN CALEPIN QUI A L'AIR D'ÊTRE EN OR MASSIF, SAUF QUE CE N'EST PAS POSSIBLE...
ET UNE VIEILLE PAIRE DE CHAUSSURES. PFF, QUI VOUDRAIT GARDER ÇA ?
CE QUI M'INQUIÈTE LE PLUS, C'EST LA DISPARITION DE MES POUVOIRS DE MALCHANCE. SERAIT-CE L'ŒUVRE DU CAÏD D'UNE MANIÈRE OU D'UNE AUTRE ? APRÈS TOUT, C'EST LUI QUI ME LES A DONNÉS AU...
... DÉPART ?
QUI EST LÀ ? MONTREZ-VOUS !
JE VOUS PRÉVIENS...

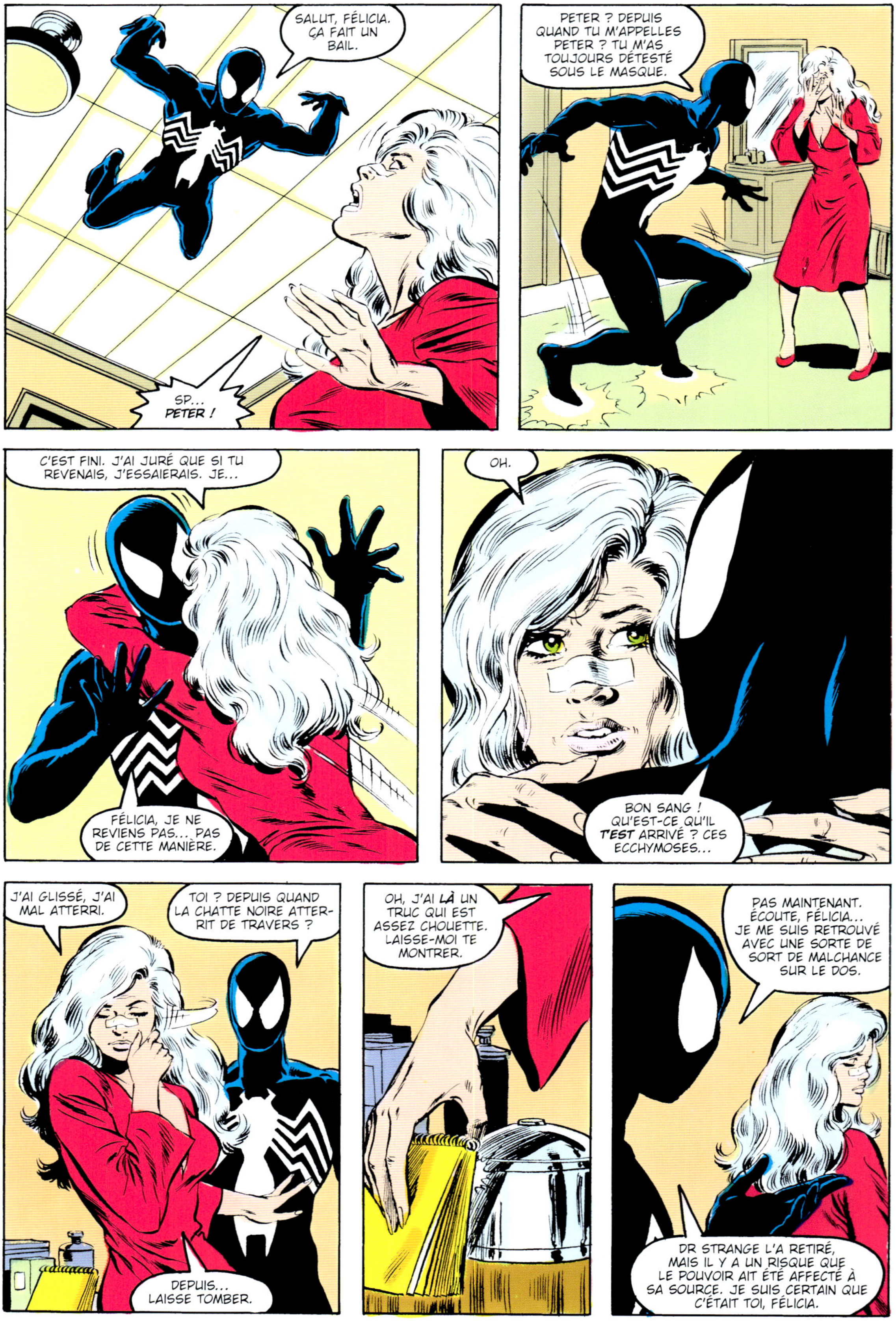
SALUT, FÉLICIA. ÇA FAIT UN BAIL.
SP... PETER !
PETER ? DEPUIS QUAND TU M'APPELLES PETER ? TU M'AS TOUJOURS DÉTESTÉ SOUS LE MASQUE.
C'EST FINI. J'AI JURÉ QUE SI TU REVENAIS, J'ESSAIERAIS. JE...
FÉLICIA, JE NE REVIENS PAS... PAS DE CETTE MANIÈRE.
OH.
BON SANG ! QU'EST-CE QU'IL T'EST ARRIVÉ ? CES ECCHYMOSES...
J'AI GLISSÉ, J'AI MAL ATTERRI.
TOI ? DEPUIS QUAND LA CHATTE NOIRE ATTERRIT DE TRAVERS ?
DEPUIS... LAISSE TOMBER.
OH, J'AI LÀ UN TRUC QUI EST ASSEZ CHOUETTE. LAISSE-MOI TE MONTRER.
PAS MAINTENANT. ÉCOUTE, FÉLICIA... JE ME SUIS RETROUVÉ AVEC UNE SORTE DE SORT DE MALCHANCE SUR LE DOS.
DR STRANGE L'A RETIRÉ, MAIS IL Y A UN RISQUE QUE LE POUVOIR AIT ÉTÉ AFFECTÉ À SA SOURCE. JE SUIS CERTAIN QUE C'ÉTAIT TOI, FÉLICIA.

J'AI CRU QUE TU L'AVAIS FAIT DÉLIBÉRÉMENT, MAIS JE N'EN SUIS PLUS AUSSI SÛR À PRÉSENT.
LA MOINDRE DES CHOSES ÉTAIT DE TE FAIRE SAVOIR QUE TES POUVOIRS POURRAIENT ÊTRE AFFECTÉS.
ATTENDS UNE MINUTE !
C'EST TOI QUI ES RESPONSABLE POUR MES POUVOIRS... ET MES POUVOIRS, ILS... ILS...
PAUVRE IDIOT !
FÉLICIA, QU'EST-CE QU'IL T'EST ARRIVÉ ? IL FAUT ME LE DIRE.
LAISSE-MOI T'AIDER.
JE NE VEUX PAS DE TON AIDE. ET JE NE SUIS PAS OBLIGÉE DE TE LE DIRE !
QUE T'EST-IL ARRIVÉ AU VISAGE, FÉLICIA ? DIS-LE-MOI TOUT DE SUITE.
TU NE LE SAIS PAS ? J'ORGANISE DES RÉUNIONS TUPPERWARE MAINTENANT, LA DERNIÈRE A MAL TOURNÉ.
C'EST ENCORE CETTE HARDY. C'EST UNE VRAIE ARRIVISTE.
SI TU LE DIS, CHÉRIE.
FÉLICIA...
TAIS-TOI !
JE VAIS MONTER LE VOLUME DE LA RADIO. ELLE VA VOIR CE QUE ÇA FAIT DE SOUFFRIR.
TU T'Y CONNAIS, CHÉRIE.

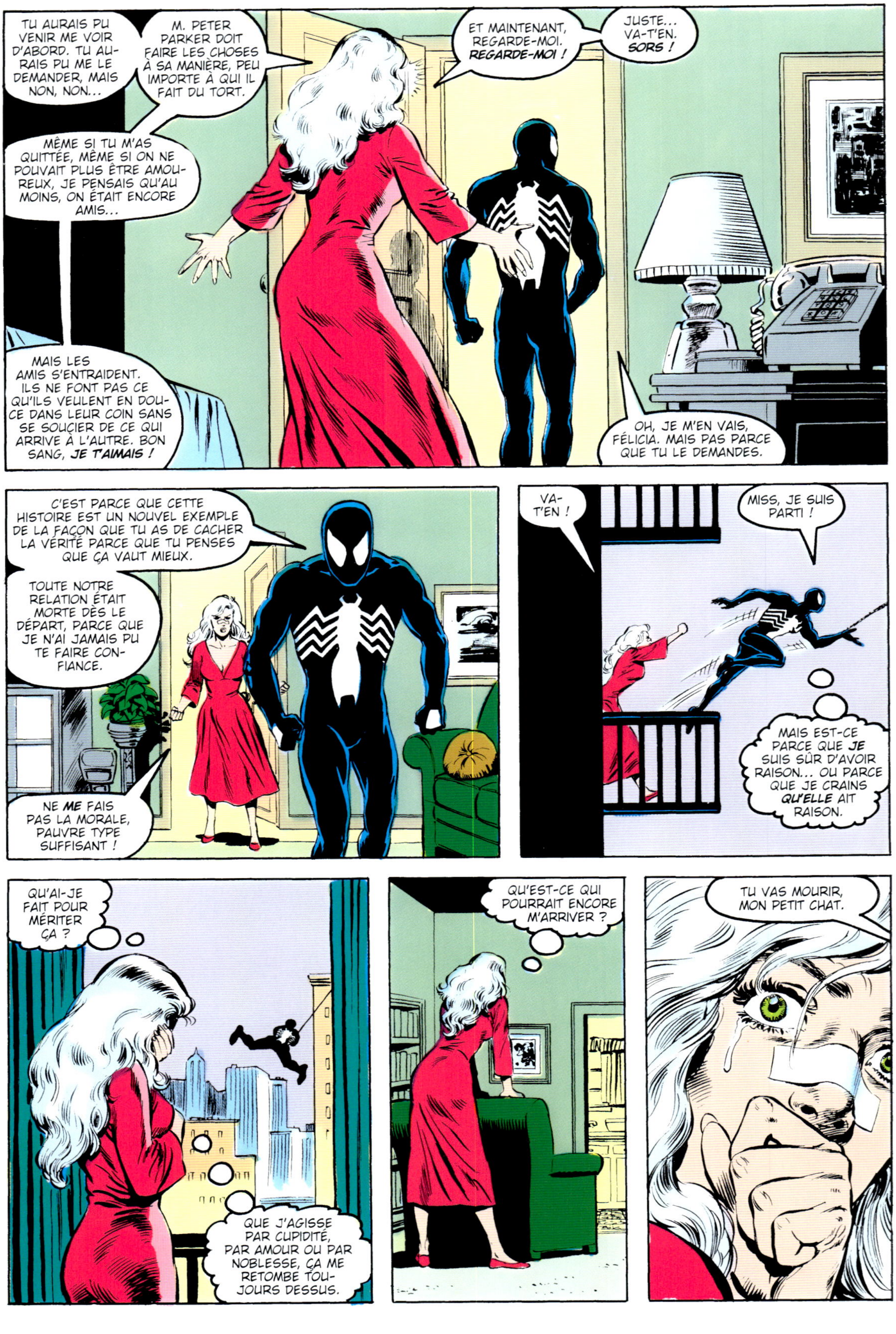
TU AURAIS PU VENIR ME VOIR D'ABORD. TU AURAIS PU ME LE DEMANDER, MAIS NON, NON...
M. PETER PARKER DOIT FAIRE LES CHOSES À SA MANIÈRE, PEU IMPORTE À QUI IL FAIT DU TORT.
MÊME SI TU M'AS QUITTÉE, MÊME SI ON NE POUVAIT PLUS ÊTRE AMOUREUX, JE PENSAIS QU'AU MOINS, ON ÉTAIT ENCORE AMIS...
MAIS LES AMIS S'ENTRAIDENT. ILS NE FONT PAS CE QU'ILS VEULENT EN DOUCE DANS LEUR COIN SANS SE SOUCIER DE CE QUI ARRIVE À L'AUTRE. BON SANG, **JE T'AIMAIS !**
ET MAINTENANT, REGARDE-MOI. **REGARDE-MOI !**
JUSTE... VA-T'EN. **SORS !**
OH, JE M'EN VAIS, FÉLICIA. MAIS PAS PARCE QUE TU LE DEMANDES.
C'EST PARCE QUE CETTE HISTOIRE EST UN NOUVEL EXEMPLE DE LA FAÇON QUE TU AS DE CACHER LA VÉRITÉ PARCE QUE TU PENSES QUE ÇA VAUT MIEUX.
TOUTE NOTRE RELATION ÉTAIT MORTE DÈS LE DÉPART, PARCE QUE JE N'AI JAMAIS PU TE FAIRE CONFIANCE.
NE **ME** FAIS PAS LA MORALE, PAUVRE TYPE SUFFISANT !
VA-T'EN !
MISS, JE SUIS PARTI !
MAIS EST-CE PARCE QUE **JE** SUIS SÛR D'AVOIR RAISON... OU PARCE QUE JE CRAINS **QU'ELLE** AIT RAISON.
QU'AI-JE FAIT POUR MÉRITER ÇA ?
QUE J'AGISSE PAR CUPIDITÉ, PAR AMOUR OU PAR NOBLESSE, ÇA ME RETOMBE TOUJOURS DESSUS.
QU'EST-CE QUI POURRAIT ENCORE M'ARRIVER ?
TU VAS MOURIR, MON PETIT CHAT.

MAIS PAS RAPIDEMENT. D'ABORD, JE VAIS TE DÉPOUILLER... DE BIEN DES MANIÈRES.
QUI ES-TU ?!
JE SUIS **DENTS DE SABRE,** CHÉRIE. ET LORSQUE QUELQU'UN REFAIT L'ÉTRANGER, JE **LUI** REFAIS LE PORTRAIT.
C'EST ÇA, CROC-BLANC, JUSTE UN PEU PLUS PRÈS.
MON APPARTEMENT EST TRUFFÉ DE PIÈGES... QUE JE PEUX DÉCLENCHER GRÂCE À UN BOUTON SUR CETTE LAMPE.
VOILÀÀÀÀ. IL EST EN POSITION.
T'AS QUELQUE CHOSE À DIRE, CHÉRIE ?
VA TE FAIRE VOIR.
WAM!
SURPRISE !

QU'EST-CE QUE TU FAIS ? TU GÂCHES MA CHANCE !
UNE CHANCE DE QUOI ? DE LAISSER CE MATOU DÉCLAMER "LE PETIT CHAT EST MORT" ?
SPIDER-MAN ! TU ES UN AMI DE MES VIEUX ENNEMIS, POWER MAN ET IRON FIST.
TU MOURRAS EN PREMIER !
MAINTENANT, ELLE FAIT LA FÊTE ! ELLE VA VOIR.
QUOI, CHÉRIE ? JE NE T'ENTENDS PAS AVEC LA RADIO.
IMBÉCILE ! TU N'ÉCHAPPERAS PAS À DENTS DE SABRE !
BIEN SÛR QUE SI. TU N'AS QU'À REGARDER.
IL A OUBLIÉ LA CHATTE. ET LES PASSANTS DANS LA RUE SEMBLENT DÉGAGER LA VOIE ASSEZ RAPIDEMENT POUR QUE JE DESCENDE.

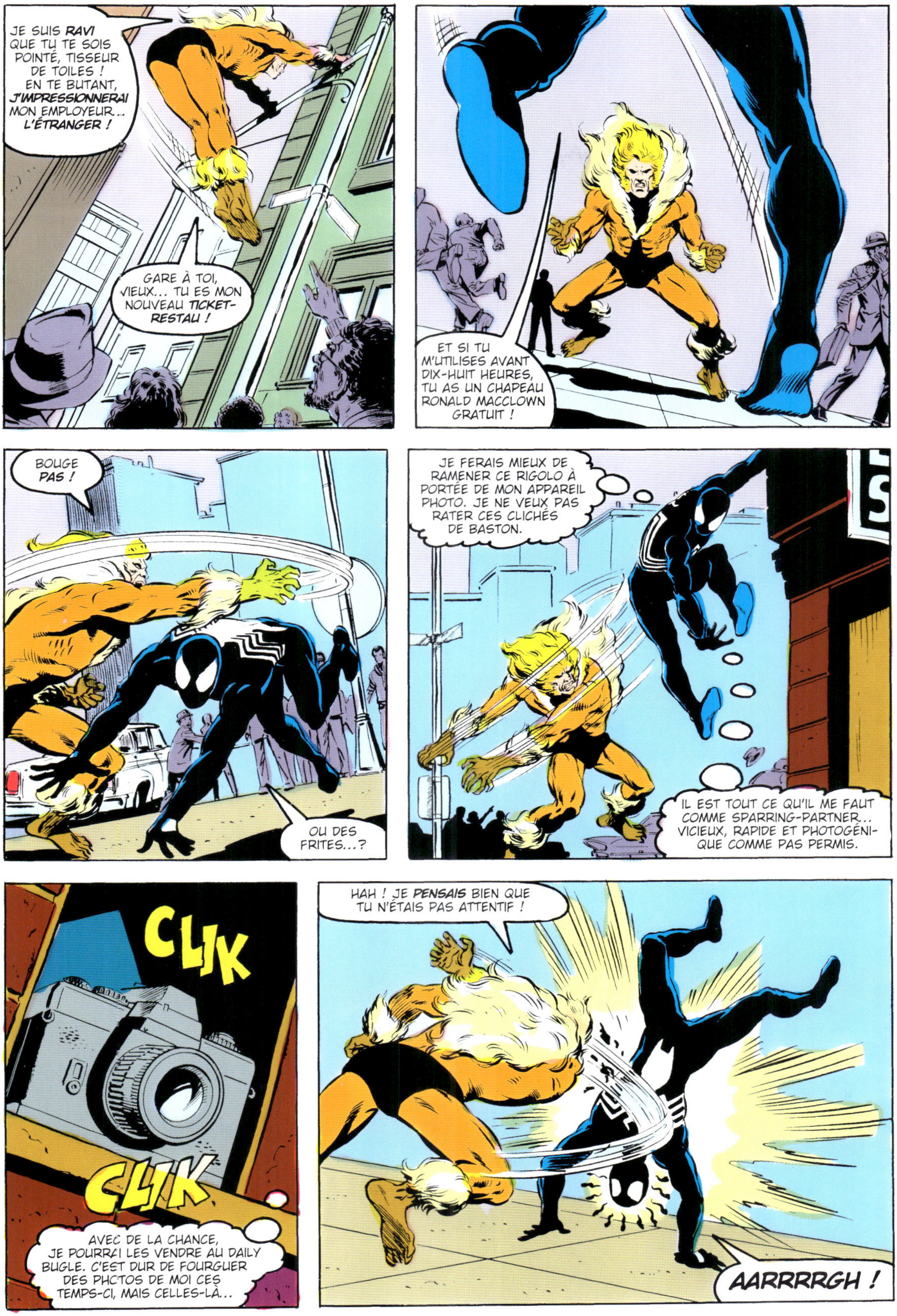

JE SUIS RAVI QUE TU TE SOIS POINTÉ, TISSEUR DE TOILES ! EN TE BUTANT, J'IMPRESSIONNERAI MON EMPLOYEUR... L'ÉTRANGER !
GARE À TOI, VIEUX... TU ES MON NOUVEAU TICKET-RESTAU !
ET SI TU M'UTILISES AVANT DIX-HUIT HEURES, TU AS UN CHAPEAU RONALD MACCLOWN GRATUIT !
BOUGE PAS !
OU DES FRITES... ?
JE FERAIS MIEUX DE RAMENER CE RIGOLO À PORTÉE DE MON APPAREIL PHOTO. JE NE VEUX PAS RATER CES CLICHÉS DE BASTON.
IL EST TOUT CE QU'IL ME FAUT COMME SPARRING-PARTNER... VICIEUX, RAPIDE ET PHOTOGÉNIQUE COMME PAS PERMIS.
CLIK
CLIK
AVEC DE LA CHANCE, JE POURRAI LES VENDRE AU DAILY BUGLE. C'EST DUR DE FOURGUER DES PHOTOS DE MOI CES TEMPS-CI, MAIS CELLES-LÀ...
HAH ! JE PENSAIS BIEN QUE TU N'ÉTAIS PAS ATTENTIF !
AARRRRGH !

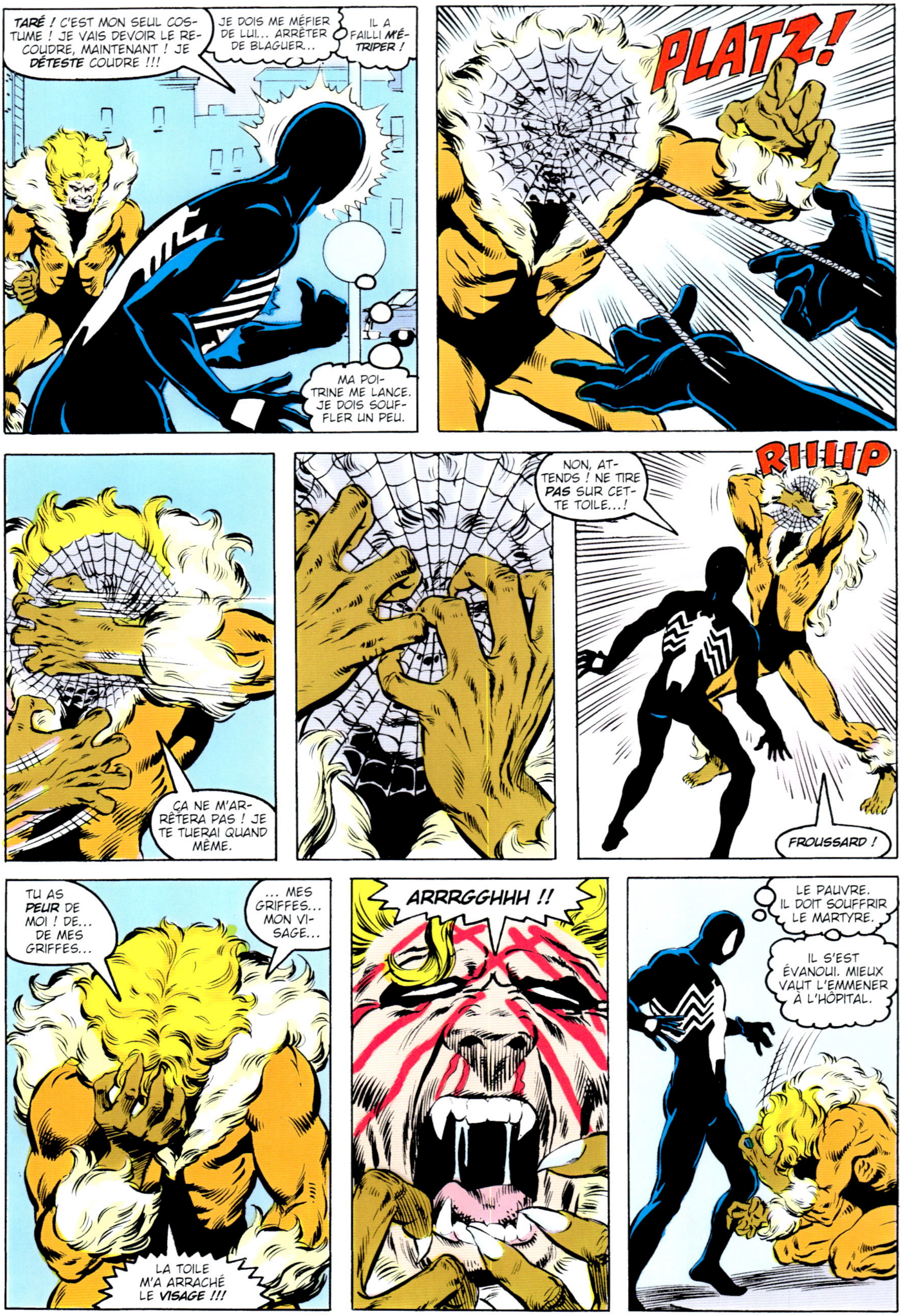
TARÉ ! C'EST MON SEUL COSTUME ! JE VAIS DEVOIR LE RECOUDRE, MAINTENANT ! JE DÉTESTE COUDRE !!!
JE DOIS ME MÉFIER DE LUI... ARRÊTER DE BLAGUER...
IL A FAILLI M'ÉTRIPER !
MA POITRINE ME LANCE. JE DOIS SOUFFLER UN PEU.
PLATZ!
ÇA NE M'ARRÊTERA PAS ! JE TE TUERAI QUAND MÊME.
NON, ATTENDS ! NE TIRE PAS SUR CETTE TOILE...!
RIIIIP
FROUSSARD !
TU AS PEUR DE MOI ! DE... DE MES GRIFFES...
... MES GRIFFES... MON VISAGE...
LA TOILE M'A ARRACHÉ LE VISAGE !!!
ARRRGHHH !!
LE PAUVRE. IL DOIT SOUFFRIR LE MARTYRE.
IL S'EST ÉVANOUI. MIEUX VAUT L'EMMENER À L'HÔPITAL.

CONTENT, LE MACHO ? TU INTERFÈRES ALORS QUE JE NE VEUX PAS DE TON AIDE ? QUE JE N'EN AI PAS BESOIN ?
JE TE RENDRAI LA PAREILLE. JE LE JURE... JE PRENDRAI MA REVANCHE.
VAS-Y, FAIS ÇA.
ET UNE FOIS DENTS DE SABRE HOSPITALISÉ...
JE ME RENDS COMPTE QUE FÉLICIA M'A REPROCHÉ D'INTERFÉRER... OR C'EST CE QUE J'AI FAIT À MJ...
... SAUF QUE C'EST ELLE QUI A INTERFÉRÉ ET JE LUI EN AI VOULU. MAIS LÀ, C'EST DIFFÉRENT... HEIN ? HEIN ?
AH, PAUVRE DENTS DE SABRE. MAIS AU MOINS TU AS EU UNE PLAGE HORAIRE CONVENABLE AUX INFOS... JUSTE APRÈS LA MÉTÉO. JE T'AVAIS DIT DE NE PAS INTERFÉRER.
JE SUPPOSE QUE J'AURAI À ME CHARGER DE CETTE FEMME MOI-MÊME.
ET...
C'EST UNE PORCHERIE. JE T'AVAIS PRÉVENU.
MON TRAVAIL AU LABO, MA VIE... TOUT EST UN DÉSASTRE ET C'EST DE TA FAUTE. ET TU NE PEUX MÊME PAS RANGER !
PAPA, TU AS ENCORE BU. TU AVAIS PROMIS DE...
COMMENT OSES... HEIN ?
NON !
ALEX, QU'EST-CE QUI SE PASSE ? JE BRÛLE ! ÇA...
NON, ALEX ! JE T'EN PRIE ! JE T'AI-ME...
MINCE, MAMAN VA ME TUER.
PAPA ?
PETER DAVID
Scénario
RICH BUCKLER
Dessin
BOB McLEOD
Encrage
BOB SHAREN
Couleurs
MAKMA / NICK MEYLAENDER
Traduction
BIT
Lettrage
JIM OWSLEY & JIM SHOOTER
Rédaction USA

SPECTACULAR SPIDER-MAN™

1986

AU COURS DES ÉVÉNEMENTS À VENIR, CE QUI SUIT N'ARRIVERA PAS...
LA CHATTE NOIRE (CI-DESSOUS) NE METTRA PAS LA MAIN SUR DOCTEUR STRANGE, MAÎTRE DES ARTS MYSTIQUES (C'EST DE SA MAISON QU'ELLE S'APPROCHE).
LE RÉDACTEUR EN CHEF DU DAILY BUGLE, JOE ROBERTSON, NE MOURRA PAS EN S'ÉTRANGLANT.
LA LUMIÈRE NE RESTERA PAS ALLUMÉE.
PETER PARKER, LE SPECTACULAIRE SPIDER-MAN, NE SE MONTRERA PAS.
ET TOUT CELA NE SE PASSERA PAS DURANT...
L'HEURE DU DÎNER
19 H 00

MON NOUVEAU COSTUME EST CONFORTABLE... NON PAS QUE J'AVAIS **PRÉVU** D'EN FABRIQUER UN NEUF...
MAIS JE N'AI PAS EU LE CHOIX QUAND J'AI ÉTÉ FORCÉE DE MODIFIER MON MASQUE... AFIN DE COUVRIR MON NEZ CASSÉ.
NEZ QUI NE **SERAIT** PAS CASSÉ SI SPIDER-MAN N'AVAIT PAS INTERFÉRÉ.
JE ME SOUVIENS ENCORE DE LA TERREUR QUE J'AI ÉPROUVÉE QUAND MES POUVOIRS DE MALCHANCE M'ONT LÂCHÉE AU MILIEU D'UNE BAGARRE. D'ABORD UN VOYOU M'A CASSÉ LE NEZ...
... PUIS ILS M'ONT TABASSÉE JUSQU'À CE QUE JE RIPOSTE... ET JE N'AI PAS RETENU MES COUPS.
EN RENTRANT CHEZ MOI, UN PHÉNOMÈNE DE FOIRE APPELÉ DENTS DE SABRE MA SUIVIE. J'AURAIS PU L'AFFRONTER.
MAIS SPIDER-MAN, MON EX, S'EST POINTÉ, CE MACHO, SANS DOUTE POUSSÉ PAR UN SENTIMENT DE CULPABILITÉ POUR M'AVOIR FAIT PERDRE MES POUVOIRS.
MES POUVOIRS DE MALCHANCE AVAIENT JETÉ UN SORT SUR SPIDER-MAN, ALORS IL S'EST FAIT DÉSENSORCELER... ET **MOI** AVEC.

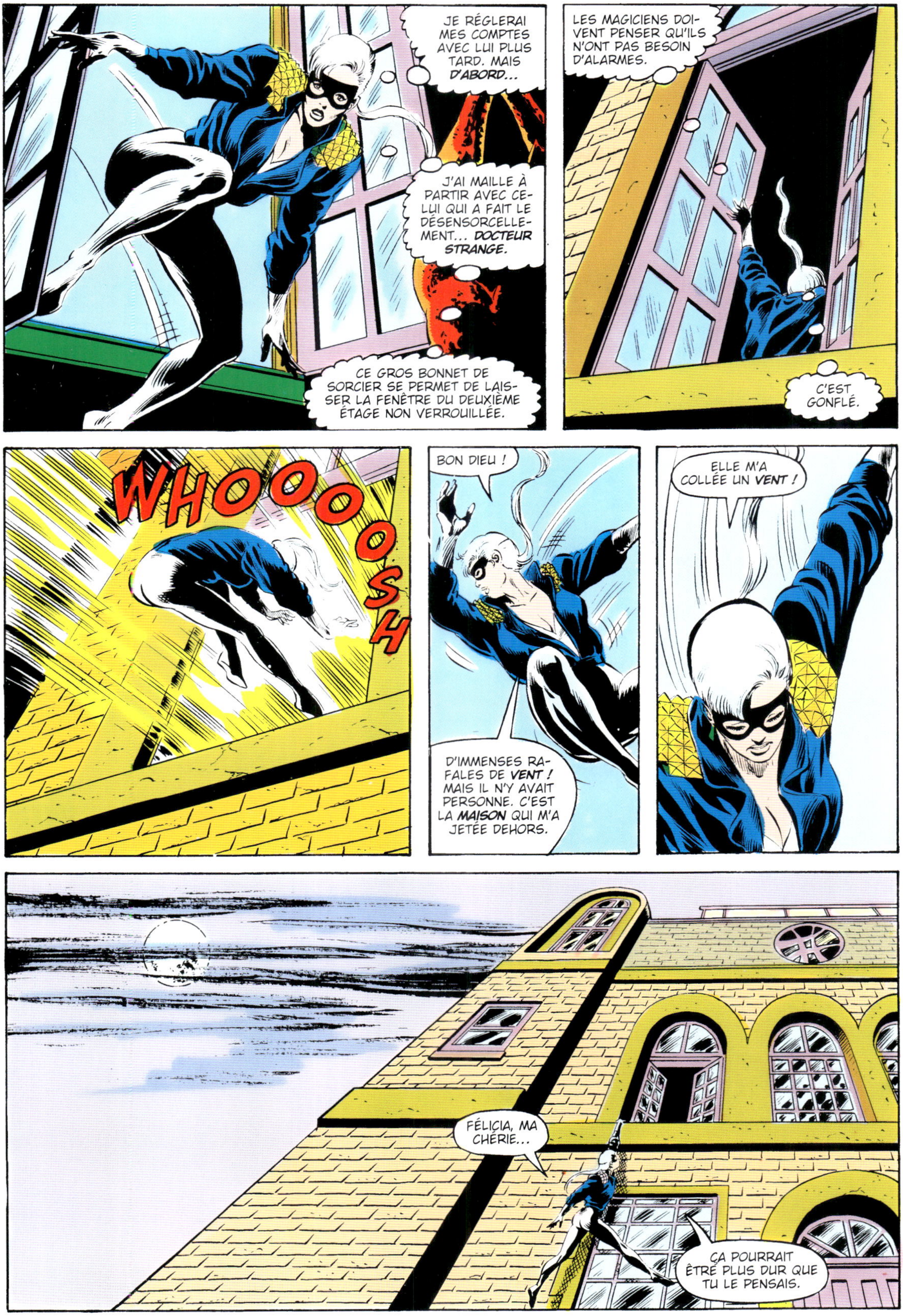
JE RÉGLERAI MES COMPTES AVEC LUI PLUS TARD. MAIS D'ABORD...
J'AI MAILLE À PARTIR AVEC CELUI QUI A FAIT LE DÉSENSORCELLEMENT... DOCTEUR STRANGE.
CE GROS BONNET DE SORCIER SE PERMET DE LAISSER LA FENÊTRE DU DEUXIÈME ÉTAGE NON VERROUILLÉE.
LES MAGICIENS DOIVENT PENSER QU'ILS N'ONT PAS BESOIN D'ALARMES.
C'EST GONFLÉ.
WHOOOOOSH
BON DIEU !
D'IMMENSES RAFALES DE VENT ! MAIS IL N'Y AVAIT PERSONNE. C'EST LA MAISON QUI M'A JETÉE DEHORS.
ELLE M'A COLLÉE UN VENT !
FÉLICIA, MA CHÉRIE...
ÇA POURRAIT ÊTRE PLUS DUR QUE TU LE PENSAIS.

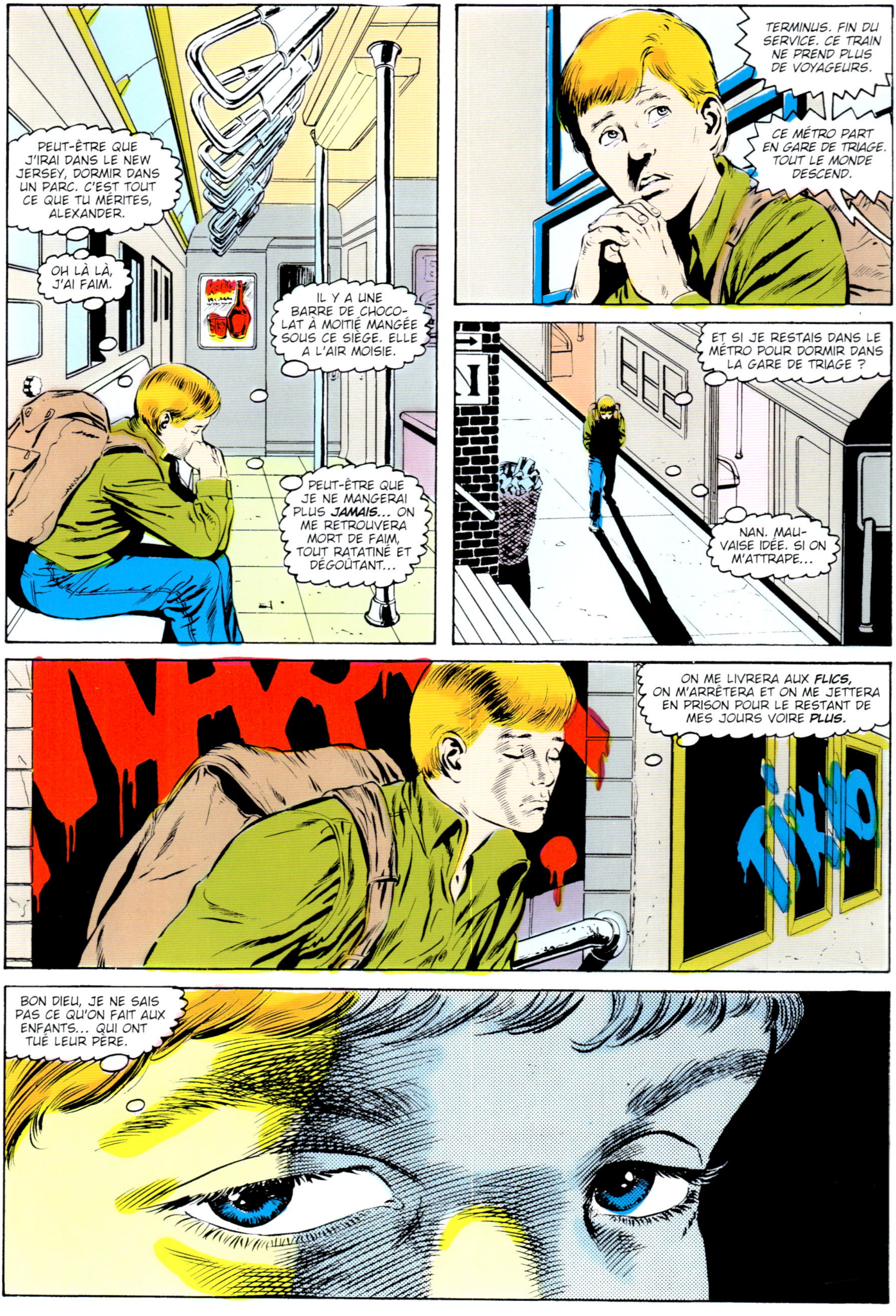
PEUT-ÊTRE QUE J'IRAI DANS LE NEW JERSEY, DORMIR DANS UN PARC. C'EST TOUT CE QUE TU MÉRITES, ALEXANDER.
OH LÀ LÀ, J'AI FAIM.
IL Y A UNE BARRE DE CHOCOLAT À MOITIÉ MANGÉE SOUS CE SIÈGE. ELLE A L'AIR MOISIE.
PEUT-ÊTRE QUE JE NE MANGERAI PLUS JAMAIS... ON ME RETROUVERA MORT DE FAIM, TOUT RATATINÉ ET DÉGOÛTANT...
TERMINUS. FIN DU SERVICE. CE TRAIN NE PREND PLUS DE VOYAGEURS.
CE MÉTRO PART EN GARE DE TRIAGE. TOUT LE MONDE DESCEND.
ET SI JE RESTAIS DANS LE MÉTRO POUR DORMIR DANS LA GARE DE TRIAGE ?
NAN. MAUVAISE IDÉE. SI ON M'ATTRAPE...
ON ME LIVRERA AUX FLICS, ON M'ARRÊTERA ET ON ME JETTERA EN PRISON POUR LE RESTANT DE MES JOURS VOIRE PLUS.
BON DIEU, JE NE SAIS PAS CE QU'ON FAIT AUX ENFANTS... QUI ONT TUÉ LEUR PÈRE.

"TOUT S'EST PASSÉ SI VITE. JE NE L'AI PAS FAIT EXPRÈS. UNE SECONDE, PAPA ÉTAIT IVRE, M'ENGUEULANT À PROPOS DE MA CHAMBRE OU JE NE SAIS QUOI.
"LA SECONDE SUIVANTE, IL ME FRAPPAIT. PUIS IL Y A EU CE FLASH LUMINEUX, ET ALORS IL A JUSTE... JUSTE CESSÉ...
"D'ÊTRE.
"UN TAS DE CENDRES. C'EST TOUT CE QUI RESTAIT."
C'EST CE POUVOIR. LE POUVOIR QUE J'AI OBTENU EN FAISANT L'IDIOT AVEC UNE DES MACHINES DE SON LABO.
PAPA M'AVAIT **DIT** DE NE RIEN TOUCHER. J'AI DÉSOBÉI, ET MAINTENANT IL... IL EST PARTI.
PAPA A TOUJOURS DIT QUE J'ÉTAIS UN RATÉ ET IL AVAIT RAISON. TELLEMENT **RAISON**.
JE NE SUIS PAS DIGNE DE VIVRE. JE NE SUIS DIGNE DE **RIEN**.
JE NE POURRAI **JAMAIS** RENTRER CHEZ MOI ! NI RETOURNER À L'ÉCOLE...
L'ÉCOLE ! COMMENT JE PEUX PENSER À **L'ÉCOLE ?!** JE NE REVERRAI PLUS JAMAIS LES AUTRES ÉLÈVES.
JE NE REVERRAI PLUS JAMAIS **MAMAN...**

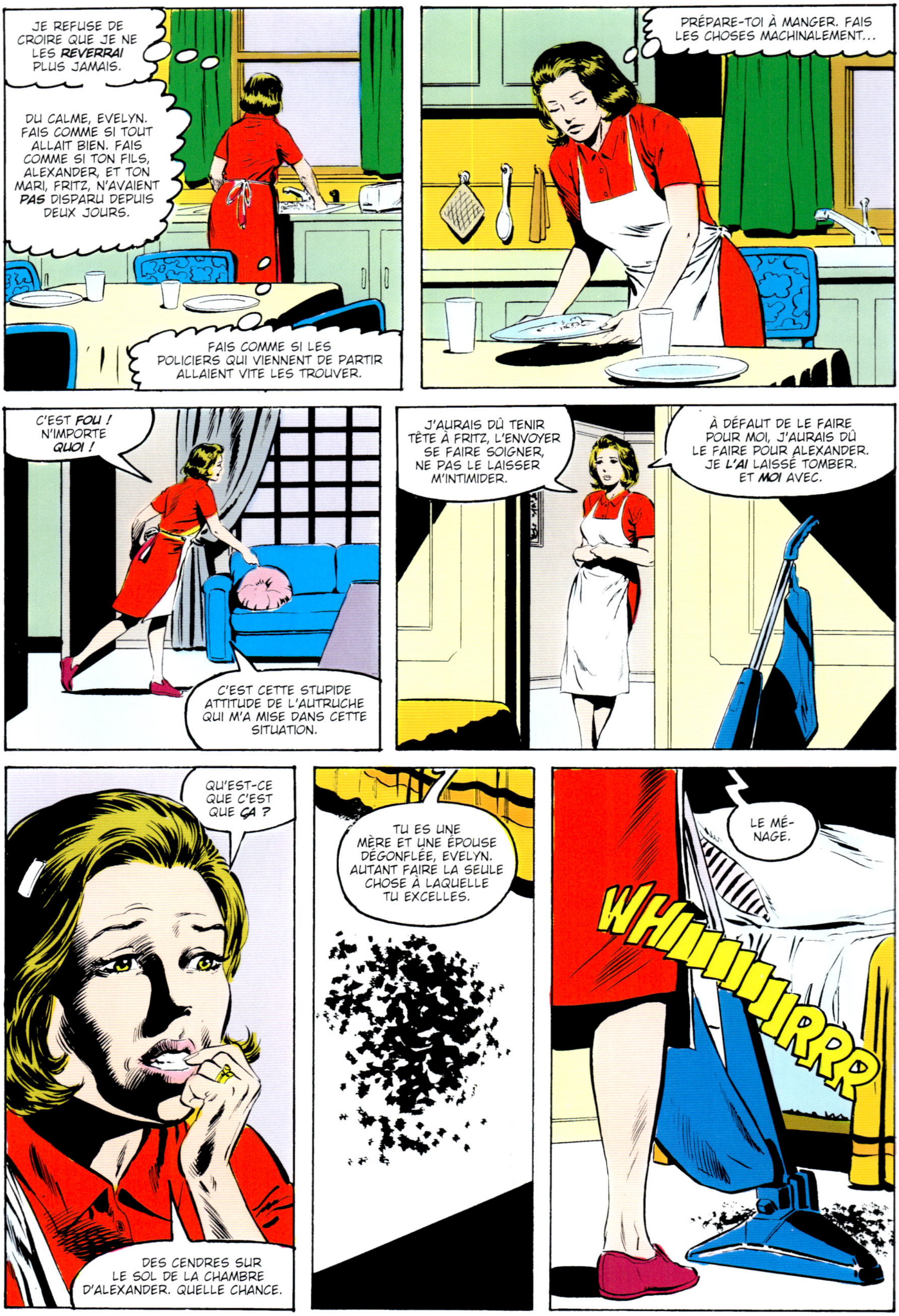

JE REFUSE DE CROIRE QUE JE NE LES REVERRAI PLUS JAMAIS.
DU CALME, EVELYN. FAIS COMME SI TOUT ALLAIT BIEN. FAIS COMME SI TON FILS, ALEXANDER, ET TON MARI, FRITZ, N'AVAIENT PAS DISPARU DEPUIS DEUX JOURS.
FAIS COMME SI LES POLICIERS QUI VIENNENT DE PARTIR ALLAIENT VITE LES TROUVER.
PRÉPARE-TOI À MANGER. FAIS LES CHOSES MACHINALEMENT...
C'EST FOU ! N'IMPORTE QUOI !
C'EST CETTE STUPIDE ATTITUDE DE L'AUTRUCHE QUI M'A MISE DANS CETTE SITUATION.
J'AURAIS DÛ TENIR TÊTE À FRITZ, L'ENVOYER SE FAIRE SOIGNER, NE PAS LE LAISSER M'INTIMIDER.
À DÉFAUT DE LE FAIRE POUR MOI, J'AURAIS DÛ LE FAIRE POUR ALEXANDER. JE L'AI LAISSÉ TOMBER. ET MOI AVEC.
QU'EST-CE QUE C'EST QUE ÇA ?
DES CENDRES SUR LE SOL DE LA CHAMBRE D'ALEXANDER. QUELLE CHANCE.
TU ES UNE MÈRE ET UNE ÉPOUSE DÉGONFLÉE, EVELYN. AUTANT FAIRE LA SEULE CHOSE À LAQUELLE TU EXCELLES.
LE MÉNAGE.
WHIIIIIIIRRRR

TU SAIS, MANDY, MA VIEILLE CHAMBRE SEMBLAIT BEAUCOUP PLUS GRANDE QUAND J'ÉTAIS PETIT.
RANDY ROBERTSON ! ON N'EST PAS MARIÉS DEPUIS LONGTEMPS....
... MAIS JE SAIS QUAND TU ÉVITES UN PROBLÈME.
LA TENSION ENTRE TON PÈRE ET TOI EST TELLE QU'ON POURRAIT CHARGER UNE BATTERIE.
ET J'AI LA CURIEUSE IMPRESSION QUE J'EN SUIS LA CAUSE.
HÉ, C'EST LE PROBLÈME DE MON PÈRE, MISS. IL PENSE QUE JE NE LUI AI PAS PARLÉ DE NOUS POUR TENTER DE LE BLESSER POUR UNE RAISON OU UNE AUTRE.
ALORS QU'EN FAIT TU ÉTAIS JUSTE DÉGONFLÉ.
EXACTEMENT !
JE NE VEUX SURTOUT PAS BLESSER PAPA.
RANDY, AMANDA, LE REPAS EST...
PAPA ! FAIS...
... GAFFE.
TU ENFONCES LE CLOU, FISTON ?
SI JE PEUX DONNER UN CONSEIL À QUELQU'UN D'ASSEZ ÂGÉ POUR PRENDRE DES DÉCISIONS UNILATÉRALES CONCERNANT SON AVENIR..
DÉPLACE CETTE CIBLE AVANT QUE QUELQU'UN RÉCOLTE UNE TROISIÈME NARINE. OH, ET LE REPAS EST PRÊT. DÉSOLÉ, C'EST PAS DES BROCHETTES.

BIEN, JOE, ALIÈNE-TOI TON FILS UN PEU PLUS, JUSTE POUR SOULAGER TON RESSENTIMENT.
JE ME DEMANDE COMMENT BILL COSBY GÉRERAIT ÇA ?
19H14
VOICI LA PORTE DE L'APPARTEMENT DE LA CHATTE NOIRE.
ELLE EST PROTÉGÉE PAR UN VERROU FICHET, CONSIDÉRÉ COMME LE MEILLEUR SUR LE MARCHÉ, COMPLÈTEMENT INVIOLABLE.
PIK
CLIK
QUEL CHARMANT LOGIS.
ÇA FAIT LONGTEMPS QUE JE N'AI PAS TUÉ QUELQU'UN DANS UN ENVIRONNEMENT AUSSI **PLAISANT.**
MAIS JE PENSAIS QUE LA CHATTE AURAIT UN SYSTÈME DE PRÉVENTION DES CAMBRIOLAGES PLUS AVANCÉ.
UN INSTANT, J'ENTENDS UN MÉCANISME.
SHUNK
FWIT
FWIT
FWIT
FWIT

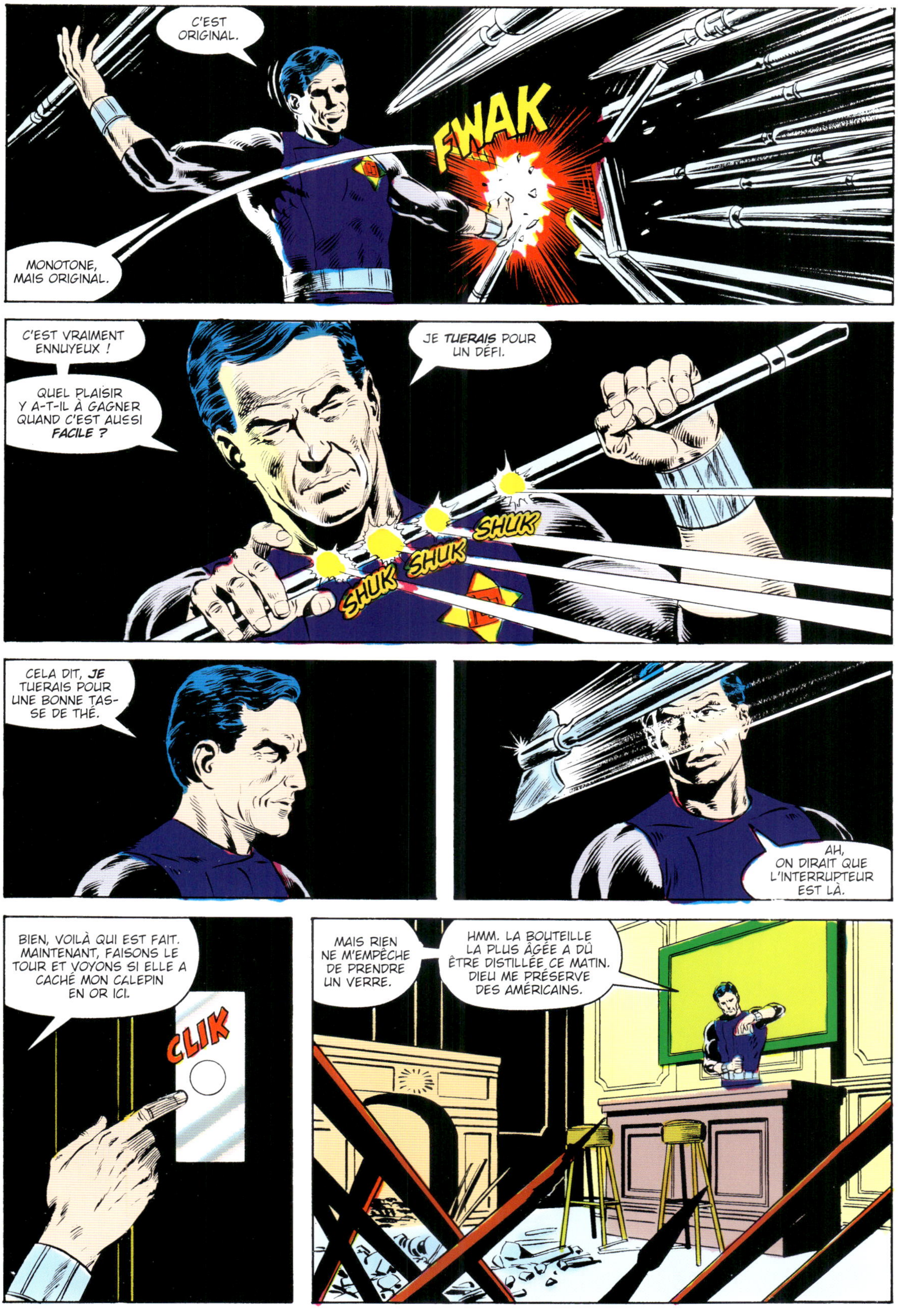
C'EST ORIGINAL.
FWAK
MONOTONE, MAIS ORIGINAL.
C'EST VRAIMENT ENNUYEUX !
QUEL PLAISIR Y A-T-IL À GAGNER QUAND C'EST AUSSI **FACILE ?**
JE **TUERAIS** POUR UN DÉFI.
SHUK
SHUK
SHUK
CELA DIT, **JE** TUERAIS POUR UNE BONNE TASSE DE THÉ.
AH, ON DIRAIT QUE L'INTERRUPTEUR EST LÀ.
BIEN, VOILÀ QUI EST FAIT. MAINTENANT, FAISONS LE TOUR ET VOYONS SI ELLE A CACHÉ MON CALEPIN EN OR ICI.
CLIK
MAIS RIEN NE M'EMPÊCHE DE PRENDRE UN VERRE.
HMM. LA BOUTEILLE LA PLUS ÂGÉE A DÛ ÊTRE DISTILLÉE CE MATIN. DIEU ME PRÉSERVE DES AMÉRICAINS.

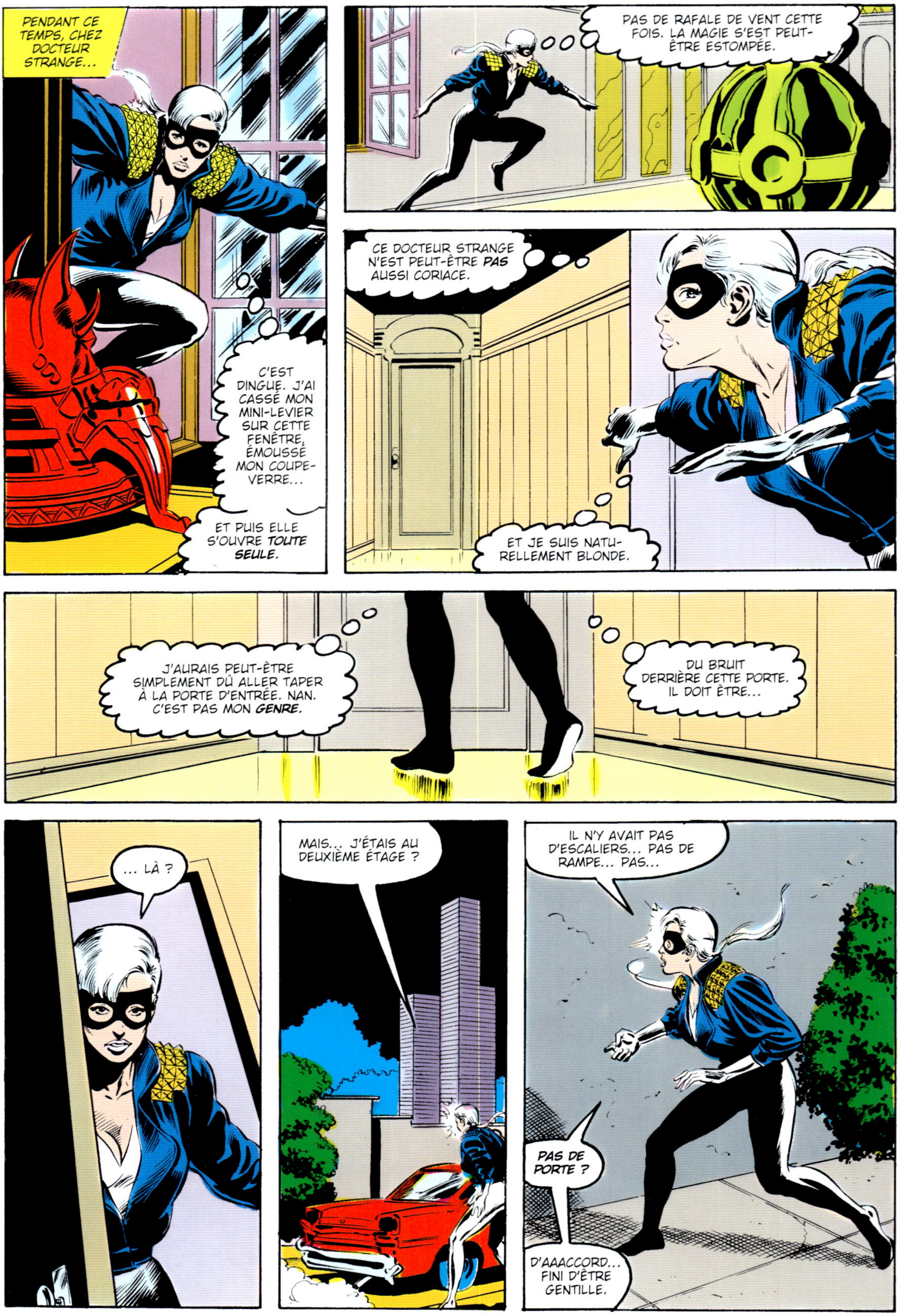
PENDANT CE TEMPS, CHEZ DOCTEUR STRANGE...
C'EST DINGUE. J'AI CASSÉ MON MINI-LEVIER SUR CETTE FENÊTRE, ÉMOUSSÉ MON COUPE-VERRE...
ET PUIS ELLE S'OUVRE TOUTE SEULE.
PAS DE RAFALE DE VENT CETTE FOIS. LA MAGIE S'EST PEUT-ÊTRE ESTOMPÉE.
CE DOCTEUR STRANGE N'EST PEUT-ÊTRE PAS AUSSI CORIACE.
ET JE SUIS NATURELLEMENT BLONDE.
J'AURAIS PEUT-ÊTRE SIMPLEMENT DÛ ALLER TAPER À LA PORTE D'ENTRÉE. NAN. C'EST PAS MON GENRE.
DU BRUIT DERRIÈRE CETTE PORTE. IL DOIT ÊTRE...
... LÀ ?
MAIS... J'ÉTAIS AU DEUXIÈME ÉTAGE ?
IL N'Y AVAIT PAS D'ESCALIERS... PAS DE RAMPE... PAS...
PAS DE PORTE ?
D'AAACCORD... FINI D'ÊTRE GENTILLE.

19 H 40
JE ME SOUVIENS QUAND J'ÉTAIS PETIT... DE LA FOIS OÙ J'AI FUGUÉ... DANS LA CAVE. JE ME SUIS CACHÉ TOUT L'APRÈS-MIDI.
QUELLE FESSÉE J'AI REÇUE CE JOUR-LÀ.
C'ÉTAIT SUPER D'ÊTRE PETIT.
OHHHH LÀ LÀ...
OLICE
PEU APRÈS...
PERSONNE NE M'A SUIVI DANS LA RUELLE. LE POLICIER N'A PAS DÛ ME VOIR.
JE SUIS SEUL.
BEN, ALORS...
TU AS L'AIR PERDU.
JE M'APPELLE BERT. ET TOI ?
ET...
JE TE LE DIS, DEVENIR **ASSISTANT SOCIAL**, C'EST CE QUE J'AI TOUJOURS VOULU FAIRE. JE DISAIS À AMANDA QUE...
QUAND TU ÉTAIS PLUS JEUNE, TU VOULAIS ÊTRE DANS LE JOURNALISME, COMME MOI.
RANDY ! NE PARLE PAS LA BOUCHE PLEINE, DE GRÂCE. C'EST UN BON MOYEN DE **S'ÉTRANGLER !**
NE T'EN FAIS PAS, MAMAN, JE CROIS QUE J'AURAI DU MAL À M'ÉTOUFFER AVEC TON PLAT...
VU QUE J'AI MIS LES **PIEDS** DEDANS.

PEU APRÈS, DANS LA CUISINE...
TU SAIS, JOE, APRÈS 23 ANS DE MARIAGE, TU ARRIVES ENCORE À ME SURPRENDRE.
MON MARI AU BON CŒUR, À L'ESPRIT OUVERT, AGISSANT PLUS BÊTEMENT QUE JE LE CROYAIS ***POSSIBLE.***
JE N'AI JAMAIS ÉTÉ DOUÉ POUR CACHER MON IRRITATION, MARTHA. ET POURQUOI LE FERAIS-JE ?
PARCE QUE TU ES AU-DESSUS DE ÇA, JOE. TU DEVRAIS ACCUEILLIR CETTE FILLE DANS LA FAMILLE...
PAS LES TRAITER ELLE ET RANDY COMME S'ILS T'AVAIENT INSULTÉ EN SE MARIANT.
TU NE LEUR DONNES MÊME PAS LEUR CHANCE, JOE, ET ON SAIT TOUS LES DEUX QUE C'EST PARCE QU'ELLE EST BLANCHE.
ATTENDS UN ***INSTANT,*** MARTHA.
J'AGIS "BÊTEMENT" PARCE QUE ÇA FAIT MAL DE DÉCOUVRIR QUE JE N'ÉTAIS PAS AUSSI PROCHE DE RANDY QUE JE LE PENSAIS.
UNE IMPORTANTE DÉCISION DANS SA VIE, ET IL NE M'A MÊME PAS CONSULTÉ.
IL AVAIT PEUT-ÊTRE PEUR DE RECEVOIR UN CONSEIL QU'IL NE VOULAIT ***PAS*** ENTENDRE.
C'EST VRAI. JE LUI AURAIS RENDU LE MAUVAIS SERVICE DE LUI DIRE LA VÉRITÉ.
QUE LES COUPLES MIXTES SONT SUJETS À D'IMPORTANTS PRÉJUGÉS. RANDY DEVRAIT PRENDRE LE TEMPS DE BIEN RÉFLÉCHIR À CE QUI L'ATTEND.
"LE TEMPS DE BIEN RÉFLÉCHIR." AMUSANT. C'EST EXACTEMENT CE QUE ***M'AVAIT*** DIT ***MON*** PÈRE. MAIS JE T'AI ***QUAND MÊME*** ÉPOUSÉ, CHÉRI.

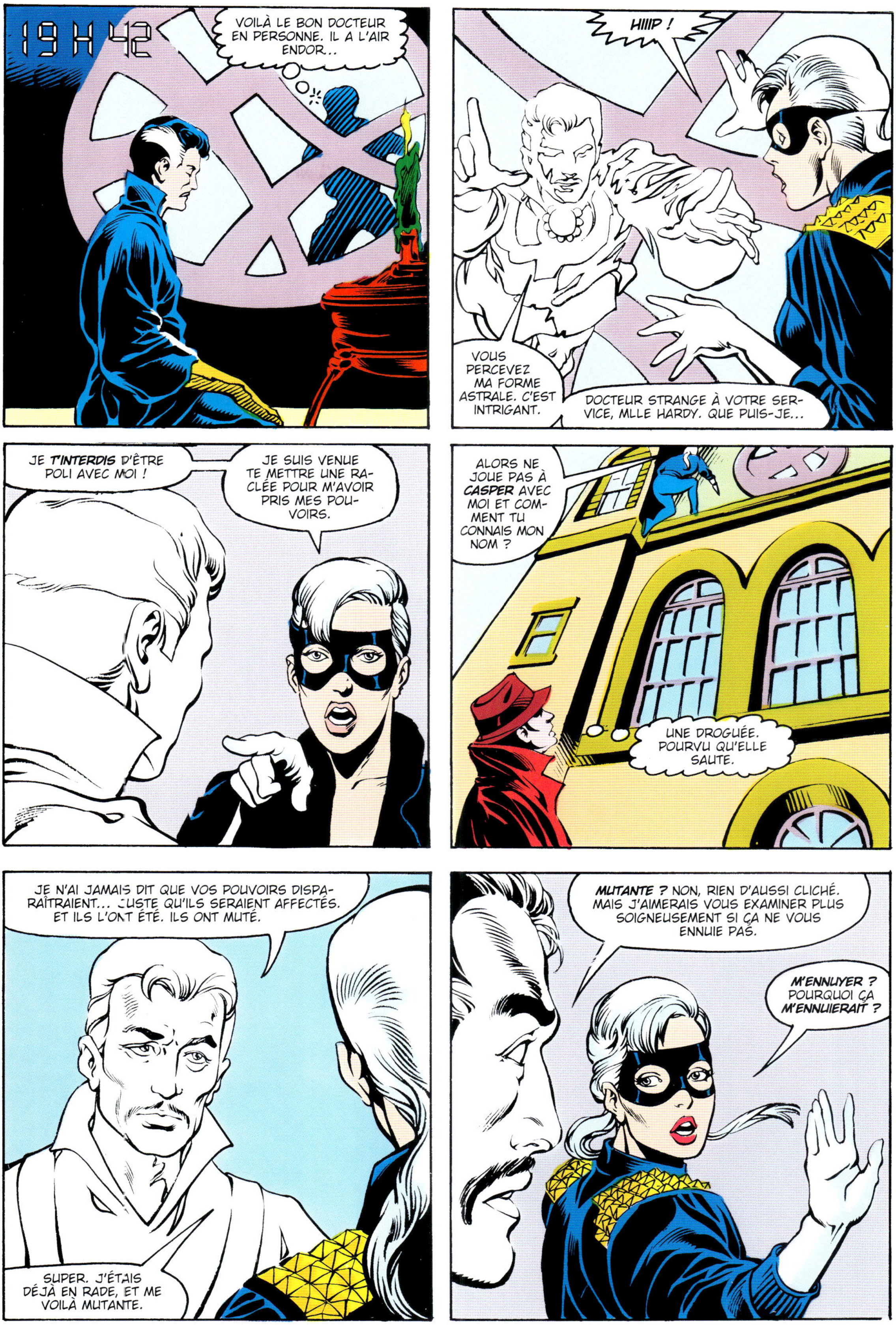
19 H 42
VOILÀ LE BON DOCTEUR EN PERSONNE. IL A L'AIR ENDOR...
HIIIP !
VOUS PERCEVEZ MA FORME ASTRALE. C'EST INTRIGANT.
DOCTEUR STRANGE À VOTRE SERVICE, MLLE HARDY. QUE PUIS-JE...
JE T'INTERDIS D'ÊTRE POLI AVEC MOI !
JE SUIS VENUE TE METTRE UNE RACLÉE POUR M'AVOIR PRIS MES POUVOIRS.
ALORS NE JOUE PAS À CASPER AVEC MOI ET COMMENT TU CONNAIS MON NOM ?
UNE DROGUÉE. POURVU QU'ELLE SAUTE.
JE N'AI JAMAIS DIT QUE VOS POUVOIRS DISPARAÎTRAIENT... JUSTE QU'ILS SERAIENT AFFECTÉS. ET ILS L'ONT ÉTÉ. ILS ONT MUTÉ.
SUPER. J'ÉTAIS DÉJÀ EN RADE, ET ME VOILÀ MUTANTE.
MUTANTE ? NON, RIEN D'AUSSI CLICHÉ. MAIS J'AIMERAIS VOUS EXAMINER PLUS SOIGNEUSEMENT SI ÇA NE VOUS ENNUIE PAS.
M'ENNUYER ? POURQUOI ÇA M'ENNUIERAIT ?

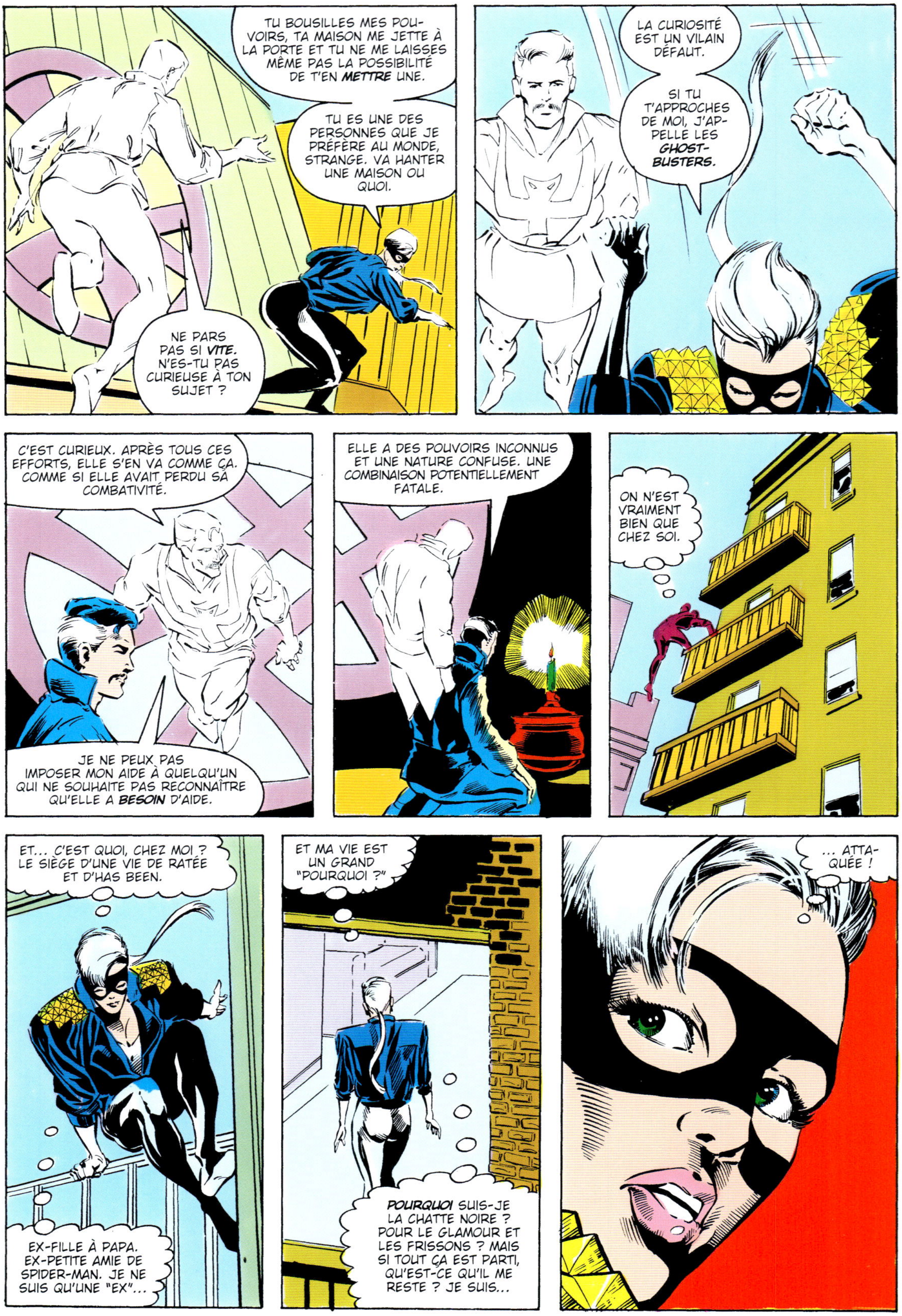
TU BOUSILLES MES POUVOIRS, TA MAISON ME JETTE À LA PORTE ET TU NE ME LAISSES MÊME PAS LA POSSIBILITÉ DE T'EN METTRE UNE.
TU ES UNE DES PERSONNES QUE JE PRÉFÈRE AU MONDE, STRANGE. VA HANTER UNE MAISON OU QUOI.
NE PARS PAS SI VITE. N'ES-TU PAS CURIEUSE À TON SUJET ?
LA CURIOSITÉ EST UN VILAIN DÉFAUT.
SI TU T'APPROCHES DE MOI, J'APPELLE LES GHOSTBUSTERS.
C'EST CURIEUX. APRÈS TOUS CES EFFORTS, ELLE S'EN VA COMME ÇA. COMME SI ELLE AVAIT PERDU SA COMBATIVITÉ.
JE NE PEUX PAS IMPOSER MON AIDE À QUELQU'UN QUI NE SOUHAITE PAS RECONNAÎTRE QU'ELLE A BESOIN D'AIDE.
ELLE A DES POUVOIRS INCONNUS ET UNE NATURE CONFUSE. UNE COMBINAISON POTENTIELLEMENT FATALE.
ON N'EST VRAIMENT BIEN QUE CHEZ SOI.
ET... C'EST QUOI, CHEZ MOI ? LE SIÈGE D'UNE VIE DE RATÉE ET D'HAS BEEN.
EX-FILLE À PAPA. EX-PETITE AMIE DE SPIDER-MAN. JE NE SUIS QU'UNE "EX"...
ET MA VIE EST UN GRAND "POURQUOI ?"
POURQUOI SUIS-JE LA CHATTE NOIRE ? POUR LE GLAMOUR ET LES FRISSONS ? MAIS SI TOUT ÇA EST PARTI, QU'EST-CE QU'IL ME RESTE ? JE SUIS...
... ATTAQUÉE !

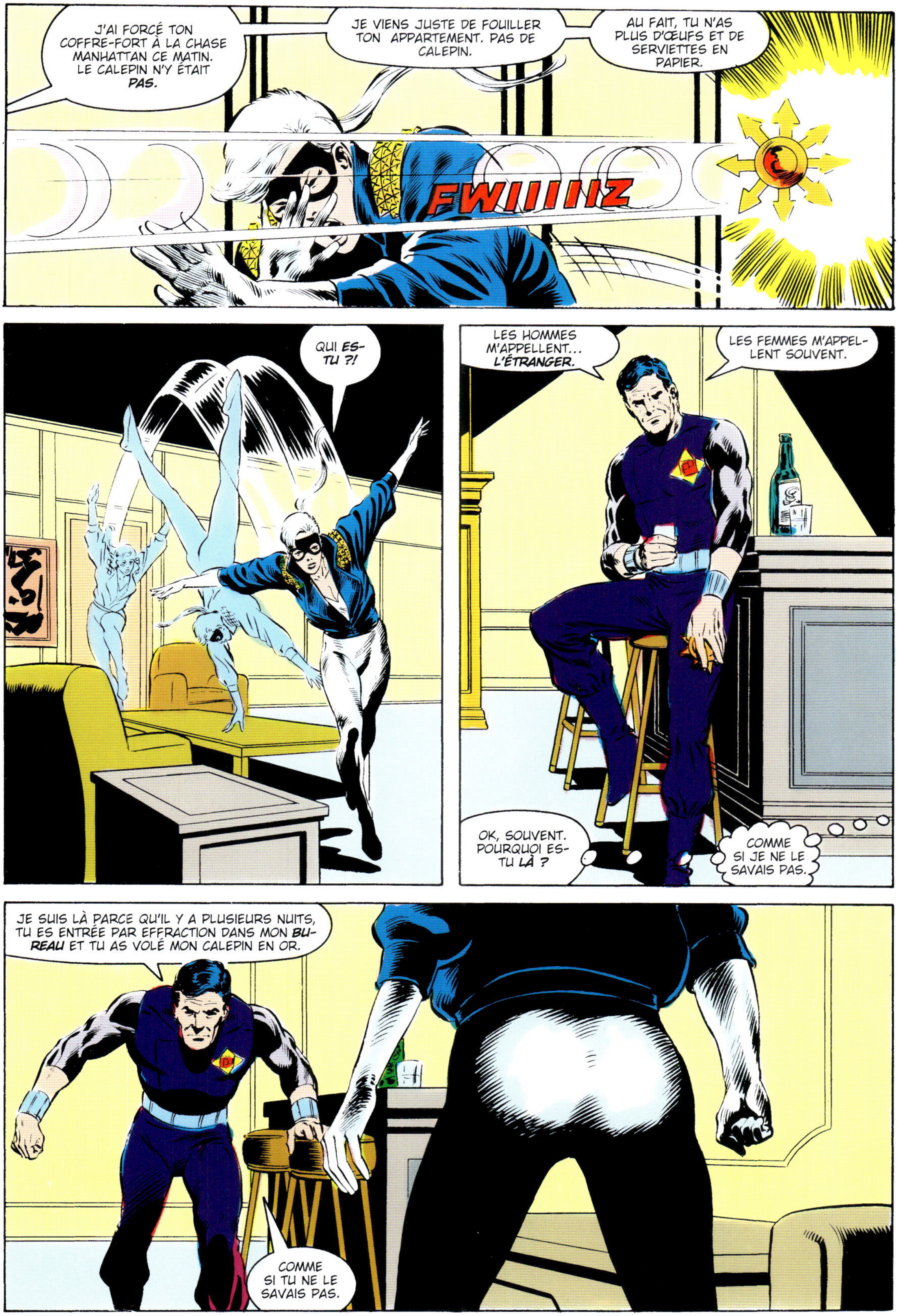
J'AI FORCÉ TON COFFRE-FORT À LA CHASE MANHATTAN CE MATIN. LE CALEPIN N'Y ÉTAIT PAS.
JE VIENS JUSTE DE FOUILLER TON APPARTEMENT. PAS DE CALEPIN.
AU FAIT, TU N'AS PLUS D'ŒUFS ET DE SERVIETTES EN PAPIER.
FWIIIIIZ
QUI ES-TU ?!
LES HOMMES M'APPELLENT... L'ÉTRANGER.
LES FEMMES M'APPELLENT SOUVENT.
OK, SOUVENT. POURQUOI ES-TU LÀ ?
COMME SI JE NE LE SAVAIS PAS.
JE SUIS LÀ PARCE QU'IL Y A PLUSIEURS NUITS, TU ES ENTRÉE PAR EFFRACTION DANS MON BUREAU ET TU AS VOLÉ MON CALEPIN EN OR.
COMME SI TU NE LE SAVAIS PAS.

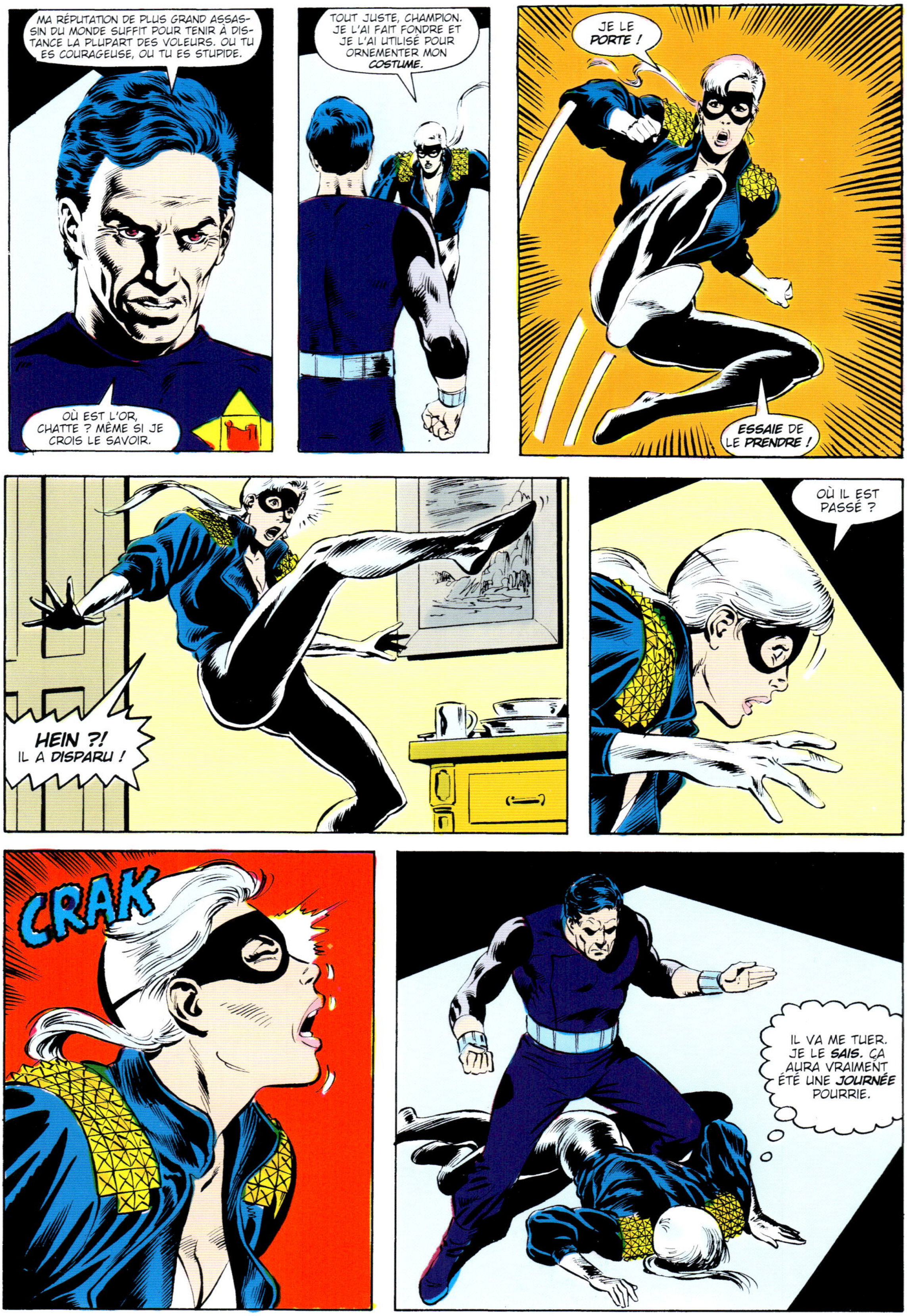
MA RÉPUTATION DE PLUS GRAND ASSASSIN DU MONDE SUFFIT POUR TENIR À DISTANCE LA PLUPART DES VOLEURS. OU TU ES COURAGEUSE, OU TU ES STUPIDE.
OÙ EST L'OR, CHATTE ? MÊME SI JE CROIS LE SAVOIR.
TOUT JUSTE, CHAMPION. JE L'AI FAIT FONDRE ET JE L'AI UTILISÉ POUR ORNEMENTER MON COSTUME.
JE LE PORTE !
ESSAIE DE LE PRENDRE !
HEIN ?! IL A DISPARU !
OÙ IL EST PASSÉ ?
CRAK
IL VA ME TUER. JE LE SAIS. ÇA AURA VRAIMENT ÉTÉ UNE JOURNÉE POURRIE.

ET...
PAS LA PEINE DE PARLER DE TON PASSÉ, MON GARÇON. JE SUIS TON **AMI.**
LES AMIS N'ONT QUE FAIRE DES PETITES... INDISCRÉTIONS.
MONTE.
ATTENDEZ... MA MÈRE M'A TOUJOURS DIT DE NE PAS MONTER DANS LA VOITURE **D'INCONNUS.**
SAGE CONSEIL, MON GARÇON... POUR LES ENFANTS. PAS LES JEUNES HOMMES COMME TOI.
ET PUIS, **JE** NE SUIS PAS UN INCONNU. ON EST MEILLEURS AMIS.
ET JE VAIS TE FAIRE DÉCOUVRIR UN TOUT NOUVEAU MODE DE VIE.
VOILÀ MON AMI, ROD. ROD VA ÊTRE **TON** AMI AUSSI.
NON ! LAISSEZ-MOI ! VOUS ÊTES **LOUCHES !**
ATTENDS UNE...
NON !
LAISSE-LE, BERT. IL ME REND NERVEUX.
DÉSOLÉ, ROD. IL EST À MOI.
ALLEZ, FILS. NE SOIS PAS...
NON ! NE **M'APPELEZ** PAS COMME ÇA !

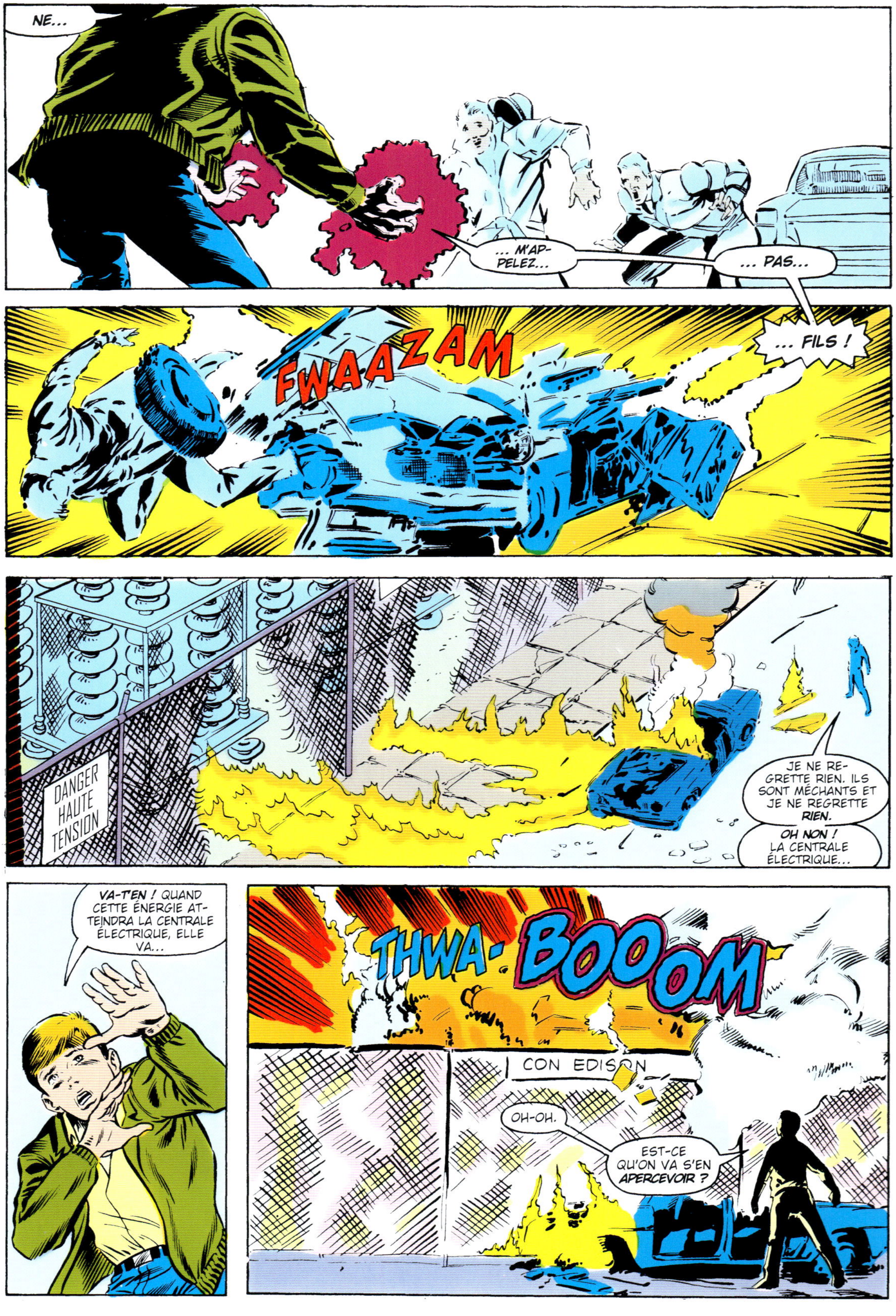

NE...
... M'APPELEZ...
... PAS...
... FILS !
FWAAZAM
DANGER HAUTE TENSION
JE NE REGRETTE RIEN. ILS SONT MÉCHANTS ET JE NE REGRETTE RIEN.
OH NON ! LA CENTRALE ÉLECTRIQUE...
VA-T'EN ! QUAND CETTE ÉNERGIE ATTEINDRA LA CENTRALE ÉLECTRIQUE, ELLE VA...
THWA-BOOOM
CON EDISON
OH-OH.
EST-CE QU'ON VA S'EN APERCEVOIR ?

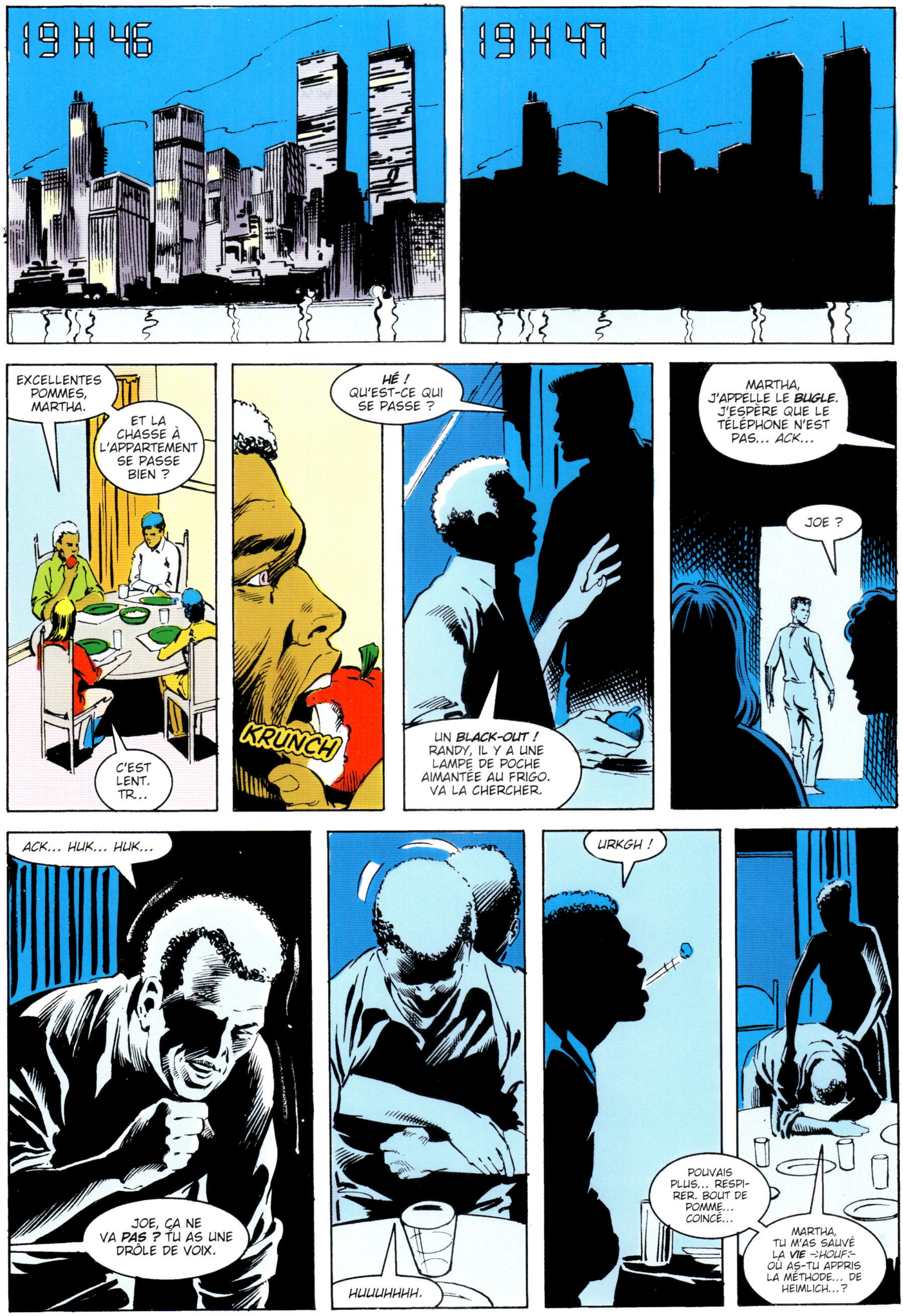
19 H 46
19 H 47
EXCELLENTES POMMES, MARTHA.
ET LA CHASSE À L'APPARTEMENT SE PASSE BIEN ?
C'EST LENT. TR...
KRUNCH
HÉ ! QU'EST-CE QUI SE PASSE ?
UN BLACK-OUT ! RANDY, IL Y A UNE LAMPE DE POCHE AIMANTÉE AU FRIGO. VA LA CHERCHER.
MARTHA, J'APPELLE LE BUGLE. J'ESPÈRE QUE LE TÉLÉPHONE N'EST PAS... ACK...
JOE ?
ACK... HUK... HUK...
JOE, ÇA NE VA PAS ? TU AS UNE DRÔLE DE VOIX.
HUUUHHHH.
URKGH !
POUVAIS PLUS... RESPIRER. BOUT DE POMME... COINCÉ...
MARTHA, TU M'AS SAUVÉ LA VIE -HOUF- OÙ AS-TU APPRIS LA MÉTHODE... DE HEIMLICH...?

À L'ÉCOLE, M'SIEUR.
AMANDA ! TOI... ?
M. ROBERTSON... JOE...
SERAIT-CE LE BON MOMENT POUR VOUS DIRE QUE JE SUIS JUIVE ?
19 H 46
JE NE COMPRENDS PAS, TU ME TENAIS, ET TU T'ES ARRÊTÉ POUR FINIR TON VERRE. POURQUOI ?
HEIN ?
LES PRIORITÉS, MA CHÈRE. SANTÉ !
FRANCHEMENT, J'ESPÉRAIS UN DÉFI PLUS DIFFICILE À RELEVER, CHATTE.
KRASH
TU VEUX UN DÉFI ? PRENDS-T'EN À SPIDER-MAN !
ÇA, C'EST UNE IDÉE. APRÈS SON AUBAINE VICTORIEUSE DE L'AUTRE JOUR IL EST DEVENU...
OH, FLÛTE.
19 H 47
LES LUMIÈRES ! VOILÀ MA CHANCE DE SORTIR D... UN INSTANT !
JE LE VOIS !
JE LE VOIS COMME EN PLEIN JOUR ! MES POUVOIRS ONT CHANGÉ !
ET ÇA SIGNIFIE DE NOUVELLES RÈGLES. D'ABORD PRENDRE DE LA DISTANCE, ENSUITE...

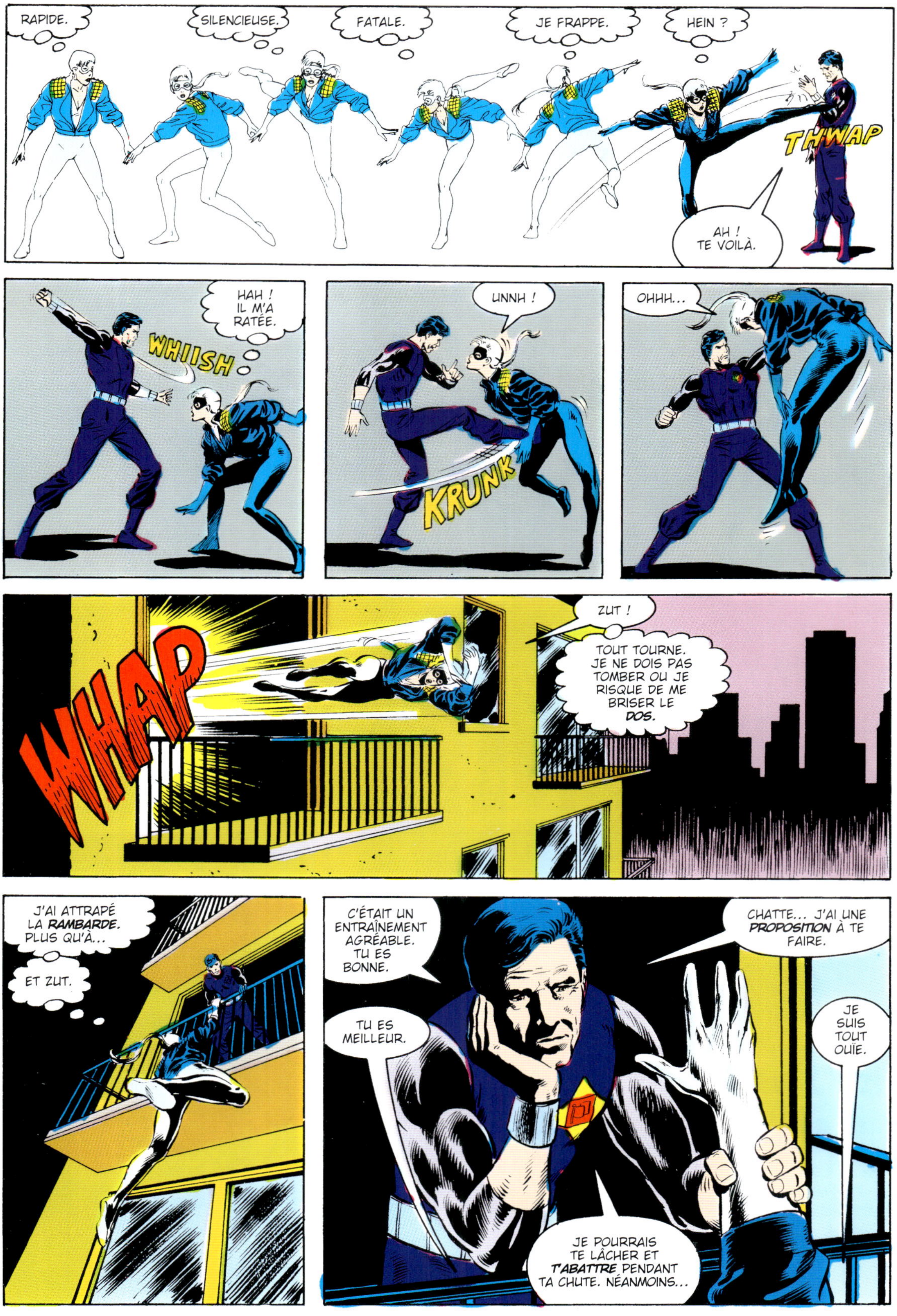
RAPIDE.
SILENCIEUSE.
FATALE.
JE FRAPPE.
HEIN ?
THWAP
AH ! TE VOILÀ.
HAH ! IL M'A RATÉE.
WHIISH
UNNH !
KRUNK
OHHH...
WHAP
ZUT !
TOUT TOURNE. JE NE DOIS PAS TOMBER OU JE RISQUE DE ME BRISER LE DOS.
J'AI ATTRAPÉ LA RAMBARDE. PLUS QU'À...
ET ZUT.
C'ÉTAIT UN ENTRAÎNEMENT AGRÉABLE. TU ES BONNE.
TU ES MEILLEUR.
CHATTE... J'AI UNE PROPOSITION À TE FAIRE.
JE SUIS TOUT OUÏE.
JE POURRAIS TE LÂCHER ET T'ABATTRE PENDANT TA CHUTE. NÉANMOINS...

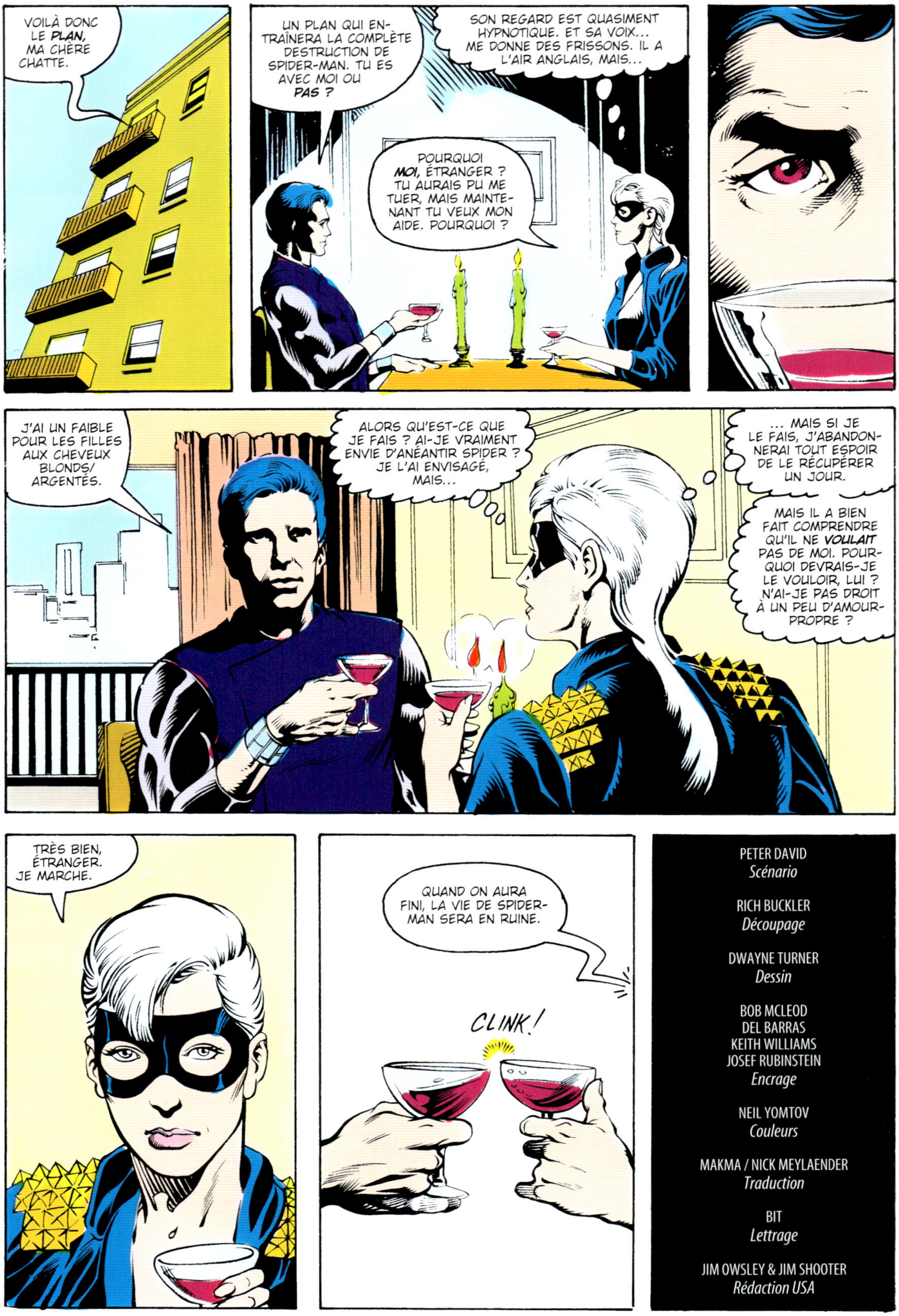
VOILÀ DONC LE PLAN, MA CHÈRE CHATTE.
UN PLAN QUI ENTRAÎNERA LA COMPLÈTE DESTRUCTION DE SPIDER-MAN. TU ES AVEC MOI OU PAS ?
SON REGARD EST QUASIMENT HYPNOTIQUE. ET SA VOIX... ME DONNE DES FRISSONS. IL A L'AIR ANGLAIS, MAIS...
POURQUOI MOI, ÉTRANGER ? TU AURAIS PU ME TUER, MAIS MAINTENANT TU VEUX MON AIDE. POURQUOI ?
J'AI UN FAIBLE POUR LES FILLES AUX CHEVEUX BLONDS/ ARGENTÉS.
ALORS QU'EST-CE QUE JE FAIS ? AI-JE VRAIMENT ENVIE D'ANÉANTIR SPIDER ? JE L'AI ENVISAGÉ, MAIS...
... MAIS SI JE LE FAIS, J'ABANDONNERAI TOUT ESPOIR DE LE RÉCUPÉRER UN JOUR.
MAIS IL A BIEN FAIT COMPRENDRE QU'IL NE VOULAIT PAS DE MOI. POURQUOI DEVRAIS-JE LE VOULOIR, LUI ? N'AI-JE PAS DROIT À UN PEU D'AMOUR-PROPRE ?
TRÈS BIEN, ÉTRANGER. JE MARCHE.
QUAND ON AURA FINI, LA VIE DE SPIDER-MAN SERA EN RUINE.
CLINK !
PETER DAVID
Scénario
RICH BUCKLER
Découpage
DWAYNE TURNER
Dessin
BOB MCLEOD
DEL BARRAS
KEITH WILLIAMS
JOSEF RUBINSTEIN
Encrage
NEIL YOMTOV
Couleurs
MAKMA / NICK MEYLAENDER
Traduction
BIT
Lettrage
JIM OWSLEY & JIM SHOOTER
Rédaction USA

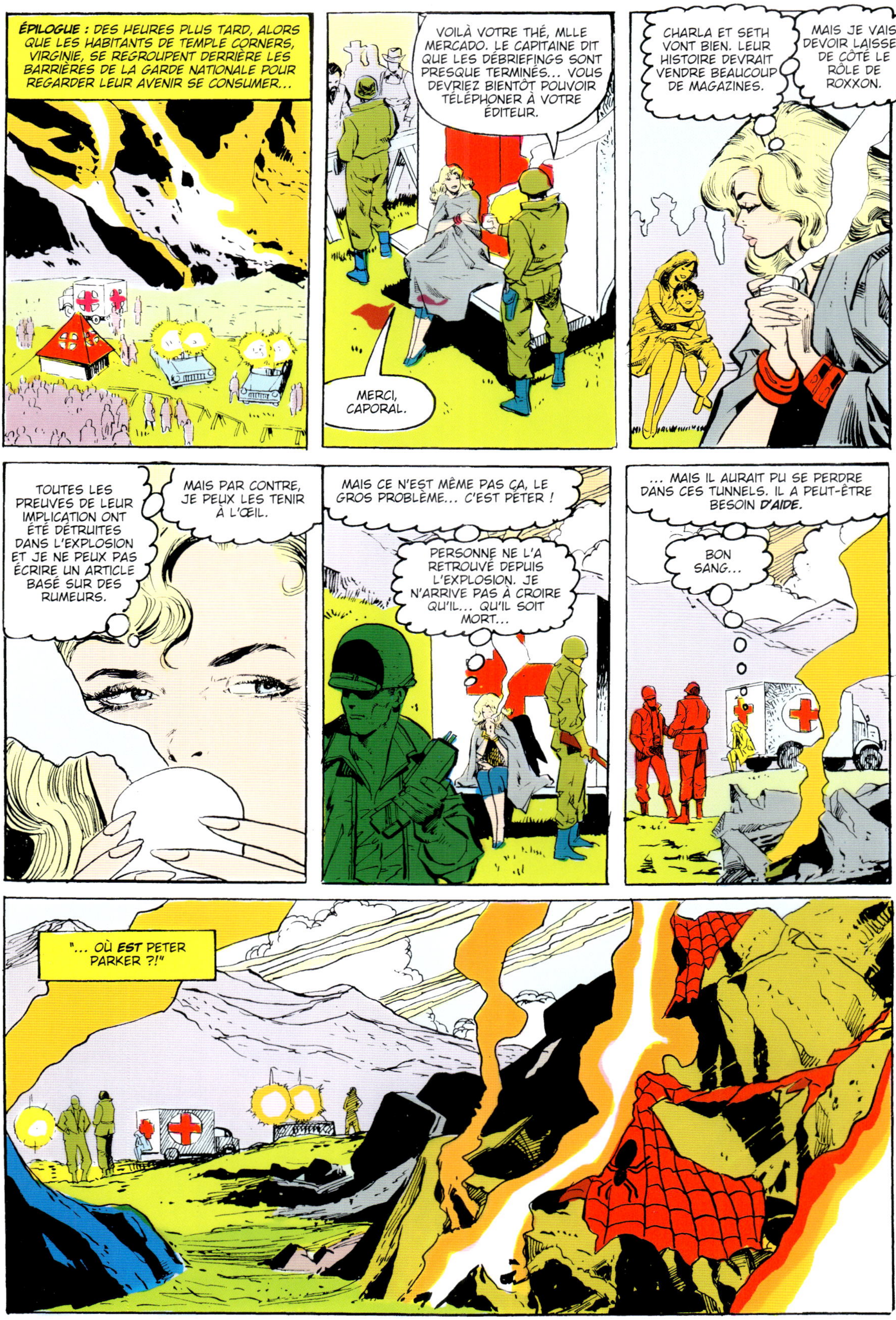
ÉPILOGUE : DES HEURES PLUS TARD, ALORS QUE LES HABITANTS DE TEMPLE CORNERS, VIRGINIE, SE REGROUPENT DERRIÈRE LES BARRIÈRES DE LA GARDE NATIONALE POUR REGARDER LEUR AVENIR SE CONSUMER...
VOILÀ VOTRE THÉ, MLLE MERCADO. LE CAPITAINE DIT QUE LES DÉBRIEFINGS SONT PRESQUE TERMINÉS... VOUS DEVRIEZ BIENTÔT POUVOIR TÉLÉPHONER À VOTRE ÉDITEUR.
MERCI, CAPORAL.
CHARLA ET SETH VONT BIEN. LEUR HISTOIRE DEVRAIT VENDRE BEAUCOUP DE MAGAZINES.
MAIS JE VAIS DEVOIR LAISSER DE CÔTÉ LE RÔLE DE ROXXON.
TOUTES LES PREUVES DE LEUR IMPLICATION ONT ÉTÉ DÉTRUITES DANS L'EXPLOSION ET JE NE PEUX PAS ÉCRIRE UN ARTICLE BASÉ SUR DES RUMEURS.
MAIS PAR CONTRE, JE PEUX LES TENIR À L'ŒIL.
MAIS CE N'EST MÊME PAS ÇA, LE GROS PROBLÈME... C'EST PETER !
PERSONNE NE L'A RETROUVÉ DEPUIS L'EXPLOSION. JE N'ARRIVE PAS À CROIRE QU'IL... QU'IL SOIT MORT...
... MAIS IL AURAIT PU SE PERDRE DANS CES TUNNELS. IL A PEUT-ÊTRE BESOIN D'AIDE.
BON SANG...
"... OÙ EST PETER PARKER ?!"

SPECTACULAR SPIDER-MAN™

1986

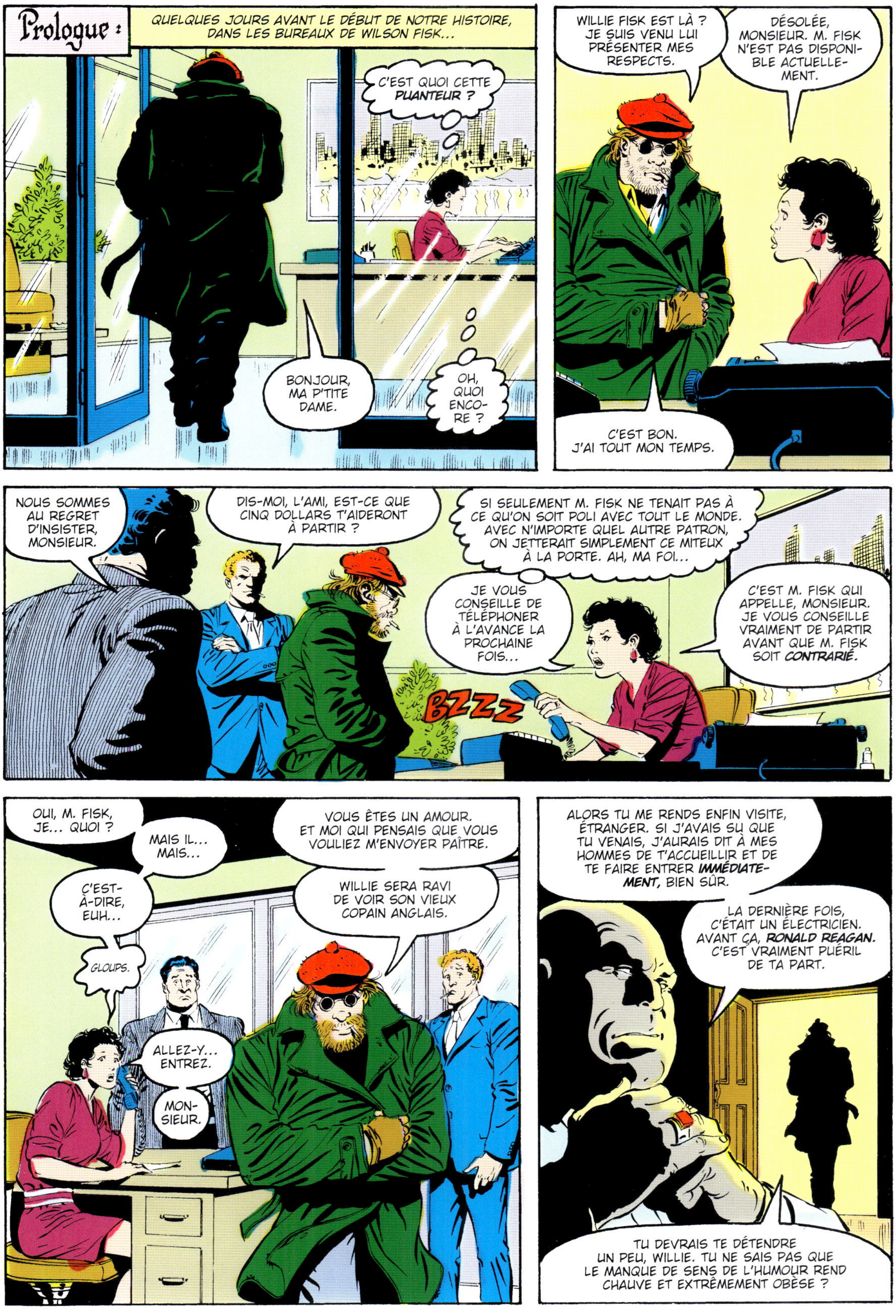
Prologue :
QUELQUES JOURS AVANT LE DÉBUT DE NOTRE HISTOIRE, DANS LES BUREAUX DE WILSON FISK...
C'EST QUOI CETTE PUANTEUR ?
BONJOUR, MA P'TITE DAME.
OH, QUOI ENCO-RE ?
WILLIE FISK EST LÀ ? JE SUIS VENU LUI PRÉSENTER MES RESPECTS.
DÉSOLÉE, MONSIEUR. M. FISK N'EST PAS DISPONI-BLE ACTUELLE-MENT.
C'EST BON. J'AI TOUT MON TEMPS.
NOUS SOMMES AU REGRET D'INSISTER, MONSIEUR.
DIS-MOI, L'AMI, EST-CE QUE CINQ DOLLARS T'AIDERONT À PARTIR ?
SI SEULEMENT M. FISK NE TENAIT PAS À CE QU'ON SOIT POLI AVEC TOUT LE MONDE. AVEC N'IMPORTE QUEL AUTRE PATRON, ON JETTERAIT SIMPLEMENT CE MITEUX À LA PORTE. AH, MA FOI...
JE VOUS CONSEILLE DE TÉLÉPHONER À L'AVANCE LA PROCHAINE FOIS...
BZZZ
C'EST M. FISK QUI APPELLE, MONSIEUR. JE VOUS CONSEILLE VRAIMENT DE PARTIR AVANT QUE M. FISK SOIT CONTRARIÉ.
OUI, M. FISK, JE... QUOI ?
MAIS IL... MAIS...
C'EST-À-DIRE, EUH...
GLOUPS.
VOUS ÊTES UN AMOUR. ET MOI QUI PENSAIS QUE VOUS VOULIEZ M'ENVOYER PAÎTRE.
WILLIE SERA RAVI DE VOIR SON VIEUX COPAIN ANGLAIS.
ALLEZ-Y... ENTREZ.
MON-SIEUR.
ALORS TU ME RENDS ENFIN VISITE, ÉTRANGER. SI J'AVAIS SU QUE TU VENAIS, J'AURAIS DIT À MES HOMMES DE T'ACCUEILLIR ET DE TE FAIRE ENTRER IMMÉDIATE-MENT, BIEN SÛR.
LA DERNIÈRE FOIS, C'ÉTAIT UN ÉLECTRICIEN. AVANT ÇA, RONALD REAGAN. C'EST VRAIMENT PUÉRIL DE TA PART.
TU DEVRAIS TE DÉTENDRE UN PEU, WILLIE. TU NE SAIS PAS QUE LE MANQUE DE SENS DE L'HUMOUR REND CHAUVE ET EXTRÊMEMENT OBÈSE ?

VIEUX CHENAPAN, TU M'ATTENDAIS, EN FAIT !
MERCI, WILLIE... ÇA NE T'ENNUIE PAS SI JE T'APPELLE WILLIE AU LIEU DE CAÏD, SI ?
JE LE TOLÈRE, ÉTRANGER. JE LE TOLÈRE PARCE QUE TON BUREAU D'ASSASSINAT MONDIAL A ÉTÉ UTILE DANS LE PASSÉ...
... ET PARCE QUE TU ES UN DES TROIS HOMMES AU MONDE QUE JE RESPECTE.
BIEN SÛR, J'AI FAIT TUER LES DEUX AUTRES DEPUIS.
QUANT À PRÉVOIR TA VISITE, CE N'ÉTAIT PAS DIFFICILE.
JE L'AI SU DÈS QUE TON AVION S'EST POSÉ MARDI DERNIER. LE VOL DE 2 H 15 POUR LAGUARDIA ...
C'ÉTAIT MON DOUBLE. J'ÉTAIS DANS LE 3 H 45 POUR JFK.
PEU IMPORTE. SI JE L'AVAIS DÉSIRÉ, J'AURAIS PU VOUS FAIRE ABATTRE TOUS LES DEUX.
TOUCHÉ. DIS-MOI, WILLIE... SPIDER-MAN A ÉTÉ VU DANS LE COIN DERNIÈREMENT ?
CURIEUSEMENT, NON. IL A DISPARU RÉCEMMENT. JE SUIS AUX AGUETS... JE PENSE QU'IL SE MONTRERA BIENTÔT.
TU T'INTÉRESSES À LUI ? IL A ÉTÉ À LA FOIS UN INSTRUMENT UTILE ET UNE FRÉQUENTE SOURCE D'IRRITATION POUR MOI. JE SERAIS INTRIGUÉ DE VOIR COMMENT IL S'EN SORTIRAIT EN S'OPPOSANT À TOI.
JE NE COMPTE PAS M'OPPOSER À LUI, JE PRÉFÉRERAIS... AH, MAIS CE SERAIT TROP RÉVÉLATEUR.
TU N'AS QU'À LE DEVINER TOUT SEUL, WILLIE. MAIS À PROPOS D'IRRITATIONS...
J'AI CRU COMPRENDRE QUE TOUTE CETTE AFFAIRE AVEC DAREDEVIL ET NUKE T'AVAIT MIS DANS UN EMBARRAS PHÉNOMÉNAL.*
IL SEMBLERAIT QUE TON VERNIS DE RESPECTABILITÉ SOIT UN PEU ÉCAILLÉ.
* DAREDEVIL PAR F. MILLER 3. --OWZ.

BAH. LES ENQUÊTES GOUVERNEMENTALES ET CE GENRE DE CHOSES. UNE BAGATELLE. LE LITIGE DURERA DES ANNÉES ET NÉCESSITERA DES TÉMOINS... QUI AURONT DISPARU D'ICI LÀ.
BIEN. NÉANMOINS, MON ORGANISATION, LE CLUB 1400, EST À TA DISPOSITION.
TA SOLLICITUDE EST TOUCHANTE, MAIS **JE** PEUX M'EN OCCUPER TOUT SEUL.
DIS-M'EN PLUS SUR TES PROJETS POUR **SPIDER-MAN** AVANT QUE JE T'AUTORISE À PROCÉDER.
M'AUTORISER ? WILLIE, TU ***AS*** LE SENS DE L'HUMOUR, APRÈS TOUT !
NE MARCHE PAS SUR MES PLATES-BANDES, ÉTRANGER. SPIDER-MAN EST TROP UTILE POUR... HEIN ? UNE EXPLOSION AU CENTRE-VILLE.
JE N'AI PROGRAMMÉ AUCUNE EXPLOSION. JE ME DEMANDE CE QUE C'ÉTAIT ?
D'APRÈS MA MONTRE, C'ÉTAIT ***ORCHIDÉE.*** JE PEUX PASSER UN COUP DE TÉLÉPHONE ? NE T'INQUIÈTE PAS, C'EST LOCAL.
ORCHIDÉE ? IL SE QUERELLE ENCORE AVEC SON EX-FEMME ? QUE C'EST LASSANT.
J'ESPÈRE QUE TU AS AIMÉ LES FLEURS, MA CHÈRE.
AH. ELLE A RACCROCHÉ. ELLE N'A PAS DE SENS DE L'HUMOUR NON PLUS.
ELLE VA SANS DOUTE DEVENIR CHAUVE ET OBÈSE.
SANS DOUTE.
ASSEZ DE ***SOTTISES,*** ÉTRANGER. REVENONS À SPIDER-MAN...
OH, TRÈS BIEN, WILLIE. JE COMPRENDS QUE SPIDER-MAN AIT DE LA VALEUR POUR TOI, MAIS IL S'AVÈRE QUE JE ME SUIS ENTICHÉ DE LUI. ET QUAND J'AURAI TERMINÉ... IL TRAVAILLERA POUR ***MOI.***

Stan Lee présente :
TOUT N'EST QUE POUSSIÈRE
GÉNIAL. DES SUPER PHOTOS DE MOI À L'ŒUVRE EN TANT QUE SPIDEY ET IL N'Y EN A AUCUNE DE VENDABLE DEPUIS QUE MA NOUVELLE PATRONNE À DIT QU'ELLE EN AVAIT MARRE DE TELS CLICHÉS.
QUE SERA LA PROCHAINE TUILE ?
VOUS ! PETER PARKER ! C'EST GENTIL À VOUS D'ÊTRE LÀ POUR UNE FOIS.
HEIN ?

ON S'EST VUS IL Y A QUELQUES SEMAINES. STEVEN ESTEVEZ...
OH, OUI ! VOUS ÊTES L'INSTITUTEUR DE CE GAMIN... CELUI QUI SE FAISAIT BATTRE PAR SON PÈRE.
COMMENT ÇA S'EST TERMINÉ, STEVEN ?
EXIT
MAL, PARKER. VOUS VOUS RAPPELEZ QUAND SPIDER-MAN EST ARRIVÉ ?
VOUS ÉTIEZ VENUS FAIRE UN REPORTAGE SUR LA MALTRAITANCE INFANTILE AVEC UNE JOURNALISTE. ELLE ET VOUS ÉTIEZ LÀ QUAND LE PÈRE DU GARÇON M'A AGRESSÉ, PUIS SPIDER-MAN S'EST POINTÉ...
IL S'EMBROUILLE DANS SES SOUVENIRS. IL A OUBLIÉ QUE JE NE SUIS ARRIVÉ QU'APRÈS EN TANT QUE PETER PARKER. EH BIEN, JE NE VAIS PAS LE CORRIGER.
DEPUIS, LE GARÇON - ALEX WOOLCOT - A DISPARU, AINSI QUE SON PÈRE. LE GARÇON A ÉTÉ KIDNAPPÉ, PARKER.
JE VEUX QUE VOUS CONTACTIEZ SPIDER-MAN ! EN SE DÉPLAÇANT DANS LA VILLE COMME IL LE FAIT, IL COUVRIRAIT TELLEMENT...
SOYEZ RÉALISTE, STEVEN. COMMENT JE POURRAIS CONTACTER SPIDER-MAN ? AVEC MA MONTRE-SIGNAL ?
C'EST UNE URGENCE ! IL N'A PAS D'AGENT OU UN TRUC DU GENRE ?
C'EST PAS VRAI. ÉCOUTEZ, L'AMI, POURQUOI PAS PLUTÔT LE FBI ? OU LES FLICS ? DES GENS ÉQUIPÉS POUR GÉRER CE GENRE DE CHOSES.

ILS S'EN MOQUENT ! LE GARÇON EST AVEC SON PÈRE ET LES PARENTS SONT TOUJOURS MARIÉS.
ILS NE LES RECHERCHENT PAS VRAIMENT. QU'EST-CE QUE JE DOIS FAIRE ? ATTENDRE CINQ ANS POUR QU'ON AFFICHE LA PHOTO D'ALEX SUR DES BRIQUES DE LAIT ?
MAIS POURQUOI SPIDER-MAN ?
PARCE QU'IL S'EN SOUCIE. JE NE L'AI VU QUE BRIÈVEMENT, MAIS JE L'AI VU À SA FAÇON DE PARLER ET DE SE COMPORTER. IL SE SOUCIE DES PLUS FAIBLES.
QUE DIRAIT-IL S'IL SAVAIT QUE JE VEUX CESSER D'ÊTRE SPIDER-MAN ? QUE JE VEUX... QUOI ? CESSER DE ME SENTIR CONCERNÉ ?
EN FAIT, JE CONTINUE DE PORTER LE COSTUME UNIQUEMENT PARCE QUE MON AMI - FLASH THOMPSON - A BESOIN D'AIDE. ET IL NE FAIT CONFIANCE QU'À SPIDER-MAN.
MAIS... EST-CE TELLEMENT DIFFÉRENT DE CE PETIT GAMIN EFFRAYÉ ? PUIS-JE TOUT SIMPLEMENT L'IGNORER ?
ÉCOUTEZ, PARKER... PETER... JE SAIS QUE CE N'EST PAS VOTRE PROBLÈME...
N'EST-CE PAS ?
COMPRENEZ-MOI. J'AI TRAVAILLÉ AVEC DES ENFANTS MALTRAITÉS PENDANT DES ANNÉES, ET J'AI DÛ ME CUIRASSER POUR Y FAIRE FACE. J'AI COMMENCÉ À NE PLUS M'AIMER.
ALORS JE SUIS DEVENU ENSEIGNANT... POUR POUVOIR M'AIMER DE NOUVEAU. ET J'AI TROUVÉ ALEX, JEUNE ENFANT BATTU.
JE ME SUIS DIT QUE CE N'ÉTAIT PAS MON BOULOT, CE QUI ÉTAIT VRAI. MAIS C'ÉTAIT MON DEVOIR.
BUGLE
SI QUELQU'UN PEUT FAIRE QUELQUE CHOSE POUR AMÉLIORER LES CHOSES, IL A L'OBLIGATION DE LE FAIRE.
D'ACCORD, STEVEN. J'ENTENDS CE QUE VOUS DITES, MAIS...
ÉCOUTEZ, MÊME SI JE POUVAIS TROUVER SPIDER-MAN, QU'EST-CE QUE JE LUI DIRAIS ?
LE GAMIN POURRAIT ÊTRE N'IMPORTE OÙ.

LE *DAILY BUGLE.* PEUT-ÊTRE QUE SI J'ALLAIS EXPLIQUER AUX JOURNAUX CE QUI EST ARRIVÉ...
J'OBTIENDRAIS PEUT-ÊTRE LA SYMPATHIE DU PUBLIC. UN CÉLÈBRE AVOCAT VOUDRA PEUT-ÊTRE M'AIDER. JE VEUX DIRE, CE N'ÉTAIT PAS MA FAUTE POUR... POUR PAPA.
QUAND J'AI FAIT L'IMBÉCILE AVEC CETTE MACHINE QU'IL AVAIT INVENTÉE ET QU'ELLE M'A ZAPPÉ. C'ÉTAIT UN *ACCIDENT*.
BUGL
ET PLUS TARD, QUAND PAPA A DE NOUVEAU VOULU ME FRAPPER ET JE... JE... PUIS IL... ET IL NE RESTAIT PLUS QUE DES CENDRES...
JE FERAIS MIEUX DE CONTINUER MA *ROUTE*.
SUPER. MA MAIN LUIT DE NOUVEAU. IL FAUT QUE JE LA *CONTRÔLE*.
OH-OH. EST-CE QUE CES POLICIERS L'ONT VUE LUIRE ?
ATL
POLICE

ÉTANT DONNÉE L'HEURE, SAL, JE SENS QUE CE GAMIN FAIT L'ÉCOLE BUISSONNIÈRE.
JE JOUE LE FLIC MÉCHANT, TOI LE GENTIL FLIC, ET ON LE RAMÈNE EN CLASSE VITE FAIT.
ÇA MARCHE.
RESTE OÙ TU ES, PETIT.
N'APPROCHEZ PAS ! JE VOUS PRÉVIENS...
TU NOUS PRÉVIENS, JOHN DILLINGER ?
HÉ ! HÉ, GARY... QU'EST-CE QU'IL A AUX MAINS ?
ILS ME PRENNENT POUR QUELQU'UN D'AUTRE... UN GAMIN APPELÉ DILLINGER.
MAIS PEU IMPORTE. JE NE PEUX PAS LES LAISSER M'ATTRAPER.

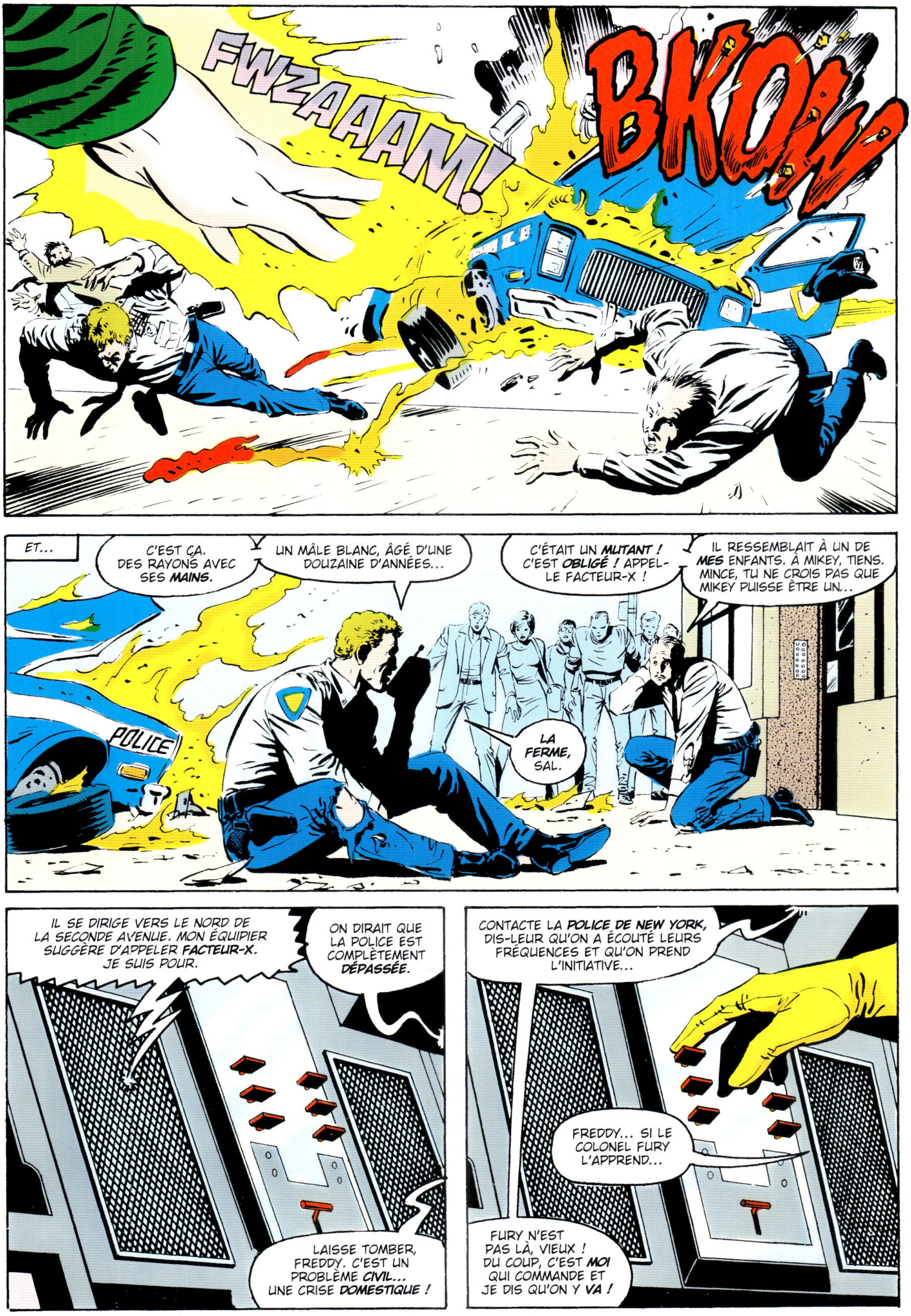
FWZAAAAM!
BKOOW
ET...
C'EST ÇA. DES RAYONS AVEC SES **MAINS**.
UN MÂLE BLANC, ÂGÉ D'UNE DOUZAINE D'ANNÉES...
C'ÉTAIT UN **MUTANT !** C'EST **OBLIGÉ !** APPELLE LE FACTEUR-X !
IL RESSEMBLAIT À UN DE **MES** ENFANTS. À MIKEY, TIENS. MINCE, TU NE CROIS PAS QUE MIKEY PUISSE ÊTRE UN...
LA FERME, SAL.
IL SE DIRIGE VERS LE NORD DE LA SECONDE AVENUE. MON ÉQUIPIER SUGGÈRE D'APPELER **FACTEUR-X.** JE SUIS POUR.
ON DIRAIT QUE LA POLICE EST COMPLÈTEMENT **DÉPASSÉE.**
LAISSE TOMBER, FREDDY. C'EST UN PROBLÈME **CIVIL...** UNE CRISE **DOMESTIQUE !**
CONTACTE LA **POLICE DE NEW YORK,** DIS-LEUR QU'ON A ÉCOUTÉ LEURS FRÉQUENCES ET QU'ON PREND L'INITIATIVE...
FREDDY... SI LE COLONEL FURY L'APPREND...
FURY N'EST PAS LÀ, VIEUX ! DU COUP, C'EST **MOI** QUI COMMANDE ET JE DIS QU'ON Y **VA !**

QUAND J'AI DÉBARQUÉ DANS CE FIASCO DE MALTRAITANCE INFANTILE, MON SENS D'ARAIGNÉE M'A AVERTI QUE QUELQUE CHOSE N'ALLAIT PAS. QU'IL Y AVAIT UN GRAND DANGER POTENTIEL.
JE NE SAIS TOUJOURS PAS CE QUI L'A DÉCLENCHÉ, MAIS JE N'AURAIS PAS DÛ PARTIR SANS TIRER LES CHOSES AU CLAIR.
PEUT-ÊTRE QUE SI J'AVAIS EMMENÉ LE GAMIN, ÇA AURAIT DÉSAMORCÉ LA SITUATION. MAIS ALORS, J'AURAIS ÉTÉ RECHERCHÉ POUR ENLÈVEMENT D'ENFANT.
ÇA SE VOIT QUE TU ES RÉDACTEUR EN CHEF, PAPA. TOUT LE MONDE FAIT UNE GÉNUFLEXION QUAND TU PASSES, À PRÉSENT.
ILS ONT INTÉRÊT À LE FAIRE.
LANCE, JE NE CROIS PAS QUE TU CONNAISSES MON FILS, ANDY, ET SA FEMME, AMANDA.
LES ENFANTS, VOICI LANCE BANNON, UN DE NOS MEILLEURS PHOTOGRAPHES.
RAVI DE VOUS REN...
REN... RENCONTRER.
SALUT, LANCE... ÉVITE DE ME BROYER LA MAIN, OK, MON POTE ?
BKOW
QU'EST-CE QUE C'EST ?
FORCÉMENT. UNE ÉNORME EXPLOSION DEVANT L'IMMEUBLE ET LANCE BANNON FONCE VERS LA FENÊTRE AVEC SON APPAREIL PHOTO EN MAIN...
... ET PARKER FILE DANS L'AUTRE DIRECTION. IL EST ÉVIDENT POUR LA RESPONSABLE ÉDITORIALE QUE JE SUIS...

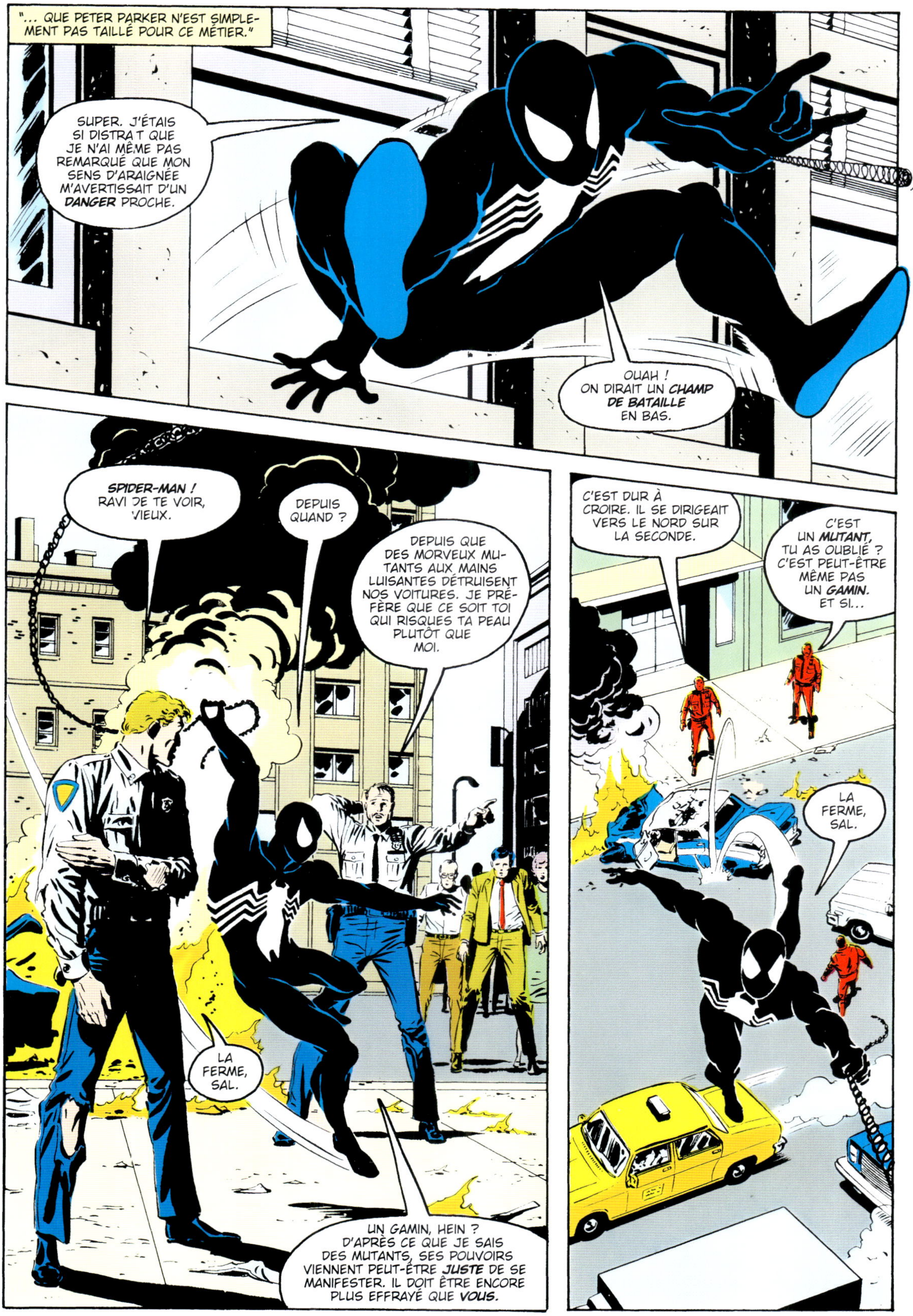
"... QUE PETER PARKER N'EST SIMPLEMENT PAS TAILLÉ POUR CE MÉTIER."
SUPER. J'ÉTAIS SI DISTRAIT QUE JE N'AI MÊME PAS REMARQUÉ QUE MON SENS D'ARAIGNÉE M'AVERTISSAIT D'UN DANGER PROCHE.
OUAH ! ON DIRAIT UN CHAMP DE BATAILLE EN BAS.
SPIDER-MAN ! RAVI DE TE VOIR, VIEUX.
DEPUIS QUAND ?
DEPUIS QUE DES MORVEUX MUTANTS AUX MAINS LUISANTES DÉTRUISENT NOS VOITURES. JE PRÉFÈRE QUE CE SOIT TOI QUI RISQUES TA PEAU PLUTÔT QUE MOI.
LA FERME, SAL.
UN GAMIN, HEIN ? D'APRÈS CE QUE JE SAIS DES MUTANTS, SES POUVOIRS VIENNENT PEUT-ÊTRE JUSTE DE SE MANIFESTER. IL DOIT ÊTRE ENCORE PLUS EFFRAYÉ QUE VOUS.
C'EST DUR À CROIRE. IL SE DIRIGEAIT VERS LE NORD SUR LA SECONDE.
C'EST UN MUTANT, TU AS OUBLIÉ ? C'EST PEUT-ÊTRE MÊME PAS UN GAMIN. ET SI...
LA FERME, SAL.

CE DOIT ÊTRE CE PETIT GARS.
REGARDEZ-LE COURIR. IL EST TERRIFIÉ, LE PAUVRE... MAIS IL EST AUSSI DANGEREUX, SI JE PEUX ME FIER À MON SENS D'ARAIGNÉE.
ET JE PEUX, EN GÉNÉRAL.
REPOS, SOLDAT. IL FAUT QU'ON **DISCUTE**.
NON ! LAISSE-MOI ! C'EST PAS MOI QUI L'AI **FAIT !**
FAIT QUOI ?
PEU IMPORTE.
ATTENDS UNE SEC... ALEXANDER ?!
DES GENS SE FONT DU SOUCI POUR TOI, FISTON... **HÉ !**
JE NE SUIS **PAS** TON FILS !
JE NE SUIS LE FILS DE **PERSONNE !**
ALEX, OÙ EST TON PÈRE ? C'EST LUI QUI TE **FORCE** À...
JE NE TE DIRAI **RIEN ! RIEN !!**
JE VAIS **T'AVOIR !** AVANT QUE TU **M'AIES !**

QU'EST-CE QUI SE PASSE ?
OH, NON ! JE PENSAIS QUE C'ÉTAIT UN IMMEUBLE ABANDONNÉ QUI ALLAIT ÊTRE DÉTRUIT !
AU CENTRE DE MANHATTAN ?! TU ES QUOI, CINGLÉ ?
SI JE RESTE LÀ, DES GENS SE FERONT TUER. SI JE SAUTE, JE SUIS UNE CIBLE FACILE.
PAS LE CHOIX.
JE NE DOIS UTILISER QU'UN PEU DE POUVOIR POUR L'ASSOMMER AU LIEU DE LE GRILLER.
UNNGH !
J'AI PU ESQUIVER, MAIS JE SENS QUAND MÊME MA PEAU FAIRE DES CLOQUES SOUS MON COSTUME.
J'AI LA DÉSAGRÉABLE IMPRESSION DE SAVOIR CE QUI EST ARRIVÉ À SON PÈRE.
UN COUSSIN DE TOILE, MON SEUL ESPOIR !
THWIP
THWIP
WHUMPF !

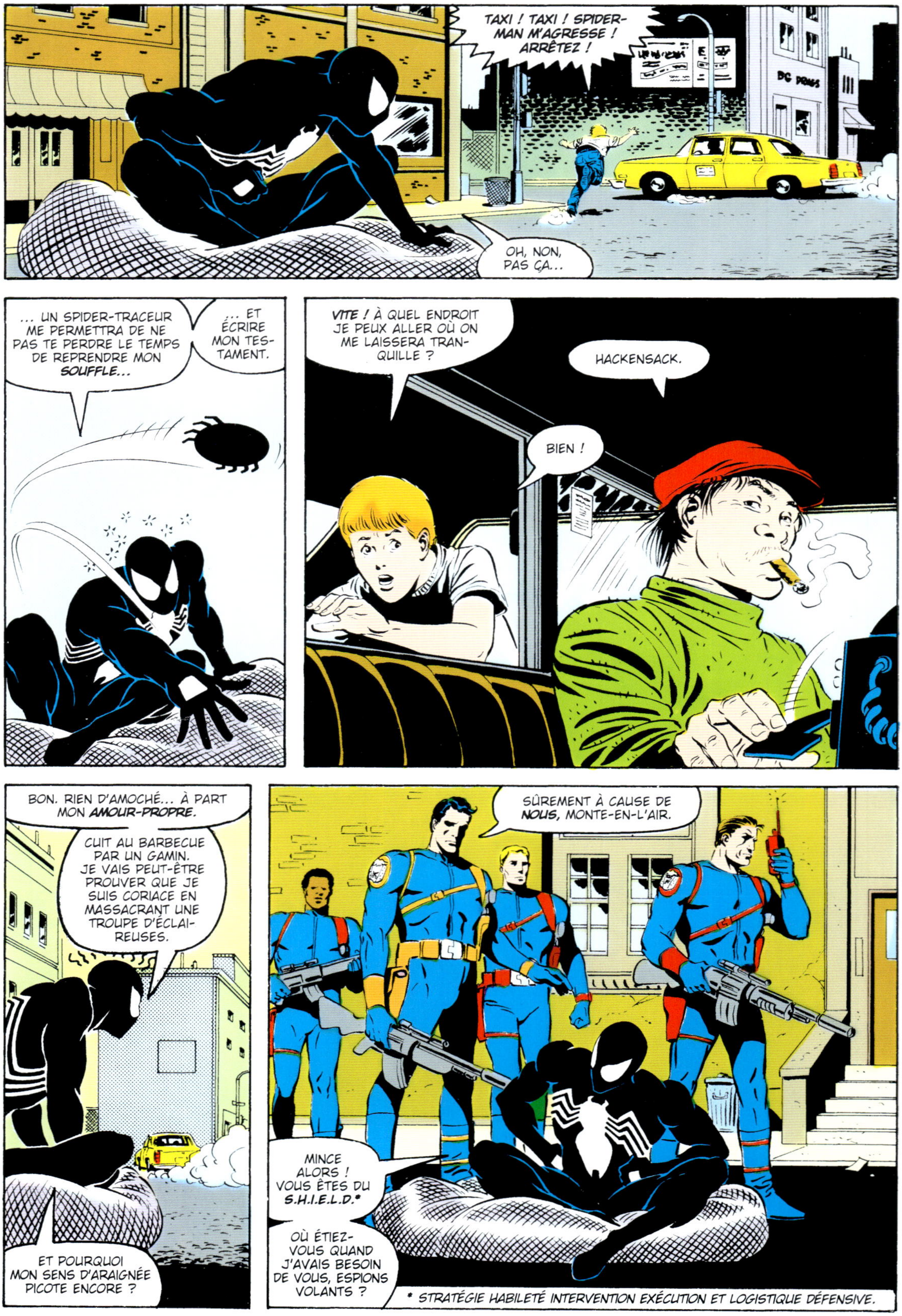

TAXI ! TAXI ! SPIDER-MAN M'AGRESSE ! ARRÊTEZ !
OH, NON, PAS ÇA…
… UN SPIDER-TRACEUR ME PERMETTRA DE NE PAS TE PERDRE LE TEMPS DE REPRENDRE MON SOUFFLE…
… ET ÉCRIRE MON TESTAMENT.
VITE ! À QUEL ENDROIT JE PEUX ALLER OÙ ON ME LAISSERA TRANQUILLE ?
HACKENSACK.
BIEN !
BON. RIEN D'AMOCHÉ… À PART MON AMOUR-PROPRE.
CUIT AU BARBECUE PAR UN GAMIN. JE VAIS PEUT-ÊTRE PROUVER QUE JE SUIS CORIACE EN MASSACRANT UNE TROUPE D'ÉCLAIREUSES.
ET POURQUOI MON SENS D'ARAIGNÉE PICOTE ENCORE ?
SÛREMENT À CAUSE DE NOUS, MONTE-EN-L'AIR.
MINCE ALORS ! VOUS ÊTES DU S.H.I.E.L.D.*
OÙ ÉTIEZ-VOUS QUAND J'AVAIS BESOIN DE VOUS, ESPIONS VOLANTS ?
* STRATÉGIE HABILETÉ INTERVENTION EXÉCUTION ET LOGISTIQUE DÉFENSIVE.

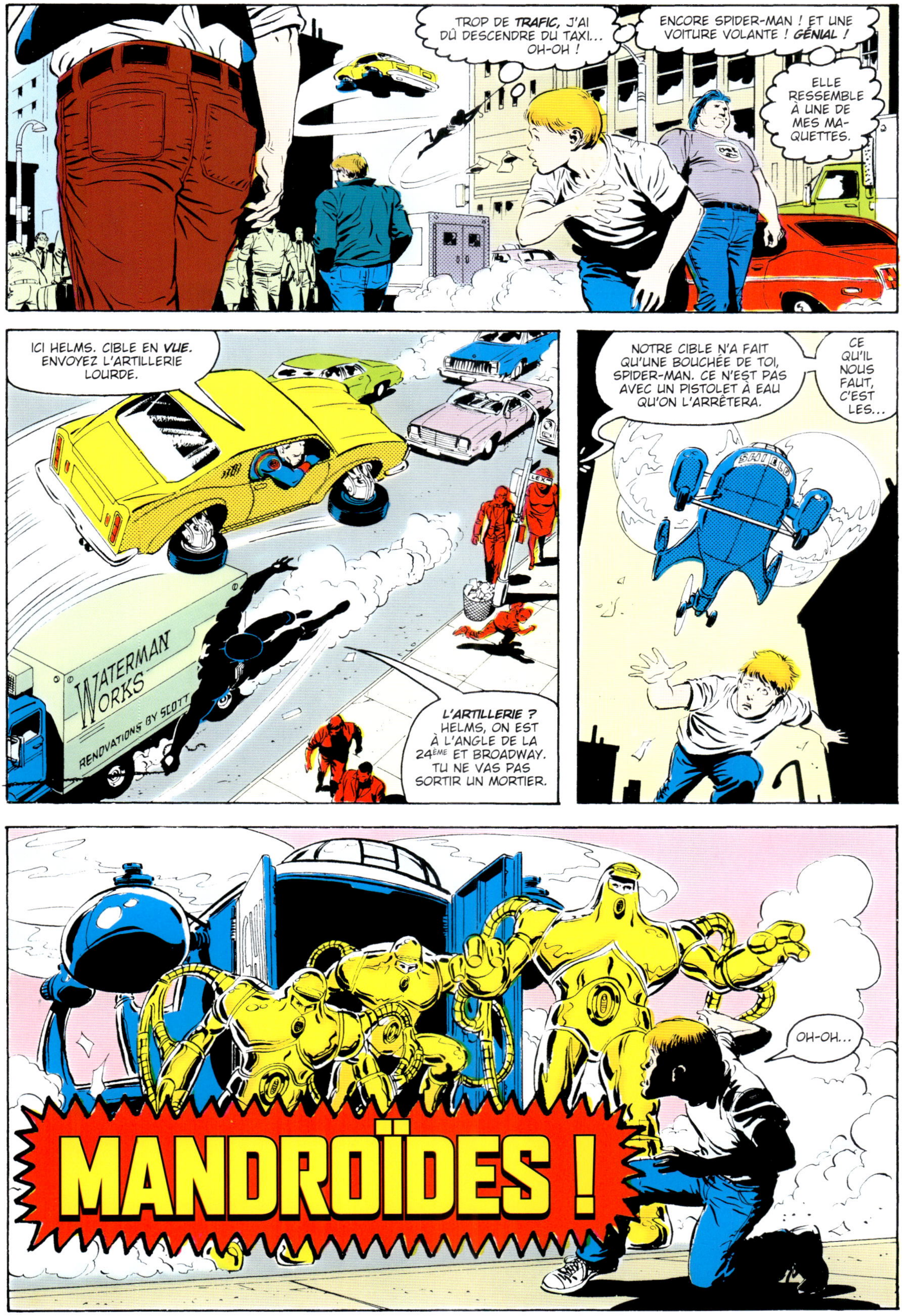
TROP DE TRAFIC, J'AI DÛ DESCENDRE DU TAXI... OH-OH !
ENCORE SPIDER-MAN ! ET UNE VOITURE VOLANTE ! GÉNIAL !
ELLE RESSEMBLE À UNE DE MES MAQUETTES.
ICI HELMS. CIBLE EN VUE. ENVOYEZ L'ARTILLERIE LOURDE.
WATERMAN WORKS
RENOVATIONS BY SCOTT
L'ARTILLERIE ? HELMS, ON EST À L'ANGLE DE LA 24ÈME ET BROADWAY. TU NE VAS PAS SORTIR UN MORTIER.
NOTRE CIBLE N'A FAIT QU'UNE BOUCHÉE DE TOI, SPIDER-MAN. CE N'EST PAS AVEC UN PISTOLET À EAU QU'ON L'ARRÊTERA.
CE QU'IL NOUS FAUT, C'EST LES...
SHIELD
MANDROÏDES !
OH-OH...

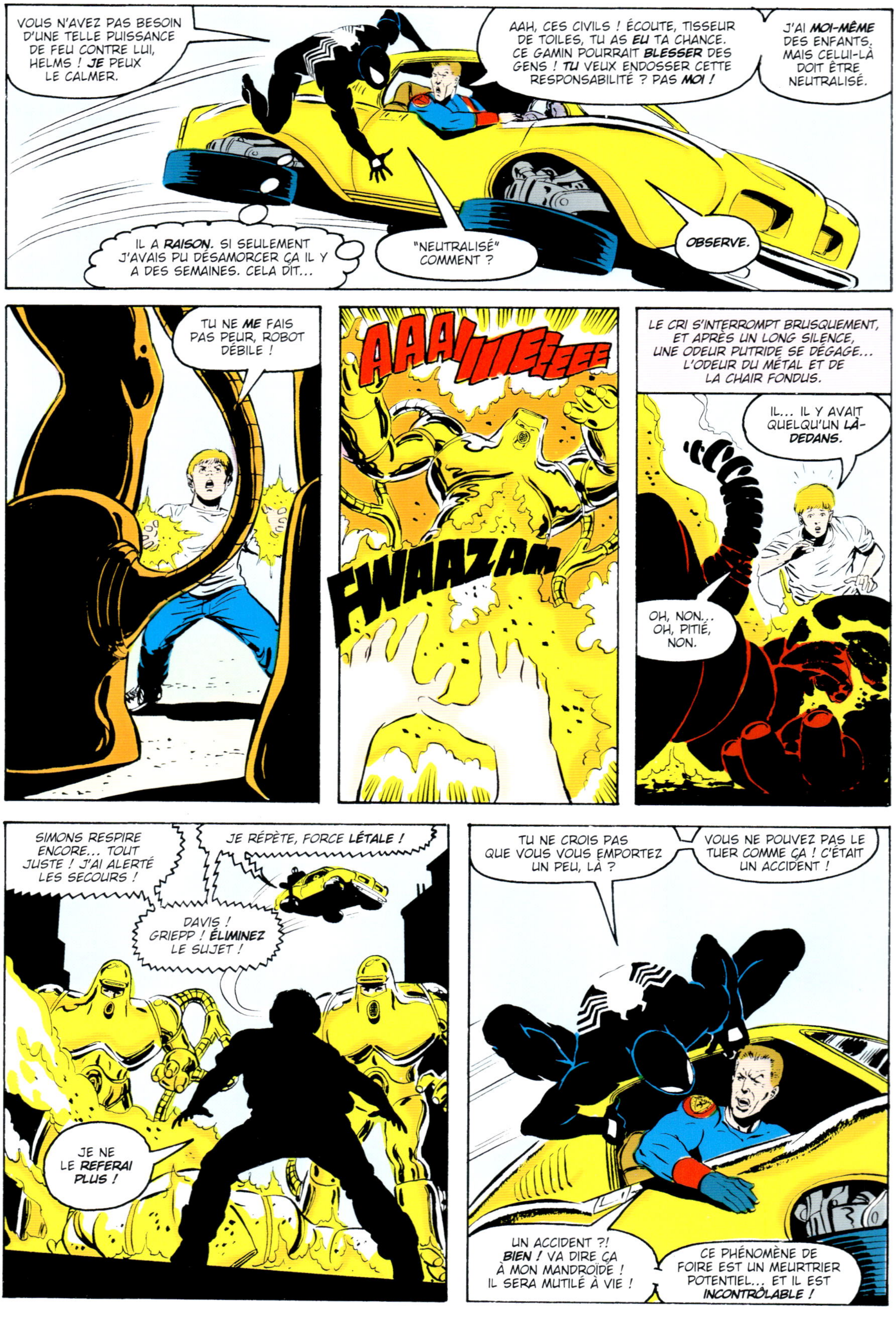
VOUS N'AVEZ PAS BESOIN D'UNE TELLE PUISSANCE DE FEU CONTRE LUI, HELMS ! JE PEUX LE CALMER.
AAH, CES CIVILS ! ÉCOUTE, TISSEUR DE TOILES, TU AS EU TA CHANCE. CE GAMIN POURRAIT BLESSER DES GENS ! TU VEUX ENDOSSER CETTE RESPONSABILITÉ ? PAS MOI !
J'AI MOI-MÊME DES ENFANTS. MAIS CELUI-LÀ DOIT ÊTRE NEUTRALISÉ.
IL A RAISON. SI SEULEMENT J'AVAIS PU DÉSAMORCER ÇA IL Y A DES SEMAINES. CELA DIT...
"NEUTRALISÉ" COMMENT ?
OBSERVE.
TU NE ME FAIS PAS PEUR, ROBOT DÉBILE !
AAAIIIIEEEEEE
FWAAZAM
LE CRI S'INTERROMPT BRUSQUEMENT, ET APRÈS UN LONG SILENCE, UNE ODEUR PUTRIDE SE DÉGAGE... L'ODEUR DU MÉTAL ET DE LA CHAIR FONDUS.
IL... IL Y AVAIT QUELQU'UN LÀ-DEDANS.
OH, NON... OH, PITIÉ, NON.
SIMONS RESPIRE ENCORE... TOUT JUSTE ! J'AI ALERTÉ LES SECOURS !
JE RÉPÈTE, FORCE LÉTALE !
DAVIS ! GRIEPP ! ÉLIMINEZ LE SUJET !
JE NE LE REFERAI PLUS !
TU NE CROIS PAS QUE VOUS VOUS EMPORTEZ UN PEU, LÀ ?
VOUS NE POUVEZ PAS LE TUER COMME ÇA ! C'ÉTAIT UN ACCIDENT !
UN ACCIDENT ?! BIEN ! VA DIRE ÇA À MON MANDROÏDE ! IL SERA MUTILÉ À VIE !
CE PHÉNOMÈNE DE FOIRE EST UN MEURTRIER POTENTIEL... ET IL EST INCONTRÔLABLE !

ÇA, C'EST POUR REGGIE, SALE PETIT MONSTRE !
J'SUIS PAS UN MONSTRE !
FWZAK
VOUS VOYEZ !? J'AURAIS PU LE FRAPPER DIRECTEMENT AU LIEU DE DÉTRUIRE LE TROTTOIR SOUS SES PIEDS.
JE VOUS EN PRIE ! JE N'AI JAMAIS EU AUTANT D'ENNUIS DE TOUTE MA VIE ! AIDEZ-MOI !
JE VAIS T'AIDER !
JE VAIS T'AIDER EN TE DÉMEMBRANT.
QU... MES JAMBES !
FRANKENSTEIN JUNIOR, COUCHÉ !
JE TOMBE À PIC, CONTRAIREMENT À TOI QUI TOMBES À PLAT !
KRANG!
HA ! TU NE T'ATTENDAIS PAS À CE QUE J'ARRIVE DERRIÈRE TOI EN CREUSANT, HEIN ?
RECULEZ ! JE N'AI JAMAIS VOULU TOUT ÇA !
JE VEUX JOUER AUX JEUX VIDÉO ! VOIR UN FILM ! ALLER AU DANCING AVEC JENNY MEYERS LE DIMANCHE.
JE VEUX ÊTRE NORMAL ! PERSONNE N'ARRIVE À LE COMPRENDRE ?!

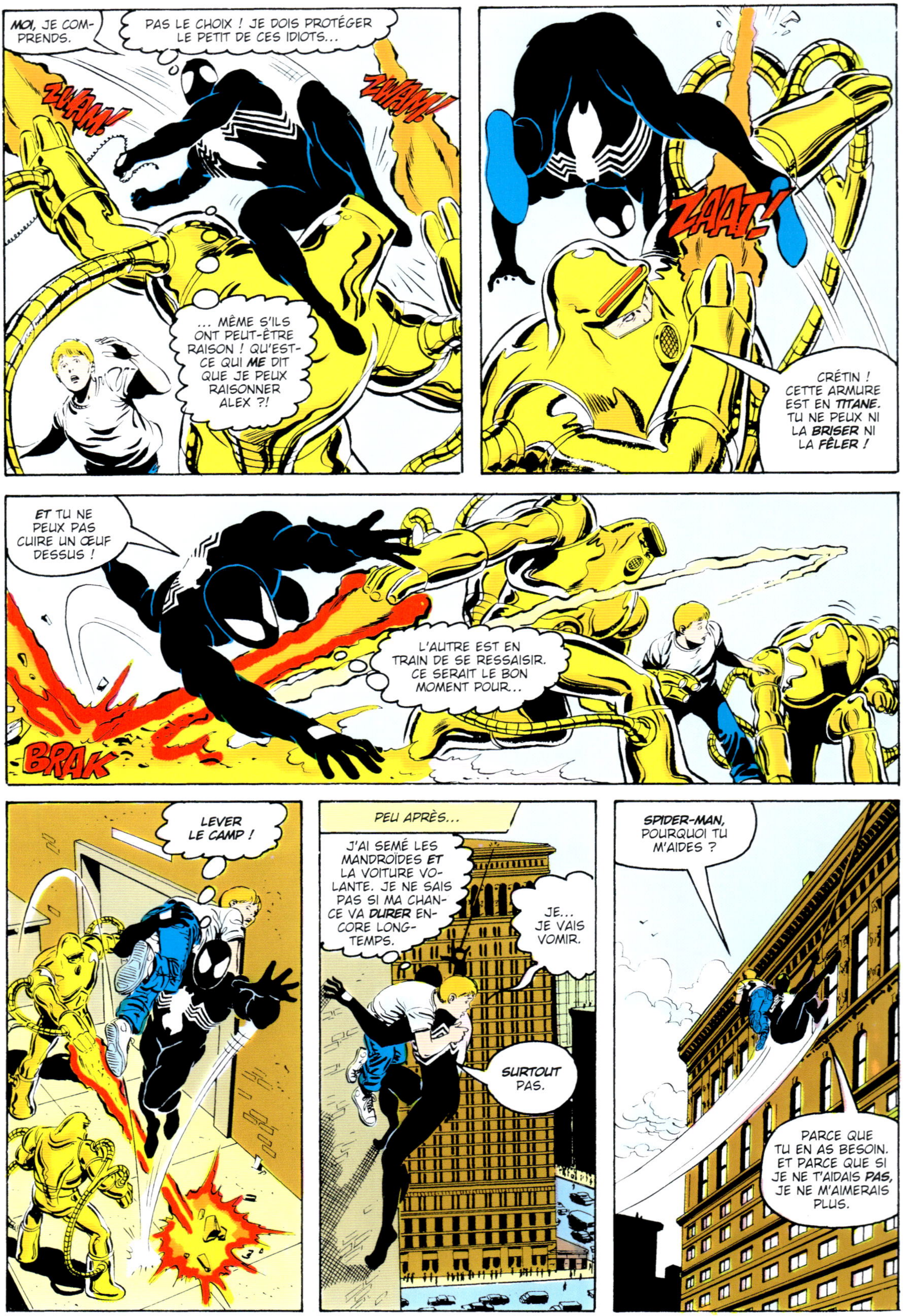
MOI, JE COMPRENDS.
PAS LE CHOIX ! JE DOIS PROTÉGER LE PETIT DE CES IDIOTS...
ZWAM!
ZWAM!
... MÊME S'ILS ONT PEUT-ÊTRE RAISON ! QU'EST-CE QUI ME DIT QUE JE PEUX RAISONNER ALEX ?!
ZAAT!
CRÉTIN ! CETTE ARMURE EST EN TITANE. TU NE PEUX NI LA BRISER NI LA FÊLER !
ET TU NE PEUX PAS CUIRE UN ŒUF DESSUS !
L'AUTRE EST EN TRAIN DE SE RESSAISIR. CE SERAIT LE BON MOMENT POUR...
BRAK
LEVER LE CAMP !
PEU APRÈS...
J'AI SEMÉ LES MANDROÏDES ET LA VOITURE VOLANTE. JE NE SAIS PAS SI MA CHANCE VA DURER ENCORE LONGTEMPS.
JE... JE VAIS VOMIR.
SURTOUT PAS.
SPIDER-MAN, POURQUOI TU M'AIDES ?
PARCE QUE TU EN AS BESOIN. ET PARCE QUE SI JE NE T'AIDAIS PAS, JE NE M'AIMERAIS PLUS.

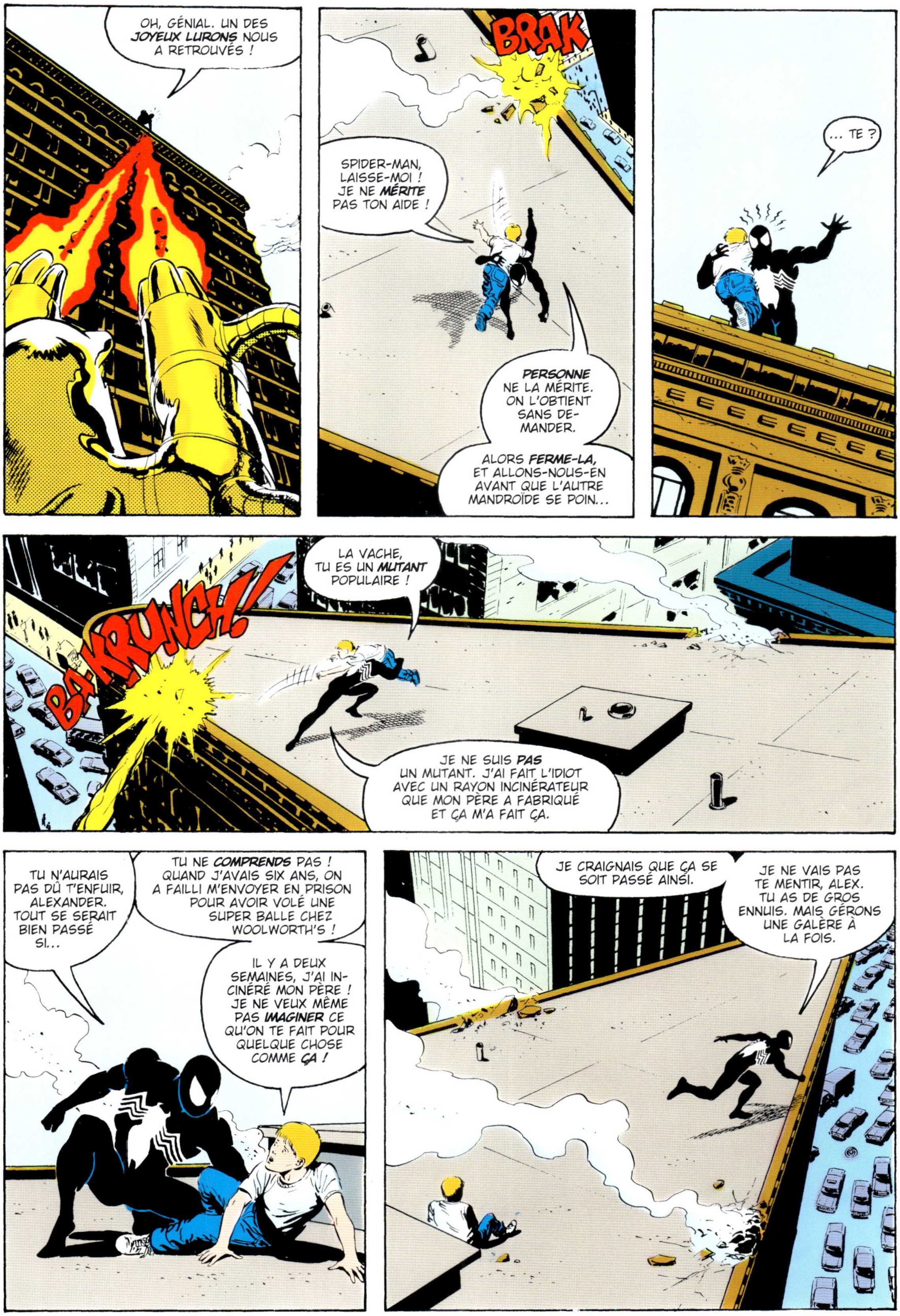
OH, GÉNIAL. UN DES JOYEUX LURONS NOUS A RETROUVÉS !
BRAK
SPIDER-MAN, LAISSE-MOI ! JE NE MÉRITE PAS TON AIDE !
PERSONNE NE LA MÉRITE. ON L'OBTIENT SANS DE-MANDER.
ALORS FERME-LA, ET ALLONS-NOUS-EN AVANT QUE L'AUTRE MANDROÏDE SE POIN...
... TE ?
LA VACHE, TU ES UN MUTANT POPULAIRE !
BA-KRUNCH !
JE NE SUIS PAS UN MUTANT. J'AI FAIT L'IDIOT AVEC UN RAYON INCINÉRATEUR QUE MON PÈRE A FABRIQUÉ ET ÇA M'A FAIT ÇA.
TU N'AURAIS PAS DÛ T'ENFUIR, ALEXANDER. TOUT SE SERAIT BIEN PASSÉ SI...
TU NE COMPRENDS PAS ! QUAND J'AVAIS SIX ANS, ON A FAILLI M'ENVOYER EN PRISON POUR AVOIR VOLÉ UNE SUPER BALLE CHEZ WOOLWORTH'S !
IL Y A DEUX SEMAINES, J'AI IN-CINÉRÉ MON PÈRE ! JE NE VEUX MÊME PAS IMAGINER CE QU'ON TE FAIT POUR QUELQUE CHOSE COMME ÇA !
JE CRAIGNAIS QUE ÇA SE SOIT PASSÉ AINSI.
JE NE VAIS PAS TE MENTIR, ALEX. TU AS DE GROS ENNUIS. MAIS GÉRONS UNE GALÈRE À LA FOIS.

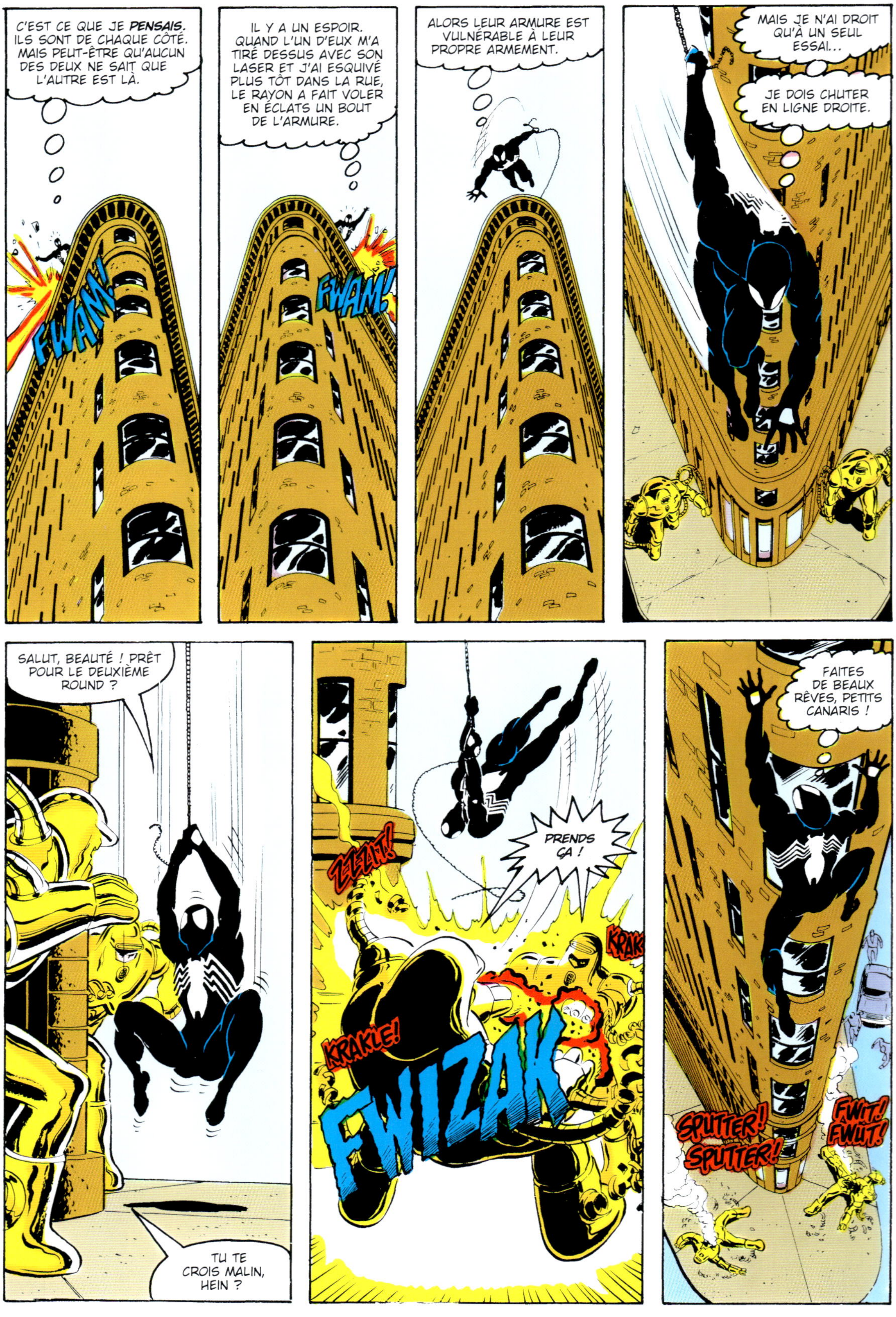

C'EST CE QUE JE **PENSAIS**. ILS SONT DE CHAQUE CÔTÉ. MAIS PEUT-ÊTRE QU'AUCUN DES DEUX NE SAIT QUE L'AUTRE EST LÀ.
FWAM!
IL Y A UN ESPOIR. QUAND L'UN D'EUX M'A TIRÉ DESSUS AVEC SON LASER ET J'AI ESQUIVÉ PLUS TÔT DANS LA RUE, LE RAYON A FAIT VOLER EN ÉCLATS UN BOUT DE L'ARMURE.
FWAM!
ALORS LEUR ARMURE EST VULNÉRABLE À LEUR PROPRE ARMEMENT.
MAIS JE N'AI DROIT QU'À UN SEUL ESSAI...
JE DOIS CHUTER EN LIGNE DROITE.
SALUT, BEAUTÉ ! PRÊT POUR LE DEUXIÈME ROUND ?
TU TE CROIS MALIN, HEIN ?
PRENDS ÇA !
ZEEEAAT!
KRAK
KRAKLE!
FWIZAK
FAITES DE BEAUX RÊVES, PETITS CANARIS !
SPUTTER!
SPUTTER!
FWIT! FWIT!

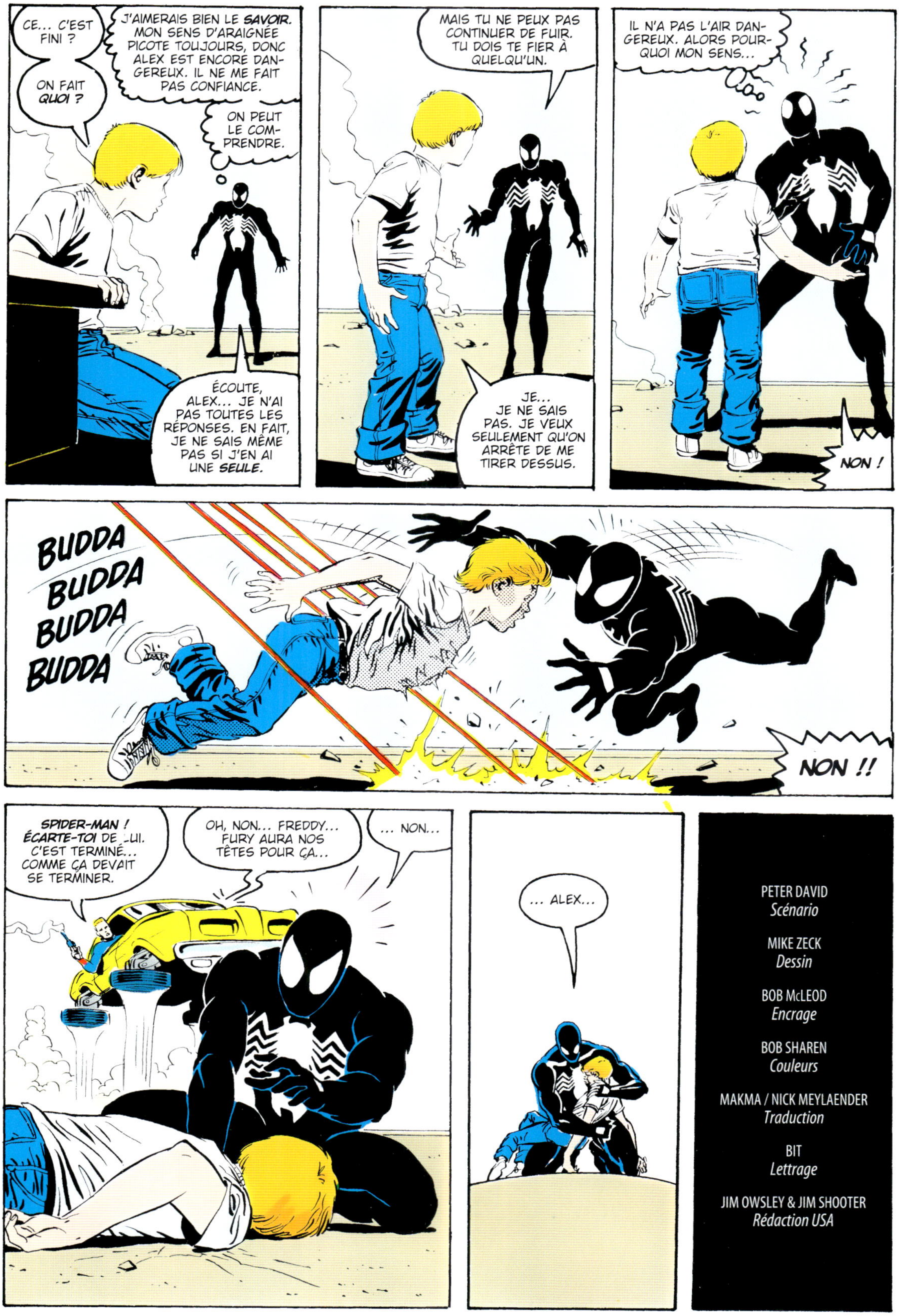
CE... C'EST FINI ?
ON FAIT QUOI ?
J'AIMERAIS BIEN LE SAVOIR. MON SENS D'ARAIGNÉE PICOTE TOUJOURS, DONC ALEX EST ENCORE DANGEREUX. IL NE ME FAIT PAS CONFIANCE.
ON PEUT LE COMPRENDRE.
ÉCOUTE, ALEX... JE N'AI PAS TOUTES LES RÉPONSES. EN FAIT, JE NE SAIS MÊME PAS SI J'EN AI UNE SEULE.
MAIS TU NE PEUX PAS CONTINUER DE FUIR. TU DOIS TE FIER À QUELQU'UN.
JE... JE NE SAIS PAS. JE VEUX SEULEMENT QU'ON ARRÊTE DE ME TIRER DESSUS.
IL N'A PAS L'AIR DANGEREUX. ALORS POURQUOI MON SENS...
NON !
BUDDA BUDDA BUDDA BUDDA
NON !!
SPIDER-MAN ! ÉCARTE-TOI DE LUI. C'EST TERMINÉ... COMME ÇA DEVAIT SE TERMINER.
OH, NON... FREDDY... FURY AURA NOS TÊTES POUR ÇA...
... NON...
... ALEX...
PETER DAVID
Scénario
MIKE ZECK
Dessin
BOB McLEOD
Encrage
BOB SHAREN
Couleurs
MAKMA / NICK MEYLAENDER
Traduction
BIT
Lettrage
JIM OWSLEY & JIM SHOOTER
Rédaction USA

SPECTACULAR SPIDER-MAN™

1986

Stan Lee PRÉSENTE :
CHÂTIMENT !
"TRAUMATISME CRÂNIEN : ÉTAT DE VERTIGE, DE CONFUSION MENTALE ET PARFOIS D'INCONSCIENCE DÛ À UN COUP SUR LA TÊTE."
EN TERMES SIMPLES, QUELQU'UN SOUFFRANT D'UN TRAUMATISME CRÂNIEN A DU MAL À MARCHER.
ET SI CE SOUFFRANT ESSAIE DE SE BALANCER AU-DESSUS DE LA VILLE AU BOUT DE MINCES FILS DE TOILE, MÊME S'IL A LA FORCE PROPORTIONNELLE D'UNE ARAIGNÉE, UN TEL EXPLOIT EST PRATIQUEMENT...
... IMPOSSIBLE !
JE... J'AI PERDU MES REPÈRES... TOUT TOURNE...
JE NE TROUVE PLUS L'IMMEUBLE QUE JE VISAIS !

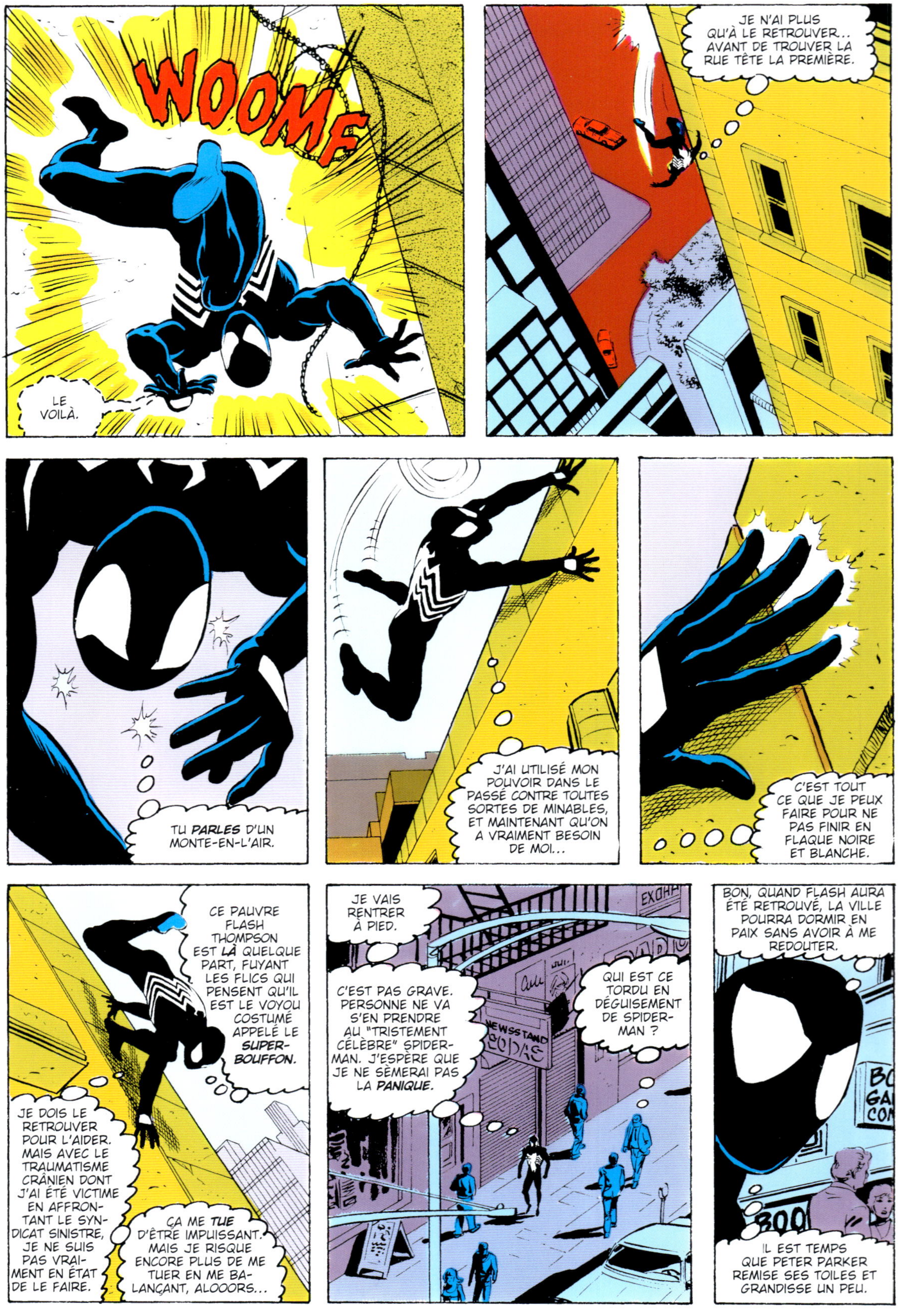
WOOMF
LE VOILÀ.
JE N'AI PLUS QU'À LE RETROUVER.. AVANT DE TROUVER LA RUE TÊTE LA PREMIÈRE.
TU PARLES D'UN MONTE-EN-L'AIR.
J'AI UTILISÉ MON POUVOIR DANS LE PASSÉ CONTRE TOUTES SORTES DE MINABLES, ET MAINTENANT QU'ON A VRAIMENT BESOIN DE MOI...
C'EST TOUT CE QUE JE PEUX FAIRE POUR NE PAS FINIR EN FLAQUE NOIRE ET BLANCHE.
CE PAUVRE FLASH THOMPSON EST LÀ QUELQUE PART, FUYANT LES FLICS QUI PENSENT QU'IL EST LE VOYOU COSTUMÉ APPELÉ LE SUPER-BOUFFON.
JE DOIS LE RETROUVER POUR L'AIDER. MAIS AVEC LE TRAUMATISME CRÂNIEN DONT J'AI ÉTÉ VICTIME EN AFFRONTANT LE SYNDICAT SINISTRE, JE NE SUIS PAS VRAIMENT EN ÉTAT DE LE FAIRE.
ÇA ME TUE D'ÊTRE IMPUISSANT. MAIS JE RISQUE ENCORE PLUS DE ME TUER EN ME BALANÇANT, ALOOORS...
JE VAIS RENTRER À PIED.
C'EST PAS GRAVE. PERSONNE NE VA S'EN PRENDRE AU "TRISTEMENT CÉLÈBRE" SPIDER-MAN. J'ESPÈRE QUE JE NE SÈMERAI PAS LA PANIQUE.
QUI EST CE TORDU EN DÉGUISEMENT DE SPIDER-MAN ?
NEWSSTAND
SODAS
BON, QUAND FLASH AURA ÉTÉ RETROUVÉ, LA VILLE POURRA DORMIR EN PAIX SANS AVOIR À ME REDOUTER.
IL EST TEMPS QUE PETER PARKER REMISE SES TOILES ET GRANDISSE UN PEU.

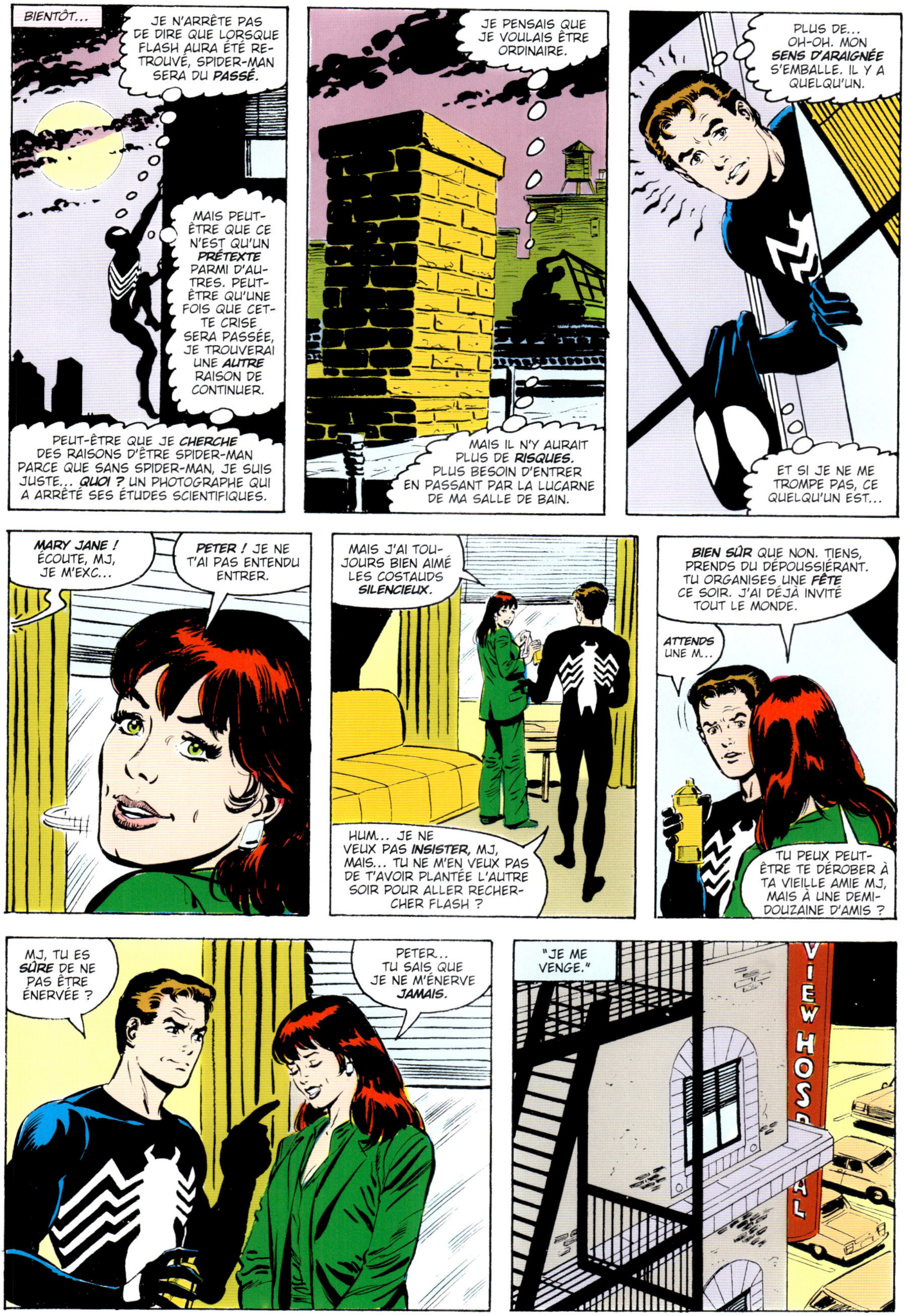
BIENTÔT...
JE N'ARRÊTE PAS DE DIRE QUE LORSQUE FLASH AURA ÉTÉ RETROUVÉ, SPIDER-MAN SERA DU PASSÉ.
MAIS PEUT-ÊTRE QUE CE N'EST QU'UN PRÉTEXTE PARMI D'AUTRES. PEUT-ÊTRE QU'UNE FOIS QUE CETTE CRISE SERA PASSÉE, JE TROUVERAI UNE AUTRE RAISON DE CONTINUER.
PEUT-ÊTRE QUE JE CHERCHE DES RAISONS D'ÊTRE SPIDER-MAN PARCE QUE SANS SPIDER-MAN, JE SUIS JUSTE... QUOI ? UN PHOTOGRAPHE QUI A ARRÊTÉ SES ÉTUDES SCIENTIFIQUES.
JE PENSAIS QUE JE VOULAIS ÊTRE ORDINAIRE.
MAIS IL N'Y AURAIT PLUS DE RISQUES. PLUS BESOIN D'ENTRER EN PASSANT PAR LA LUCARNE DE MA SALLE DE BAIN.
PLUS DE... OH-OH. MON SENS D'ARAIGNÉE S'EMBALLE. IL Y A QUELQU'UN.
ET SI JE NE ME TROMPE PAS, CE QUELQU'UN EST...
MARY JANE ! ÉCOUTE, MJ, JE M'EXC...
PETER ! JE NE T'AI PAS ENTENDU ENTRER.
MAIS J'AI TOUJOURS BIEN AIMÉ LES COSTAUDS SILENCIEUX.
HUM... JE NE VEUX PAS INSISTER, MJ, MAIS... TU NE M'EN VEUX PAS DE T'AVOIR PLANTÉE L'AUTRE SOIR POUR ALLER RECHERCHER FLASH ?
BIEN SÛR QUE NON. TIENS, PRENDS DU DÉPOUSSIÉRANT. TU ORGANISES UNE FÊTE CE SOIR. J'AI DÉJÀ INVITÉ TOUT LE MONDE.
ATTENDS UNE M...
TU PEUX PEUT-ÊTRE TE DÉROBER À TA VIEILLE AMIE MJ, MAIS À UNE DEMI-DOUZAINE D'AMIS ?
MJ, TU ES SÛRE DE NE PAS ÊTRE ÉNERVÉE ?
PETER... TU SAIS QUE JE NE M'ÉNERVE JAMAIS.
"JE ME VENGE."
VIEW HOSPITAL

SE VENGER. DEPUIS UN BON MOMENT, ÇA A ÉTÉ LA PENSÉE OBSÉDANTE DE CET HOMME.
ET CETTE PENSÉE EST PRATIQUEMENT DEVENUE UN OBJET SOLIDE... UNE BOULE DE FUREUR BOUILLONNANT DANS SES TRIPES.
SE VENGER DE TOUS CEUX QUI L'ONT TRAHI, QUI LUI ONT MENTI OU QUI L'ONT BATTU UN JOUR.
SURTOUT CEUX QUI L'ONT BATTU.
ENTRE LES BANDAGES QUI RECOUVRENT SON VISAGE LACÉRÉ ET BALAFRÉ, IL VOIT UN AUTRE D'ENTRE EUX. UN AUTRE DES TRAÎTRES.
OH, IL A UNE ATTITUDE AGRÉABLE ET UNE VOIX AMICALE... CE QUI REND LA TRAHISON D'AUTANT PLUS INSIDIEUSE.
IL SERA LE PREMIER.
DENTS DE SABRE ? VOUS ÊTES RÉVEILLÉ ? C'EST LE DOCTEUR ROMAN.
JE VEUX VOUS DIRE QUE LE PRONOSTIC EST EXCELLENT. AVEC UN PEU DE CHIRURGIE, LE BON TRAITEMENT ET DU TEMPS...
ON PEUT SOIGNER VOTRE... MALADIE. VOUS SERIEZ AUSSI NORMAL QUE N'IMPORTE QUI.
LA SAUVAGERIE QUI VOUS ANIME... VOUS EN SERIEZ COMPLÈTEMENT GUÉRI. VOUS N'AURIEZ PLUS À ÊTRE SANGLÉ AU LIT.
QU'EN PENSEZ-VOUS ?
SNAP!
TU ES LE PREMIER.

PERSONNE NE LE REGRETTERA... IL N'Y AVAIT PAS DE PHOTOS DE FAMILLE DANS SON PORTEFEUILLE, ET UN SEUL BILLET POUR UNE REPRÉSENTATION DE "CATS" MARDI PROCHAIN.
CHAQUE CADAVRE EST UN TREMPLIN POUR RETROUVER CE QU'IL A PERDU. MAIS IL A TANT PERDU.
IL FAUT QU'IL Y AIT BEAUCOUP DE CADAVRES.
HÉ, TONY, N'OUBLIE PAS DE ME PRENDRE UN CAFÉ NOIR, OK ?
D'AC, JIM. DITES, DOCTEUR, COMMENT VA LE PATIENT ?
DOCTEUR ? C'EST QUOI CE KETCHUP SUR VOS MAINS ?
KETCHUP ?
27095
DU SANG !
PLUS UN GESTE !
WHAK!
ET DE DEUX.
NON, PITIÉ ! J'AI UNE FEMME...
... ELLE ATTEND UN BÉBÉ ! PITIÉ !
KRUNCH!

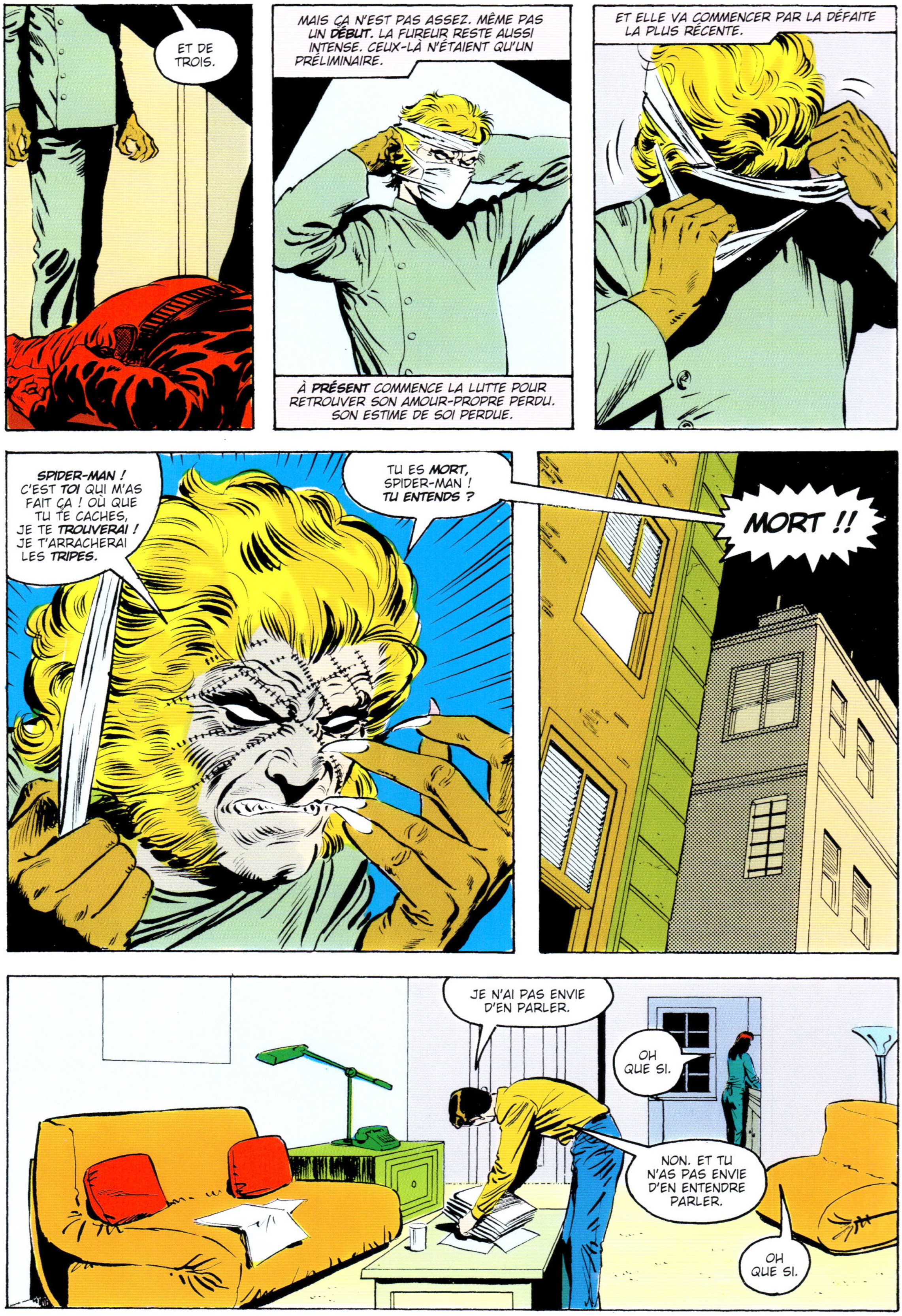
ET DE TROIS.
MAIS ÇA N'EST PAS ASSEZ. MÊME PAS UN DÉBUT. LA FUREUR RESTE AUSSI INTENSE. CEUX-LÀ N'ÉTAIENT QU'UN PRÉLIMINAIRE.
À PRÉSENT COMMENCE LA LUTTE POUR RETROUVER SON AMOUR-PROPRE PERDU. SON ESTIME DE SOI PERDUE.
ET ELLE VA COMMENCER PAR LA DÉFAITE LA PLUS RÉCENTE.
SPIDER-MAN ! C'EST TOI QUI M'AS FAIT ÇA ! OÙ QUE TU TE CACHES, JE TE TROUVERAI ! JE T'ARRACHERAI LES TRIPES.
TU ES MORT, SPIDER-MAN ! TU ENTENDS ?
MORT !!
JE N'AI PAS ENVIE D'EN PARLER.
OH QUE SI.
NON. ET TU N'AS PAS ENVIE D'EN ENTENDRE PARLER.
OH QUE SI.

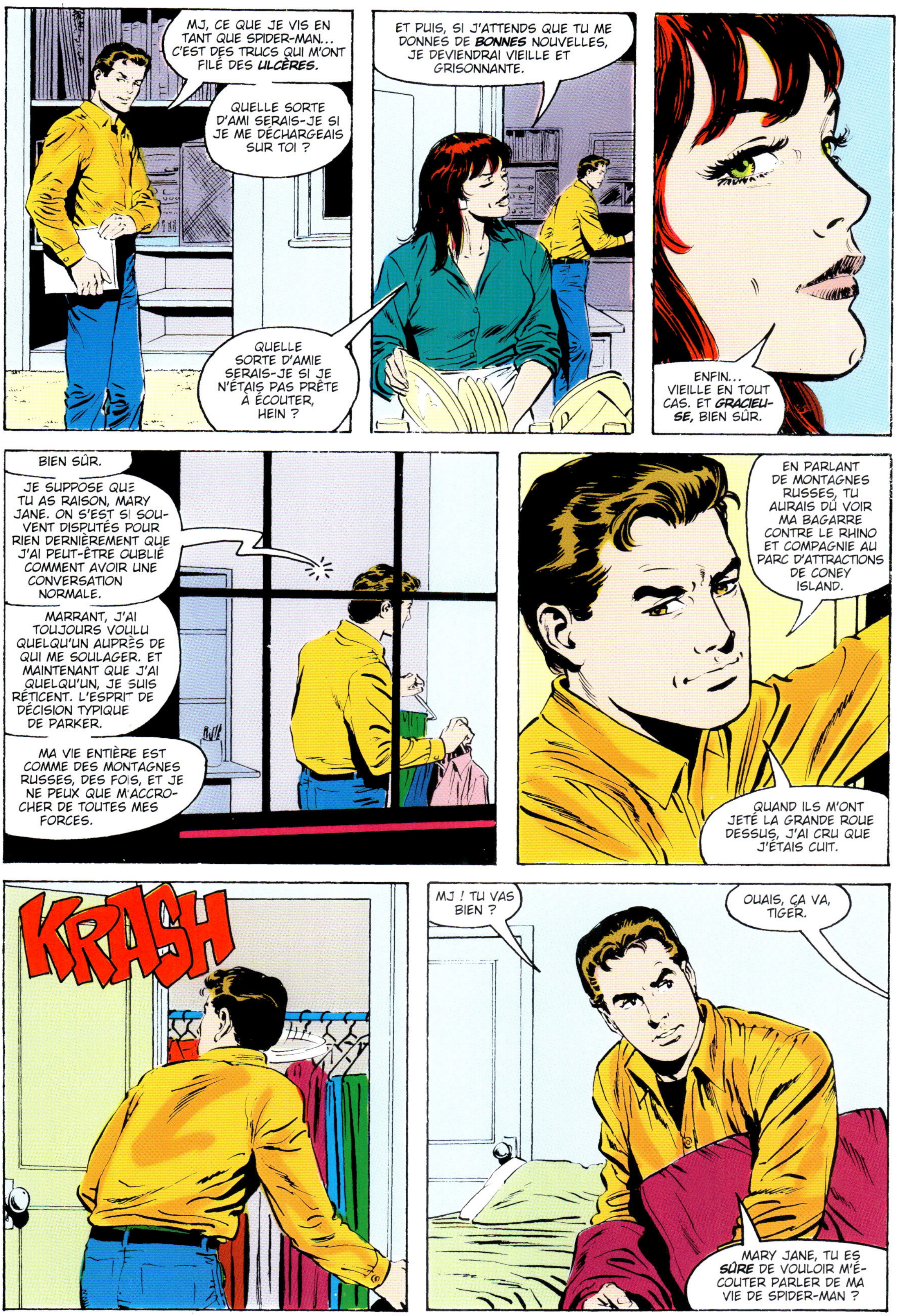
MJ, CE QUE JE VIS EN TANT QUE SPIDER-MAN... C'EST DES TRUCS QUI M'ONT FILÉ DES ULCÈRES.
QUELLE SORTE D'AMI SERAIS-JE SI JE ME DÉCHARGEAIS SUR TOI ?
ET PUIS, SI J'ATTENDS QUE TU ME DONNES DE BONNES NOUVELLES, JE DEVIENDRAI VIEILLE ET GRISONNANTE.
QUELLE SORTE D'AMIE SERAIS-JE SI JE N'ÉTAIS PAS PRÊTE À ÉCOUTER, HEIN ?
ENFIN... VIEILLE EN TOUT CAS. ET GRACIEUSE, BIEN SÛR.
BIEN SÛR.
JE SUPPOSE QUE TU AS RAISON, MARY JANE. ON S'EST SI SOUVENT DISPUTÉS POUR RIEN DERNIÈREMENT QUE J'AI PEUT-ÊTRE OUBLIÉ COMMENT AVOIR UNE CONVERSATION NORMALE.
MARRANT, J'AI TOUJOURS VOULU QUELQU'UN AUPRÈS DE QUI ME SOULAGER. ET MAINTENANT QUE J'AI QUELQU'UN, JE SUIS RÉTICENT. L'ESPRIT DE DÉCISION TYPIQUE DE PARKER.
MA VIE ENTIÈRE EST COMME DES MONTAGNES RUSSES, DES FOIS, ET JE NE PEUX QUE M'ACCROCHER DE TOUTES MES FORCES.
EN PARLANT DE MONTAGNES RUSSES, TU AURAIS DÛ VOIR MA BAGARRE CONTRE LE RHINO ET COMPAGNIE AU PARC D'ATTRACTIONS DE CONEY ISLAND.
QUAND ILS M'ONT JETÉ LA GRANDE ROUE DESSUS, J'AI CRU QUE J'ÉTAIS CUIT.
KRASH
MJ ! TU VAS BIEN ?
OUAIS, ÇA VA, TIGER.
MARY JANE, TU ES SÛRE DE VOULOIR M'ÉCOUTER PARLER DE MA VIE DE SPIDER-MAN ?

PETER, CE N'ÉTAIT QU'UN VERRE, BON SANG. LES GENS FONT TOMBER DES VERRES RÉGULIÈREMENT...
ÇA NE VEUT PAS DIRE QU'ILS SONT NERVEUX POUR LEURS AMIS...
... DONT LE HOBBY EST DE RISQUER LEUR VIE.
BON, D'ACCORD.
JE PENSE QUE CE QUI ME TRAVAILLE LE PLUS, C'EST CE PAUVRE GAMIN, ALEXANDER. CELUI QUI A FAILLI DÉTRUIRE LA VILLE L'AUTRE JOUR AVEC UN POUVOIR INCONTRÔLABLE.
JE SAIS QUE J'AURAIS PU L'AIDER D'UNE MANIÈRE OU D'UNE AUTRE, MAIS LE S.H.I.E.L.D. L'A ABATTU. ET ILS ÉTAIENT SI INSENSIBLES. JE NE SAIS PAS CE QUE LES GENS ONT DANS LE CRÂNE DE NOS JOURS.
ET VOILÀ DU TISSU EN RAB POUR MON COSTUME. JE PENSAIS AVOIR TOUT UTILISÉ QUAND JE L'AI RAFISTOLÉ IL Y A UN MOMENT.
TU AURAIS DÛ VOIR ÇA. CE CINGLÉ DE DENTS DE SABRE AVAIT DÉCHIQUETÉ LE DEVANT.
DEUX CENTIMÈTRES PLUS PRÈS ET IL M'AURAIT ÉVENTRÉ !
KRASH
TU AS VU LE DERNIER MATCH DES KNICKS ?
MJ, POURQUOI J'AI L'IMPRESSION QUE TU AS SUBITEMENT DÉCIDÉ DE CHANGER DE SUJET ?
OH, OUAH. JE LES AVAIS OUBLIÉES, CELLES-LÀ.
QU'EST-CE QUE C'EST, PETE ? UN TRUC BIEN OU UN TRUC QUI CRAINT ?
Luv Felicia

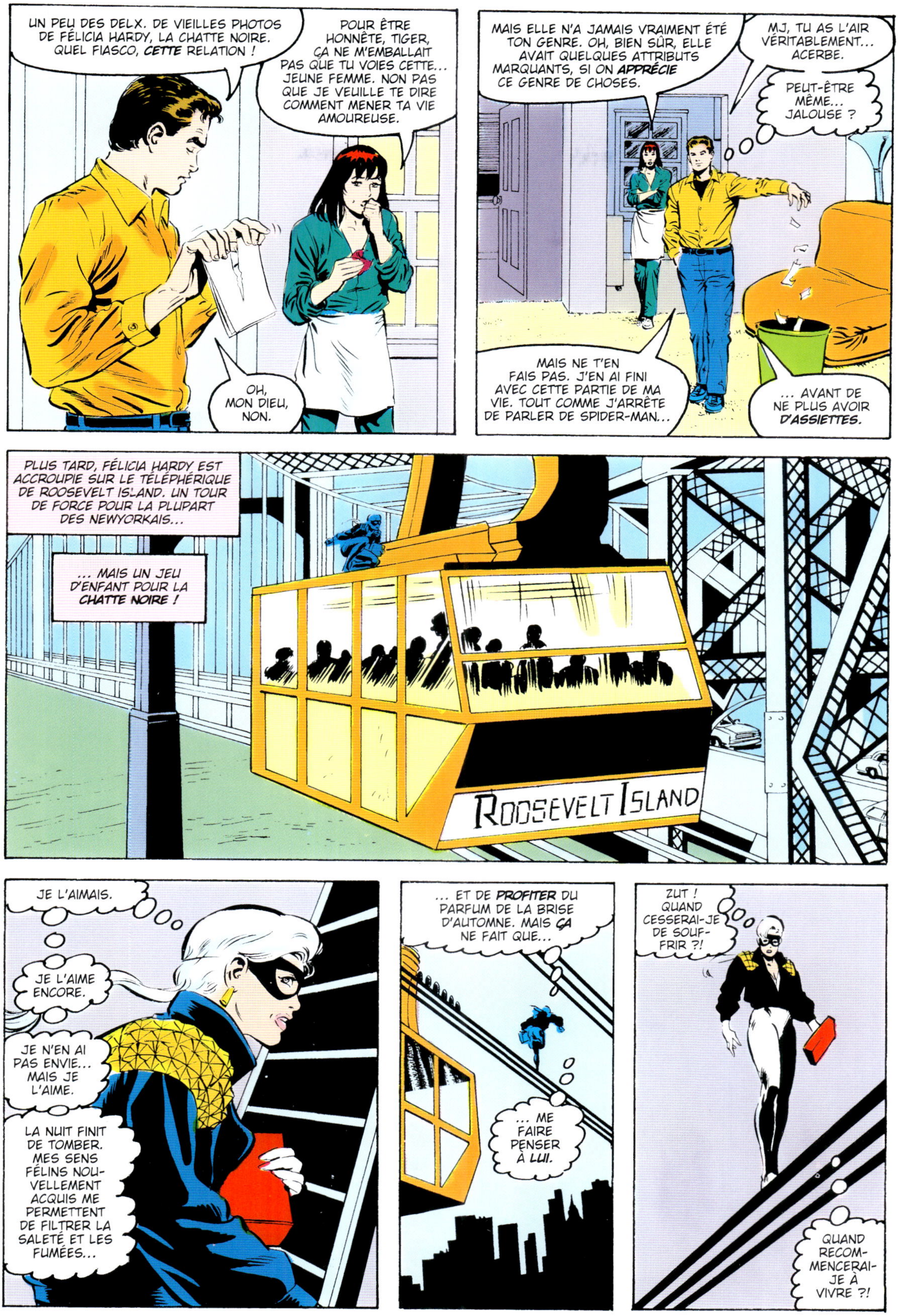
UN PEU DES DEUX. DE VIEILLES PHOTOS DE FÉLICIA HARDY, LA CHATTE NOIRE. QUEL FIASCO, CETTE RELATION !
POUR ÊTRE HONNÊTE, TIGER, ÇA NE M'EMBALLAIT PAS QUE TU VOIES CETTE... JEUNE FEMME. NON PAS QUE JE VEUILLE TE DIRE COMMENT MENER TA VIE AMOUREUSE.
OH, MON DIEU, NON.
MAIS ELLE N'A JAMAIS VRAIMENT ÉTÉ TON GENRE. OH, BIEN SÛR, ELLE AVAIT QUELQUES ATTRIBUTS MARQUANTS, SI ON APPRÉCIE CE GENRE DE CHOSES.
MJ, TU AS L'AIR VÉRITABLEMENT... ACERBE.
PEUT-ÊTRE MÊME... JALOUSE ?
MAIS NE T'EN FAIS PAS. J'EN AI FINI AVEC CETTE PARTIE DE MA VIE. TOUT COMME J'ARRÊTE DE PARLER DE SPIDER-MAN...
... AVANT DE NE PLUS AVOIR D'ASSIETTES.
PLUS TARD, FÉLICIA HARDY EST ACCROUPIE SUR LE TÉLÉPHÉRIQUE DE ROOSEVELT ISLAND. UN TOUR DE FORCE POUR LA PLUPART DES NEWYORKAIS...
... MAIS UN JEU D'ENFANT POUR LA CHATTE NOIRE !
ROOSEVELT ISLAND
JE L'AIMAIS.
JE L'AIME ENCORE.
JE N'EN AI PAS ENVIE... MAIS JE L'AIME.
LA NUIT FINIT DE TOMBER. MES SENS FÉLINS NOUVELLEMENT ACQUIS ME PERMETTENT DE FILTRER LA SALETÉ ET LES FUMÉES...
... ET DE PROFITER DU PARFUM DE LA BRISE D'AUTOMNE. MAIS ÇA NE FAIT QUE...
... ME FAIRE PENSER À LUI.
ZUT ! QUAND CESSERAI-JE DE SOUFFRIR ?!
QUAND RECOMMENCERAI-JE À VIVRE ?!

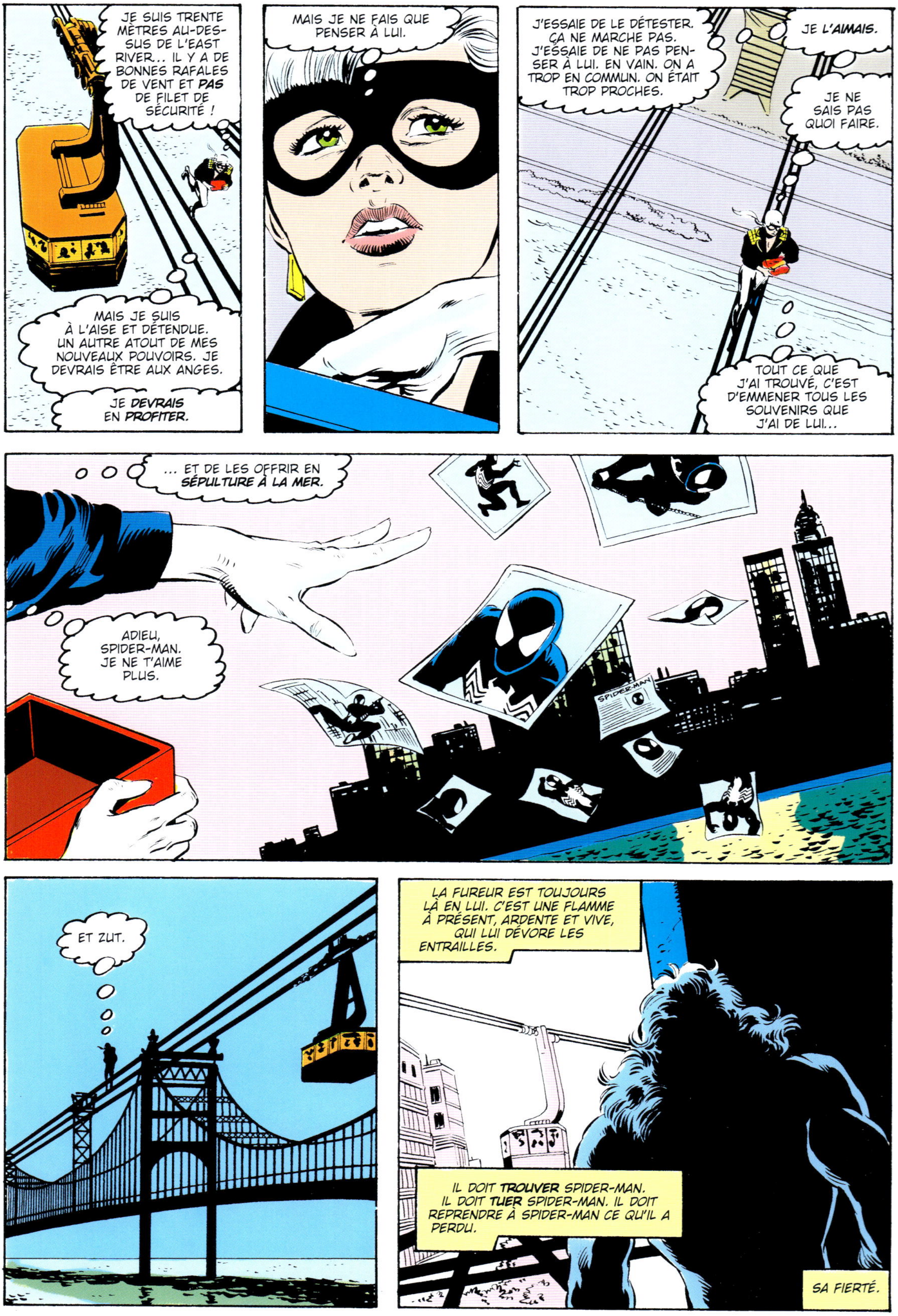

JE SUIS TRENTE MÈTRES AU-DESSUS DE L'EAST RIVER... IL Y A DE BONNES RAFALES DE VENT ET PAS DE FILET DE SÉCURITÉ !
MAIS JE SUIS À L'AISE ET DÉTENDUE. UN AUTRE ATOUT DE MES NOUVEAUX POUVOIRS. JE DEVRAIS ÊTRE AUX ANGES.
JE DEVRAIS EN PROFITER.
MAIS JE NE FAIS QUE PENSER À LUI.
J'ESSAIE DE LE DÉTESTER. ÇA NE MARCHE PAS. J'ESSAIE DE NE PAS PENSER À LUI. EN VAIN. ON A TROP EN COMMUN. ON ÉTAIT TROP PROCHES.
JE L'AIMAIS.
JE NE SAIS PAS QUOI FAIRE.
TOUT CE QUE J'AI TROUVÉ, C'EST D'EMMENER TOUS LES SOUVENIRS QUE J'AI DE LUI...
... ET DE LES OFFRIR EN SÉPULTURE À LA MER.
ADIEU, SPIDER-MAN. JE NE T'AIME PLUS.
SPIDER-MAN
ET ZUT.
LA FUREUR EST TOUJOURS LÀ EN LUI. C'EST UNE FLAMME À PRÉSENT, ARDENTE ET VIVE, QUI LUI DÉVORE LES ENTRAILLES.
IL DOIT TROUVER SPIDER-MAN. IL DOIT TUER SPIDER-MAN. IL DOIT REPRENDRE À SPIDER-MAN CE QU'IL A PERDU.
SA FIERTÉ.

IL A GARDÉ UN BOUT DE TISSU ARRACHÉ AU COSTUME DE SON ENNEMI.
L'ODEUR A QUASIMENT DISPARU, MAIS AUCUNE IMPORTANCE... ELLE EST AUSSI GRAVÉE DANS LA MÉMOIRE DE DENTS DE SABRE QUE SI ELLE ÉTAIT FRAÎCHE.
TOUT EST FRAIS. LE SOUVENIR DE LA DÉFAITE HUMILIANTE. LE SOUVENIR DE SA DOULEUR QUAND IL A ÉTÉ POUSSÉ À RETIRER LA TOILE DE SON VISAGE.
IL SE SOUVIENT DE LA TOILE. IL SE SOUVIENT DE LA DOULEUR QUAND IL L'A ARRACHÉE EN EMPORTANT UNE PARTIE DE SON VISAGE.
DES SOUVENIRS. D'HORRIBLES SOUVENIRS QUI NE POURRONT ÊTRE LAVÉS QUE DANS LE SANG.
RESTE OÙ TU ES, MJ. J'Y VAIS !
AU FAIT, J'AI REMARQUÉ QUE TU N'AVAIS INVITÉ AUCUNE FEMME CÉLIBATAIRE.
ET NOUS, ALORS, ON COMPTE POUR DU BEURRE ? À PROPOS, QUI A FAIT LA CUISINE ? ÇA SENT SUPER BON !
JE SUPPOSE QUE LA FILLE QUI NOUS A INVITÉES T'A DONNÉ UN COUP DE MAIN, PAS VRAI, PETER ? C'EST LA FEMME DE TA VIE ?
JUSTE UNE AMIE. EN FAIT, JE SUIS SECRÈTEMENT FIANCÉ AVEC CYBIL SHEPHERD.
ENTREZ, MESDAMES.
ROBBIE, VOICI MES VOISINES D'À CÔTÉ, CANDI, RANDI ET BAMBI. LES FILLES, VOICI JOE ROBERTSON, MON PATRON AU BUGLE.
TU AS DE LA CHANCE, PETE. QUAND J'AVAIS TON ÂGE, MA VOISINE DE PALIER ÉTAIT UNE JOUEUSE DE TUBA DE 80 ANS.
OH, LES FILLES, LAISSEZ-MOI VOUS PRÉSENTER LE FILS ET LA BELLE-FILLE DE JOE, RANDOLPH ET AMANDA.

RANDY, CANDI. RANDY, RANDI. RANDY, BAMBI. MANDY, RANDI. MANDY, CANDI. MANDY, BAMBI.
JOLI.
IL A TROUVÉ LA TRACE. ELLE EST VIEILLE DE PLUSIEURS HEURES, MAIS IL Y EN A ASSEZ POUR SES SENS AIGUISÉS.
LE FEU S'ATTISE EN LUI QUAND IL PENSE À SA PROIE, LE POUSSANT À ALLER DE L'AVANT.
AVEC SES GRIFFES, IL ARRACHERA LA TÊTE DES ÉPAULES DE SON ENNEMI, PUIS IL REGARDERA SON SANG S'ÉCOULER À FLOTS DE SON CORPS INUTILE.
IL RETROUSSE LES LÈVRES FÉROCEMENT ET SE POURLÈCHE LES BABINES D'AVANCE.
IL APPORTERA LA TÊTE À L'ÉTRANGER, LE MAÎTRE ASSASSIN. L'ÉTRANGER, L'HOMME QUI REFUSAIT D'ENGAGER DENTS DE SABRE PARCE QU'IL PENSAIT QU'IL ÉTAIT INCAPABLE DE FAIRE CE TRAVAIL.
L'ÉTRANGER LE FÉLICITERA ET L'ACCUEILLERA À BRAS OUVERTS AU SEIN DE SA GUILDE D'ASSASSINS.
ALORS **TOUT LE MONDE** LE SAURA. DENTS DE SABRE EST LE MEILLEUR. IL PEUT TOUT FAIRE. IL PEUT TUER N'IMPORTE QUI. IL PEUT PISTER N'IMPORTE QUI.

ET SI QUELQU'UN LE PISTAIT, NATURELLEMENT, IL LE SAURAIT **INSTANTANÉMENT.**
SAUF SI, BIEN SÛR, LA PERSONNE QUI LE PISTAIT RESTAIT SOUS LE VENT.
TRAQUÉ COMME UN **ANIMAL.** C'EST COMME ÇA QU'ILS TRAITENT CE PAUVRE FLASH, HARRY.
CE **PAUVRE FLASH ?** PETE, CE PAUVRE FLASH A ENLEVÉ MA FEMME IL Y A QUELQUES MOIS. CE PAUVRE FLASH A FAILLI LUI FAIRE PERDRE SON BÉBÉ.
CE PAUVRE FLASH A FAILLI ME FAIRE... ENFIN, PEU IMPORTE. DISONS JUSTE QUE CE PAUVRE FLASH NE ME **FEND** PAS VRAIMENT LE CŒUR.
HARRY ! TU CONNAIS FLASH DEPUIS LA FAC... JE LE CONNAIS DEPUIS LE LYCÉE... TU PENSES **VRAIMENT** QU'IL EST LE SUPER-BOUFFON ?
OH... **JE** N'EN SAIS RIEN, PETE. JE VEUX DIRE, ILS NE L'AURAIENT PAS ARRÊTÉ S'ILS N'ÉTAIENT PAS **SÛRS,** SI ?
QUAND ON Y RÉFLÉCHIT, QU'EST-CE QU'ON SAIT VRAIMENT DES AUTRES ?
ON A TOUS DES VISAGES QU'ON ARBORE EN PUBLIC, ET D'AUTRES QU'ON GARDE **CACHÉS.** PARFOIS, IL EST DIFFICILE DE SAVOIR LEQUEL EST VRAIMENT NOUS.
EN DEHORS DE MON INTERLOCUTEUR, BIEN SÛR.
APRÈS TOUT, PETE, ON A ÉTÉ COLOCATAIRES AUTREFOIS. TU N'AURAIS RIEN PU ME CACHER, J'EN METTRAIS MA TÊTE À COUPER.
LES **GARS !** LA PIZZA EST ARRIVÉE ! **À L'ATTAQUE !**
QU'EST-CE QUE JE SUIS FORT. DEPUIS TOUT CE TEMPS, J'ARRIVE ENCORE À BERNER MON MEILLEUR AMI. HOURRA POUR MOI.
À PROPOS DE "VISAGES DIFFÉRENTS"...
... JE N'AVAIS PAS VU LA MARY JANE FÊTARDE DEPUIS DES **SIÈCLES.**
JE SENS QU'ELLE FAIT ÇA UNIQUEMENT POUR MON BIEN. ET FRANCHEMENT, **J'APPRÉCIE.**

ALORS, LAQUELLE TU ES DÉJÀ ?
LA PLUS JOLIE.
HMM... DES COUETTES... VOILÀ UNE IDÉE À CREUSER...
TU AS L'AIR DE PASSER DU BON TEMPS AVEC LE BÉBÉ DE LIZ ET HARRY, HEIN, BAMBI ?
ENFIN, AU MOINS, PERSONNE NE ME DÉVISAGE !
JE VEUX DIRE, JE NE CONNAIS AUCUNE DE CES PERSONNES !
QU'EST-CE QUE MARY JANE EST BELLE, MAINTENANT !
JE REGRETTE PRESQUE QU'ON AIT ROMPU, ELLE ET MOI !
OUAIS... PRESQUE...
OUI, LES BÉBÉS SONT CHOUX.
TU NE T'ES JAMAIS DEMANDÉ CE QUE CE SERAIT D'AVOIR TES PROPRES ENFANTS ?
ET PERDRE MA SILHOUETTE ? NEUF MOIS DE NAUSÉES MATINALES ? PAS POUR MOI.
C'EST BIZARRE. IL S'AVÈRE QUE JE SAIS QU'ELLE A UN FILS.
POURQUOI MENTIRAIT-ELLE ? PEUT-ÊTRE...
NON ! IL Y A DU DANGER !
MAIS POURQUOI MAINTENANT ?!
OH, NON...
EUH, MJ, GARDE LES CHOSES À L'ŒIL UNE MINUTE. JE DOIS ALLER AUX TOILETTES.
CE BÉBÉ EST TRÈS MIGNON, M. ROBERTSON.
OUI, LES ENFANTS DES AUTRES SONT TOUJOURS MIGNONS, MME ROBERTSON.

UN INSTANT !
JE JURERAIS QU'ELLE LIT DANS LES PENSÉES.
LA PLUPART DES GENS N'ANNONCENT PAS QU'ILS VONT AUX TOILETTES. MAIS TU T'ES SENTI OBLIGÉ DE LE FAIRE PARCE QUE TU T'ÉCLIPSES ENCORE. PAS VRAI ?
ALLONS, QU'EST-CE QUI TE FAIT CROIRE ÇA ?
TOUT TON CORPS SE CRISPE ET LA VEINE SUR TA TEMPE PALPITE À CHAQUE FOIS QUE TU DÉCIDES SUBITEMENT DE... TE CHANGER EN QUI TU SAIS.
MJ, C'EST UNE URGENCE.
C'EST TOUJOURS UNE URGENCE. COMME C'ÉTAIT URGENT D'ALLER CHERCHER FLASH. OU PEUT-ÊTRE QUE TU AS PEUR DE FAIRE POIREAUTER L'HOMME-SABLE ?
NON, IL EST RÉGLO MAINTENANT.
PETER, LÀ N'EST PAS LA QUESTION !
C'EST LÀ !
QU'EST-CE QUI EST LÀ ?
IL EST LÀ !
IL EST LÀ.

LA PISTE L'A MENÉ ICI. L'ODEUR EST PRÉGNANTE. LA PROIE EST QUELQUE PART PRÈS DE LÀ.
LE PLUS DUR EST FAIT. MAINTENANT VIENT LA JOIE DU COMBAT.
MAINTENANT VIENT LE MASSACRE.
LÀ-HAUT ! C'EST LUI ! DENTS DE SABRE !
ROCCO ! APPELLE DES RENFORTS, VITE !
POL
LÀ.
PLUS DE CADAVRES POUR RECOUVRIR LA HONTE. PLUS DE SANG POUR LAVER L'HUMILIATION.
LA RAGE LE GUIDE ET IL EST RAVI DE LA SUIVRE.
KRUNCH!
WHAPP!
ET DE QUATRE.

PETER, TU NE PEUX PAS ! TU N'ES PAS BIEN ! TU VAS TE FAIRE TUER !
JE N'AI PAS LE CHOIX ! TRAUMATISME OU PAS, JE DOIS L'ARRÊTER. IL N'Y A PERSONNE D'AUTRE POUR LE FAIRE !
CRÉTINS PATHÉTIQUES ! VOUS NE M'ARRÊTEREZ PAS !
VOUS N'ÊTES RIEN POUR MOI. JE PEUX EN TUER CENT COMME VOUS SANS VERSER UNE GOUTTE DE SUEUR !
STOP
SPIDER-MAN ! MONTRE-TOI ! JE VAIS TE TUER !
ET DE CINQ !
KER-UNCH
IL VA LE FAIRE. IL VA ALLER DEHORS ET MOURIR. ON LE SAIT TOUS LES DEUX.
QU'EST-CE QUI SE PASSE DEHORS ? ON DIRAIT UN LION QUI PARLE.
TU TRAÎNES TROP, SPIDER-MAN ! JE VAIS DEVOIR TUER CE MORCEAU DE BIDOCHE EN ATTENDANT !
KRAK
TOI !?

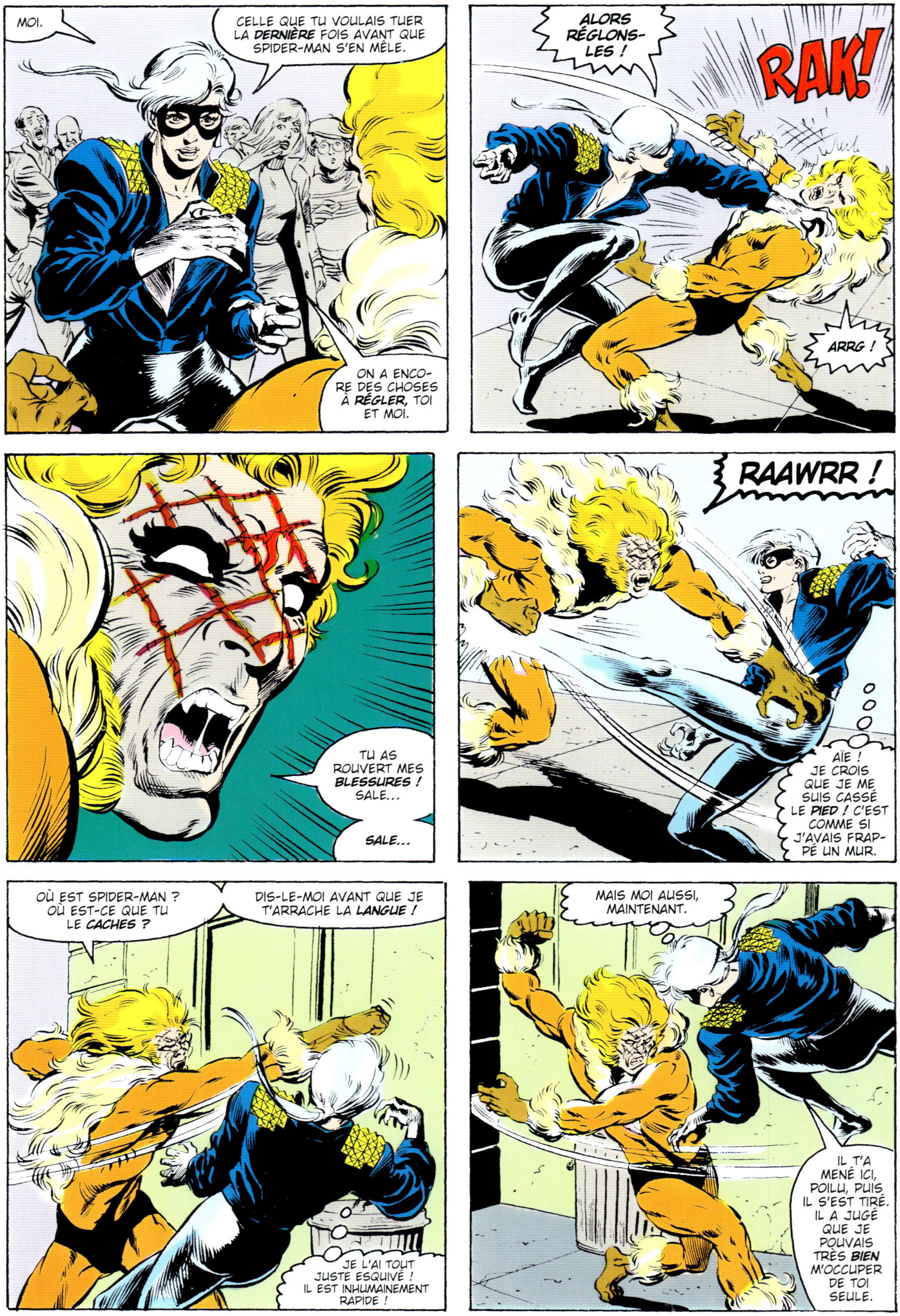
MOI.
CELLE QUE TU VOULAIS TUER LA DERNIÈRE FOIS AVANT QUE SPIDER-MAN S'EN MÊLE.
ON A ENCORE DES CHOSES À RÉGLER, TOI ET MOI.
ALORS RÉGLONS-LES !
RAK!
ARRG !
TU AS ROUVERT MES BLESSURES ! SALE...
SALE...
RAAWRR !
AÏE ! JE CROIS QUE JE ME SUIS CASSÉ LE PIED ! C'EST COMME SI J'AVAIS FRAPPÉ UN MUR.
OÙ EST SPIDER-MAN ? OÙ EST-CE QUE TU LE CACHES ?
DIS-LE-MOI AVANT QUE JE T'ARRACHE LA LANGUE !
JE L'AI TOUT JUSTE ESQUIVÉ ! IL EST INHUMAINEMENT RAPIDE !
MAIS MOI AUSSI, MAINTENANT.
IL T'A MENÉ ICI, POILU, PUIS IL S'EST TIRÉ. IL A JUGÉ QUE JE POUVAIS TRÈS BIEN M'OCCUPER DE TOI SEULE.

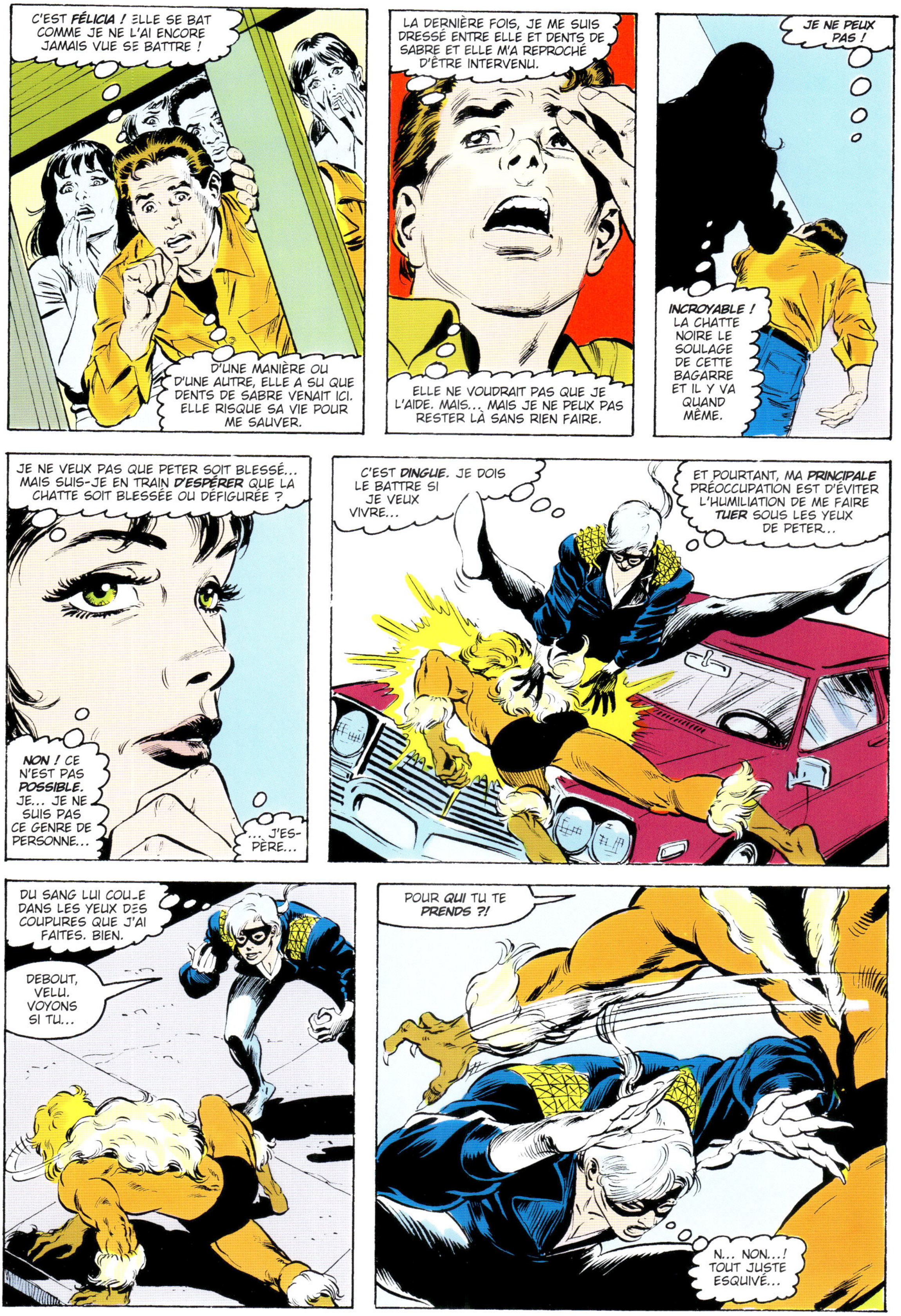
C'EST FÉLICIA ! ELLE SE BAT COMME JE NE L'AI ENCORE JAMAIS VUE SE BATTRE !
D'UNE MANIÈRE OU D'UNE AUTRE, ELLE A SU QUE DENTS DE SABRE VENAIT ICI. ELLE RISQUE SA VIE POUR ME SAUVER.
LA DERNIÈRE FOIS, JE ME SUIS DRESSÉ ENTRE ELLE ET DENTS DE SABRE ET ELLE M'A REPROCHÉ D'ÊTRE INTERVENU.
ELLE NE VOUDRAIT PAS QUE JE L'AIDE. MAIS... MAIS JE NE PEUX PAS RESTER LÀ SANS RIEN FAIRE.
JE NE PEUX PAS !
INCROYABLE ! LA CHATTE NOIRE LE SOULAGE DE CETTE BAGARRE ET IL Y VA QUAND MÊME.
JE NE VEUX PAS QUE PETER SOIT BLESSÉ... MAIS SUIS-JE EN TRAIN D'ESPÉRER QUE LA CHATTE SOIT BLESSÉE OU DÉFIGURÉE ?
NON ! CE N'EST PAS POSSIBLE. JE... JE NE SUIS PAS CE GENRE DE PERSONNE...
... J'ESPÈRE...
C'EST DINGUE. JE DOIS LE BATTRE SI JE VEUX VIVRE...
ET POURTANT, MA PRINCIPALE PRÉOCCUPATION EST D'ÉVITER L'HUMILIATION DE ME FAIRE TUER SOUS LES YEUX DE PETER...
DU SANG LUI COULE DANS LES YEUX DES COUPURES QUE J'AI FAITES. BIEN.
DEBOUT, VELU. VOYONS SI TU...
POUR QUI TU TE PRENDS ?!
N... NON...! TOUT JUSTE ESQUIVÉ...

TU N'ES RIEN SANS SPIDER-MAN ! TOUT CE QUE TU PEUX FAIRE, C'EST M'ESQUIVER !
TU N'ES QU'UN ÉCHAUFFEMENT !
C'EST FAUX !
C'EST MOI TON PRINCIPAL ADVERSAIRE, BABY, ET NE L'OUBLIE PAS !
RIIIIP
YARRWGHH !
ÇA SUFFIT !
C'EST LA DERNIÈRE FOIS QUE TU ME GRIFFES !
IL FAUT QUE J'AILLE PLUS VITE. MON BRAS ANKYLOSÉ VA MIEUX MAIS IL ME RALENTIT ENCORE.
QUAND MES AMIS VERRONT QUE JE SUIS PARTI ET QUE SPIDEY SE POINTE, ILS FERONT SÛREMENT LE LIEN. MAIS JE N'AI PAS LE CHOIX.
LA CHATTE NE DOIT PAS SE FAIRE TUER À CAUSE DE MOI.
TU M'AS DÉJÀ COÛTÉ TROP CHER ! UNE MOINS QUE RIEN COMME TOI NE DEVRAIT PAS DURER PLUS D'UNE SECONDE CONTRE MOI.
TU M'UTILISES POUR TE TAILLER UNE RÉPUTATION. MAIS ÇA NE MARCHERA PAS ! TU VAS MOURIR !

CESSE DE GIGOTER, PETITE. TU AVAIS TELLEMENT ENVIE DE CE COMBAT...
... RESTE LÀ POUR LE TERMINER.
VOYONS SI TU BOUGERAS AUTANT...
... AVEC UNE JAMBE EN MOINS.
AARGH ! DU MÉTAL ?!
RUNCH
LE CRI DE LA CHATTE EST TERRIFIANT...
MON DIEU ! J'ARRIVE TROP TARD !
IL L'A TUÉE !
NON.
IL L'A DÉCHAÎNÉE.
WHAM!
RAAWWRR !
IL A ÉTÉ SURPRIS PAR LES CROCHETS DE SERRURERIE ET LES MINI-LEVIERS CACHÉS DANS LA COUTURE DE SON COSTUME... SINON SA JAMBE GAUCHE S'ARRÊTERAIT À PRÉSENT AU GENOU.
ELLE LE SAIT ET CETTE IDÉE LA TERRIFIE, LA POUSSANT AU-DELÀ DE SES LIMITES.
MADAME ! ÉCARTEZ-VOUS DE LUI ! IL EST DANGEREUX !
MOI AUSSI !
SPLA-KRUNCH

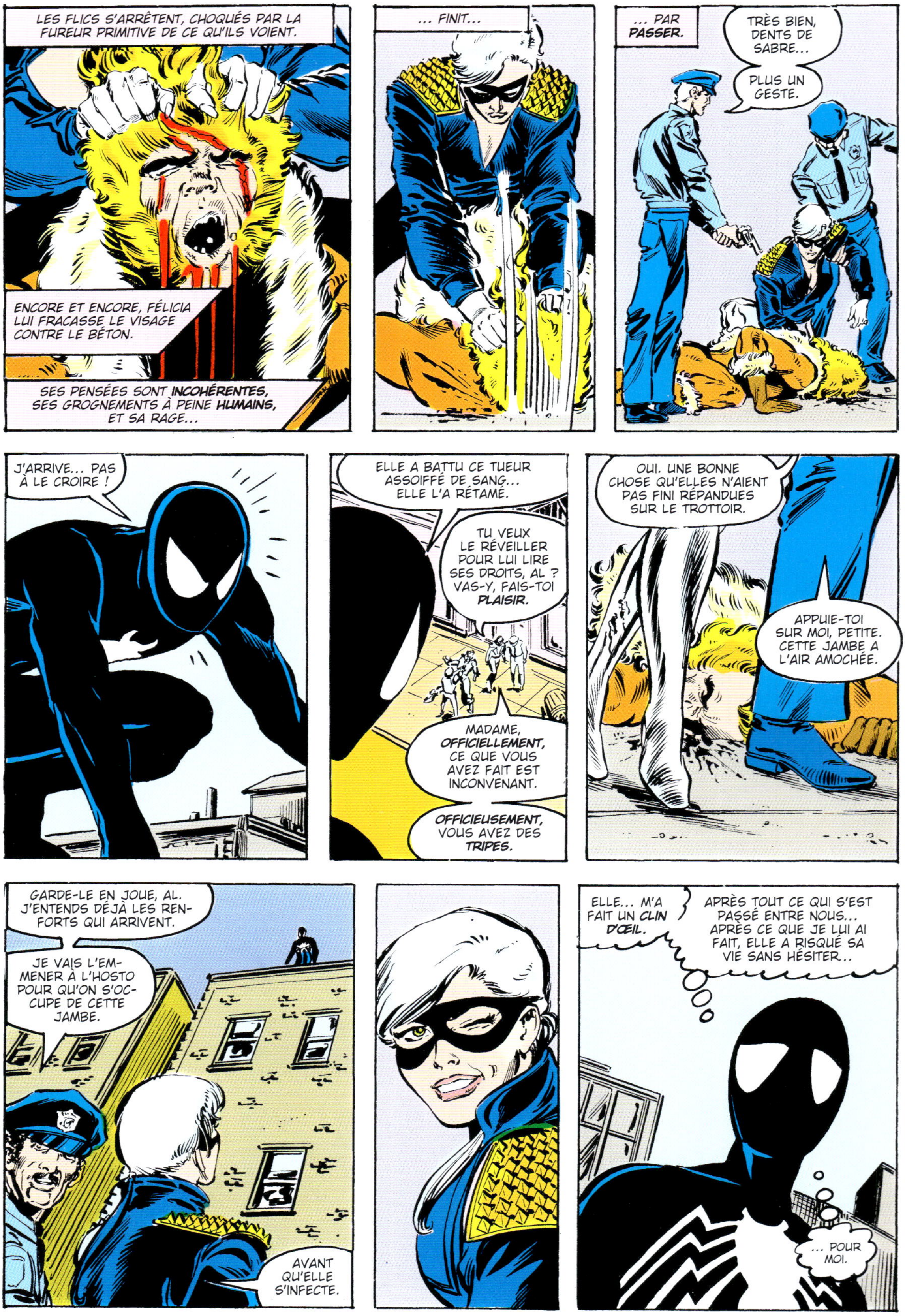
LES FLICS S'ARRÊTENT, CHOQUÉS PAR LA FUREUR PRIMITIVE DE CE QU'ILS VOIENT.
ENCORE ET ENCORE, FÉLICIA LUI FRACASSE LE VISAGE CONTRE LE BÉTON.
SES PENSÉES SONT **INCOHÉRENTES**, SES GROGNEMENTS À PEINE **HUMAINS**, ET SA RAGE...
... FINIT...
... PAR **PASSER.**
TRÈS BIEN, DENTS DE SABRE...
PLUS UN GESTE.
J'ARRIVE... PAS À LE CROIRE !
ELLE A BATTU CE TUEUR ASSOIFFÉ DE SANG... ELLE L'A RÉTAMÉ.
TU VEUX LE RÉVEILLER POUR LUI LIRE SES DROITS, AL ? VAS-Y, FAIS-TOI **PLAISIR.**
MADAME, **OFFICIELLEMENT,** CE QUE VOUS AVEZ FAIT EST INCONVENANT.
OFFICIEUSEMENT, VOUS AVEZ DES **TRIPES.**
OUI. UNE BONNE CHOSE QU'ELLES N'AIENT PAS FINI RÉPANDUES SUR LE TROTTOIR.
APPUIE-TOI SUR MOI, PETITE. CETTE JAMBE A L'AIR AMOCHÉE.
GARDE-LE EN JOUE, AL. J'ENTENDS DÉJÀ LES RENFORTS QUI ARRIVENT.
JE VAIS L'EMMENER À L'HOSTO POUR QU'ON S'OCCUPE DE CETTE JAMBE.
AVANT QU'ELLE S'INFECTE.
ELLE... M'A FAIT UN **CLIN D'ŒIL.**
APRÈS TOUT CE QUI S'EST PASSÉ ENTRE NOUS... APRÈS CE QUE JE LUI AI FAIT, ELLE A RISQUÉ SA VIE SANS HÉSITER...
... POUR MOI.

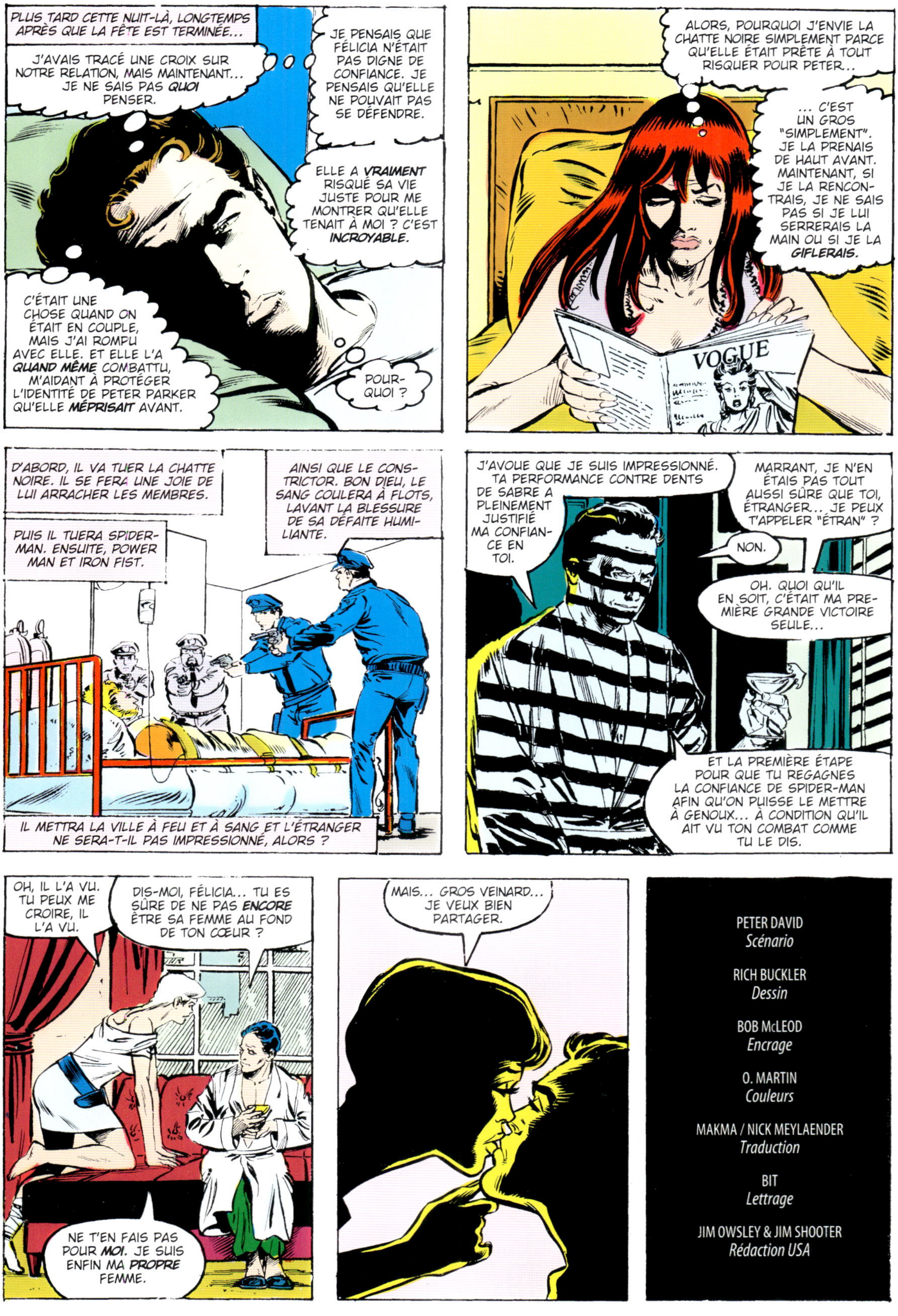
PLUS TARD CETTE NUIT-LÀ, LONGTEMPS APRÈS QUE LA FÊTE EST TERMINÉE...
J'AVAIS TRACÉ UNE CROIX SUR NOTRE RELATION, MAIS MAINTENANT... JE NE SAIS PAS QUOI PENSER.
JE PENSAIS QUE FÉLICIA N'ÉTAIT PAS DIGNE DE CONFIANCE. JE PENSAIS QU'ELLE NE POUVAIT PAS SE DÉFENDRE.
ELLE A VRAIMENT RISQUÉ SA VIE JUSTE POUR ME MONTRER QU'ELLE TENAIT À MOI ? C'EST INCROYABLE.
C'ÉTAIT UNE CHOSE QUAND ON ÉTAIT EN COUPLE, MAIS J'AI ROMPU AVEC ELLE. ET ELLE L'A QUAND MÊME COMBATTU, M'AIDANT À PROTÉGER L'IDENTITÉ DE PETER PARKER QU'ELLE MÉPRISAIT AVANT.
POURQUOI ?
ALORS, POURQUOI J'ENVIE LA CHATTE NOIRE SIMPLEMENT PARCE QU'ELLE ÉTAIT PRÊTE À TOUT RISQUER POUR PETER...
... C'EST UN GROS "SIMPLEMENT". JE LA PRENAIS DE HAUT AVANT. MAINTENANT, SI JE LA RENCONTRAIS, JE NE SAIS PAS SI JE LUI SERRERAIS LA MAIN OU SI JE LA GIFLERAIS.
VOGUE
D'ABORD, IL VA TUER LA CHATTE NOIRE. IL SE FERA UNE JOIE DE LUI ARRACHER LES MEMBRES.
PUIS IL TUERA SPIDER-MAN. ENSUITE, POWER MAN ET IRON FIST.
AINSI QUE LE CONSTRICTOR. BON DIEU, LE SANG COULERA À FLOTS, LAVANT LA BLESSURE DE SA DÉFAITE HUMILIANTE.
IL METTRA LA VILLE À FEU ET À SANG ET L'ÉTRANGER NE SERA-T-IL PAS IMPRESSIONNÉ, ALORS ?
J'AVOUE QUE JE SUIS IMPRESSIONNÉ. TA PERFORMANCE CONTRE DENTS DE SABRE A PLEINEMENT JUSTIFIÉ MA CONFIANCE EN TOI.
MARRANT, JE N'EN ÉTAIS PAS TOUT AUSSI SÛRE QUE TOI, ÉTRANGER... JE PEUX T'APPELER "ÉTRAN" ?
NON.
OH. QUOI QU'IL EN SOIT, C'ÉTAIT MA PREMIÈRE GRANDE VICTOIRE SEULE...
ET LA PREMIÈRE ÉTAPE POUR QUE TU REGAGNES LA CONFIANCE DE SPIDER-MAN AFIN QU'ON PUISSE LE METTRE À GENOUX... À CONDITION QU'IL AIT VU TON COMBAT COMME TU LE DIS.
OH, IL L'A VU. TU PEUX ME CROIRE, IL L'A VU.
DIS-MOI, FÉLICIA... TU ES SÛRE DE NE PAS ENCORE ÊTRE SA FEMME AU FOND DE TON CŒUR ?
NE T'EN FAIS PAS POUR MOI. JE SUIS ENFIN MA PROPRE FEMME.
MAIS... GROS VEINARD... JE VEUX BIEN PARTAGER.
PETER DAVID
Scénario
RICH BUCKLER
Dessin
BOB McLEOD
Encrage
O. MARTIN
Couleurs
MAKMA / NICK MEYLAENDER
Traduction
BIT
Lettrage
JIM OWSLEY & JIM SHOOTER
Rédaction USA

Écoutez.
Vous l'entendez ?
Léger au départ,
comme le roulement de
la mer sur le sable fin,
puis s'élevant en un
chorus cacophonique,
en une symphonie du
vingtième siècle atone
et discordante ?
Écoutez.
Vous le reconnaissez ?
Un babil, comme dans
Babel, de huit millions
de langues, aucune
ne parlant ensemble et
toutes en même temps,
l'âme de la ville,
comme le tonnerre,
vivant.
Écoutez.
Pouvez-vous discerner
ce qu'elles disent ?
Quelles histoires elles
racontent ? De vies
vécues dans la solitude,
perdues dans la foule.
De joies, d'amours
et de chagrins,
certaines chuchotent,
d'autres crient.
Écoutez.
Car ce sont les voix de
la nuit, les bruits
de l'âme d'une ville,
entendues par l'homme
masqué qui fend les
cieux d'acier au bout
d'un fin fil de toile,
attentif à leurs cris,
immergé dans leurs
histoires, qui écoute...
... Qui apprend.

Stan Lee PRÉSENTE :

UN FOYER N'EST PAS UN ÂTRE

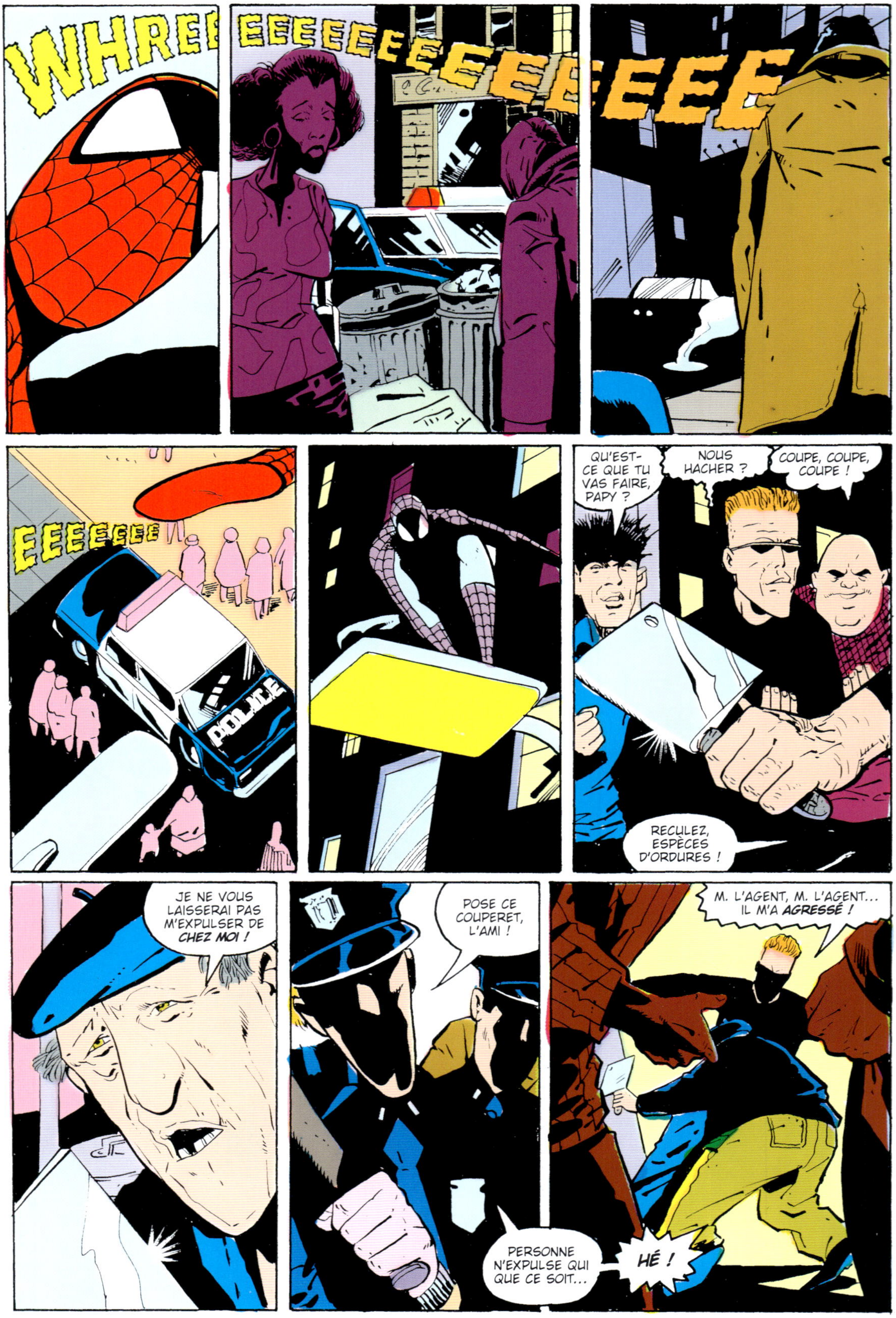
WHREE
EEEEEEEEEEEEEEEE
EEEEEEEE
QU'EST-CE QUE TU VAS FAIRE, PAPY ?
NOUS HACHER ?
COUPE, COUPE, COUPE !
RECULEZ, ESPÈCES D'ORDURES !
JE NE VOUS LAISSERAI PAS M'EXPULSER DE CHEZ MOI !
POSE CE COUPERET, L'AMI !
PERSONNE N'EXPULSE QUI QUE CE SOIT...
M. L'AGENT, M. L'AGENT... IL M'A AGRESSÉ !
HÉ !

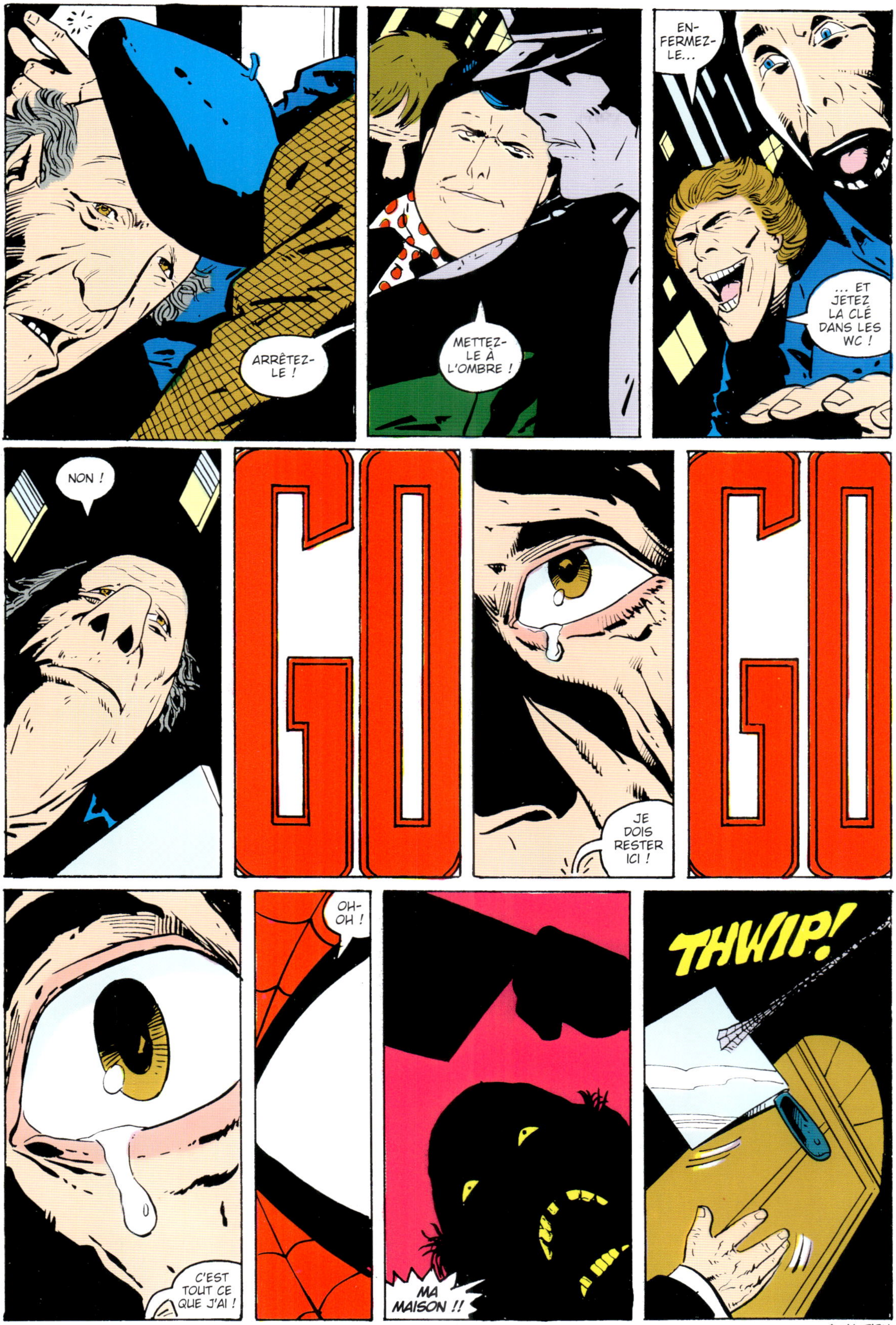
ARRÊTEZ-LE !
METTEZ-LE À L'OMBRE !
EN-FERMEZ-LE...
... ET JETEZ LA CLÉ DANS LES WC !
NON !
GO
JE DOIS RESTER ICI !
GO *
C'EST TOUT CE QUE J'AI !
OH-OH !
MA MAISON !!
THWIP!

* VA-T'EN

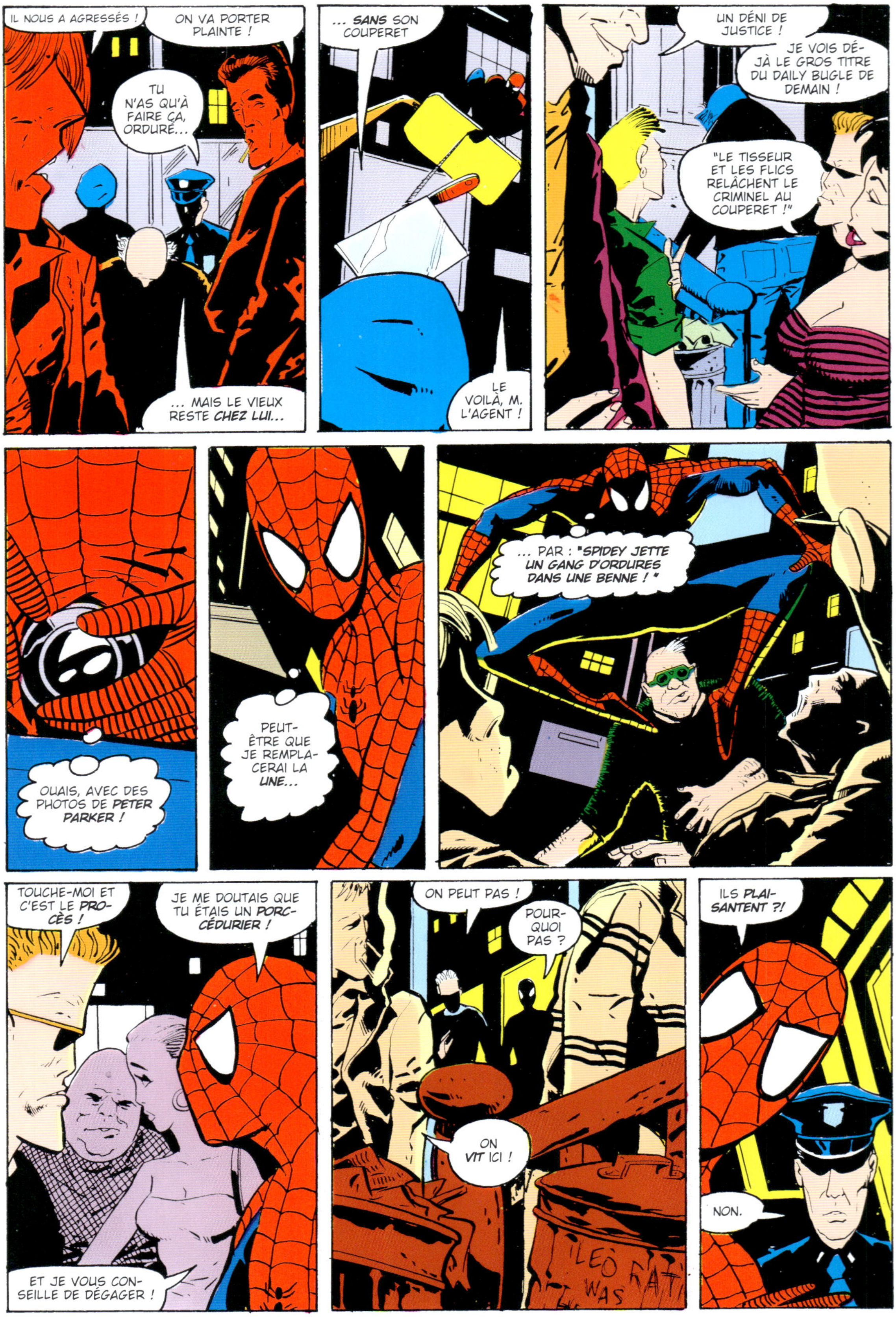
IL NOUS A AGRESSÉS !
ON VA PORTER PLAINTE !
TU N'AS QU'À FAIRE ÇA, ORDURE...
... MAIS LE VIEUX RESTE CHEZ LUI...
... SANS SON COUPERET
LE VOILÀ, M. L'AGENT !
UN DÉNI DE JUSTICE !
JE VOIS DÉ-JÀ LE GROS TITRE DU DAILY BUGLE DE DEMAIN !
"LE TISSEUR ET LES FLICS RELÂCHENT LE CRIMINEL AU COUPERET !"
OUAIS, AVEC DES PHOTOS DE PETER PARKER !
PEUT-ÊTRE QUE JE REMPLACERAI LA UNE...
... PAR : "SPIDEY JETTE UN GANG D'ORDURES DANS UNE BENNE ! "
TOUCHE-MOI ET C'EST LE PROCÈS !
JE ME DOUTAIS QUE TU ÉTAIS UN PORC-CÉDURIER !
ET JE VOUS CONSEILLE DE DÉGAGER !
ON PEUT PAS !
POURQUOI PAS ?
ON VIT ICI !
ILS PLAISANTENT ?!
NON.

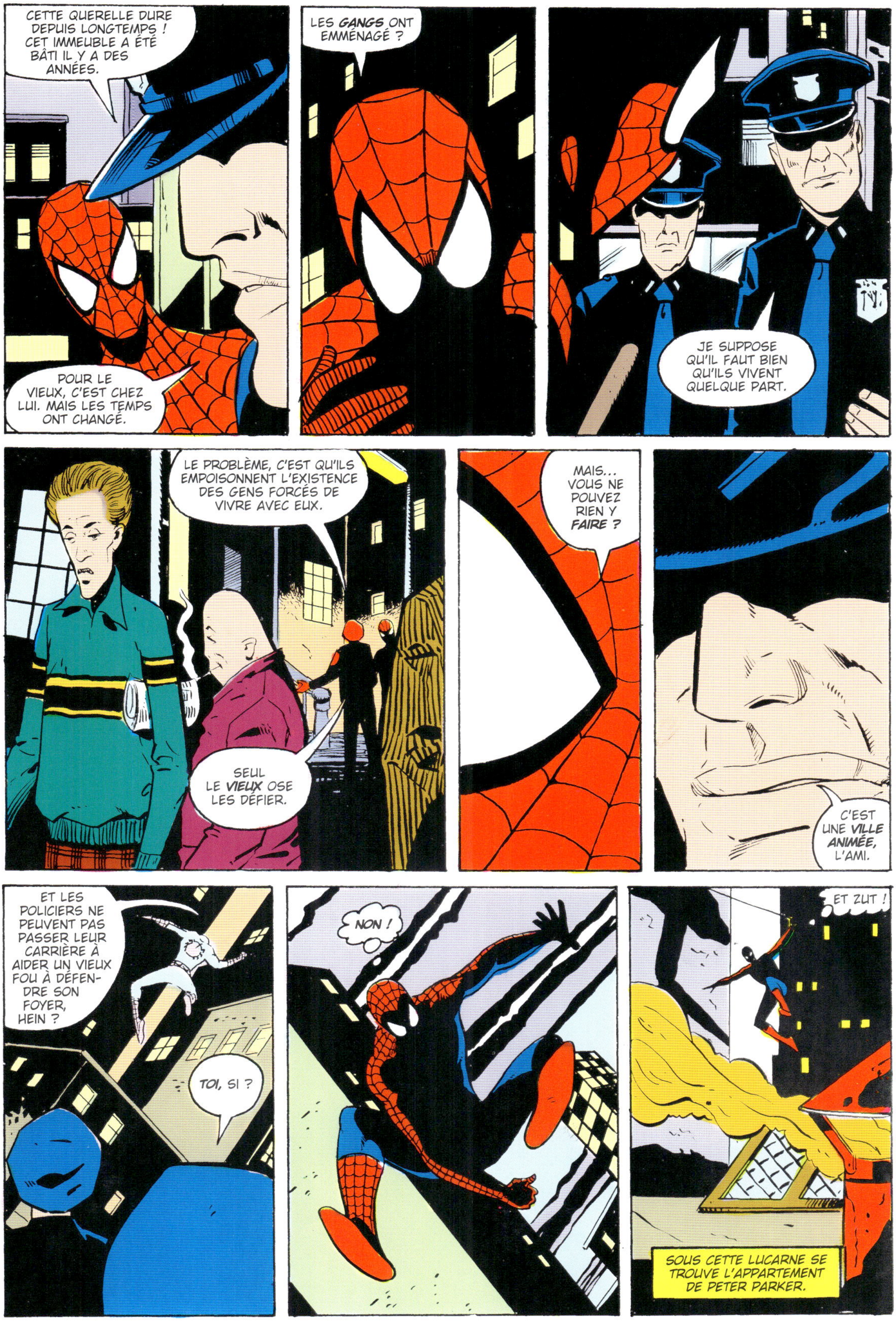
CETTE QUERELLE DURE DEPUIS LONGTEMPS ! CET IMMEUBLE A ÉTÉ BÂTI IL Y A DES ANNÉES.
POUR LE VIEUX, C'EST CHEZ LUI. MAIS LES TEMPS ONT CHANGÉ.
LES GANGS ONT EMMÉNAGÉ ?
JE SUPPOSE QU'IL FAUT BIEN QU'ILS VIVENT QUELQUE PART.
LE PROBLÈME, C'EST QU'ILS EMPOISONNENT L'EXISTENCE DES GENS FORCÉS DE VIVRE AVEC EUX.
SEUL LE VIEUX OSE LES DÉFIER.
MAIS... VOUS NE POUVEZ RIEN Y FAIRE ?
C'EST UNE VILLE ANIMÉE, L'AMI.
ET LES POLICIERS NE PEUVENT PAS PASSER LEUR CARRIÈRE À AIDER UN VIEUX FOU À DÉFENDRE SON FOYER, HEIN ?
TOI, SI ?
NON !
ET ZUT !
SOUS CETTE LUCARNE SE TROUVE L'APPARTEMENT DE PETER PARKER.

OÙ SPIDER-MAN EST MIS AU REPOS.
GLORY GRANT ! C'EST TOI QUI AS GLISSÉ QUELQUE CHOSE SOUS MA PORTE ?
PETE ! TU ES LÀ ? ALORS TU PEUX VENIR À LA RÉUNION DES LOCATAIRES CE SOIR !
RÉUNION URGENT
DES LOCATAIRES
L'EMBOURGEOISEME
ENVAHIT NOTRE QUARTIE
ET POUSSE DEHORS CEUX
QUI Y VIVENT DEPUIS
DES ANNÉES ! FAISONS
ENTENDRE NOTRE VOIX !
RÉAGISSEZ MAINTENANT
OU VO SQUEZ D'ÊTRE
FORC DÉMÉNAGE
TARD
HEIN ?
EUH, SUPER ! ÉCOUTE, GLORY, JE N'AI PAS TROP LE TEMPS POUR DES RÉUNIONS...
PERSONNE N'A LE TEMPS, PETE ! MAIS SI LES LOCATAIRES NE COMMENCENT PAS À RÉSISTER, LES PROMOTEURS VONT S'EMPARER DE LA VILLE !
OUAIS ! GARE À TOI, GROSSE POMME !
EH BIEN, PEUT-ÊTRE PAS NOTRE LOGEUSE... MME MUGGINS... MAIS D'AUTRES PROPRIÉTAIRES !
UNE AUTRE FOIS, GLORY. J'AI UNE JOURNÉE CHARGÉE DEMAIN.

JE NE SUIS PAS INTÉRESSÉ, PETE.
AILY BUGLE
ON A PUBLIÉ UN PAPIER SUR CETTE CITÉ IL Y A QUELQUES MOIS.
HÉLAS, CE N'EST PAS NOUVEAU.
CE N'EST PAS UNE NOUVELLE, VOUS VOULEZ DIRE !
ALORS, SI NI LA POLICE NI LA PRESSE NE VA NETTOYER CETTE CITÉ... QUI VA LE FAIRE ?
À TOI DE ME LE DIRE.
SPIDER-MAN ?
VOUS PLAISANTEZ, HEIN ? IL NE VA PAS JOUER LES CONCIERGES !
ÉCOUTE, PETE... TROUVE UN ANGLE D'APPROCHE ET ON RÉEXAMINERA PEUT-ÊTRE L'ARTICLE...
J'EN AI PEUT-ÊTRE TROUVÉ UN, M. ROBERTSON !
SALUT ! TU ES PETER PARKER ? JE SUIS BLAINE BROWNE...
... JOURNALISTE !
ET APRÈS CE QUI EST ARRIVÉ HIER SOIR, DES LOCATAIRES DU QUARTIER PARLENT DE S'ORGANISER POUR RÉSISTER AUX GANGS !
DES LOCATAIRES AGISSANT LÀ OÙ LA POLICE NE PEUT... OU NE VEUT PAS AGIR...
AILY
IL Y A PEUT-ÊTRE BIEN UN PAPIER, LÀ...

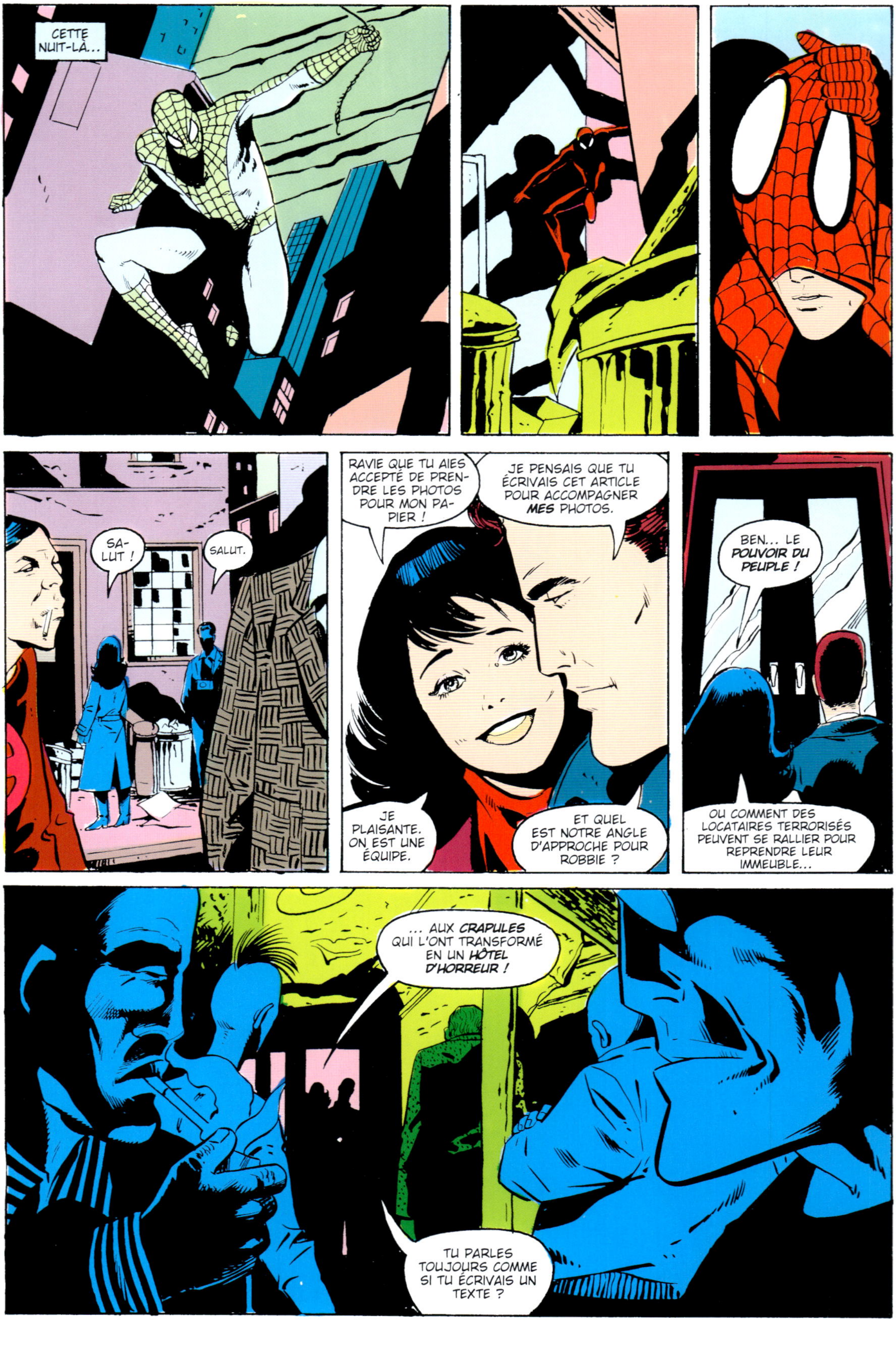
CETTE NUIT-LÀ...
SA-LUT !
SALUT.
RAVIE QUE TU AIES ACCEPTÉ DE PRENDRE LES PHOTOS POUR MON PAPIER !
JE PENSAIS QUE TU ÉCRIVAIS CET ARTICLE POUR ACCOMPAGNER MES PHOTOS.
JE PLAISANTE. ON EST UNE ÉQUIPE.
ET QUEL EST NOTRE ANGLE D'APPROCHE POUR ROBBIE ?
BEN... LE POUVOIR DU PEUPLE !
OU COMMENT DES LOCATAIRES TERRORISÉS PEUVENT SE RALLIER POUR REPRENDRE LEUR IMMEUBLE...
... AUX CRAPULES QUI L'ONT TRANSFORMÉ EN UN HÔTEL D'HORREUR !
TU PARLES TOUJOURS COMME SI TU ÉCRIVAIS UN TEXTE ?

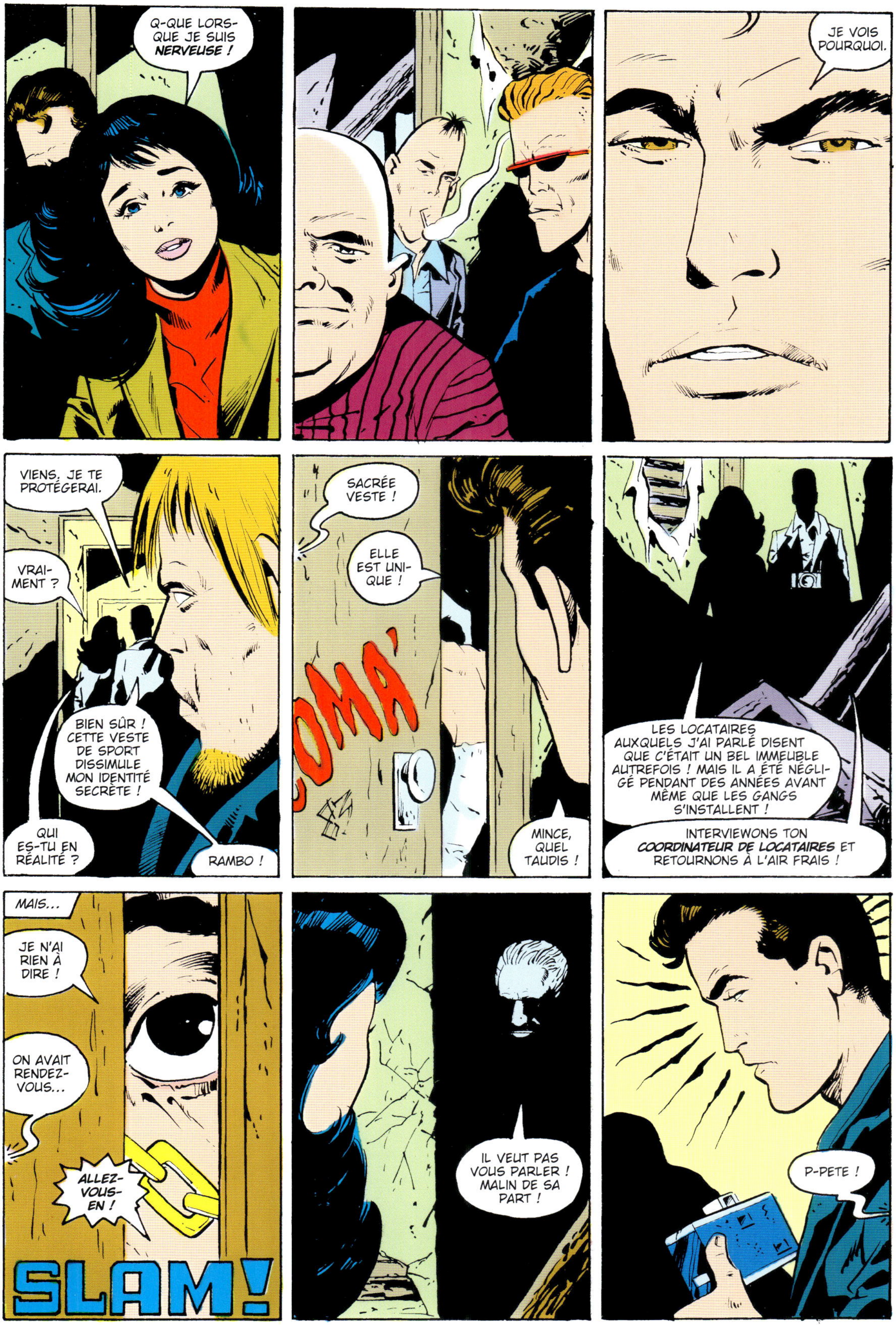
Q-QUE LORSQUE JE SUIS NERVEUSE !
JE VOIS POURQUOI.
VIENS, JE TE PROTÉGERAI.
VRAIMENT ?
BIEN SÛR ! CETTE VESTE DE SPORT DISSIMULE MON IDENTITÉ SECRÈTE !
QUI ES-TU EN RÉALITÉ ?
RAMBO !
SACRÉE VESTE !
ELLE EST UNIQUE !
COMA'
MINCE, QUEL TAUDIS !
LES LOCATAIRES AUXQUELS J'AI PARLÉ DISENT QUE C'ÉTAIT UN BEL IMMEUBLE AUTREFOIS ! MAIS IL A ÉTÉ NÉGLIGÉ PENDANT DES ANNÉES AVANT MÊME QUE LES GANGS S'INSTALLENT !
INTERVIEWONS TON COORDINATEUR DE LOCATAIRES ET RETOURNONS À L'AIR FRAIS !
MAIS...
JE N'AI RIEN À DIRE !
ON AVAIT RENDEZ-VOUS...
ALLEZ-VOUS-EN !
SLAM!
IL VEUT PAS VOUS PARLER ! MALIN DE SA PART !
P-PETE !

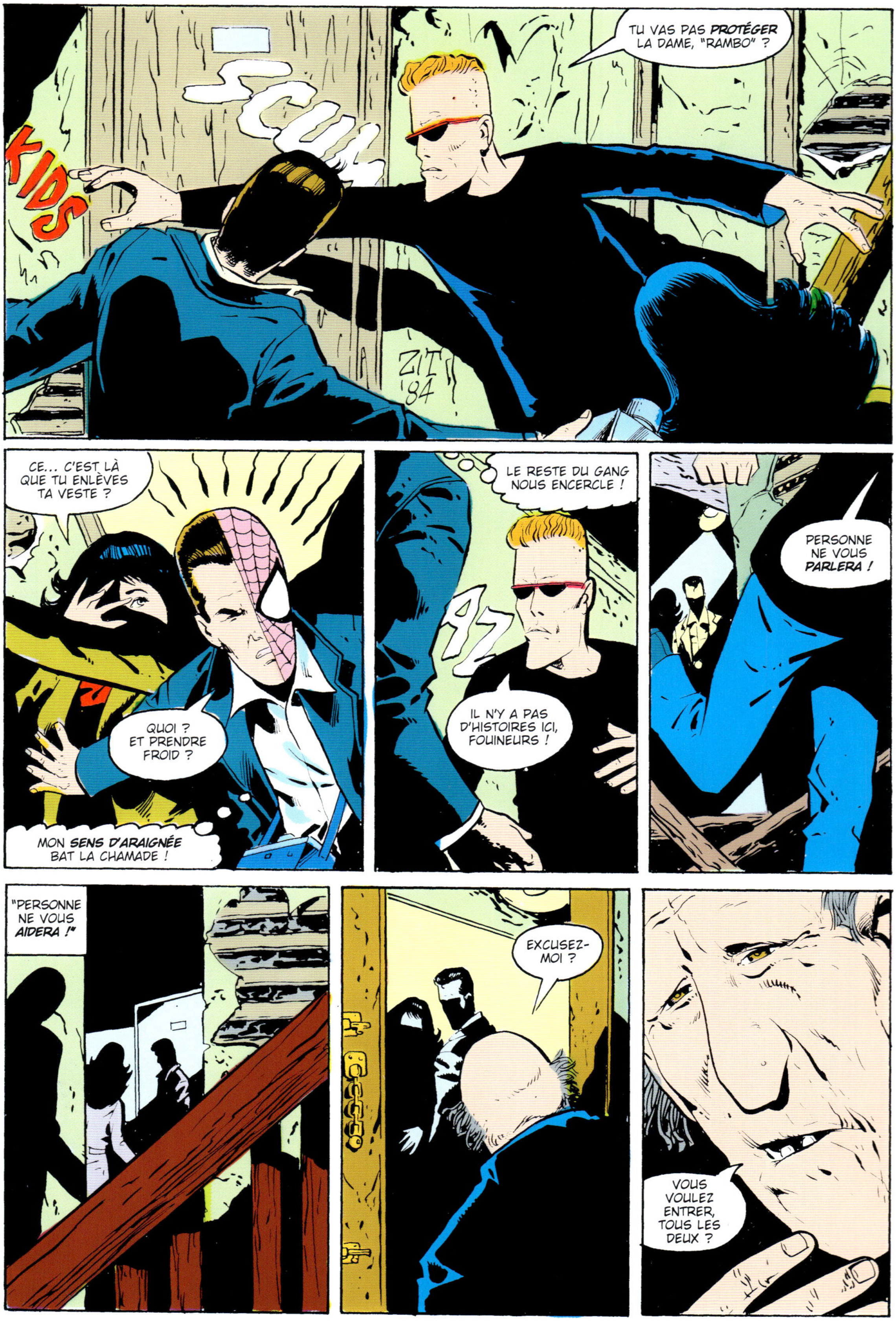
TU VAS PAS **PROTÉGER** LA DAME, "RAMBO" ?
KIDS
SCUM
ZIT '84
CE... C'EST LÀ QUE TU ENLÈVES TA VESTE ?
QUOI ? ET PRENDRE FROID ?
MON **SENS D'ARAIGNÉE** BAT LA CHAMADE !
LE RESTE DU GANG NOUS ENCERCLE !
IL N'Y A PAS D'HISTOIRES ICI, FOUINEURS !
PERSONNE NE VOUS **PARLERA !**
"PERSONNE NE VOUS **AIDERA !**"
EXCUSEZ-MOI ?
VOUS VOULEZ ENTRER, TOUS LES DEUX ?

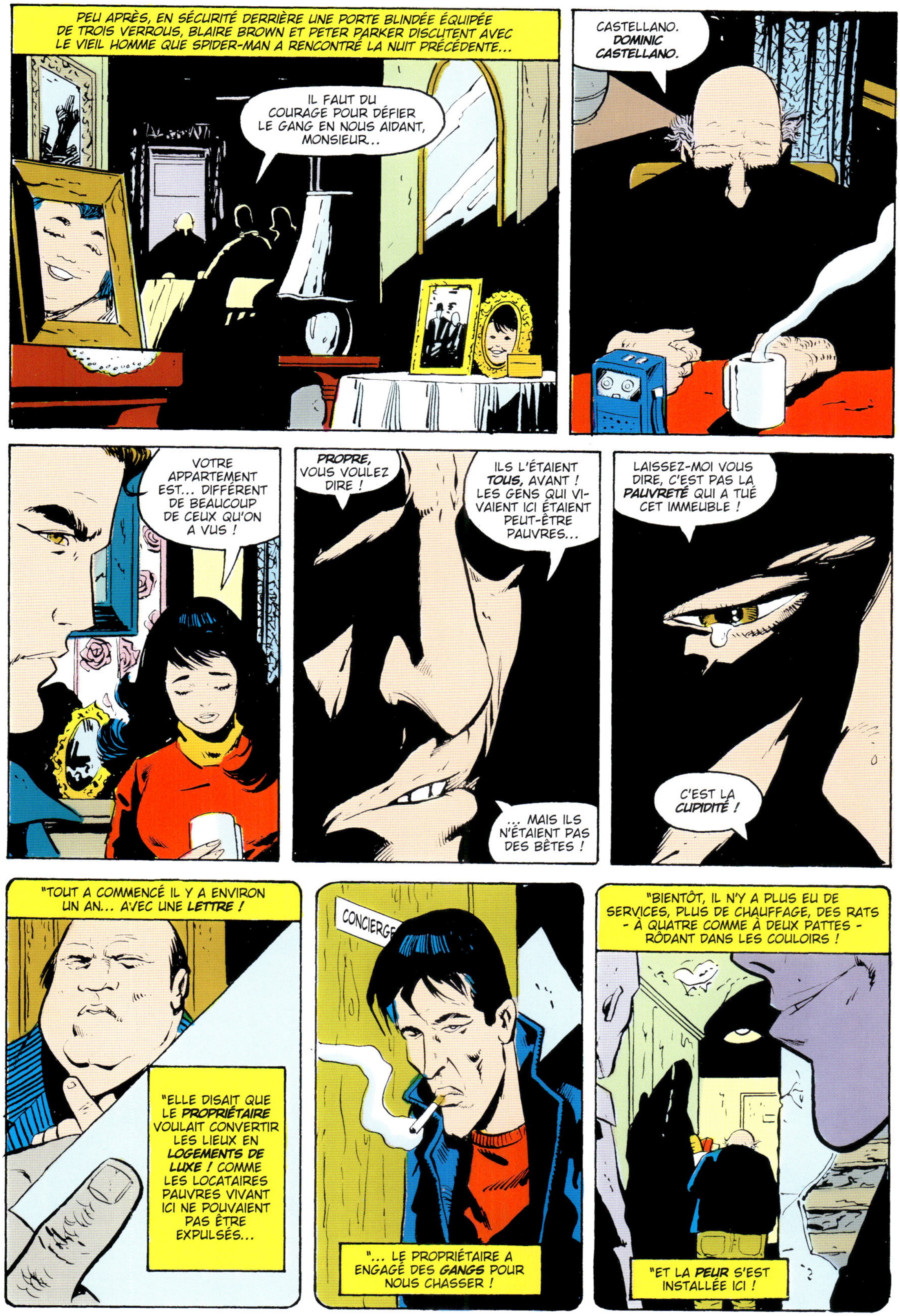
PEU APRÈS, EN SÉCURITÉ DERRIÈRE UNE PORTE BLINDÉE ÉQUIPÉE DE TROIS VERROUS, BLAIRE BROWN ET PETER PARKER DISCUTENT AVEC LE VIEIL HOMME QUE SPIDER-MAN A RENCONTRÉ LA NUIT PRÉCÉDENTE...
IL FAUT DU COURAGE POUR DÉFIER LE GANG EN NOUS AIDANT, MONSIEUR..
CASTELLANO. DOMINIC CASTELLANO.
VOTRE APPARTEMENT EST... DIFFÉRENT DE BEAUCOUP DE CEUX QU'ON A VUS !
PROPRE, VOUS VOULEZ DIRE !
ILS L'ÉTAIENT TOUS, AVANT ! LES GENS QUI VIVAIENT ICI ÉTAIENT PEUT-ÊTRE PAUVRES...
... MAIS ILS N'ÉTAIENT PAS DES BÊTES !
LAISSEZ-MOI VOUS DIRE, C'EST PAS LA PAUVRETÉ QUI A TUÉ CET IMMEUBLE !
C'EST LA CUPIDITÉ !
"TOUT A COMMENCÉ IL Y A ENVIRON UN AN... AVEC UNE LETTRE !
"ELLE DISAIT QUE LE PROPRIÉTAIRE VOULAIT CONVERTIR LES LIEUX EN LOGEMENTS DE LUXE ! COMME LES LOCATAIRES PAUVRES VIVANT ICI NE POUVAIENT PAS ÊTRE EXPULSÉS...
CONCIERGE
"... LE PROPRIÉTAIRE A ENGAGÉ DES GANGS POUR NOUS CHASSER !
"BIENTÔT, IL N'Y A PLUS EU DE SERVICES, PLUS DE CHAUFFAGE, DES RATS - À QUATRE COMME À DEUX PATTES - RÔDANT DANS LES COULOIRS !
"ET LA PEUR S'EST INSTALLÉE ICI !

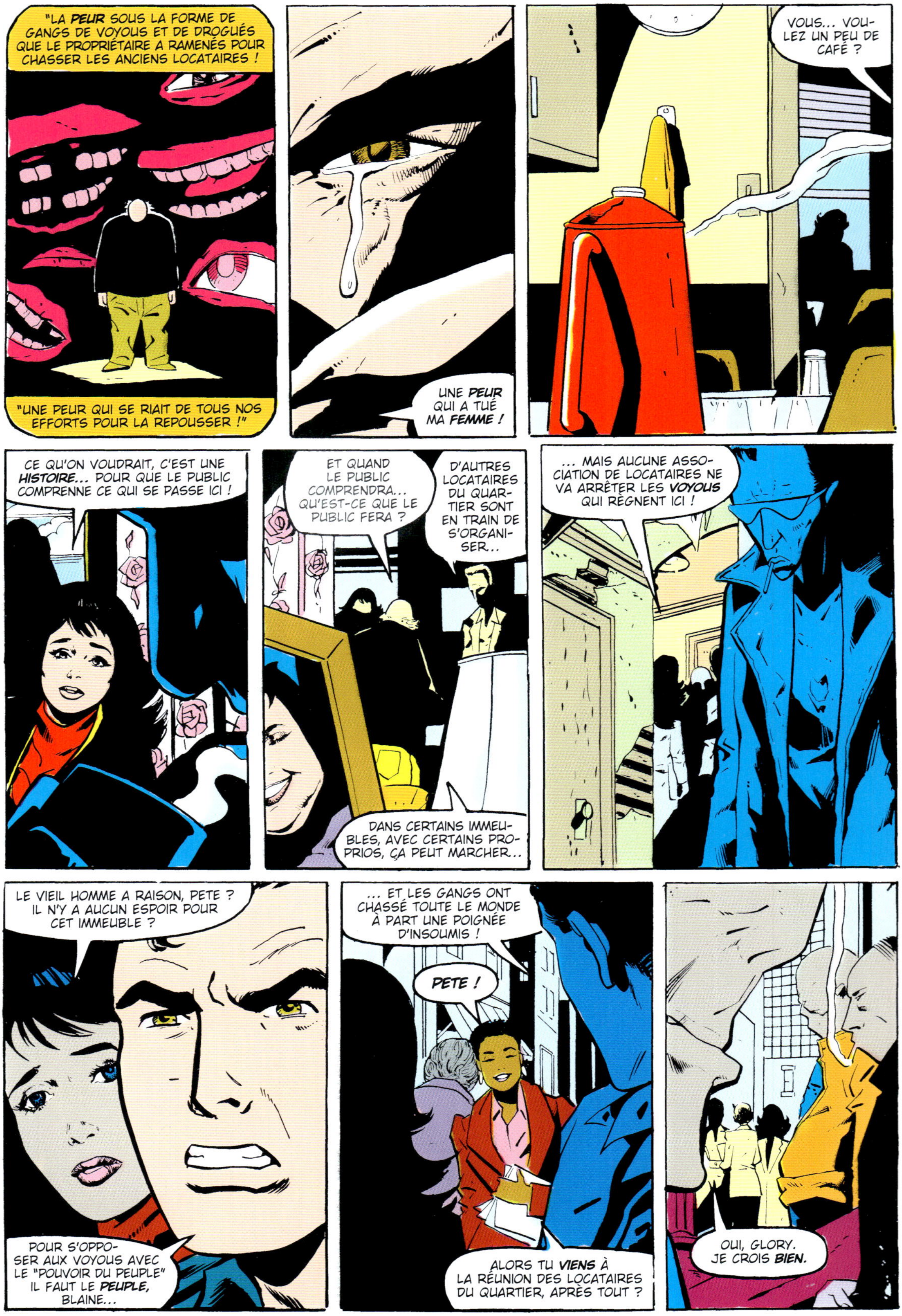
"LA PEUR SOUS LA FORME DE GANGS DE VOYOUS ET DE DROGUÉS QUE LE PROPRIÉTAIRE A RAMENÉS POUR CHASSER LES ANCIENS LOCATAIRES !
"UNE PEUR QUI SE RIAIT DE TOUS NOS EFFORTS POUR LA REPOUSSER !"
UNE PEUR QUI A TUÉ MA FEMME !
VOUS... VOULEZ UN PEU DE CAFÉ ?
CE QU'ON VOUDRAIT, C'EST UNE HISTOIRE... POUR QUE LE PUBLIC COMPRENNE CE QUI SE PASSE ICI !
ET QUAND LE PUBLIC COMPRENDRA... QU'EST-CE QUE LE PUBLIC FERA ?
D'AUTRES LOCATAIRES DU QUARTIER SONT EN TRAIN DE S'ORGANISER...
DANS CERTAINS IMMEUBLES, AVEC CERTAINS PROPRIOS, ÇA PEUT MARCHER...
... MAIS AUCUNE ASSOCIATION DE LOCATAIRES NE VA ARRÊTER LES VOYOUS QUI RÈGNENT ICI !
LE VIEIL HOMME A RAISON, PETE ? IL N'Y A AUCUN ESPOIR POUR CET IMMEUBLE ?
POUR S'OPPOSER AUX VOYOUS AVEC LE "POUVOIR DU PEUPLE" IL FAUT LE PEUPLE, BLAINE...
... ET LES GANGS ONT CHASSÉ TOUT LE MONDE À PART UNE POIGNÉE D'INSOUMIS !
PETE !
ALORS TU VIENS À LA RÉUNION DES LOCATAIRES DU QUARTIER, APRÈS TOUT ?
OUI, GLORY. JE CROIS BIEN.

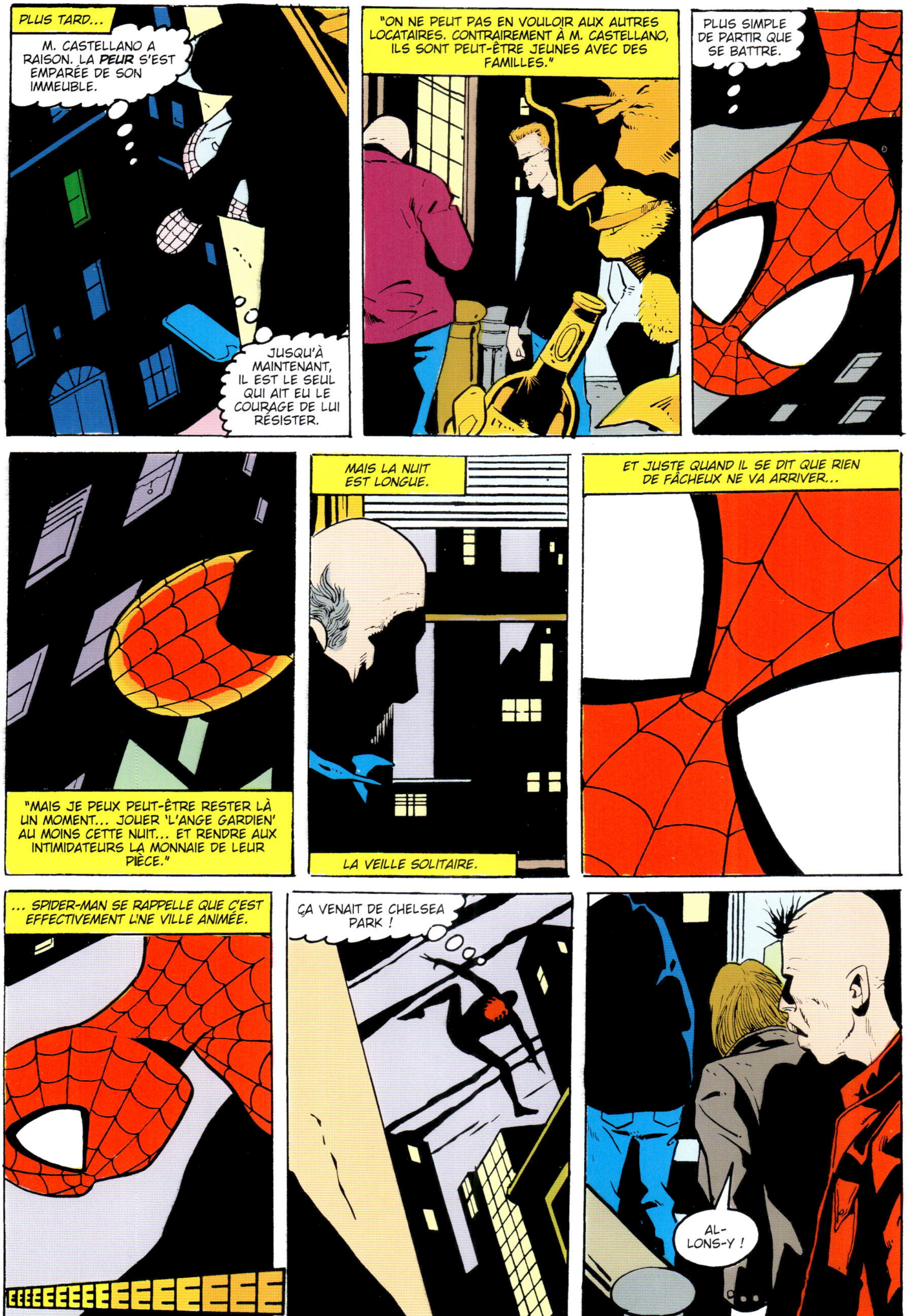
PLUS TARD...
M. CASTELLANO A RAISON. LA PEUR S'EST EMPARÉE DE SON IMMEUBLE.
JUSQU'À MAINTENANT, IL EST LE SEUL QUI AIT EU LE COURAGE DE LUI RÉSISTER.
"ON NE PEUT PAS EN VOULOIR AUX AUTRES LOCATAIRES. CONTRAIREMENT À M. CASTELLANO, ILS SONT PEUT-ÊTRE JEUNES AVEC DES FAMILLES."
PLUS SIMPLE DE PARTIR QUE SE BATTRE.
"MAIS JE PEUX PEUT-ÊTRE RESTER LÀ UN MOMENT... JOUER 'L'ANGE GARDIEN' AU MOINS CETTE NUIT... ET RENDRE AUX INTIMIDATEURS LA MONNAIE DE LEUR PIÈCE."
MAIS LA NUIT EST LONGUE.
LA VEILLE SOLITAIRE.
ET JUSTE QUAND IL SE DIT QUE RIEN DE FÂCHEUX NE VA ARRIVER...
... SPIDER-MAN SE RAPPELLE QUE C'EST EFFECTIVEMENT UNE VILLE ANIMÉE.
EEEEEEEEEEEEEEEE
ÇA VENAIT DE CHELSEA PARK !
AL-LONS-Y !

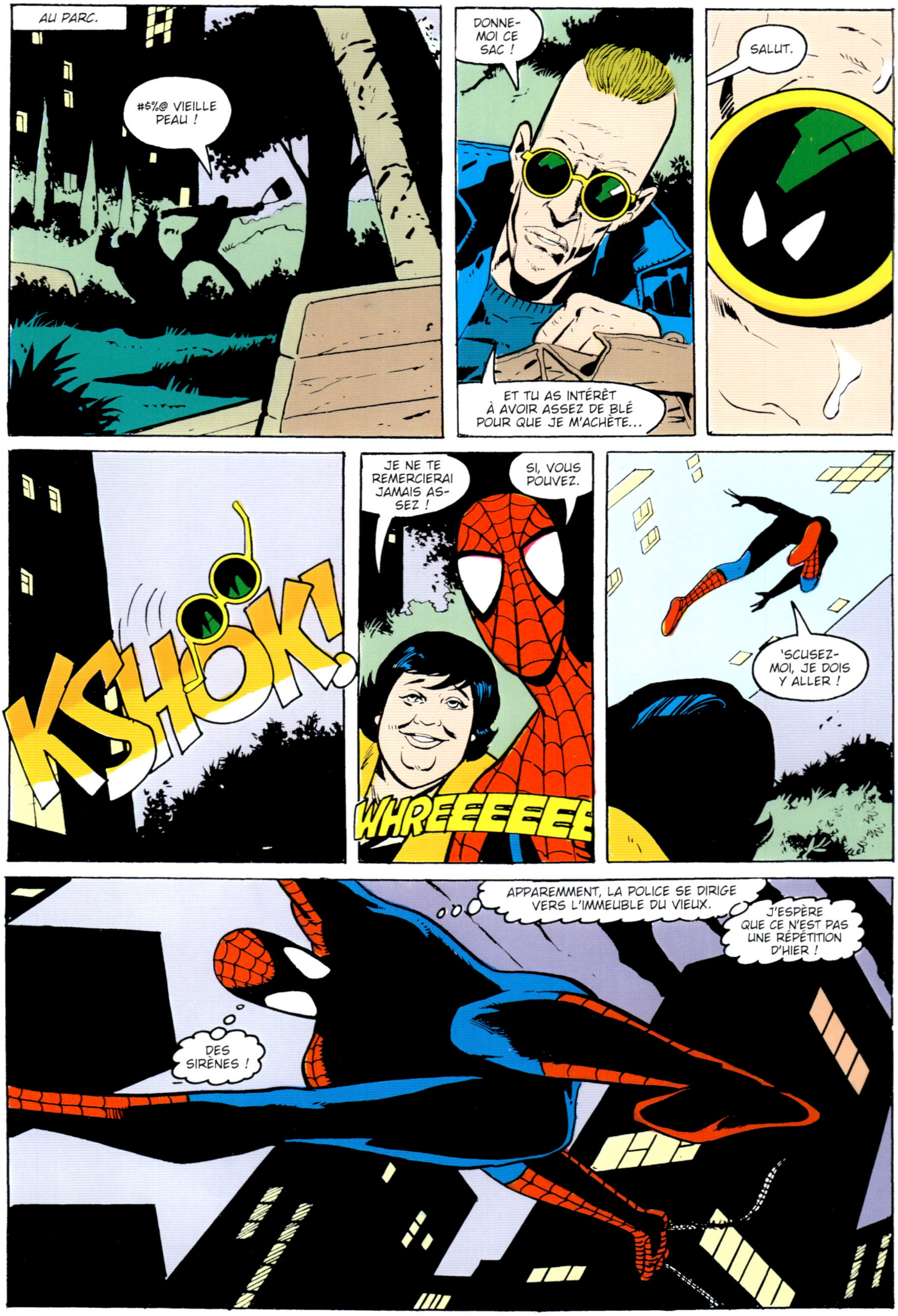
AU PARC.
#$%@ VIEILLE PEAU !
DONNE-MOI CE SAC !
ET TU AS INTÉRÊT À AVOIR ASSEZ DE BLÉ POUR QUE JE M'ACHÈTE...
SALUT.
KSHOK!
JE NE TE REMERCIERAI JAMAIS AS-SEZ !
SI, VOUS POUVEZ.
WHREEEEEEE
'SCUSEZ-MOI, JE DOIS Y ALLER !
DES SIRÈNES !
APPAREMMENT, LA POLICE SE DIRIGE VERS L'IMMEUBLE DU VIEUX.
J'ESPÈRE QUE CE N'EST PAS UNE RÉPÉTITION D'HIER !

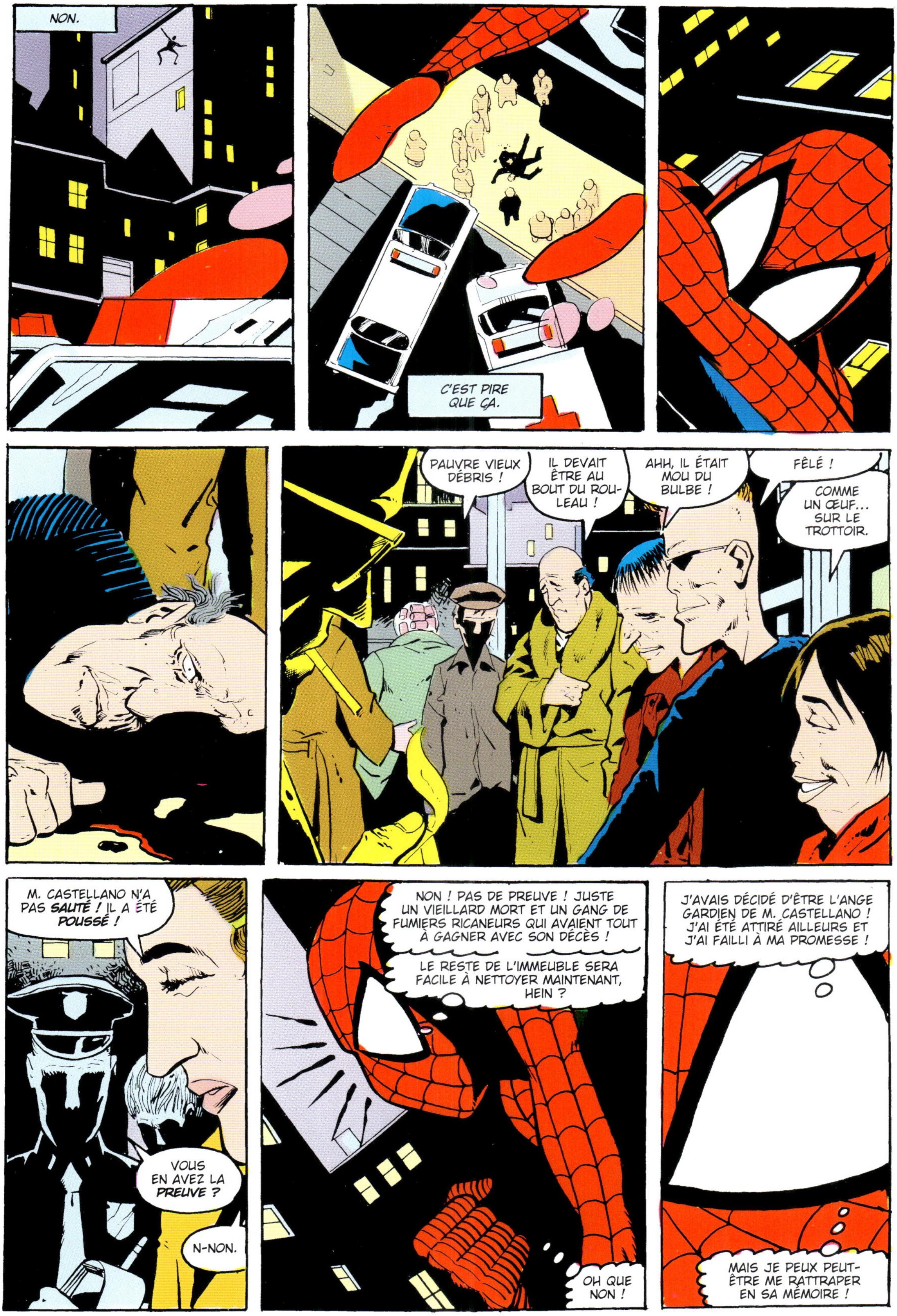
NON.
C'EST PIRE QUE ÇA.
PAUVRE VIEUX DÉBRIS !
IL DEVAIT ÊTRE AU BOUT DU ROULEAU !
AHH, IL ÉTAIT MOU DU BULBE !
FÊLÉ !
COMME UN ŒUF... SUR LE TROTTOIR.
M. CASTELLANO N'A PAS SAUTÉ ! IL A ÉTÉ POUSSÉ !
VOUS EN AVEZ LA PREUVE ?
N-NON.
NON ! PAS DE PREUVE ! JUSTE UN VIEILLARD MORT ET UN GANG DE FUMIERS RICANEURS QUI AVAIENT TOUT À GAGNER AVEC SON DÉCÈS !
LE RESTE DE L'IMMEUBLE SERA FACILE À NETTOYER MAINTENANT, HEIN ?
OH QUE NON !
J'AVAIS DÉCIDÉ D'ÊTRE L'ANGE GARDIEN DE M. CASTELLANO ! J'AI ÉTÉ ATTIRÉ AILLEURS ET J'AI FAILLI À MA PROMESSE !
MAIS JE PEUX PEUT-ÊTRE ME RATTRAPER EN SA MÉMOIRE !

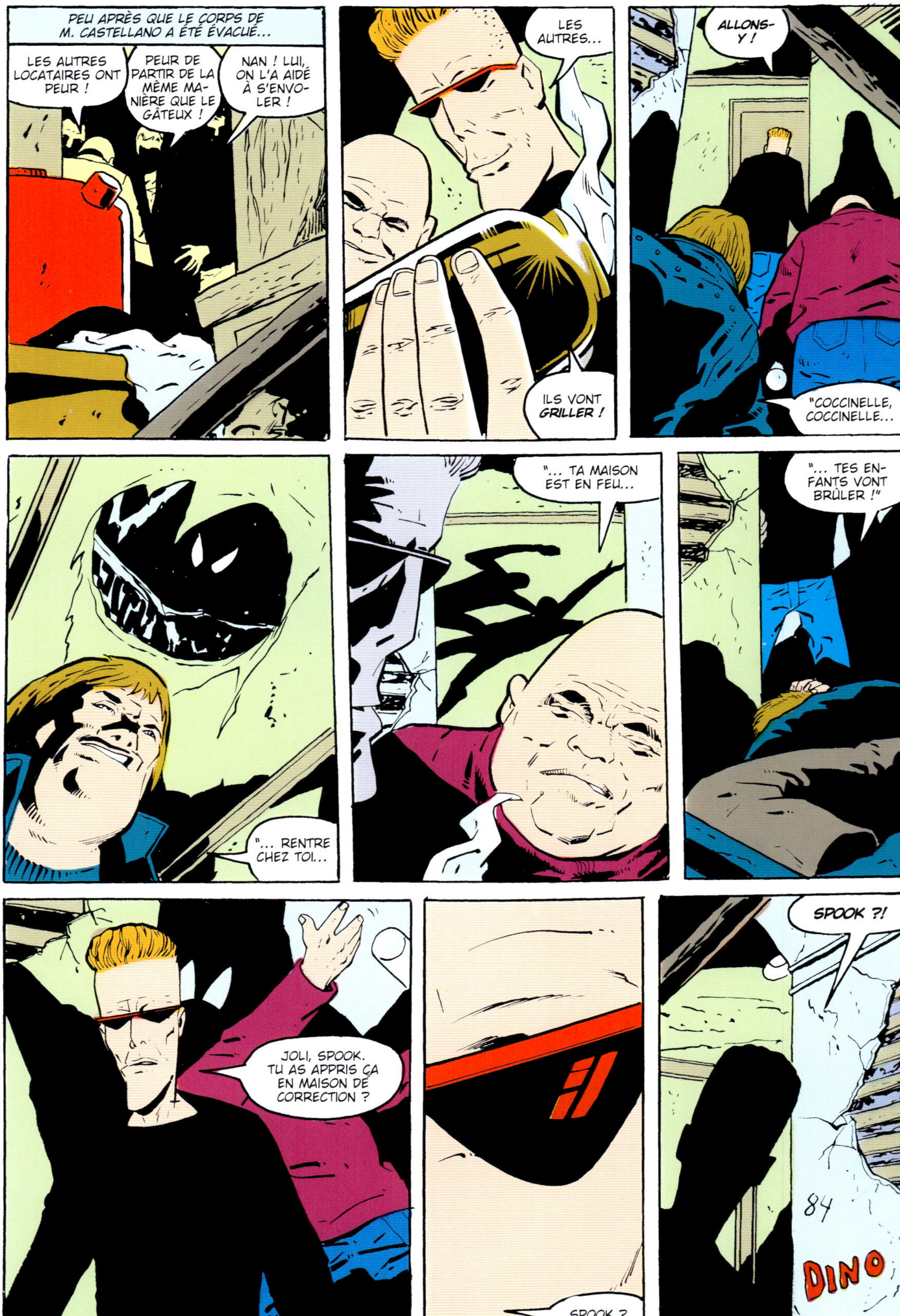
PEU APRÈS QUE LE CORPS DE M. CASTELLANO A ÉTÉ ÉVACUÉ...
LES AUTRES LOCATAIRES ONT PEUR !
PEUR DE PARTIR DE LA MÊME MA-NIÈRE QUE LE GÂTEUX !
NAN ! LUI, ON L'A AIDÉ À S'ENVO-LER !
LES AUTRES...
ILS VONT GRILLER !
ALLONS-Y !
"COCCINELLE, COCCINELLE...
"... RENTRE CHEZ TOI...
"... TA MAISON EST EN FEU...
"... TES EN-FANTS VONT BRÛLER !"
JOLI, SPOOK. TU AS APPRIS ÇA EN MAISON DE CORRECTION ?
SPOOK ?
SPOOK ?!
84
DINO

IL A APPRIS QUE TU ALLAIS FAIRE DU FEU, ALORS IL EST ALLÉ CHERCHER DE LA GUIMAUVE !
QUI...?!
DEVINE UN PEU !
SPIDER-MAN !
BRÛLE, MEC, BRÛLE !
DIANE LOVES MIKE
FROOSH!
NOM DE...!

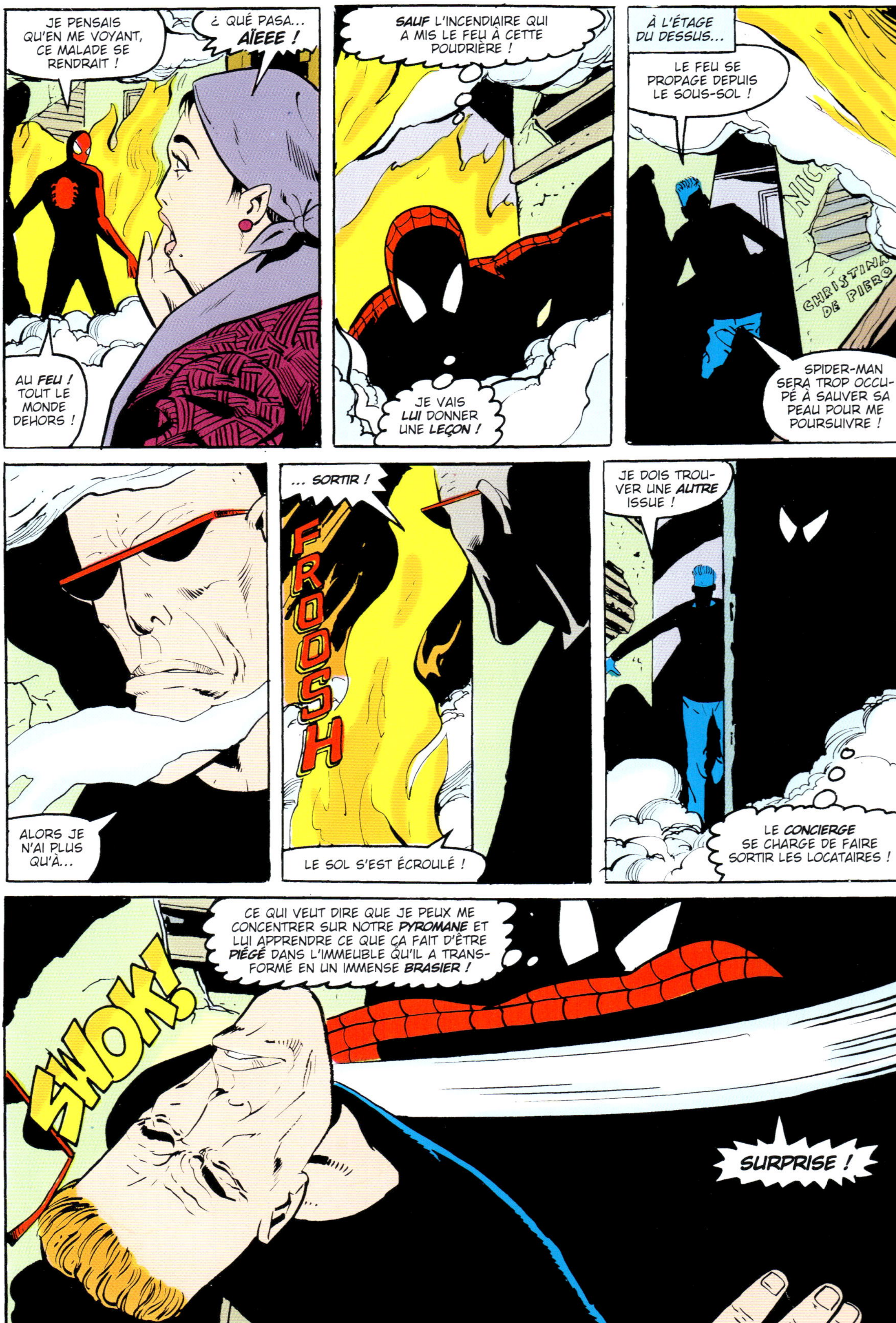
JE PENSAIS QU'EN ME VOYANT, CE MALADE SE RENDRAIT !
¿ QUÉ PASA... AÏEEE !
AU FEU ! TOUT LE MONDE DEHORS !
SAUF L'INCENDIAIRE QUI A MIS LE FEU À CETTE POUDRIÈRE !
JE VAIS LUI DONNER UNE LEÇON !
À L'ÉTAGE DU DESSUS...
LE FEU SE PROPAGE DEPUIS LE SOUS-SOL !
CHRISTINA DE PIERO
SPIDER-MAN SERA TROP OCCUPÉ À SAUVER SA PEAU POUR ME POURSUIVRE !
ALORS JE N'AI PLUS QU'À...
... SORTIR !
FROOSH
LE SOL S'EST ÉCROULÉ !
JE DOIS TROUVER UNE AUTRE ISSUE !
LE CONCIERGE SE CHARGE DE FAIRE SORTIR LES LOCATAIRES !
CE QUI VEUT DIRE QUE JE PEUX ME CONCENTRER SUR NOTRE PYROMANE ET LUI APPRENDRE CE QUE ÇA FAIT D'ÊTRE PIÉGÉ DANS L'IMMEUBLE QU'IL A TRANSFORMÉ EN UN IMMENSE BRASIER !
SWOK!
SURPRISE !

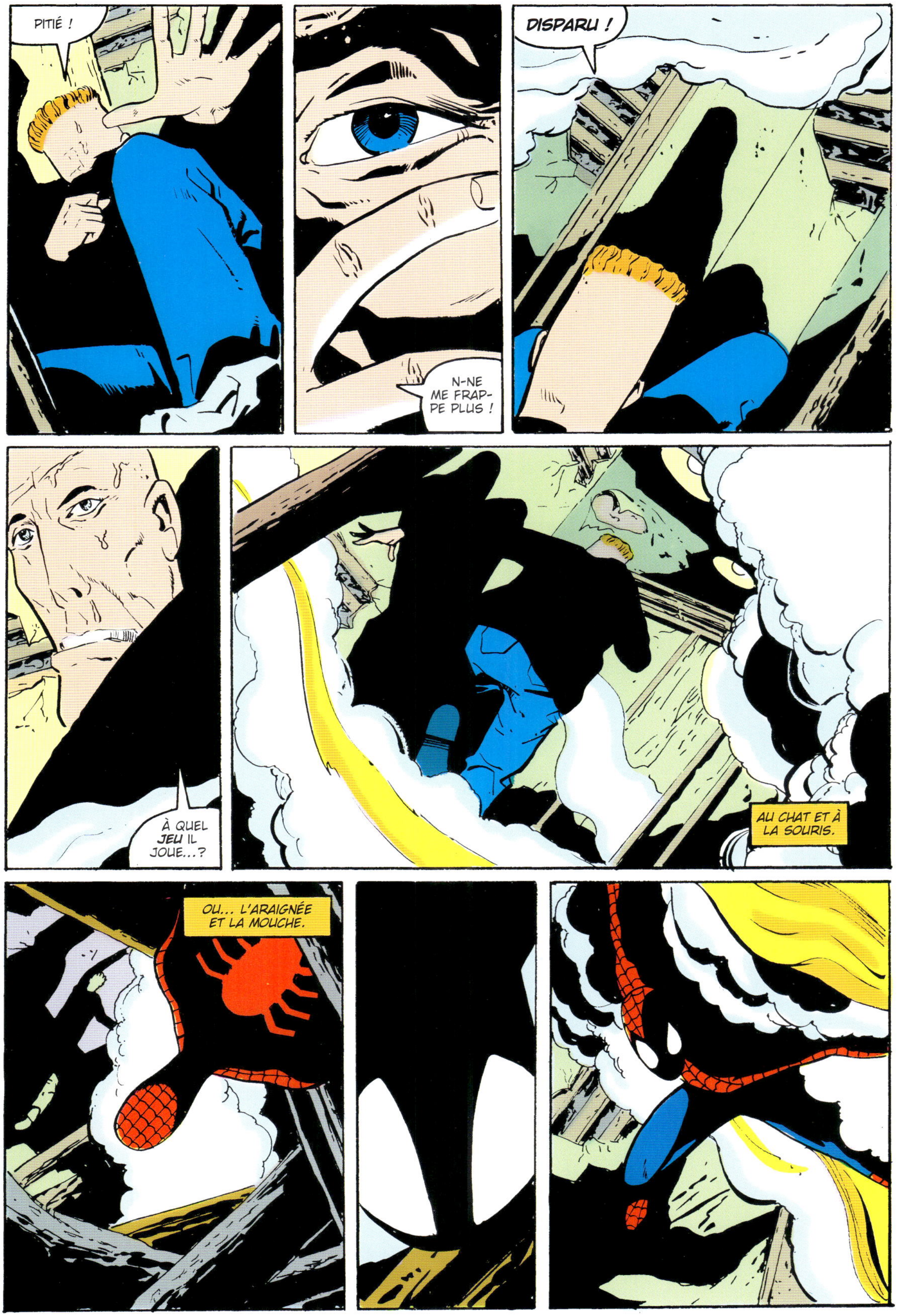
PITIÉ !
N-NE ME FRAP-PE PLUS !
DISPARU !
À QUEL JEU IL JOUE...?
AU CHAT ET À LA SOURIS.
OU... L'ARAIGNÉE ET LA MOUCHE.

HUNHHUNHHUNH
HUNHHUNHHUNH
HUNHHUNHHUNH

HUNHHUNHHUNH
UNHHUNHHUNH
UNHHUNHHUNH

À BOUT DE **SOUFFLE,** PYROMANE ? TU PEUX TE REPOSER !
C'EST LE ***TERMINUS*** !

FRATRASH!
LÈVE-TOI !
J'AI PEUR !
BIEN.
MAINTENANT TU SAIS CE QU'ÉPROUVAIENT LES GENS DE CET IMMEUBLE !
LIVRE-TOI À LA POLICE...
... OU JE REVIENDRAI !
LA PEUR.
CE FUMIER A FORCÉ LES AUTRES À VIVRE AVEC.

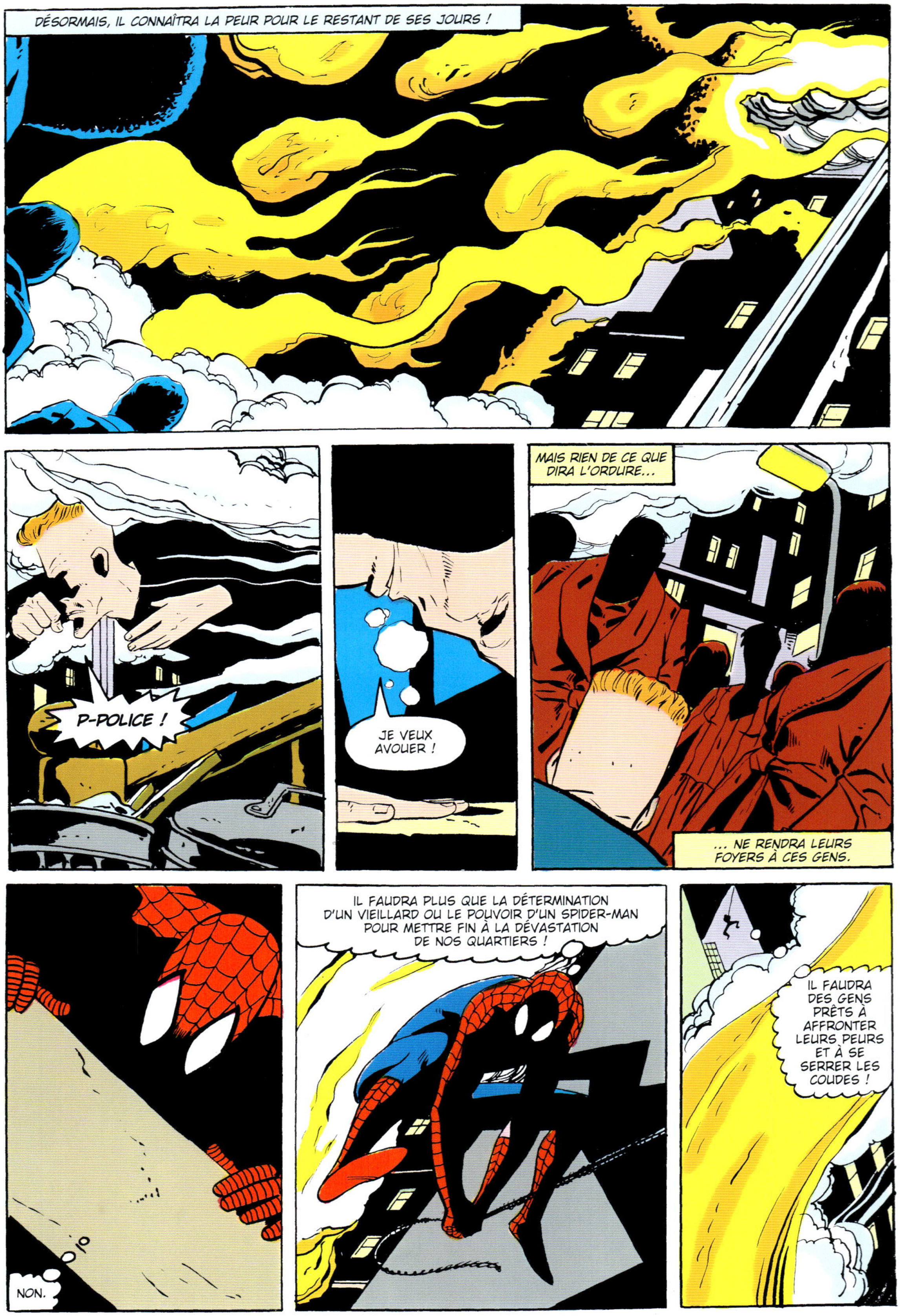
DÉSORMAIS, IL CONNAÎTRA LA PEUR POUR LE RESTANT DE SES JOURS !
P-POLICE !
JE VEUX AVOUER !
MAIS RIEN DE CE QUE DIRA L'ORDURE...
... NE RENDRA LEURS FOYERS À CES GENS.
NON.
IL FAUDRA PLUS QUE LA DÉTERMINATION D'UN VIEILLARD OU LE POUVOIR D'UN SPIDER-MAN POUR METTRE FIN À LA DÉVASTATION DE NOS QUARTIERS !
IL FAUDRA DES GENS PRÊTS À AFFRONTER LEURS PEURS ET À SE SERRER LES COUDES !

PLUS TARD...
RÉUNION DE LOCATAIRES CE SOIR
COMME CERTAINS D'ENTRE VOUS ONT DÛ L'APPRENDRE, UN IMMEUBLE A BRÛLÉ CETTE NUIT, VICTIME D'UN INCENDIE CRIMINEL. LES RESPONSABLES ONT AVOUÉ...
... ET ONT IMPLIQUÉ LE **PROPRIÉTAIRE** QUI LES A ENGAGÉS POUR CHASSER LES PAUVRES !
CETTE FOIS, LES RESPONSABLES SERONT TRADUITS EN JUSTICE !
MAIS IL Y A TROP D'INCENDIES MYSTÉRIEUX, TROP DE MORTS, TROP DE CAS DE HARCÈLEMENT...
... POUR QUE L'ON PUISSE CROIRE QUE C'EST SIMPLEMENT LE VENT DU CHANGEMENT QUI CHASSE LES MOINS FORTUNÉS DE NOTRE QUARTIER ! LA SOURCE DU PROBLÈME EST LA ***CUPIDITÉ*** !
EN EXIGEANT DES LOYERS INABORDABLES POUR LA PLUPART D'ENTRE NOUS !
MAIS ON PEUT COMBATTRE LA CUPIDITÉ !
COMMENT ?
TU SIGNES NOTRE ***PÉTITION***, VOISIN ?
LA CUPIDITÉ ET LA PEUR SONT DE PUISSANTS ENNEMIS, MAIS ON A UN POUVOIR ENCORE PLUS GRAND ! LE ***VOTE*** !
SI CHACUN DE VOUS QUI SIGNE, VOTE POUR DES LOGEMENTS SÛRS ET ABORDABLES...
... LES HABITANTS DE CETTE VILLE N'AURONT ***PLUS*** À CRAINDRE D'ÊTRE CHASSÉS DE CHEZ EUX...
Juan Santos
Glory Grant
Peter Parker
... PLUS JAMAIS !
BILL MANTLO *Scénario*
KEITH GIFFEN *Dessin*
VINCE COLLETTA *Encrage*
BOB SHAREN *Couleurs*
MAKMA / NICK MEYLAENDER *Traduction*
BIT *Lettrage*
DANNY FINGEROTH, JIM OWSLEY & JIM SHOOTER *Rédaction USA*

Stan Lee présente :
TÉMOINS OCULAIRES !
JE SUIS SÛR QUE JE NE LEUR MANQUERAI PAS SI JE NE RETOURNAIS PAS AU BUREAU.
JE REPRENDS UN VERRE AVANT D'ÉCRIRE MON RAPPORT OU PAS... ?
SALUT, POUPÉE. TU VIENS SOUVENT ICI ?
NON, À CHAQUE FOIS QUE JE VIENS, UN CRÉTIN ME DRAGUE.
ROBBIE ! JOIGNEZ-VOUS À NOUS !
ALORS ÇA, C'EST À MARQUER D'UNE PIERRE BLANCHE. J. JONAH JAMESON BUVANT UN VERRE AVEC MARY JANE WATSON ET PETER PARKER !
LE RÉDACTEUR EN CHEF DU BUGLE QUE JE SUIS SAIT RECONNAÎTRE UNE BONNE HISTOIRE QUAND IL EN VOIT UNE.

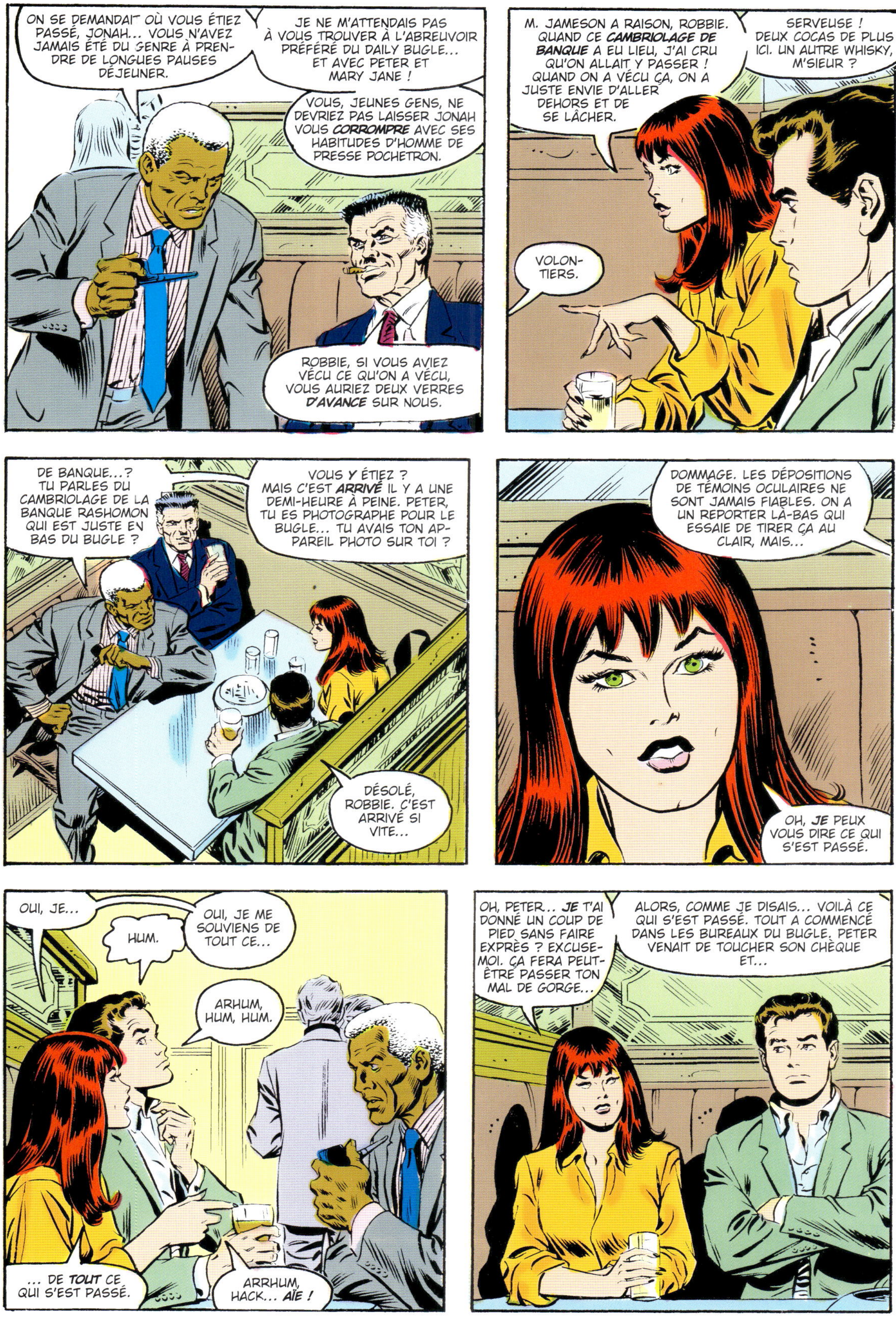
ON SE DEMANDAIT OÙ VOUS ÉTIEZ PASSÉ, JONAH... VOUS N'AVEZ JAMAIS ÉTÉ DU GENRE À PRENDRE DE LONGUES PAUSES DÉJEUNER.
JE NE M'ATTENDAIS PAS À VOUS TROUVER À L'ABREUVOIR PRÉFÉRÉ DU DAILY BUGLE... ET AVEC PETER ET MARY JANE !
VOUS, JEUNES GENS, NE DEVRIEZ PAS LAISSER JONAH VOUS CORROMPRE AVEC SES HABITUDES D'HOMME DE PRESSE POCHETRON.
ROBBIE, SI VOUS AVIEZ VÉCU CE QU'ON A VÉCU, VOUS AURIEZ DEUX VERRES D'AVANCE SUR NOUS.
M. JAMESON A RAISON, ROBBIE. QUAND CE CAMBRIOLAGE DE BANQUE A EU LIEU, J'AI CRU QU'ON ALLAIT Y PASSER ! QUAND ON A VÉCU ÇA, ON A JUSTE ENVIE D'ALLER DEHORS ET DE SE LÂCHER.
SERVEUSE ! DEUX COCAS DE PLUS ICI. UN AUTRE WHISKY, M'SIEUR ?
VOLONTIERS.
DE BANQUE...? TU PARLES DU CAMBRIOLAGE DE LA BANQUE RASHOMON QUI EST JUSTE EN BAS DU BUGLE ?
VOUS Y ÉTIEZ ? MAIS C'EST ARRIVÉ IL Y A UNE DEMI-HEURE À PEINE. PETER, TU ES PHOTOGRAPHE POUR LE BUGLE... TU AVAIS TON APPAREIL PHOTO SUR TOI ?
DÉSOLÉ, ROBBIE. C'EST ARRIVÉ SI VITE...
DOMMAGE. LES DÉPOSITIONS DE TÉMOINS OCULAIRES NE SONT JAMAIS FIABLES. ON A UN REPORTER LÀ-BAS QUI ESSAIE DE TIRER ÇA AU CLAIR, MAIS...
OH, JE PEUX VOUS DIRE CE QUI S'EST PASSÉ.
OUI, JE...
HUM.
OUI, JE ME SOUVIENS DE TOUT CE...
ARRHUM, HUM, HUM.
... DE TOUT CE QUI S'EST PASSÉ.
ARRHUM, HACK... AÏE !
OH, PETER... JE T'AI DONNÉ UN COUP DE PIED SANS FAIRE EXPRÈS ? EXCUSE-MOI. ÇA FERA PEUT-ÊTRE PASSER TON MAL DE GORGE...
ALORS, COMME JE DISAIS... VOILÀ CE QUI S'EST PASSÉ. TOUT A COMMENCÉ DANS LES BUREAUX DU BUGLE. PETER VENAIT DE TOUCHER SON CHÈQUE ET...

"... PETER ME DISAIT À QUEL POINT IL ÉTAIT CONTENT D'AVOIR REÇU UN NOUVEAU CHÈQUE.
DAILY BUGLE
"EN FAIT, IL ÉTAIT EN TRAIN DE ME DIRE QU'IL AURAIT BIEN AIMÉ FAIRE SAVOIR À M'SIEUR J À QUEL POINT IL APPRÉCIAIT TOUT CE QUE M'SIEUR J AVAIT FAIT POUR LUI.
"QUAND TOUT À COUP, SUR QUI ON TOMBE ? M'SIEUR J PRÈS DE LA FONTAINE À EAU, DIVERTISSANT UN JOURNALISTE AVEC SES HISTOIRES DE JEUNE REPORTER."
DAILY BUGL
PETER ! MARY JANE ! JE DIVERTISSAIS JUSTEMENT SCHANES AVEC MES HISTOIRES DE JEUNE REPORTER.
DE L'EAU, MA CHÈRE ? VOUS SAVEZ QUE VOUS ÊTES EN BEAUTÉ AUJOURD'HUI ?
OUI, JE SAIS.
M. JAMESON, JE CHERCHAIS UN MOYEN DE VOUS FAIRE SAVOIR À QUEL POINT JE...!
... JE SAIS ! JE VAIS ENCAISSER MON CHÈQUE ET VOUS INVITER À MANGER ! C'EST MOI QUI RÉGALE !
EXCELLENTE IDÉE, PETER ! MAIS JE TIENS À PAYER L'ADDITION.
ON NE DISCUTE PAS. JE PEUX ME LE PERMETTRE ET J'ADORE PRENDRE SOIN DE MES EMPLOYÉS.
OH, ET BIEN SÛR, JE TIENS À CE QUE LA RAVISSANTE MARY JANE SE JOIGNE À NOUS. ÇA NOUS DONNERA PLUS DE CLASSE, HEIN ? HÉ-HÉ.
"BIEN SÛR, JE NE POUVAIS PAS REFUSER. M. JAMESON A EU LA COURTOISIE DE LAISSER PETER ENCAISSER SON CHÈQUE AVANT POUR QU'ON N'AIT PAS À SE SOUCIER DES HEURES DE FERMETURE DE LA BANQUE.
"M'SIEUR J EST TELLEMENT PRÉVENANT.
BANK AND
625

"TOUT AVAIT L'AIR NORMAL À LA BANQUE. PETER ENCAISSAIT SON CHÈQUE, M. JAMESON ÉTAIT CHARMANT, PLEIN D'ESPRIT ET RAFFINÉ COMME À SON HABITUDE.
CUSTOMER SERVICE
"ET POURTANT... POURTANT, IL Y AVAIT QUELQUE CHOSE DANS L'AIR. UNE MYSTÉRIEUSE AURA QUI AMÈNERAIT LA PEUR, LA VIOLENCE ET LA CRIMINALITÉ PARMI NOUS.
"ET ON DÉCOUVRIRAIT RAPIDEMENT QUE LES MURAILLES DE PROTECTION QUE CHACUN DE NOUS ÉRIGE POUR SOI SONT BÂTIES SUR DES FONDATIONS DE SABLE.
"PETER, POURQUOI FAIS-TU CES MOUVEMENTS CIRCULAIRES AVEC TON DOI...? OH, 'VA PLUS VITE.' D'ACCORD.
"LE TYPE FIT IRRUPTION...
BURST
"COMME ILS DISENT DANS MAD MAX III... 'IL AURAIT PU DÉMOLIR N'IMPORTE QUI D'UNE SEULE MAIN'."
TRÈS BIEN ! TOUS DOS CONTRE LE MUR AVANT QUE JE SOIS FORCÉ DE VOUS CRIBLER DE BALLES.
J'AI... MAL...
"ET C'EST LORS DE CET INSTANT DE TENSION EXTRÊME QU'IL RENCONTRA LA SEULE CHOSE SUR LAQUELLE IL N'AVAIT PAS COMPTÉ..."
SALUT, TIGER !
VOUS... TU ES INDICIBLEMENT BELLE.
OUI, JE SAIS.

TU... ME RAPPELLES MON GRAND AMOUR PERDU.
J'AI CET EFFET SUR LES HOMMES. C'EST UNE BÉNÉDICTION ET UNE MALÉDICTION.
VIDE TON CŒUR. JE M'INTÉRESSE À TOI... À TA PEINE, TON CHAGRIN...
CUSTO
NON !
OK, BEN, ABSTIENS-TOI.
ALLONS, MON BRAVE... VOTRE FAÇON DE NOUS PARLER ÉTAIT DÉJÀ ASSEZ GROSSIÈRE COMME ÇA...
... MAIS JE SUIS FORCÉ DE RÉAGIR FACE À VOTRE TRAITEMENT CAVALIER DE LA DÉLICIEUSE MARY JANE.
CUSTOME
RÉAGIS À ÇA, GROS BOUFFON !
"JE RETINS MON SOUFFLE, TRANSIE DE PEUR. M'SIEUR J ÉTAIT JEUNE DANS L'ÂME, MAIS UNE TELLE CHUTE RISQUAIT-ELLE DE LE BLESSER ?
"J'AURAIS DÛ ÊTRE PLUS AVISÉE."
TU AURAIS DÛ ÊTRE PLUS AVISÉ AVANT D'AGRESSER J. JONAH JAMESON.
POIT
TU ES DANS DE SALES DRAPS, RUFFIAN.
"ET IL DEVINT VITE MANIFESTE QU'IL L'ÉTAIT, EN EFFET..."
CUS
QU... SPIDER-MAN !?!

"QUE DIRE ? IL ÉTAIT DE LA POÉSIE EN MOUVEMENT, UN CHEVALIER NOIR.
"CE QUI ARRIVA ENSUITE SE PASSA EN QUELQUES SECONDES. POURTANT...
"... LE TEMPS SEMBLA...
"... RALENTIR...
BLAM
"... JUSQU'AU...
"... POINT MORT.

"LA COLÈRE DE SPIDER-MAN FUT IMPRESSIONNANTE."
ESPÈCE...
... DE SALE...
... RAT !
"LE BRAQUEUR GÉMIT, PLAIDA SA CAUSE EN SUPPLIANT, MAIS ÇA NE SERVIT À RIEN.
"SPIDER-MAN SE SOUCIE BEAUCOUP DE LA SÉCURITÉ DES INNOCENTS... DU MOINS, C'EST L'IMPRESSION QU'IL DONNE.
"ON NE POUVAIT PAS VOIR LA BAGARRE MAIS ON POUVAIT L'ENTENDRE. C'ÉTAIT BRUTAL.
WHAM
WHUMPH
SMACK
"IL N'Y AVAIT AUCUN DOUTE QUANT À SON ISSUE !"
TRÈS BIEN, CITOYENS, C'EST FINI. VOUS POUVEZ REPRENDRE LE COURS DE VOS VIES RESPECTUEUSES DE LA LOI.
AU FAIT, MADEMOISELLE... VOUS ÊTES DE LOIN LA CRÉATURE LA PLUS EXQUISE DE CETTE PAUVRE PETITE PLANÈTE.
WHOOOOSH
ON LE SAIT.

ET VOILÀ COMMENT ÇA S'EST PASSÉ. DU MOINS, D'APRÈS MES SOUVENIRS.
C'EST TRÈS... INTÉRESSANT, MARY JANE.
INTÉRESSANT, MON ŒIL ! JE VAIS VOUS DIRE CE QUI S'EST **VRAIMENT** PASSÉ !
PARKER, COMMANDEZ UNE NOUVELLE TOURNÉE. ÇA VA PRENDRE UN PETIT MOMENT.
J'EN AI BIEN L'IMPRESSION. OH, MADEMOISELLE...
ET...
... LE WHISKY LIMONADE POUR LA DEMOISELLE, LE COCA POUR VOUS, MONSIEUR.
MERCI.
ALORS, JONAH, VOUS DITES QUE CE QUE MARY JANE M'A RACONTÉ EST FALLACIEUX ?
BIEN **SÛR** QUE NON. JUSTE FAUX.
AVEC TOUT LE RESPECT QUE JE VOUS DOIS, JEUNE FEMME, VOUS N'ÊTES PAS UN OBSERVATEUR CHEVRONNÉ COMME MOI. EN FAIT, VOILÀ COMMENT TOUT A COMMENCÉ.
OH LÀ LÀ. C'EST REPARTI.
J'ÉTAIS PRÈS DE LA FONTAINE À EAU À PARLER DE MES ANNÉES DE TRAVAIL ACHARNÉ AU SERVICE DU JOURNALISME...

OUI, SCHANES, C'EST EN TRAVAILLANT 70 HEURES PAR SEMAINE QUE J'EN SUIS ARRIVÉ LÀ.
QUAND JE TRAVAILLAIS SUR L'ARTICLE SUR LYLE TALBOT EN 1944, JE N'AI PAS DORMI PENDANT UNE SEMAINE. MA FEMME AVAIT OUBLIÉ À QUOI JE RESSEMBLAIS !
OUBLIER CETTE BEAUTÉ VIRILE, M'SIEUR J ? DUR À CROIRE !
QUEL MEC.
MARY JANE WATSON ! ENCORE UNE FOIS, VOTRE ADORABLE MINOIS VIENT ÉGAYER NOS VIES TERNES. DE L'EAU, MA CHÈRE ?
MERCI, C'EST BIEN AIMABLE.
DITES, JONAH...
TUT-TUT, MON GARÇON. JE LIS DANS VOS PENSÉES.
ÇA FAIT TROP LONGTEMPS... JAMAIS, EN FAIT... QU'ON A MANGÉ ENSEMBLE.
C'EST **POUR MOI,** BIEN SÛR ! UN JEUNE COMME VOUS DOIT ÉCONOMISER SON ARGENT QUAND C'EST POSSIBLE.
C'EST EN ÉCONOMISANT QUE J'EN SUIS ARRIVÉ LÀ.
EN FAIT, ON POURRA PARLER DE LA POSSIBILITÉ D'AUGMENTER VOS TARIFS DE FREE-LANCE !
POUR QUE VOUS PUISSIEZ TRAITER CETTE CHARMANTE JEUNE FEMME COMME ELLE LE MÉRITE.

"À LA BANQUE, MARY JANE ET MOI AVONS ENGAGÉ LA CONVERSATION AVEC UNE RESPONSABLE CLIENTÈLE..."
QUEL EST CE SPLENDIDE AROME, MONSIEUR ?
LE MEILLEUR CIGARE DE LA HAVANE QUI SOIT, MA CHÈRE. J'EN SUIS ARRIVÉ LÀ GRÂCE AUX BONS CIGARES.
CUSTOMER SERVICE
JE ME SOUVIENS AVOIR FUMÉ UN JOUR AVEC JOE PULITZER UN EXCELLENT...
PERSONNE BOUGE !
C'T'UN BRAQUAGE !
"MÊME MOI, JOURNALISTE DE LONGUE DATE, JE NE TROUVE PAS LES MOTS POUR DÉCRIRE LA VILE CRÉATURE QUI NOUS A MENACÉS !
SPAK!
"JE ME SUIS RETENU DE NEUTRALISER CE VOYOU DE CRAINTE DE NE POUVOIR GARANTIR LA SÉCURITÉ DES AUTRES. ILS ONT BATTU EN RETRAITE DEVANT SON ÉNORME ARME.
"MAIS ALORS IL A TOURNÉ SON REGARD LASCIF SUR MARY JANE. J'AI ENTENDU SA RESPIRATION DEVENIR SACCADÉE... COMME UNE LOCOMOTIVE ASTHMATIQUE.
"JE N'AVAIS PAS LE CHOIX."
HUM.
TAP TAP

OUAIS ? QU'EST-CE TU VEUX ?
CE "QUE" JE VEUX, C'EST QUE TU NE TOUCHES PAS À LA JEUNE FEMME AVEC TES SALES PATES, ESPÈCE DE VERMINE RÉPUGNANTE.
WHOOOSCH
T'ES QUI, TOI ? SON VIEUX ?
PAS SON PÈRE. UN AMI. UN AMI PUISSANT.
JE SUIS J. JONAH JAMESON, MOLLUSQUE.
TU AS DÛ ENTENDRE PARLER DE MOI.
POOFTA
PAS... LE JONAH JAMESON ?!
C'EST VRAIMENT LUI !
IL EST SI GRAND !
SI FERME...
... SI BIEN BÂTI !
REUH... RECULEZ !
HÉ ! COMMENT IL A ESQUIVÉ ?!
AISÉMENT.
FWOOOOSH
SPROING
WIZZZZ
"LE TEMPS D'AISÉMENT ESQUIVER SON ATTAQUE MALADROITE, MON ESPRIT AVAIT CONÇU ONZE SCÉNARIOS DIFFÉRENTS POUR LE NEUTRALISER, QUAND SOUDAIN...

"IL ÉTAIT LÀ."
OH NON ! JE NE PEUX PAS AFFRONTER JAMESON ET TOI !
VA-T'EN, MONTE-EN-L'AIR ! ON N'A PAS BESOIN DE TES TACTIQUES DE TISSEUR DE TOILES !
"À CET INSTANT, JE ME SUIS RENDU COMPTE QUE JE POUVAIS LAISSER LE BRAQUEUR TIRER. SPIDER-MAN ÉTAIT MOMENTANÉMENT SURPRIS... IL N'ESQUIVERAIT JAMAIS À TEMPS.
"ET SI JE L'AVAIS LAISSÉ MOURIR, ÇA N'AURAIT PAS DU TOUT DÉRANGÉ LES GENS PRÉSENTS."
DÉGAGE, L'INSECTE !
OUAIS, VA RAMPER SUR UN MUR.
"MAIS JE NE POUVAIS PAS LAISSER QUELQU'UN, MÊME SPIDER-MAN, MOURIR SANS RIEN FAIRE."
HIII-YAH !
CUSTOMER SERVICE
KRUNK
"ET ALORS, ROBBIE... SI JE PENSAIS UN SEUL INSTANT QUE CE QUI EST ARRIVÉ ÉTAIT DE MA FAUTE, JE NE POURRAIS PLUS ME REGARDER EN FACE. HEUREUSEMENT, LE RESPONSABLE ÉTAIT CLAIREMENT..."
BLAM!
ELLE... A ÉTÉ TOUCHÉE !

IDIOT ! TU AS FAILLI ME TOUCHER !
ALLONS DISCUTER UN PEU, TU VEUX BIEN ?
À L'AIDE ! JONAH, SAUVEZ-MOI !
-PFF- PERDS DU POIDS, BOUFFI. -GASP-
DÉCAMPE
DÉCAMPE
"IL A DÉCAMPÉ DERRIÈRE LA VITRE DU GUICHET ET BIEN QU'ON N'AIT PAS PU ENTENDRE CE QUI SE DISAIT...
"SPIDER-MAN PROPOSAIT SANS AUCUN DOUTE AU VOLEUR DE L'AIDER À S'ENFUIR EN ÉCHANGE D'UNE PART DU BUTIN.
THWUMP
KRUNCH
KLUPOW
BOFFO
"ET LA RÉPONSE QU'IL AVAIT REÇUE NE LAISSAIT AUCUN DOUTE NON PLUS.
"IL A ABANDONNÉ SON ASSOCIÉ POTENTIEL ET S'EST ENFUI COMME IL LE FAIT TOUJOURS."
HOUP-LÀ ! DOS D'ÂNE.
"ET QUAND LA POLICE EST ARRIVÉE POUR FAIRE LE MÉNAGE..."
VOUS AVEZ ÉTÉ MERVEILLEUX, M. JAMESON.
BAH ! J'AI SEULEMENT FAIT CE QUE TOUT ÉDITEUR INTRÉPIDE AURAIT FAIT. C'EST EN ÉTANT INTRÉPIDE QUE J'EN SUIS ARRIVÉ LÀ.
ET CE SPIDER-MAN QUI TENTAIT DE TIRER LA COUVERTURE À LUI.
JE NE LUI EN VEUX PAS. SPIDER-MAN EST UN MALADE MENTAL ET J'ESPÈRE SEULEMENT QU'IL RECEVRA UN JOUR LE SOUTIEN PSYCHOLOGIQUE ADÉQUAT.
PEUT-ÊTRE POURRA-T-IL ALORS DEVENIR UN BON CITOYEN... COMME MOI.
AH ! JE N'ARRIVE PAS À CROIRE QUE JE TRAVAILLE POUR LUI.

JONAH, NE LE PRENEZ PAS MAL, MAIS... COMBIEN DE **VERRES** AVEZ-VOUS BUS ?
OUI, J'ÉTAIS MAGNI... HEIN ?
OÙ VOULEZ-VOUS EN **VENIR,** ROBBIE ? LAISSEZ-VOUS ENTENDRE QUE MA MÉMOIRE ME FAIT DÉFAUT ?
ÇA DÉPEND. CONSIDÉRERIEZ-VOUS QU'UNE SOURCE QUI ESSAIE DE FUMER UN STICK DE BRETZEL EST FIABLE ?
VOUS SAVEZ, EN Y RÉFLÉCHISSANT BIEN...
LA VERSION DE M. JAMESON EST SÛREMENT PLUS PRÉCISE QUE LA MIENNE. APRÈS TOUT, JE NE SUIS PAS UN OBSERVATEUR CHEVRONNÉ COMME LUI.
ET TOI, PETE ? TU ES D'ACCORD AVEC LES SOUVENIRS DE JONAH ?
NOUS AVONS ***L'OBLIGATION*** DE DONNER À NOS LECTEURS L'HISTOIRE LA PLUS PRÉCISE ET EXACTE QUI SOIT.
BIEN... SÛR.
TU N'EN AS PAS ***L'AIR*** SI SÛR, FISTON.
ALLONS, ROBBIE, JE SUIS SÛRE QUE PETER, QUI N'EST MÊME PAS REPORTER, N'AURAIT PAS LA ***BÊTISE...***
... D'ALLER CONTREDIRE M. JAMESON, QUI LE PAIE SI ÉQUITABLEMENT.

PETER, TOUT CELA EST **EXACT ?** SPIDER-MAN A BIEN AGI COMME ÇA ? ET CE BRAQUEUR DE BANQUE... IL ÉTAIT VRAIMENT AUSSI VICIEUX QUE JONAH LE DIT ?
TU SAIS, SI ON LE RAPPORTE AINSI, CE SERA PRATIQUEMENT GRAVÉ DANS LE **MARBRE.** BIEN SÛR, S'IL ÉTAIT VRAIMENT LE MONSTRE MEURTRIER QUE J'AI ENTENDU DÉCRIRE JUSQUE-LÀ, IL MÉRITE TOUT CE QUI LUI ARRIVE MAIS...
OH, IL NE L'EST **PAS.** CE N'EST PAS UN ANGE, MAIS CE N'EST PAS NON PLUS UN CROISEMENT ENTRE RAMBO ET L'ÉTRANGLEUR DE BOSTON.
C'EST UN PEU BIZARRE, EN FAIT. IL...
PETER ! M. JAMESON EST...
MARY JANE, ÉCOUTE, JE SAIS CE QUE TU ESSAIES DE FAIRE, MAIS JE DOIS DONNER MON POINT DE VUE À ROBBIE.
OHHHHH... JE **DÉTESTE** QUE TU AIES RAISON.
VOILÀ CE QUI S'EST PASSÉ, ROBBIE, DU MIEUX QUE JE M'EN SOUVIENNE...
J'AI BU TROIS COCAS, APRÈS TOUT.

"JE VENAIS DE RECEVOIR MON CHÈQUE. J'AVAIS DIT À MJ DE VENIR POUR QUE JE PUISSE L'ENCAISSER ET LUI REMBOURSER DE L'ARGENT QUE JE LUI DEVAIS.
DE LA TOILE ? IL FAUT QUE TU... ACHÈTES DES PRODUITS CHIMIQUES POUR TON FLUIDE DE TOILE ?
MES LANCE-TOILES SONT COMPLÈTEMENT VIDES, MJ. QUAND J'AI ESSAYÉ D'EN REFAIRE CE MATIN, J'AI DÉCOUVERT QUE CERTAINS DE MES INGRÉDIENTS ÉTAIENT SI VIEUX QU'ILS ÉTAIENT DEVENUS INERTES.
IL ME FAUT PLUS DE TOILE ! JE SUIS CENSÉ FAIRE QUOI, UTILISER DES CORDES À LINGE ?
"ON PARLAIT D'HISTOIRES NORMALES DE BUDGET. VOUS SAVEZ, LE LOYER, LES COURSES..."
NON, TA TÊTE ! PETER, IL FAUT DÉPENSER DE L'ARGENT POUR EN GAGNER !
SYMPATHISE AVEC LUI. INVITE-LE À MANGER. POUSSE-LE À T'ENVISAGER COMME AUTRE CHOSE QU'UN SIMPLE EMPLOYÉ.
ET VOILÀ CELUI SUR QUI IL FAUT DÉPENSER DE L'ARGENT.
PETER, TU ES DEVENU LIVIDE ! ALLEZ... QU'EST-CE QUE TU AS À PERDRE ?
JONAH ?
"MJ A SUGGÉRÉ D'INVITER JONAH À MANGER POUR PARLER D'UNE AUGMENTATION. EUH... J'AI PENSÉ QUE C'ÉTAIT UNE BONNE IDÉE. JONAH SEMBLAIT DE BONNE HUMEUR. POUR LUI."
ENCORE EN TRAIN DE FAIRE L'ANDOUILLE PRÈS DE LA FONTAINE À EAU, SCHANES ? JE VOUS AI À L'ŒIL. OÙ EST PASSÉE LA SEMAINE DE 70 HEURES DE TRAVAIL ?
J'AURAIS DÛ VIRER CETTE FONTAINE À EAU IL Y A DES ANNÉES ! MAINTENANT, PASSEZ-MOI CE GOBELET ET REMETTEZ-VOUS AU BOULOT !
"ALORS JONAH A... HUM, DONNÉ UN VERRE D'EAU À MARY JANE."
HOUP-LÀ.
PARDON, JEUNE DAME.
OH, CE N'EST RIEN, M. JAMESON. JE PRÉFÈRE ME FAIRE ASPERGER D'EAU PAR VOUS QUE PAR UN AUTRE.
C'EST GENTIL À VOUS, MADEMOISELLE WATSON.
EN FAIT, PETER ET MOI PARLIONS JUSTEMENT DE VOUS.
POUSSE POUSSE
C'EST VRAI. EUH, JONAH, ET SI ON, EUH, ALLAIT AU RESTAU ? JE VOUS INVITE.
QUOI ? JE VOUS PAIE ASSEZ POUR QUE VOUS INVITIEZ DES GENS AU RESTAU ? C'EST DINGUE.
ALLEZ, M'SIEUR J. POUR MOI ?
OH, D'ACCORD. MAIS C'EST MOI QUI PAIE. SI JE LAISSE PARKER CHOISIR LE RESTAU, JE SERAI MALADE PENDANT UNE SEMAINE. AU MOINS AINSI, J'AURAI UN REPAS DÉCENT.

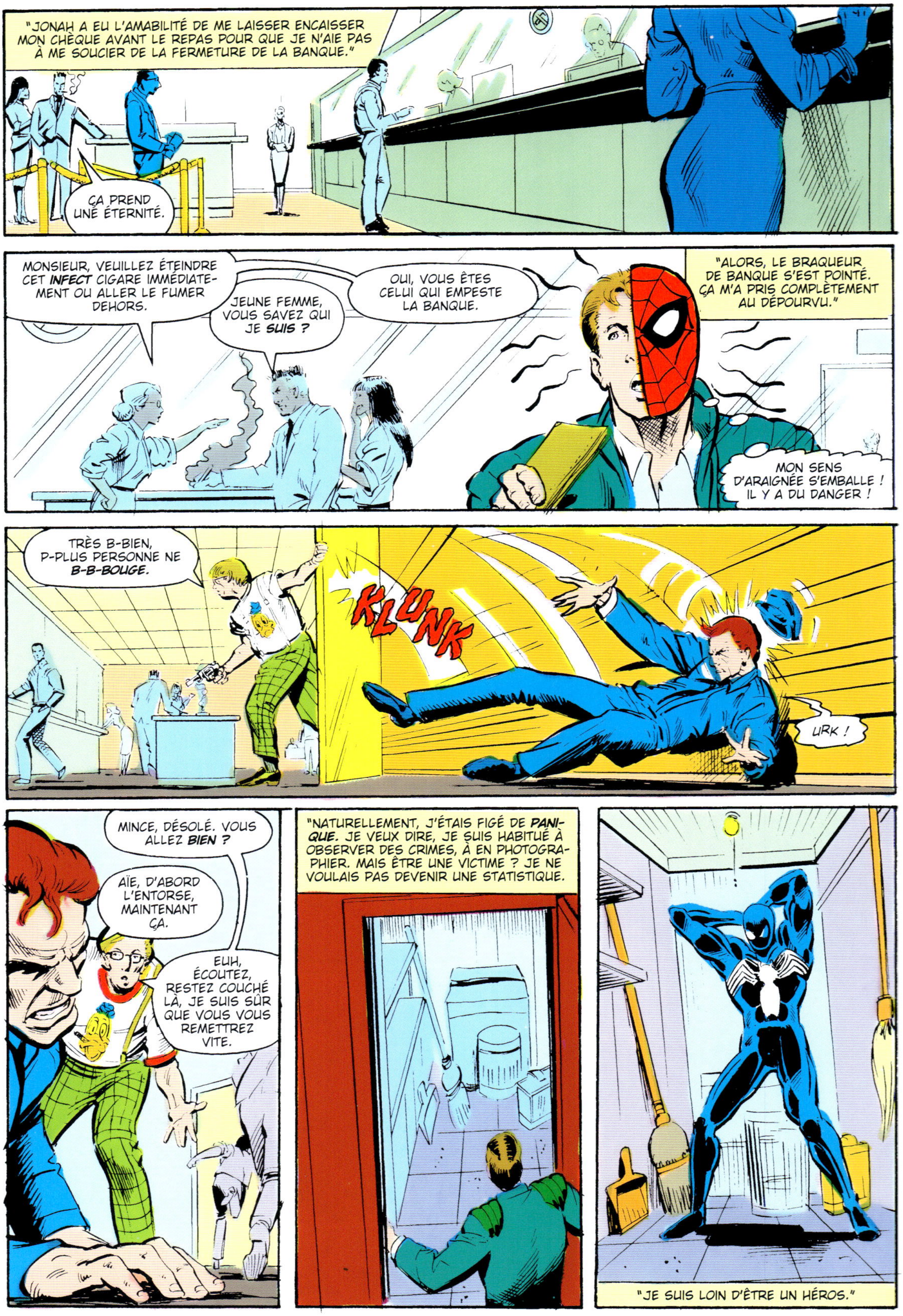
"JONAH A EU L'AMABILITÉ DE ME LAISSER ENCAISSER MON CHÈQUE AVANT LE REPAS POUR QUE JE N'AIE PAS À ME SOUCIER DE LA FERMETURE DE LA BANQUE."
ÇA PREND UNE ÉTERNITÉ.
MONSIEUR, VEUILLEZ ÉTEINDRE CET INFECT CIGARE IMMÉDIATEMENT OU ALLER LE FUMER DEHORS.
JEUNE FEMME, VOUS SAVEZ QUI JE SUIS ?
OUI, VOUS ÊTES CELUI QUI EMPESTE LA BANQUE.
"ALORS, LE BRAQUEUR DE BANQUE S'EST POINTÉ. ÇA M'A PRIS COMPLÈTEMENT AU DÉPOURVU."
MON SENS D'ARAIGNÉE S'EMBALLE ! IL Y A DU DANGER !
TRÈS B-BIEN, P-PLUS PERSONNE NE B-B-BOUGE.
KLUNK
URK !
MINCE, DÉSOLÉ. VOUS ALLEZ BIEN ?
AÏE, D'ABORD L'ENTORSE, MAINTENANT ÇA.
EUH, ÉCOUTEZ, RESTEZ COUCHÉ LÀ, JE SUIS SÛR QUE VOUS VOUS REMETTREZ VITE.
"NATURELLEMENT, J'ÉTAIS FIGÉ DE PANIQUE. JE VEUX DIRE, JE SUIS HABITUÉ À OBSERVER DES CRIMES, À EN PHOTOGRAPHIER. MAIS ÊTRE UNE VICTIME ? JE NE VOULAIS PAS DEVENIR UNE STATISTIQUE.
"JE SUIS LOIN D'ÊTRE UN HÉROS."

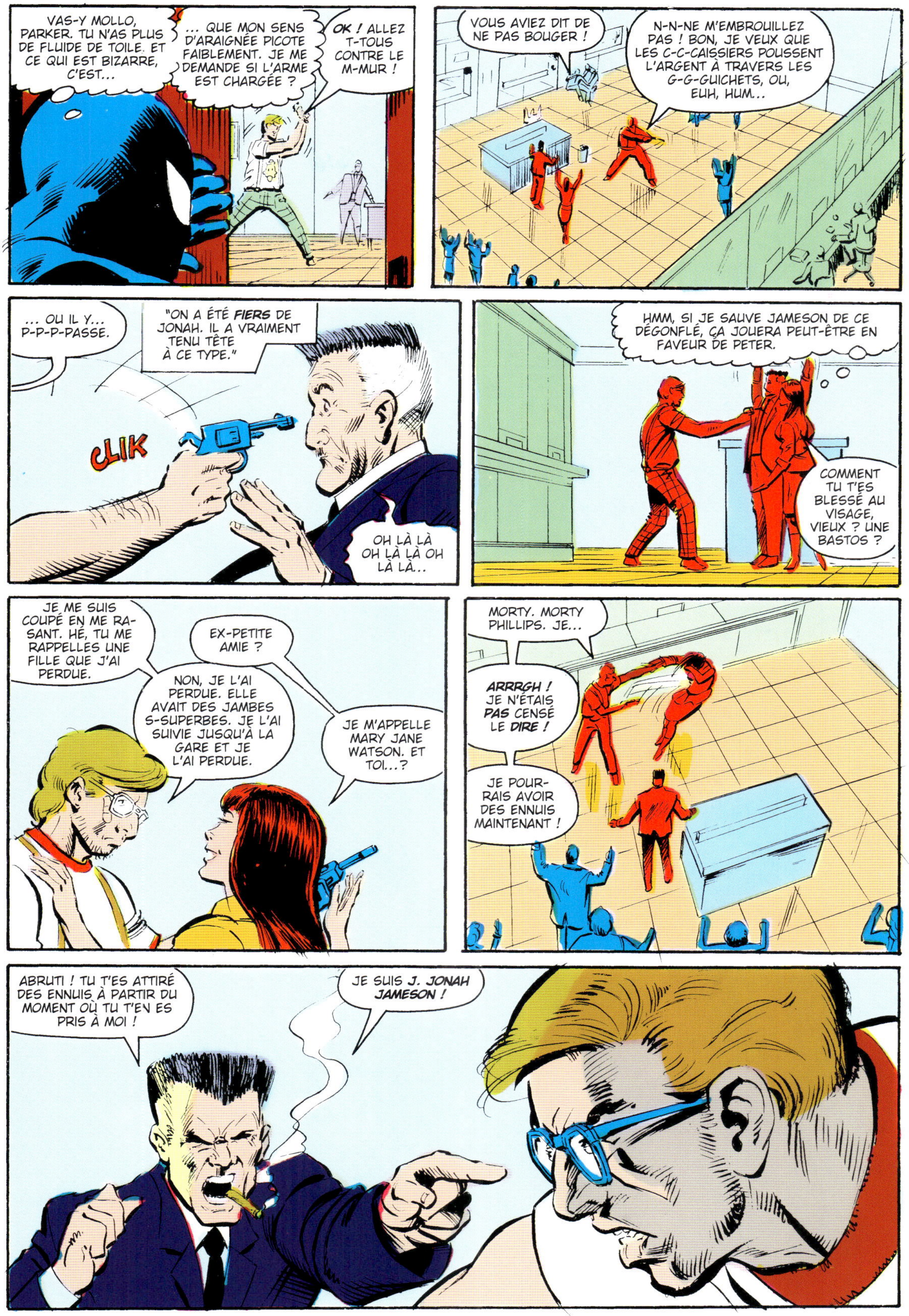
VAS-Y MOLLO, PARKER. TU N'AS PLUS DE FLUIDE DE TOILE. ET CE QUI EST BIZARRE, C'EST...
... QUE MON SENS D'ARAIGNÉE PICOTE FAIBLEMENT. JE ME DEMANDE SI L'ARME EST CHARGÉE ?
OK ! ALLEZ T-TOUS CONTRE LE M-MUR !
VOUS AVIEZ DIT DE NE PAS BOUGER !
N-N-NE M'EMBROUILLEZ PAS ! BON, JE VEUX QUE LES C-C-CAISSIERS POUSSENT L'ARGENT À TRAVERS LES G-G-GUICHETS, OU, EUH, HUM...
... OU IL Y... P-P-P-PASSE.
"ON A ÉTÉ FIERS DE JONAH. IL A VRAIMENT TENU TÊTE À CE TYPE."
CLIK
OH LÀ LÀ OH LÀ LÀ OH LÀ LÀ...
HMM, SI JE SAUVE JAMESON DE CE DÉGONFLÉ, ÇA JOUERA PEUT-ÊTRE EN FAVEUR DE PETER.
COMMENT TU T'ES BLESSÉ AU VISAGE, VIEUX ? UNE BASTOS ?
JE ME SUIS COUPÉ EN ME RASANT. HÉ, TU ME RAPPELLES UNE FILLE QUE J'AI PERDUE.
EX-PETITE AMIE ?
NON, JE L'AI PERDUE. ELLE AVAIT DES JAMBES S-SUPERBES. JE L'AI SUIVIE JUSQU'À LA GARE ET JE L'AI PERDUE.
JE M'APPELLE MARY JANE WATSON. ET TOI...?
MORTY. MORTY PHILLIPS. JE...
ARRRGH ! JE N'ÉTAIS PAS CENSÉ LE DIRE !
JE POURRAIS AVOIR DES ENNUIS MAINTENANT !
ABRUTI ! TU T'ES ATTIRÉ DES ENNUIS À PARTIR DU MOMENT OÙ TU T'EN ES PRIS À MOI !
JE SUIS J. JONAH JAMESON !

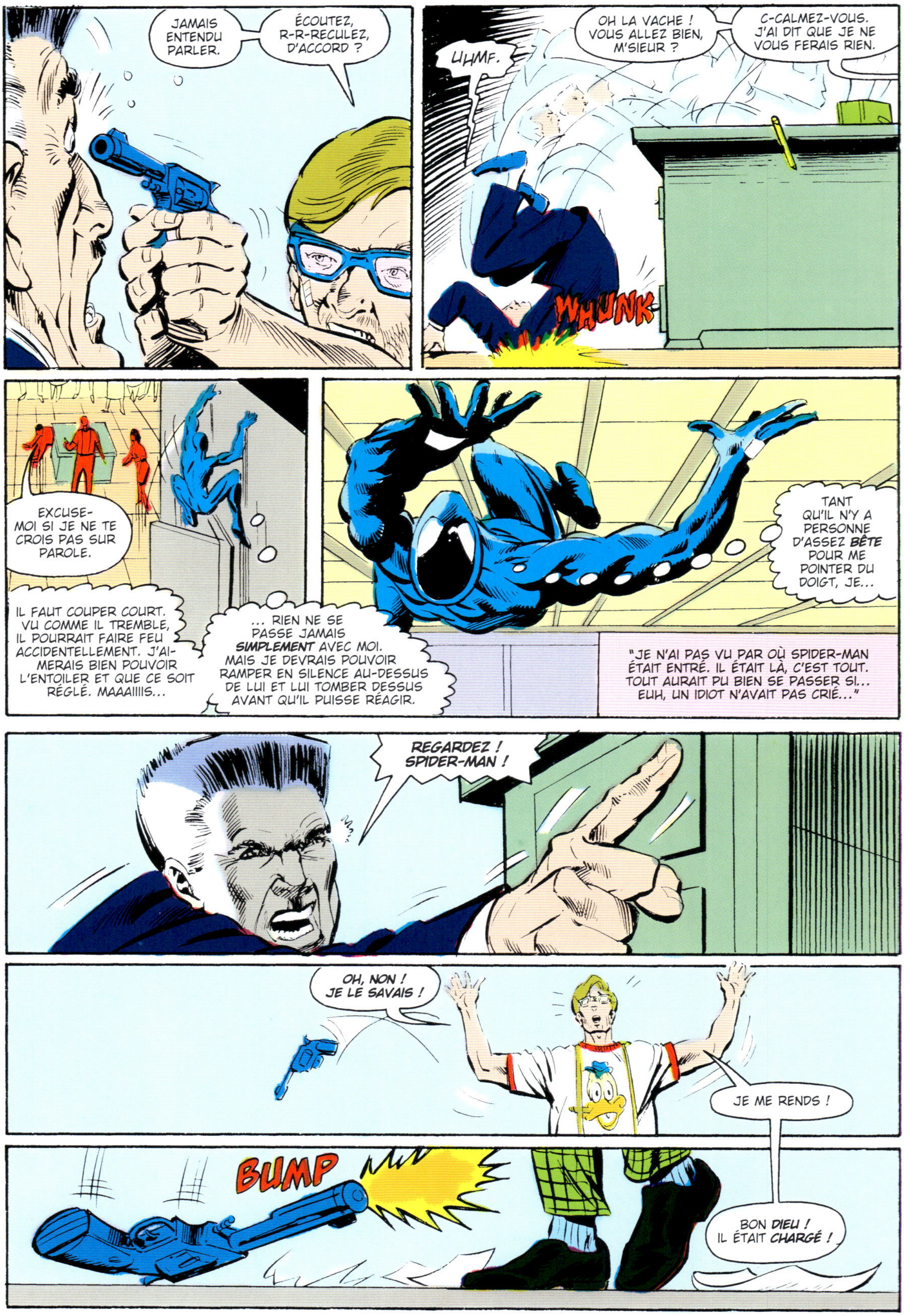
JAMAIS ENTENDU PARLER.
ÉCOUTEZ, R-R-RECULEZ, D'ACCORD ?
UHMF.
OH LA VACHE ! VOUS ALLEZ BIEN, M'SIEUR ?
C-CALMEZ-VOUS. J'AI DIT QUE JE NE VOUS FERAIS RIEN.
WHUNK
EXCUSE-MOI SI JE NE TE CROIS PAS SUR PAROLE.
IL FAUT COUPER COURT. VU COMME IL TREMBLE, IL POURRAIT FAIRE FEU ACCIDENTELLEMENT. J'AIMERAIS BIEN POUVOIR L'ENTOILER ET QUE CE SOIT RÉGLÉ. MAAAIIIIS...
... RIEN NE SE PASSE JAMAIS SIMPLEMENT AVEC MOI. MAIS JE DEVRAIS POUVOIR RAMPER EN SILENCE AU-DESSUS DE LUI ET LUI TOMBER DESSUS AVANT QU'IL PUISSE RÉAGIR.
TANT QU'IL N'Y A PERSONNE D'ASSEZ BÊTE POUR ME POINTER DU DOIGT, JE...
"JE N'AI PAS VU PAR OÙ SPIDER-MAN ÉTAIT ENTRÉ. IL ÉTAIT LÀ, C'EST TOUT. TOUT AURAIT PU BIEN SE PASSER SI... EUH, UN IDIOT N'AVAIT PAS CRIÉ..."
REGARDEZ ! SPIDER-MAN !
OH, NON ! JE LE SAVAIS !
JE ME RENDS !
BUMP
BON DIEU ! IL ÉTAIT CHARGÉ !

AÏE !
BON, ÇA SUFFIT !
JE VAIS BIEN. ÇA PIQUE UN PEU, C'EST TOUT.
VIENS AVEC MOI, MECTON ! IL EST TEMPS DE T'EXPLIQUER POURQUOI LE CRIME NE PAIE PAS... AVEC DES MOTS BREFS ET PERCUTANTS !
"SPIDER-MAN A DÛ SE DIRE QU'IL VALAIT MIEUX EMMENER LE VOLEUR DERRIÈRE LES VITRES PARE-BALLES AU CAS OÙ IL AURAIT UNE AUTRE ARME."
MIEUX VAUT METTRE DE LA DISTANCE ENTRE JONAH ET MOI AVANT QUE JE LE TUE MOI-MÊME.
CHAUD DEVANT !
"PAR CHANCE, J'ÉTAIS ASSEZ PRÈS POUR ENTENDRE CE QUI S'EST DIT."
JE N'EN REVIENS PAS, J'ÉTAIS SÛR D'AVOIR ENLEVÉ TOUS LES PLOMBS DU PISTOLET... JE...
TU AS BRAQUÉ UNE BANQUE AVEC UN PISTOLET À PLOMBS ?
PEU IMPORTE CE QUE J'AI UTILISÉ. JE SAVAIS QUE ÇA ARRIVERAIT. C'EST LE SEIGNEUR QUI L'A DÉCIDÉ. IL T'A UTILISÉ DANS SON PLAN. TU ES SON MESSAGER.
TU VEUX RIRE ? JE NE ME SOUVIENS MÊME PAS DE TOUS LES COMMANDEMENTS.
MOI, SI. JE LES AI TOUS ENSEIGNÉS À MES ENFANTS, DONT "TU NE DÉROBERAS POINT". MAIS APRÈS DEUX ANS DE CHÔMAGE, J'ÉTAIS DÉSESPÉRÉ, MA FAMILLE AVAIT FAIM. LE SEIGNEUR NOUS AVAIT ABANDONNÉS, PENSAIS-JE. J'AI FAIT LA SEULE CHOSE QUE J'AIE PU TROUVER.
MAIS IL NE M'AVAIT PAS ABANDONNÉ. IL ME TESTAIT ET J'AI ÉCHOUÉ, ET IL T'A ENVOYÉ POUR ME PUNIR.
JE M'EXCUSE, SPIDER-MAN. JE SUIS DÉSOLÉ.
JE SUIS MAUVAIS ! JE DEVRAIS ÊTRE PUNI ! JE SUIS MAUVAIS !
WHAM
HÉ ! ARRÊTE !

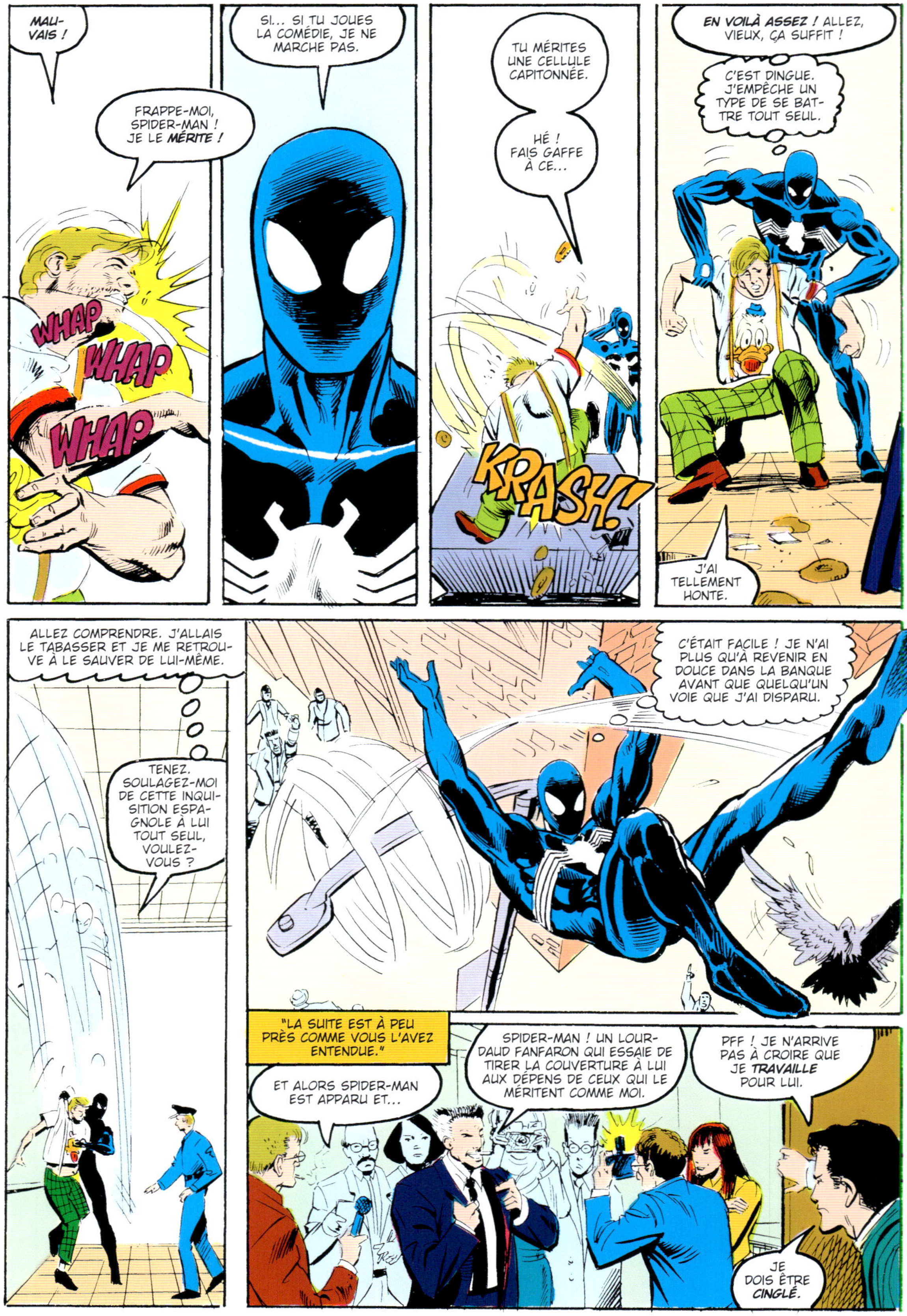
MAUVAIS !
FRAPPE-MOI, SPIDER-MAN ! JE LE MÉRITE !
WHAP
WHAP
WHAP
SI... SI TU JOUES LA COMÉDIE, JE NE MARCHE PAS.
TU MÉRITES UNE CELLULE CAPITONNÉE.
HÉ ! FAIS GAFFE À CE...
KRASH !
EN VOILÀ ASSEZ ! ALLEZ, VIEUX, ÇA SUFFIT !
C'EST DINGUE. J'EMPÊCHE UN TYPE DE SE BATTRE TOUT SEUL.
J'AI TELLEMENT HONTE.
ALLEZ COMPRENDRE. J'ALLAIS LE TABASSER ET JE ME RETROUVE À LE SAUVER DE LUI-MÊME.
TENEZ. SOULAGEZ-MOI DE CETTE INQUISITION ESPAGNOLE À LUI TOUT SEUL, VOULEZ-VOUS ?
C'ÉTAIT FACILE ! JE N'AI PLUS QU'À REVENIR EN DOUCE DANS LA BANQUE AVANT QUE QUELQU'UN VOIE QUE J'AI DISPARU.
"LA SUITE EST À PEU PRÈS COMME VOUS L'AVEZ ENTENDUE."
ET ALORS SPIDER-MAN EST APPARU ET...
SPIDER-MAN ! UN LOURDAUD FANFARON QUI ESSAIE DE TIRER LA COUVERTURE À LUI AUX DÉPENS DE CEUX QUI LE MÉRITENT COMME MOI.
PFF ! JE N'ARRIVE PAS À CROIRE QUE JE TRAVAILLE POUR LUI.
JE DOIS ÊTRE CINGLÉ.

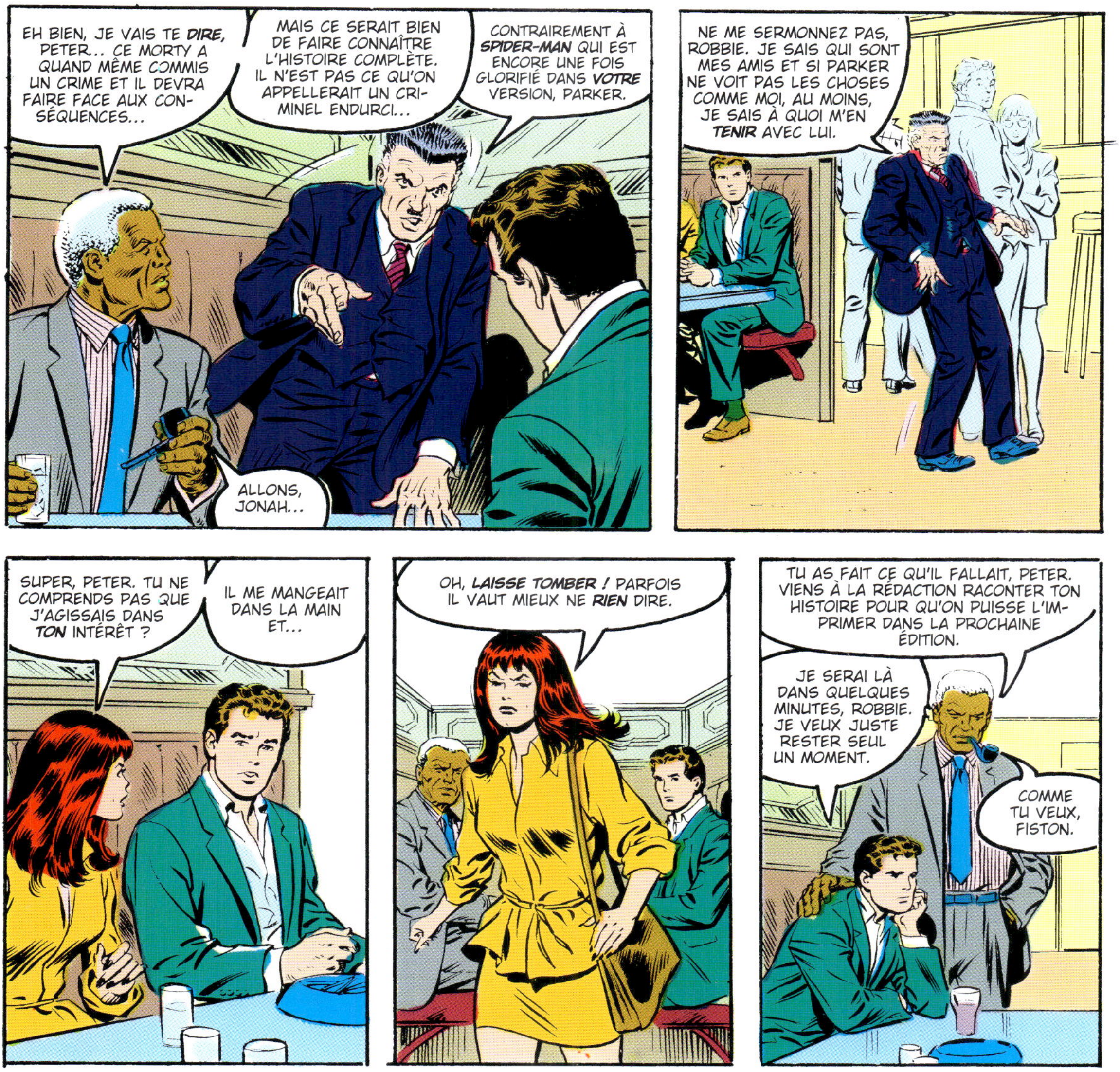

PETER DAVID
Scénario

JOHN ROMITA SR.
JOHN BUSCEMA
BOB McLEOD
ALAN KUPPERBERG
KEITH WILLIAMS
MARK TEXEIRA
Dessin

NELSON YOMTOV
Couleurs

MAKMA / NICK MEYLAENDER
Traduction

BIT
Lettrage

JAMES C. OWSLEY & JIM SHOOTER
Rédaction USA

STAN LEE PRÉSENTE :
PETER DAVID
Scénario
MARK BEACHUM
Dessin
JOE RUBINSTEIN
Encrage
BOB SHAREN
Couleurs
MAKMA / NICK MEYLAENDER
Traduction
BIT
Lettrage
JIM OWSLEY & JIM SHOOTER
Rédaction USA

TRÈS BIEN, PETER ! MONTRE À CE MINABLE DES RUES QUI EST LE MEILLEUR ICI, PUIS VIENS CHEZ MOI POUR LES HOMMAGES AU HÉROS.
MON NEVEU N'EST-IL PAS LE MEILLEUR, M. JAMESON ? DIRE QU'IL PENSAIT QUE ÇA ME TUERAIT D'APPRENDRE QU'IL EST SPIDER-MAN !
ÇA M'A FAIT RAJEUNIR DE VINGT ANS.
SI VOUS LE DITES, MAY.
ALLEZ, PARKER. ACHEVEZ-LE.
ALLONS, ALLONS, JONAH. ON NE VA PAS ÊTRE DÉLOYAUX.
LAISSONS À ACE LE TEMPS DE REPRENDRE SON SOUFFLE.
REPOSÉ ? BIEN.
FAIS DE TON MIEUX, VIEUX. J'AI BATTU DES CRAPULES D'UN NIVEAU COSMIQUE.
JE PEUX T'APLATIR COMME UNE CRÊPE !

"UN MINABLE, C'EST TOUT CE QU'IL EST.
"UN MINABLE QUI ESQUIVE LES COUPS DE POING AVANT QU'ILS SOIENT DONNÉS.
"IL **PARLE** À PEINE. IL S'HABILLE EN CUIR. IL PENSE QU'IL EST **COOL**.
"CE QUI M'EMBÊTAIT, C'ÉTAIT QUE TOUT LE MONDE SEMBLAIT AVOIR MARCHÉ DANS SA COMBINE. SES VOISINS, LES GANGS QUI TRAÎNENT DANS LES RUES, LA PRESSE, LA POLICE... ILS LE **RESPECTENT** TOUS.
"**MOI, TOUT LE MONDE** M'EN **VEUT**. MAIS C'EST EN TRAIN DE CHANGER.
"J'AI DÛ LUI CASSER LA MÂCHOIRE, LÀ.
"POURQUOI ÇA NE M'ENNUIE PAS ?"

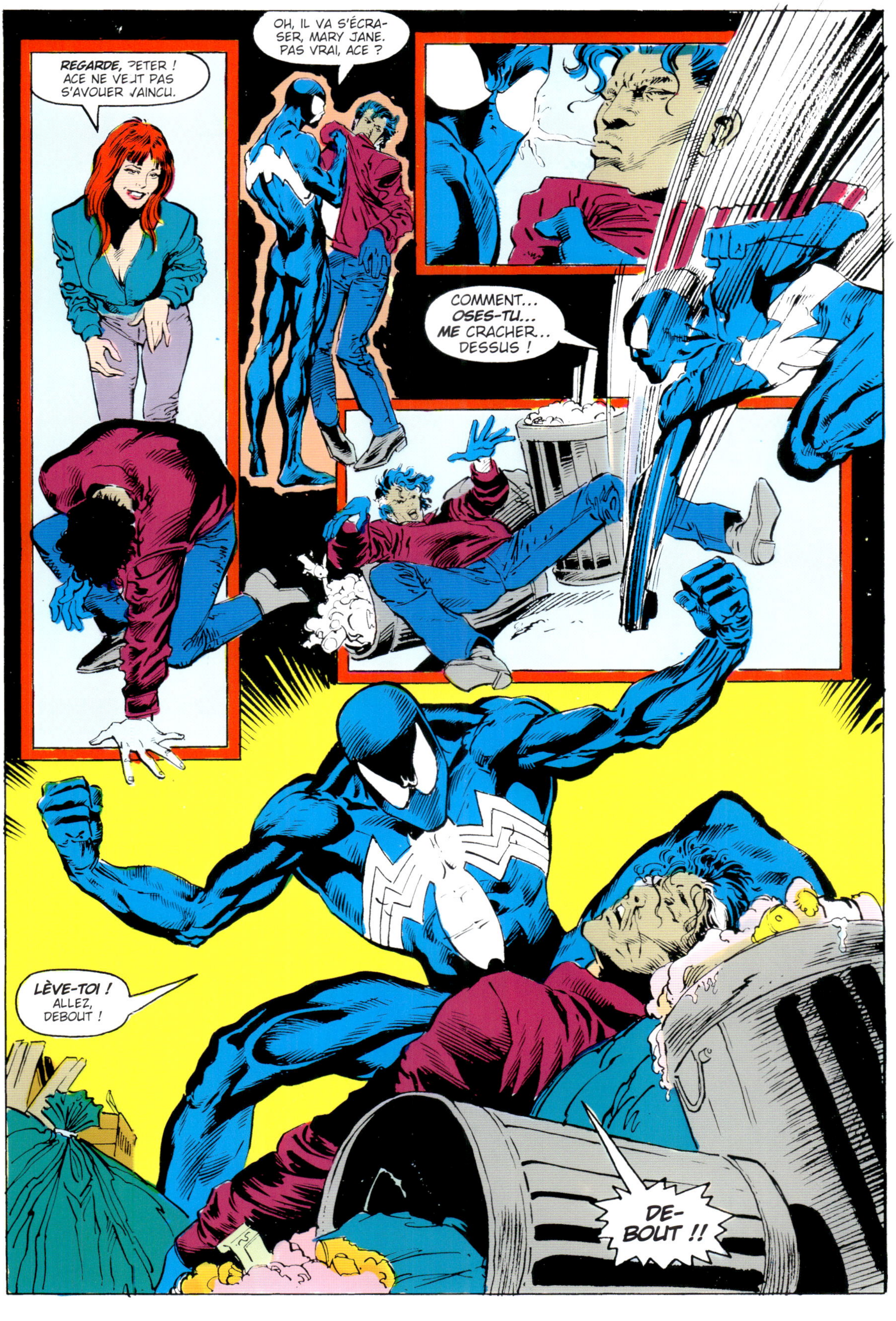

REGARDE, PETER ! ACE NE VEUT PAS S'AVOUER VAINCU.
OH, IL VA S'ÉCRASER, MARY JANE. PAS VRAI, ACE ?
COMMENT... OSES-TU... ME CRACHER... DESSUS !
LÈVE-TOI ! ALLEZ, DEBOUT !
DE-BOUT !!

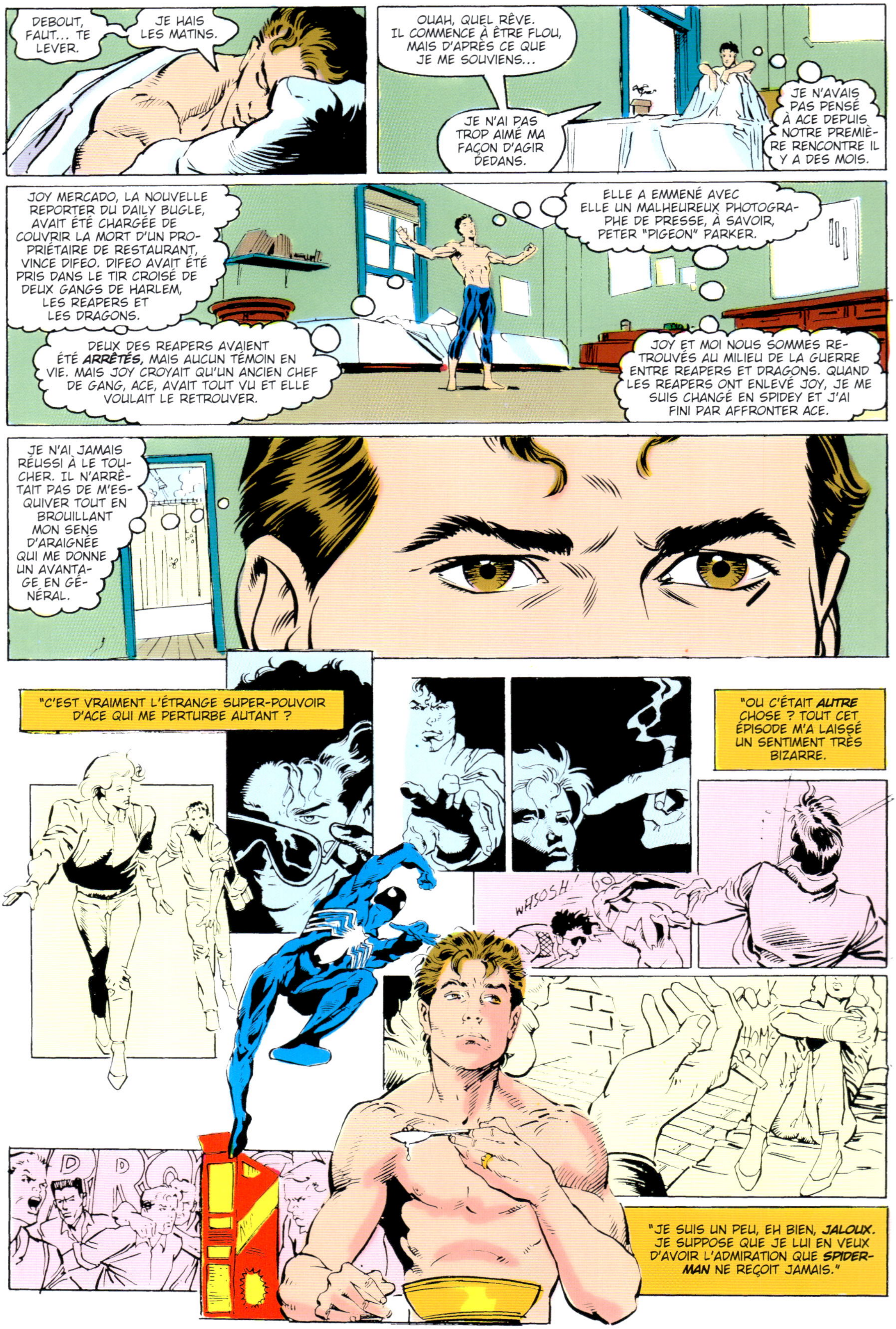
DEBOUT, FAUT... TE LEVER.
JE HAIS LES MATINS.
OUAH, QUEL RÊVE. IL COMMENCE À ÊTRE FLOU, MAIS D'APRÈS CE QUE JE ME SOUVIENS...
JE N'AI PAS TROP AIMÉ MA FAÇON D'AGIR DEDANS.
JE N'AVAIS PAS PENSÉ À ACE DEPUIS NOTRE PREMIÈRE RENCONTRE IL Y A DES MOIS.
JOY MERCADO, LA NOUVELLE REPORTER DU DAILY BUGLE, AVAIT ÉTÉ CHARGÉE DE COUVRIR LA MORT D'UN PROPRIÉTAIRE DE RESTAURANT, VINCE DIFEO. DIFEO AVAIT ÉTÉ PRIS DANS LE TIR CROISÉ DE DEUX GANGS DE HARLEM, LES REAPERS ET LES DRAGONS.
ELLE A EMMENÉ AVEC ELLE UN MALHEUREUX PHOTOGRAPHE DE PRESSE, À SAVOIR, PETER "PIGEON" PARKER.
DEUX DES REAPERS AVAIENT ÉTÉ *ARRÊTÉS*, MAIS AUCUN TÉMOIN EN VIE. MAIS JOY CROYAIT QU'UN ANCIEN CHEF DE GANG, ACE, AVAIT TOUT VU ET ELLE VOULAIT LE RETROUVER.
JOY ET MOI NOUS SOMMES RETROUVÉS AU MILIEU DE LA GUERRE ENTRE REAPERS ET DRAGONS. QUAND LES REAPERS ONT ENLEVÉ JOY, JE ME SUIS CHANGÉ EN SPIDEY ET J'AI FINI PAR AFFRONTER ACE.
JE N'AI JAMAIS RÉUSSI À LE TOUCHER. IL N'ARRÊTAIT PAS DE M'ESQUIVER TOUT EN BROUILLANT MON SENS D'ARAIGNÉE QUI ME DONNE UN AVANTAGE EN GÉNÉRAL.
"C'EST VRAIMENT L'ÉTRANGE SUPER-POUVOIR D'ACE QUI ME PERTURBE AUTANT ?
"OU C'ÉTAIT *AUTRE* CHOSE ? TOUT CET ÉPISODE M'A LAISSÉ UN SENTIMENT TRÈS BIZARRE.
WHSOSH!
"JE SUIS UN PEU, EH BIEN, *JALOUX*. JE SUPPOSE QUE JE LUI EN VEUX D'AVOIR L'ADMIRATION QUE *SPIDER-MAN* NE REÇOIT JAMAIS."

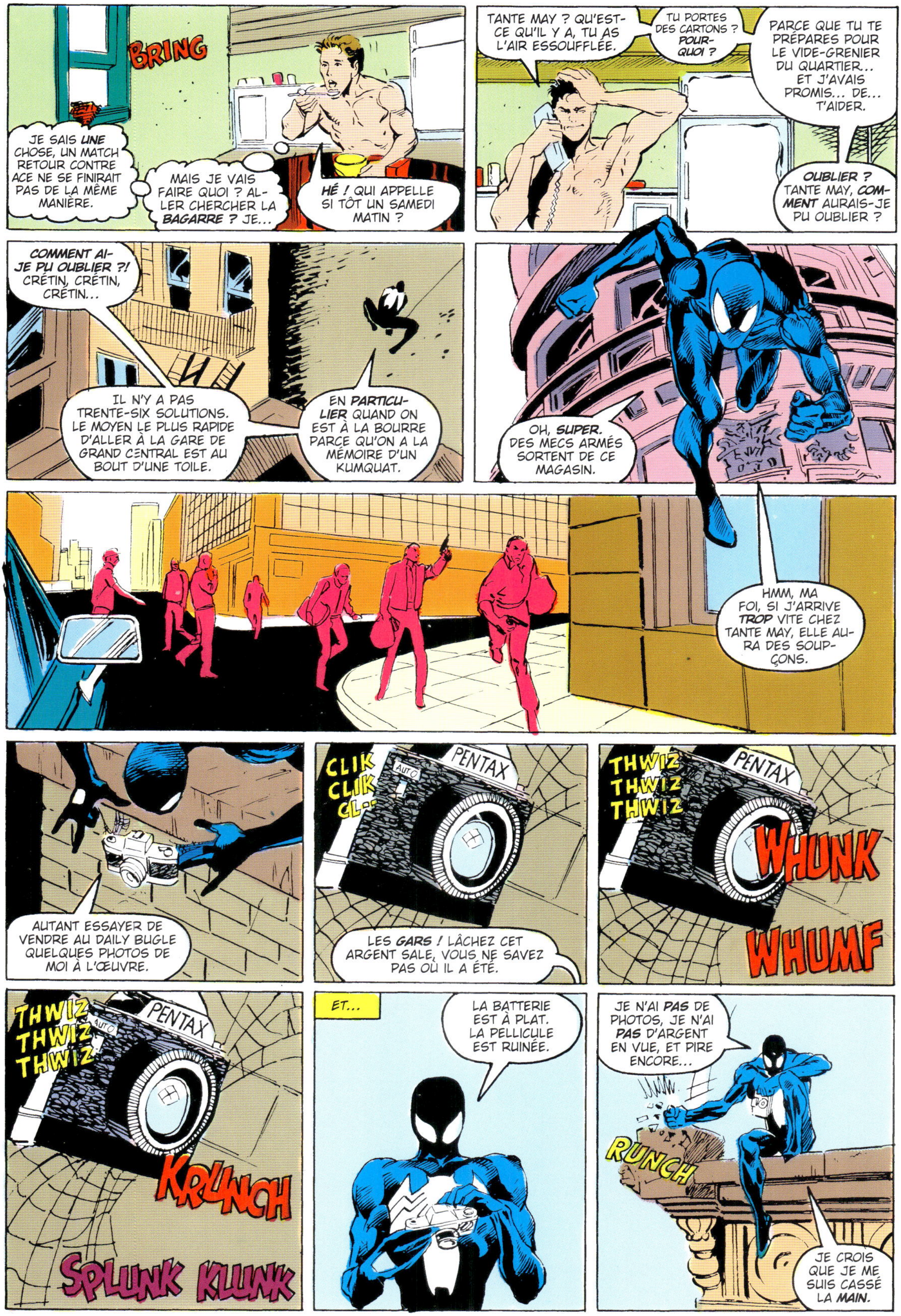
BRING
JE SAIS UNE CHOSE, UN MATCH RETOUR CONTRE ACE NE SE FINIRAIT PAS DE LA MÊME MANIÈRE.
MAIS JE VAIS FAIRE QUOI ? ALLER CHERCHER LA BAGARRE ? JE...
HÉ ! QUI APPELLE SI TÔT UN SAMEDI MATIN ?
TANTE MAY ? QU'EST-CE QU'IL Y A, TU AS L'AIR ESSOUFFLÉE.
TU PORTES DES CARTONS ? POURQUOI ?
PARCE QUE TU TE PRÉPARES POUR LE VIDE-GRENIER DU QUARTIER... ET J'AVAIS PROMIS... DE... T'AIDER.
OUBLIER ? TANTE MAY, COMMENT AURAIS-JE PU OUBLIER ?
COMMENT AI-JE PU OUBLIER ?! CRÉTIN, CRÉTIN, CRÉTIN...
IL N'Y A PAS TRENTE-SIX SOLUTIONS. LE MOYEN LE PLUS RAPIDE D'ALLER À LA GARE DE GRAND CENTRAL EST AU BOUT D'UNE TOILE.
EN PARTICULIER QUAND ON EST À LA BOURRE PARCE QU'ON A LA MÉMOIRE D'UN KUMQUAT.
OH, SUPER. DES MECS ARMÉS SORTENT DE CE MAGASIN.
HMM, MA FOI, SI J'ARRIVE TROP VITE CHEZ TANTE MAY, ELLE AURA DES SOUPÇONS.
AUTANT ESSAYER DE VENDRE AU DAILY BUGLE QUELQUES PHOTOS DE MOI À L'ŒUVRE.
CLIK CLIK CL--
PENTAX
LES GARS ! LÂCHEZ CET ARGENT SALE, VOUS NE SAVEZ PAS OÙ IL A ÉTÉ.
THWIZ THWIZ THWIZ
WHUNK
WHUMF
THWIZ THWIZ THWIZ
KRUNCH
SPLUNK KLUNK
ET...
LA BATTERIE EST À PLAT. LA PELLICULE EST RUINÉE.
JE N'AI PAS DE PHOTOS, JE N'AI PAS D'ARGENT EN VUE, ET PIRE ENCORE...
RUNCH
JE CROIS QUE JE ME SUIS CASSÉ LA MAIN.

HARLEM...
DI-ANNE ! TU L'AS ACHETÉE ! TU AS ACHETÉ LA BLOUSE. JE N'EN REVIENS PAS. ROSIE, TU AS VU ?
J'AI DES YEUX, WENDY. J'AVAIS MÊME DES OREILLES AVANT QUE TU CRIES DEDANS.
DIANNE, TU ES CANON. ELLE EST MAGNIFIQUE. JE POURRAI L'EMPRUNTER ?
QUAND JE SERAI MORTE.
GÉNIAL ! TU ES UN AMOUR. OH, MERCI.
MALCOLM T'A VUE AVEC ?
MALCOLM NE S'INTÉRESSE PAS À CE QUE JE METS MAIS À CE QUE JE NE METS P...
OH-OH.
QUOI DE NEUF, ROSIE ? IL FAUT QU'ON PARLE, TOI ET MOI.
DIS À TES COPINES DE SE CASSER.
OH, GROS MACHO. MÔSSIEUR TYRONE, LE REAPER À LA GOMME.
QUI A DIT QUE TU POUVAIS VENIR T'INCRUSTER DANS UNE CONVERSATION PRIV... HÉ ! BAS LES PATTES, ORDURE !
ROSIE, DIANNE, DITES-LUI DE...
LEXINGTON
E 113 ST
NO PARKING

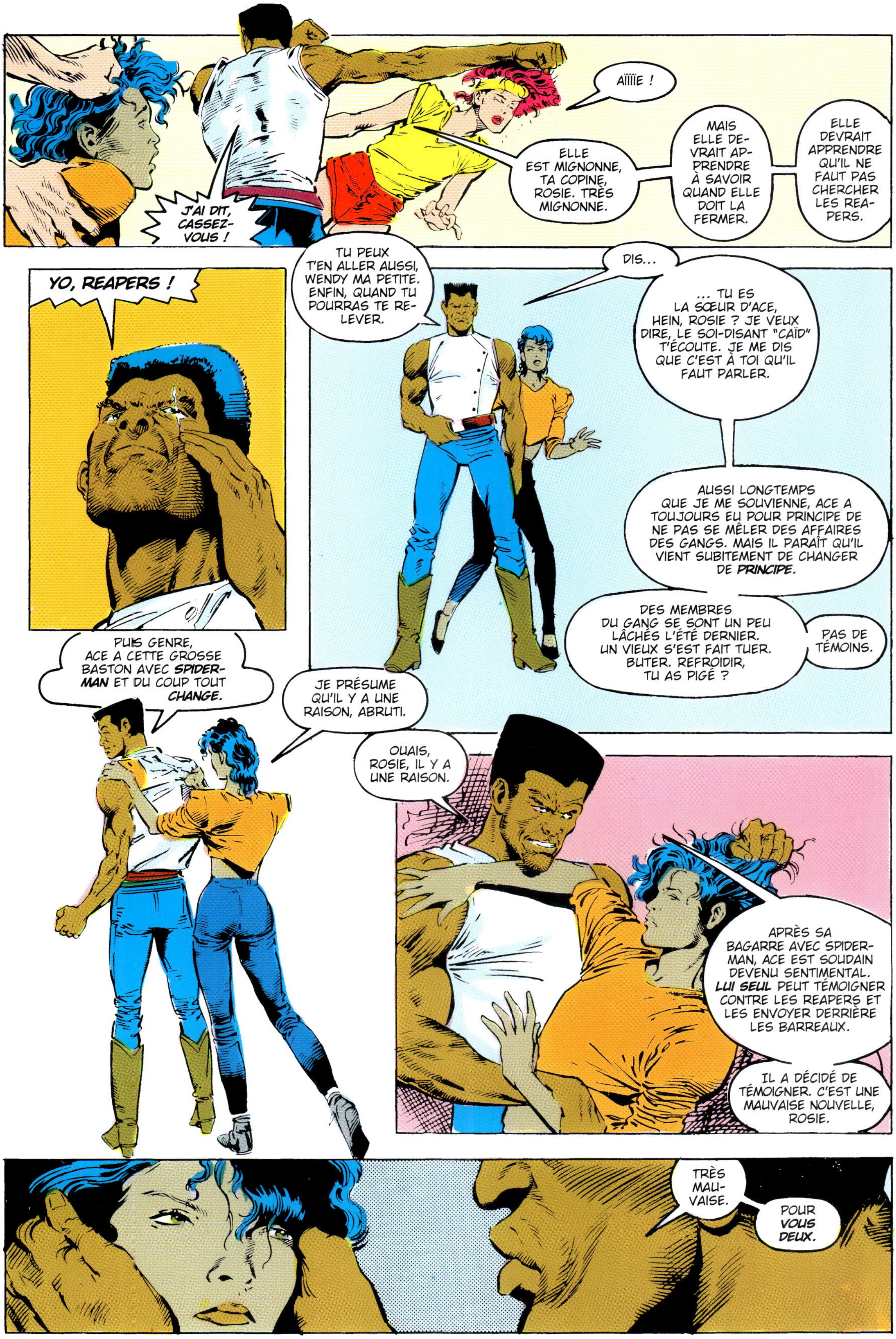
AÏÏÏÏE !
J'AI DIT, CASSEZ-VOUS !
ELLE EST MIGNONNE, TA COPINE, ROSIE. TRÈS MIGNONNE.
MAIS ELLE DEVRAIT APPRENDRE À SAVOIR QUAND ELLE DOIT LA FERMER.
ELLE DEVRAIT APPRENDRE QU'IL NE FAUT PAS CHERCHER LES REAPERS.
YO, REAPERS !
TU PEUX T'EN ALLER AUSSI, WENDY MA PETITE. ENFIN, QUAND TU POURRAS TE RELEVER.
DIS...
... TU ES LA SŒUR D'ACE, HEIN, ROSIE ? JE VEUX DIRE, LE SOI-DISANT "CAÏD" T'ÉCOUTE. JE ME DIS QUE C'EST À TOI QU'IL FAUT PARLER.
AUSSI LONGTEMPS QUE JE ME SOUVIENNE, ACE A TOUJOURS EU POUR PRINCIPE DE NE PAS SE MÊLER DES AFFAIRES DES GANGS. MAIS IL PARAÎT QU'IL VIENT SUBITEMENT DE CHANGER DE PRINCIPE.
DES MEMBRES DU GANG SE SONT UN PEU LÂCHÉS L'ÉTÉ DERNIER. UN VIEUX S'EST FAIT TUER. BUTER. REFROIDIR, TU AS PIGÉ ?
PAS DE TÉMOINS.
PUIS GENRE, ACE A CETTE GROSSE BASTON AVEC SPIDER-MAN ET DU COUP TOUT CHANGE.
JE PRÉSUME QU'IL Y A UNE RAISON, ABRUTI.
OUAIS, ROSIE, IL Y A UNE RAISON.
APRÈS SA BAGARRE AVEC SPIDER-MAN, ACE EST SOUDAIN DEVENU SENTIMENTAL. LUI SEUL PEUT TÉMOIGNER CONTRE LES REAPERS ET LES ENVOYER DERRIÈRE LES BARREAUX.
IL A DÉCIDÉ DE TÉMOIGNER. C'EST UNE MAUVAISE NOUVELLE, ROSIE.
TRÈS MAUVAISE.
POUR VOUS DEUX.

VROOOOOM!
JE PENSE QUE TU DEVRAIS PARLER À TON FRÈRE. TU SAIS... LUI DIRE QUE CE NE SERAIT PAS UNE BONNE IDÉE DE TÉMOIGNER DEMAIN.
IL EST LE SEUL QUI PUISSE FAIRE COFFRER LES REAPERS. ÇA VEUT DIRE QU'IL EST LE SEUL QUI PUISSE LES VENDRE.
DIS AU "CAÏD" QU'IL N'A PAS INTÉRÊT À LES VENDRE.
APRÈS TOUT, ON NE VOUDRAIT PAS QU'IL ARRIVE QUELQUE CHOSE À TON JOLI VISAGE, ROSIE.
ACE. QUEL DUR À CUIRE.
TYRONE !!
OH, ZUT.

ACE !!!

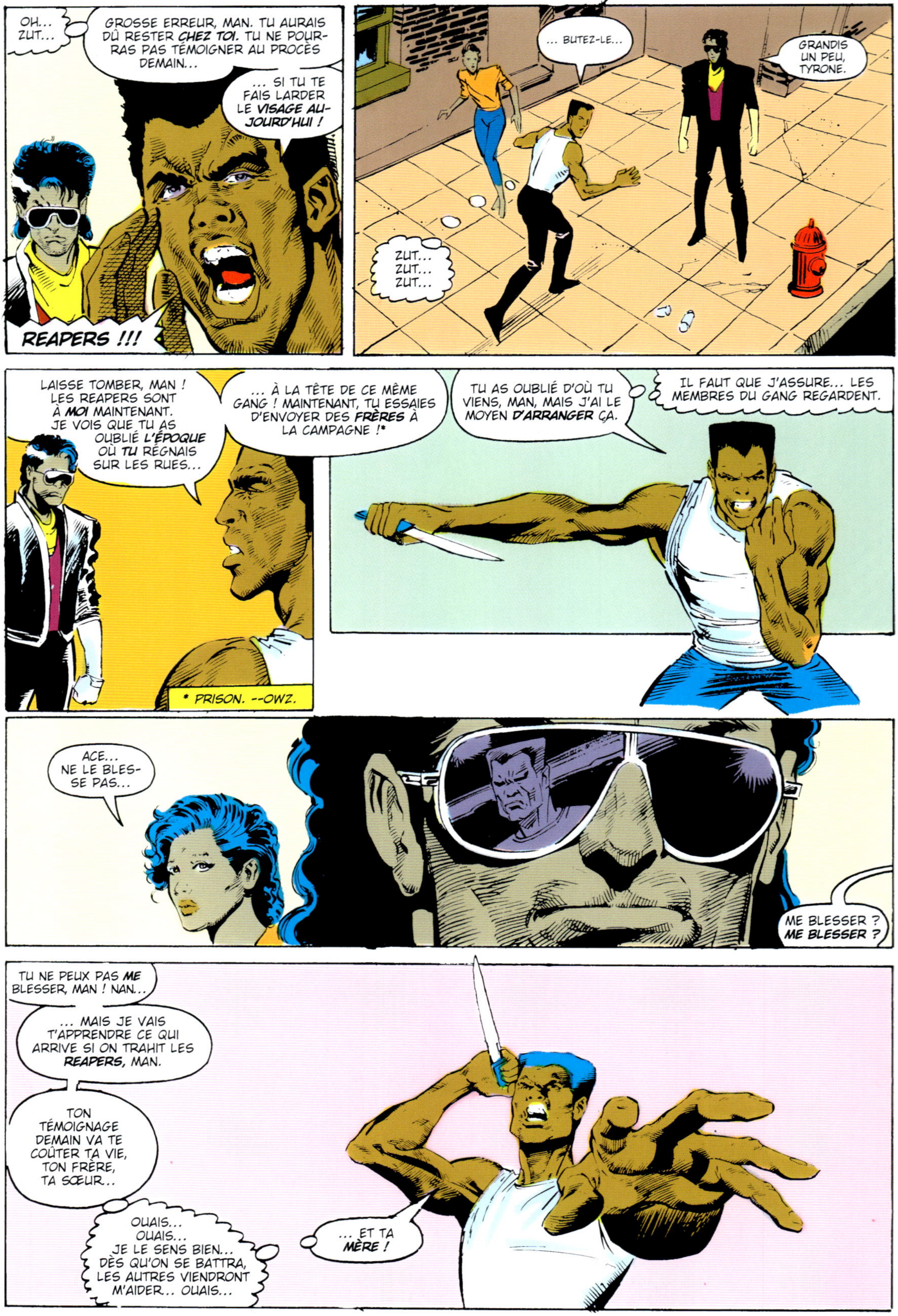
OH... ZUT...
GROSSE ERREUR, MAN. TU AURAIS DÛ RESTER CHEZ TOI. TU NE POURRAS PAS TÉMOIGNER AU PROCÈS DEMAIN...
... SI TU TE FAIS LARDER LE VISAGE AUJOURD'HUI !
REAPERS !!!
... BUTEZ-LE...
GRANDIS UN PEU, TYRONE.
ZUT... ZUT... ZUT...
LAISSE TOMBER, MAN ! LES REAPERS SONT À MOI MAINTENANT. JE VOIS QUE TU AS OUBLIÉ L'ÉPOQUE OÙ TU RÉGNAIS SUR LES RUES...
... À LA TÊTE DE CE MÊME GANG ! MAINTENANT, TU ESSAIES D'ENVOYER DES FRÈRES À LA CAMPAGNE !*
* PRISON. --OWZ.
TU AS OUBLIÉ D'OÙ TU VIENS, MAN, MAIS J'AI LE MOYEN D'ARRANGER ÇA.
IL FAUT QUE J'ASSURE... LES MEMBRES DU GANG REGARDENT.
ACE... NE LE BLESSE PAS...
ME BLESSER ? ME BLESSER ?
TU NE PEUX PAS ME BLESSER, MAN ! NAN...
... MAIS JE VAIS T'APPRENDRE CE QUI ARRIVE SI ON TRAHIT LES REAPERS, MAN.
TON TÉMOIGNAGE DEMAIN VA TE COÛTER TA VIE, TON FRÈRE, TA SŒUR...
... ET TA MÈRE !
OUAIS... OUAIS... JE LE SENS BIEN... DÈS QU'ON SE BATTRA, LES AUTRES VIENDRONT M'AIDER... OUAIS...

HÉ, MAN...
... NE PARLE PAS DE MA MÈRE.
MERCI, ACE. JE VEUX DIRE, C'EST UNE GRANDE GUEULE ET UN ABRUTI...
... MAIS IL NE MÉRITAIT PAS DE LÉSIONS PERMANENTES.
IL A RAISON, TU SAIS ?
RAISON À QUEL SUJET ?
MON TÉMOIGNAGE VA DIVISER NOTRE FAMILLE, TOUT ME COÛTER.
AU CAS OÙ TU AURAIS OUBLIÉ, UN DES REAPERS CONTRE LESQUELS JE TÉMOIGNE...
... EST LORENZO SPENCER... NOTRE FRÈRE.

FOREST HILLS, QUEENS.
DE RETOUR DANS LE VIEUX QUARTIER. QU'EST-CE QUE JE ME SENS BIEN ICI...
... JE ME DEMANDE BIEN POURQUOI J'AI DÉMÉNAGÉ !
J'AI PASSÉ PLEIN DE BONS MOMENTS ICI. MON ONCLE BEN ET MA TANTE MAY M'ONT ÉLEVÉ COMME LEUR FILS À LA MORT DE MES PARENTS.
ET BIEN QU'ELLE AIT PERDU ONCLE BEN IL Y A QUELQUES ANNÉES, TANTE MAY A CONTINUÉ COMME UN BON PETIT SOLDAT. UN VÉRITABLE PILIER.
BLOCK 3RD AVE PARTY
GUCCI
CE QUI M'AMÈNE À ME DEMANDER POURQUOI JE SUIS AUSSI GNANGNAN. JE VEUX DIRE, ME PRENDRE LA TÊTE AVEC CE "ACE"...
... ÇA SORT TOUT DROIT DU LYCÉE !
COMMENT AI-JE PU ÊTRE ÉLEVÉ PAR QUELQU'UN D'AUSSI FORT ET ENCORE RÊVER À DES VOYOUS À LA NOIX AUX CHEVEUX ARGENTÉS ?
GRANDIS UN PEU, PARKER.
FRAGILE
DITES, JE VOUS CONNAIS, NON ? VOUS N'ÊTES PAS BO DEREK ?
BO QUI ? MON DIEU, PETER...
... J'AI L'AIR D'UNE PRÉSENTATRICE MÉTÉO ?

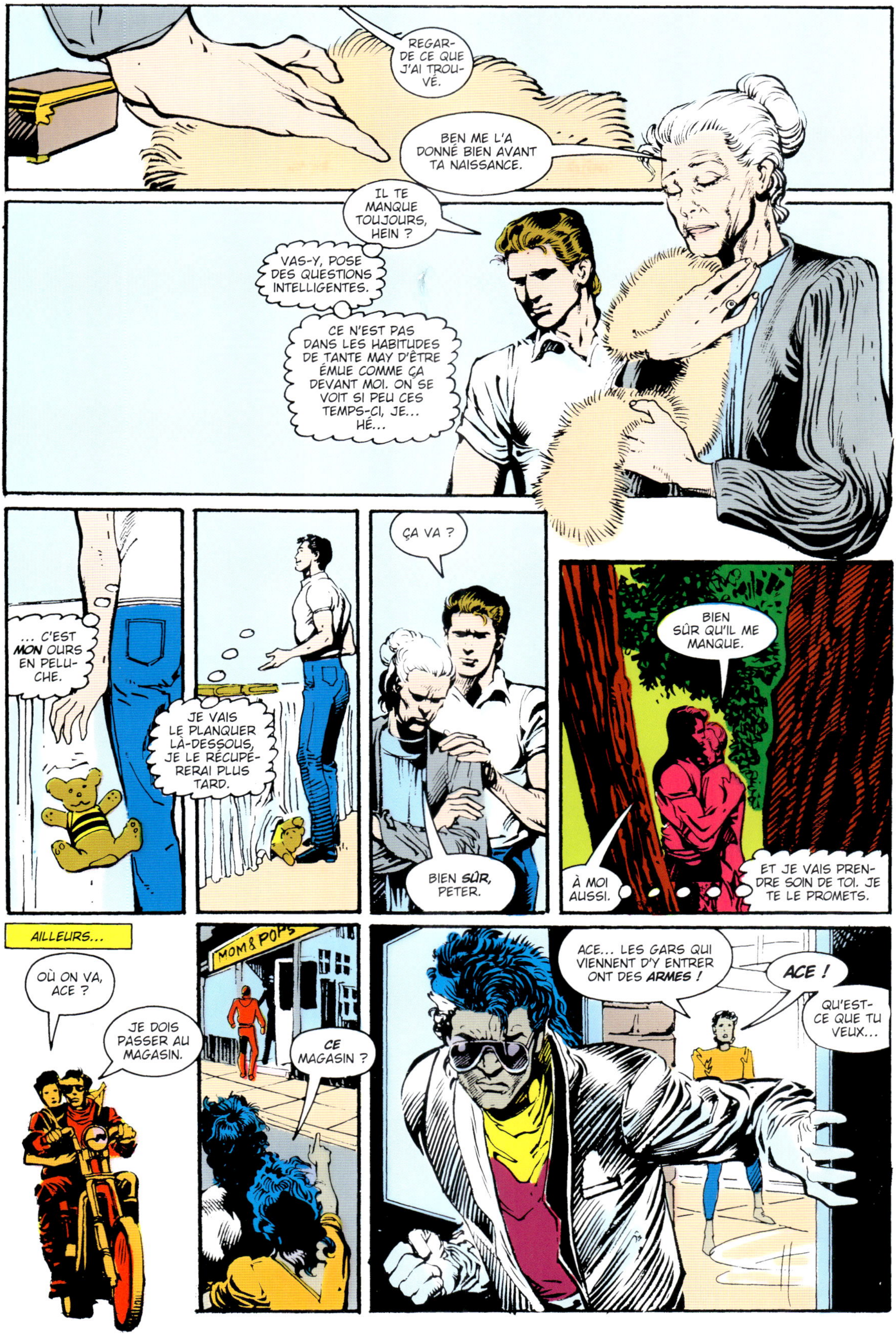
REGARDE CE QUE J'AI TROUVÉ.
BEN ME L'A DONNÉ BIEN AVANT TA NAISSANCE.
IL TE MANQUE TOUJOURS, HEIN ?
VAS-Y, POSE DES QUESTIONS INTELLIGENTES.
CE N'EST PAS DANS LES HABITUDES DE TANTE MAY D'ÊTRE ÉMUE COMME ÇA DEVANT MOI. ON SE VOIT SI PEU CES TEMPS-CI, JE... HÉ...
... C'EST MON OURS EN PELUCHE.
JE VAIS LE PLANQUER LÀ-DESSOUS, JE LE RÉCUPÉRERAI PLUS TARD.
ÇA VA ?
BIEN SÛR, PETER.
BIEN SÛR QU'IL ME MANQUE.
À MOI AUSSI.
ET JE VAIS PRENDRE SOIN DE TOI. JE TE LE PROMETS.
AILLEURS...
OÙ ON VA, ACE ?
JE DOIS PASSER AU MAGASIN.
MOM & POP'S
CE MAGASIN ?
ACE... LES GARS QUI VIENNENT D'Y ENTRER ONT DES ARMES !
ACE !
QU'EST-CE QUE TU VEUX...

KPOW
... FAIRE...?!
WHAP
OH... GÉNIAL !
KKEERR--AASH!
TU NE M'AS PAS DIT QUE TU **TRAVAILLAIS** AUJOURD'HUI.
HÉ, GRAND FRÈRE, TU NE PEUX PAS TROUVER UN GAGNE-PAIN MOINS **RISQUÉ** ?
JE FAIS CE QUE J'AI À FAIRE.
AL-LONS-Y.
Q... QUI C'ÉTAIT ?! C'ÉTAIT UN FLIC ?!
CES DEUX TYPES ALLAIENT VOUS **DÉVALISER**, ET CAPTAIN MOTO LES BALANCE DE-HORS COMME SI DE RIEN N'É-TAIT !
VROOM!
C'ÉTAIT **ACE**. IL LOUE SES SERVICES COMME GARDE DU CORPS. JE LUI FILE QUELQUES BILLETS ET IL GARDE UN ŒIL SUR LE MAGASIN.
AH OUAIS ? UN JUSTICIER À GAGES, HEIN ?
JE VAIS VOUS DIRE, PAPY, JE SUIS JOURNA-LISTE AU DAILY BUGLE.
ÇA FERAIT UN SUPER PAPIER...
"ACE : LE MYSTÉRIEUX JUSTICIER À GAGES !"

LORENZO SPENCER AVAIT TREIZE ANS QUAND IL A ÉTÉ ARRÊTÉ POUR LA PREMIÈRE FOIS POUR VOL À LA TIRE DANS UNE ÉPICERIE DU QUARTIER.
DEPUIS, IL A RÉGULIÈREMENT FAIT DES SÉJOURS DANS DES CENTRES DE REDRESSEMENT. LES AUTORITÉS LE DÉCRIVENT COMME UN "RÉCIDIVISTE".
IL Y A QUELQUES MOIS, LORENZO ET D'AUTRES MEMBRES DU GANG DES REAPERS ONT ÉTÉ ATTAQUÉS PAR UN GANG RIVAL APPELÉ LES DRAGONS.
DURANT LA FUSILLADE QUI A SUIVI, UN PASSANT INNOCENT, VINCENT DIFEO, A ÉTÉ TUÉ. UNE DES BALLES RESPONSABLES A ÉTÉ TIRÉE AVEC LE PISTOLET DE LORENZO.
IL N'Y A EU QU'UN SEUL TÉMOIN. UN SEUL HOMME QUI PEUT ATTESTER QUE C'EST LORENZO QUI A PRESSÉ LA DÉTENTE. IL S'APPELLE ACE.
ACE EST LE FRÈRE DE LORENZO.
ACE !!!
MON PROPRE FRÈRE VA TÉMOIGNER CONTRE MOI ET ME FAIRE CONDAMNER !
FILE-MOI QUELQUE CHOSE D'UTILISABLE, LORENZO.
JE VEUX DIRE, CE MEC NE VOULAIT SE MÊLER DE RIEN ! DEPUIS QU'IL A RENCONTRÉ SPIDER-MAN... C'EST COMME SI LE TISSEUR DE TOILES LUI AVAIT LANCÉ UN SORT OU JE SAIS PAS QUOI !
ACE EST PARTI DANS UN TRIP DE "RESPONSABILITÉ"... MAIS, ET SES RESPONSABILITÉS ENVERS SA FAMILLE ? ET LA LOYAUTÉ ?!?
ACE EST TOUT CE QU'A L'ACCUSATION. TOUT LEUR DOSSIER REPOSE SUR LUI.
SI JE PEUX SECOUER ACE... JE POURRAI LE DISCRÉDITER DEVANT LA COUR ET REMETTRE EN CAUSE SA VALIDITÉ COMME TÉMOIN.
JE SAIS QUE C'EST TON FRÈRE, MAIS TA VIE EST DANS LA BALANCE, FISTON.
QUE CE SOIT CLAIR, MAN. D'ABORD, JE SUIS PAS VOTRE FILS. ENSUITE, EN CE QUI ME CONCERNE, J'AI PLUS DE FRÈRE.
ACE A CHOISI SON CAMP, MAN. C'EST LUI QUI A COMMENCÉ. JE VAIS VOUS DONNER CE QUE VOUS VOULEZ...
... ET VOUS LE FAITES TOMBER.

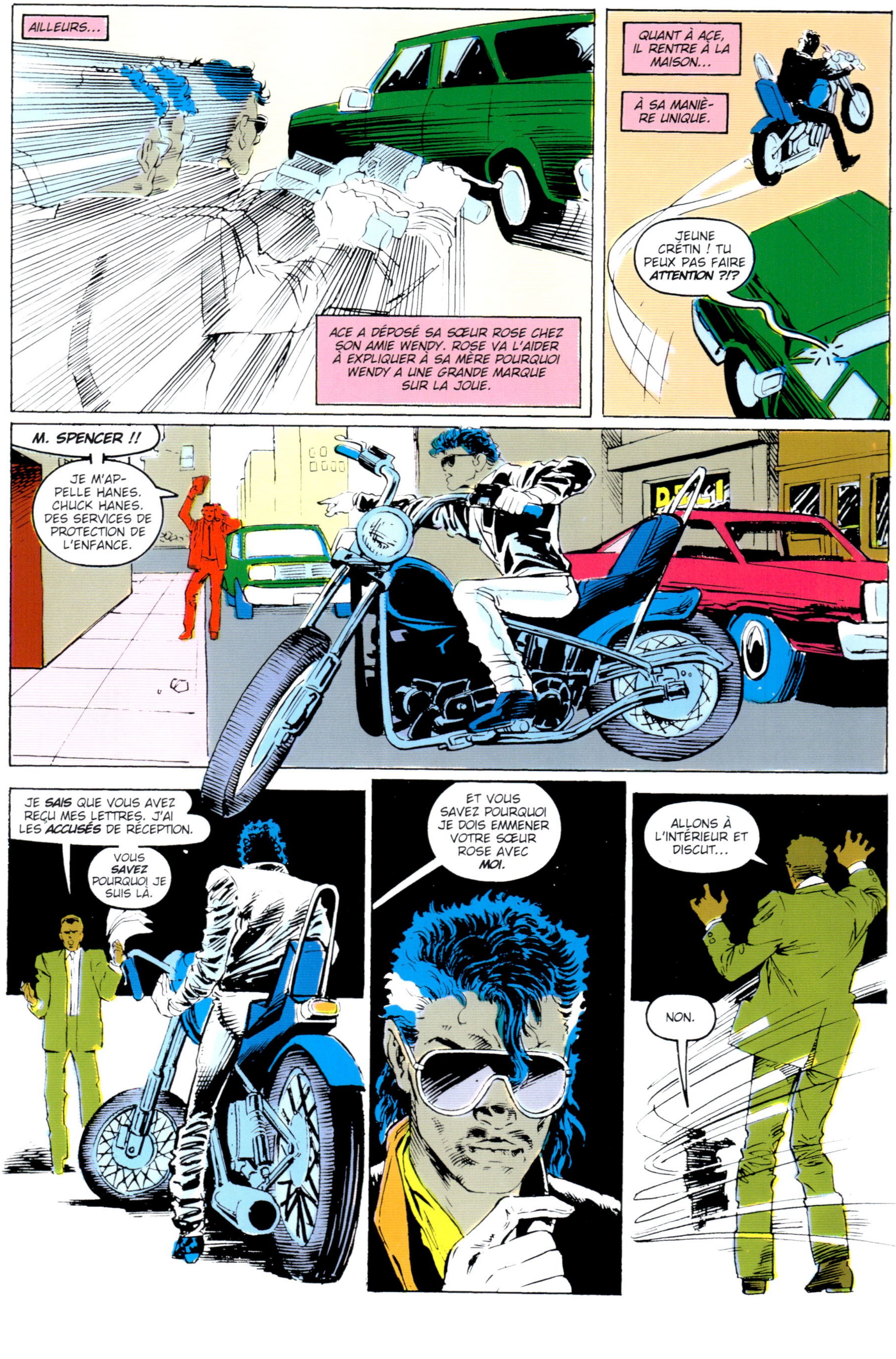
AILLEURS...
ACE A DÉPOSÉ SA SŒUR ROSE CHEZ SON AMIE WENDY. ROSE VA L'AIDER À EXPLIQUER À SA MÈRE POURQUOI WENDY A UNE GRANDE MARQUE SUR LA JOUE.
QUANT À ACE, IL RENTRE À LA MAISON...
À SA MANIÈRE UNIQUE.
JEUNE CRÉTIN ! TU PEUX PAS FAIRE ATTENTION ?!?
M. SPENCER !!
JE M'APPELLE HANES. CHUCK HANES. DES SERVICES DE PROTECTION DE L'ENFANCE.
JE SAIS QUE VOUS AVEZ REÇU MES LETTRES. J'AI LES ACCUSÉS DE RÉCEPTION.
VOUS SAVEZ POURQUOI JE SUIS LÀ.
ET VOUS SAVEZ POURQUOI JE DOIS EMMENER VOTRE SŒUR ROSE AVEC MOI.
ALLONS À L'INTÉRIEUR ET DISCUT...
NON.

M. SPENCER... AU NOM DU CIEL, RALENTISSEZ ! SOYEZ RAISONNABLE !
VOTRE PÈRE EST PARTI DEPUIS DIX ANS ! VOTRE MÈRE EST QUASIMENT GRABATAIRE ET VOUS N'AVEZ AUCUNE SOURCE DE REVENUS VISIBLE.
VOUS ÊTES UN ANCIEN CHEF DE GANG AU PASSÉ MYSTÉRIEUX AVEC UN CASIER JUDICIAIRE.
JE NE PARLE MÊME PAS DES HABITS ET DE LA COIFFURE.
ÉCOUTEZ... ÇA NE ME PLAÎT PAS PLUS QU'À VOUS. JE SAIS QUE VOUS AIMEZ CETTE PETITE. MAIS LE RÈGLEMENT, C'EST LE RÈGLEMENT.
NOS SERVICES VOUS ONT LAISSÉ LA GARDE DE VOTRE FRÈRE, LORENZO. ET MAINTENANT, IL EST ACCUSÉ DE MEURTRE AVEC VOUS COMME SEUL TÉMOIN.
ÇA N'INSPIRE PAS VRAIMENT CONFIANCE, L'AMI.
J'AI REÇU L'ORDRE DE PLACER ROSE DANS UNE FAMILLE D'ACCUEIL. PAS LE CHOIX. NON NÉGOCIABLE.
J'AMÈNERAI LES FLICS POUR L'EMBARQUER S'IL LE FAUT.
VOUS COMPRENEZ, M. SPENCER ?
M. SPENCER...?
JE...
... VAIS BOUSILLER MA VOITURE.
DETOUR

JE N'AI VRAIMENT PAS BESOIN DE ÇA.
SCCREEECCHH!!
ACE FINIT PAR ARRIVER CHEZ LUI.
IL A VÉCU TOUTE SA VIE DANS CE VIEUX QUARTIER.
IL N'A JAMAIS ÉTÉ À L'AISE ICI.
À CHAQUE FOIS QU'IL MONTE LES ESCALIERS, IL EST SURPRIS QUE LES MARCHES TIENNENT ENCORE.
IL Y A DE LA MUSIQUE EN HAUT. ELLE EST…
… ENCORE EN TRAIN DE DANSER.

C'EST UNE TRÈS BONNE DANSEUSE.
MAMAN...?
ELLE NE L'ENTEND PAS.
ELLE ENTEND SEULEMENT LES VAGUES SE BRISER SUR LA GRÈVE DE CONEY ISLAND CET ÉTÉ-LÀ QUAND LA VIE ÉTAIT DORÉE.
ELLE VOIT SEULEMENT LA NEIGE RECOUVRIR LA SEPTIÈME AVENUE EN PROGRESSANT LABORIEUSEMENT AVEC SON AMOUREUX TOUT EN SAVOURANT L'ESPRIT DE NOËL AUTOUR D'EUX.
ELLE SENT SEULEMENT LE SOUFFLE DE LA DOUCE BRISE D'AUTOMNE SUR SA CHEMISE DE NUIT QUAND SON JEUNE ÉPOUX LA PREND DANS SES BRAS LORS DE CETTE LUNE DE MIEL IL Y A SI LONGTEMPS.
PARFOIS, SI ELLE Y CROIT VRAIMENT, ELLE PEUT REMONTER LE TEMPS JUSQU'À CES BONS MOMENTS EN DANSANT. ELLE SE COUPE DU MONDE ET TIENT SA MISÈRE À DISTANCE.
ELLE VEUT QUE SON FILS DANSE AVEC ELLE.
JE NE PEUX PAS.
JE N'Y **CROIS** PAS.
TU Y CROIRAIS...
... SI TU ESSAYAIS.

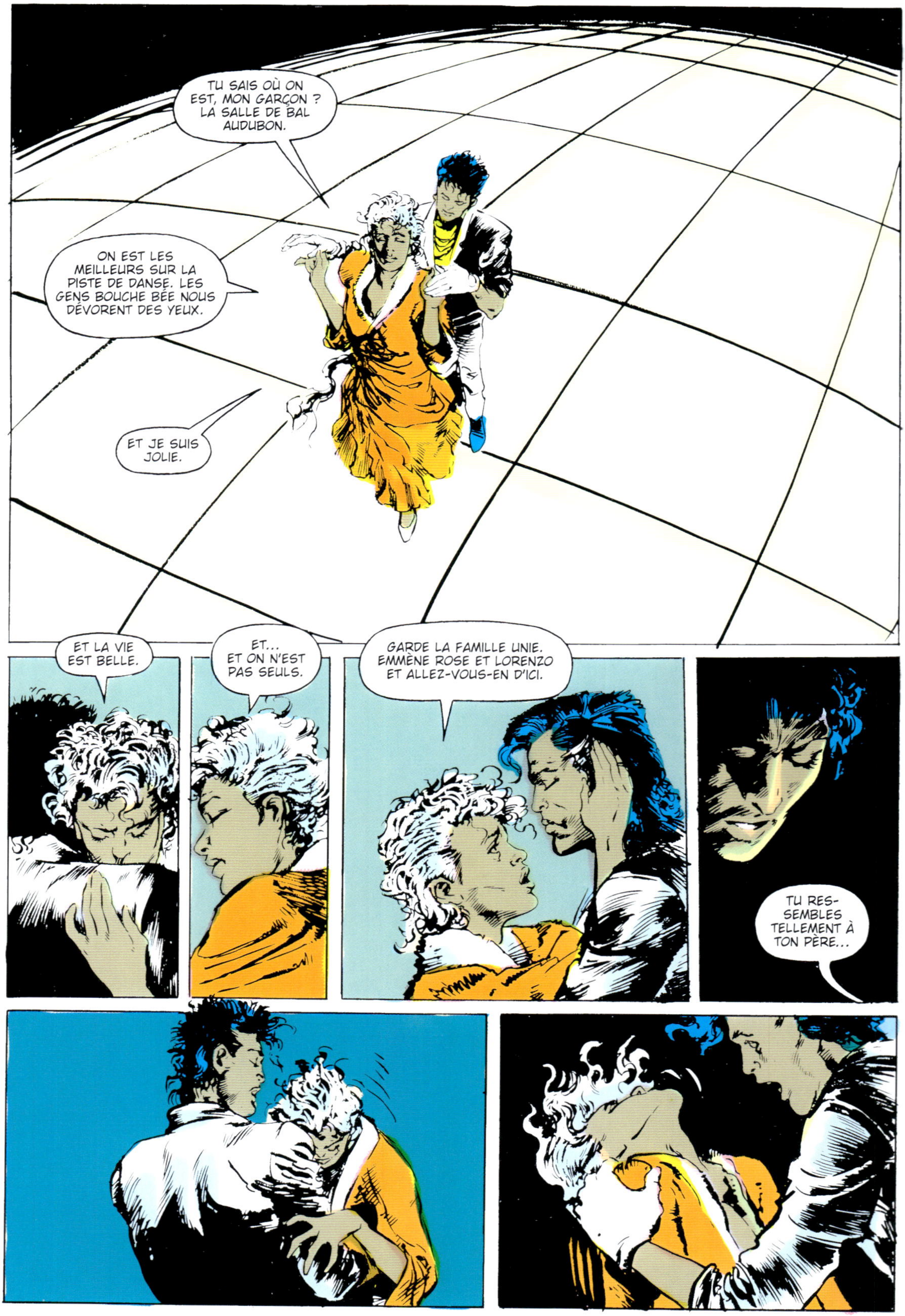
TU SAIS OÙ ON EST, MON GARÇON ? LA SALLE DE BAL AUDUBON.
ON EST LES MEILLEURS SUR LA PISTE DE DANSE. LES GENS BOUCHE BÉE NOUS DÉVORENT DES YEUX.
ET JE SUIS JOLIE.
ET LA VIE EST BELLE.
ET... ET ON N'EST PAS SEULS.
GARDE LA FAMILLE UNIE. EMMÈNE ROSE ET LORENZO ET ALLEZ-VOUS-EN D'ICI.
TU RES-SEMBLES TELLEMENT À TON PÈRE...

LE DISQUE SE MET À SAUTER.
ACE... JE DOIS VOIR MAMAN...
HÉ, LAISSE-MOI PASSER ! QU'EST-CE QUI TE PREND...
... QU'EST-CE...
CE N'EST PAS JUSTE...
... PAS JUSTE.
... ELLE M'AVAIT PROMIS DE NE PAS MOURIR...

ÉCOUTEZ BIEN, PARKER... TANT QUE JE SERAI RESPONSABLE ÉDITORIALE, PLUS DE PHOTOS DE SPIDER-MAN !!
MAIS, KATE...
NON.
DAILY BUGLE
VOUS VOULEZ VENDRE DES PHOTOS ? EH BIEN RAMENEZ DES CLICHÉS DE CE NOUVEAU HÉROS DU GHETTO QU'UN DE NOS JOURNALISTES A APERÇU AUJOURD'HUI.
ON PUBLIE UN ARTICLE SUR LUI DANS L'ÉDITION DU MATIN. IL EST DUR À TROUVER, MAIS VOUS ÊTES BON POUR CE GENRE DE CHOSES.
IL S'APPELLE... EUH... ACE !
"EUH... ACE !"
ÇA NE SERAIT PAS AUSSI AGAÇANT SI ELLE NE L'AVAIT PAS DIT AVEC CE PETIT TON MORDANT DANS LA VOIX.
D'AUTANT PLUS QU'ELLE PREND LA VOIX DE DARK VADOR QUAND ELLE PARLE DE MOI...
AINSI...
BON, COMMENT JE LE TROUVE ? JE VEUX DIRE, MAINTENANT QUE J'AI UN PRÉTEXTE POUR LE TROUVER.
C'EST CE QUE JE VOULAIS, NON ? ÇA, ET QU'IL ME METTE LE PREMIER COUP.
POURQUOI JE CHERCHE À ME BATTRE AVEC LUI ? POURQUOI JE NE LÂCHE PAS L'AFFAIRE ?
TIENS... CES TYPES ME FONT SIGNE ?
TU CHERCHES ACE, PAS VRAI, FISTON ?
TU VEUX RÉGLER TES COMPTES APRÈS LA CONTREDANSE* QU'IL T'A MISE ?
EH BIEN... NON. EN FAIT, JE...
* RACLÉE --OWZ.
ÉCOUTE, MAN ! ON RACONTE EN VILLE QU'ACE EST DEVENU UN INDIC. IL EST AU TRIBUNAL EN CE MOMENT, TÉMOIGNANT SUR LES GANGS AUPRÈS DE LA ROUSSE.*
CE GENRE DE TRUC N'EST PAS VRAIMENT BIEN VU PAR LES GARS.
* POLICE --OWZ.
ALORS SI TU VAS LUI METTRE UN PAIN DANS LA FACE, PERSONNE NE VA PLEURER, TU SAISIS ?
ACE... TÉMOIGNE... IL AIDE LA POLICE... ?
QUEL NUL JE SUIS.
CE TYPE REPREND SA VIE EN MAIN... IL COMMENCE ENFIN À SE COMPORTER COMME UN VRAI ÊTRE HUMAIN...
... ET JE CHERCHAIS À LUI METTRE LA PÂTÉE. PARKER, TU ES UN VRAI WINNER !

TRIBUNAL DE COUR D'ASSISES...
LE MINISTÈRE PUBLIC CONTRE SMITH.
PROCÈS POUR HOMICIDE.
AUJOURD'HUI, LORENZO SPENCER DOIT RENDRE DES COMPTES SUR SON IMPLICATION DANS LA MORT DE VINCENT DIFEO.
SON **FRÈRE** EST SON SEUL ACCUSATEUR.
VOTRE HONNEUR, PEUT-ON SUSPENDRE L'AUDIENCE ? LE TÉMOIN DU MINISTÈRE PUBLIC A UN PEU DE RETARD.
ON EST EN TRAIN D'ESSAYER DE LE CONTACTER, MAIS IL N'A PAS DE TÉLÉPHONE.
VEUILLEZ VOUS APPROCHER, MAÎTRE.
SOURIEZ, M. LE JUGE... POUR PROUVER QUE VOUS POUVEZ.
VOUS FAITES N'IMPORTE QUOI, JEANNIE. D'ACCORD, UN HOMME EST MORT ET TOUT LE MONDE LE REGRETTE, MAIS CE JEUNE SPENCER A AUSSI DES DROITS.
SI VOTRE "TÉMOIN-CLÉ", CE "ACE", NE SE PRÉSENTE PAS D'ICI 60 SECONDES, LE JEUNE MAÎTRE HAAR ICI PRÉSENT VA ACCOMPAGNER M. SPENCER JUSQU'À L'ASCENSEUR ET NOUS DIRE BYE-BYE.
HEIN...?
QUE...?
MINCE...
REGARDEZ-MOI ÇA...
OH LÀ LÀ...
C'EST CE ***TYPE-LÀ***...?

SILENCE !
JE SUPPOSE, JEUNE HOMME, QUE VOUS ÊTES LE MYSTÉRIEUX... ACE...?
C'EST EXACT.
IL EST LÀ ! COMME LE TYPE L'A DIT !
MON SENS D'ARAIGNÉE S'EMBALLE COMPLÈTE-MENT !
JE NE PEUX PAS PRENDRE DE PHOTOS DANS LE TRIBUNAL... JE VAIS DEVOIR ATTENDRE.

ET APRÈS QU'ACE A PRÊTÉ SERMENT...
C'EST GENTIL D'ÊTRE PASSÉ.
ENLEVEZ CES LUNETTES.
ET SOURIEZ... POUR PROUVER QUE VOUS POUVEZ.
MME HILLMAN, À VOUS DE JOUER.
MERCI, VOTRE HONNEUR.
ACE, LORS DE LA NUIT EN QUESTION, AVEZ-VOUS ÉTÉ TÉMOIN DU CONFLIT ENTRE LES REAPERS ET LES DRAGONS ?
OUI.
AVEZ-VOUS VU VINCENT DIFEO SE FAIRE TUER ?
OUI.
QUI L'A TUÉ ?
LORENZO SPENCER.
MON FRÈRE.
M. HAAR ?
M. SPENCER... ACE...
... MON CLIENT EST VOTRE FRÈRE... EUH, DISONS DEMI-FRÈRE...
MON CLIENT ÉTAIT LE CHEF D'UN GANG DES RUES APPELÉ LES REAPERS.
ALORS S'IL PART EN PRISON, QUI PRENDRA SA PLACE ?

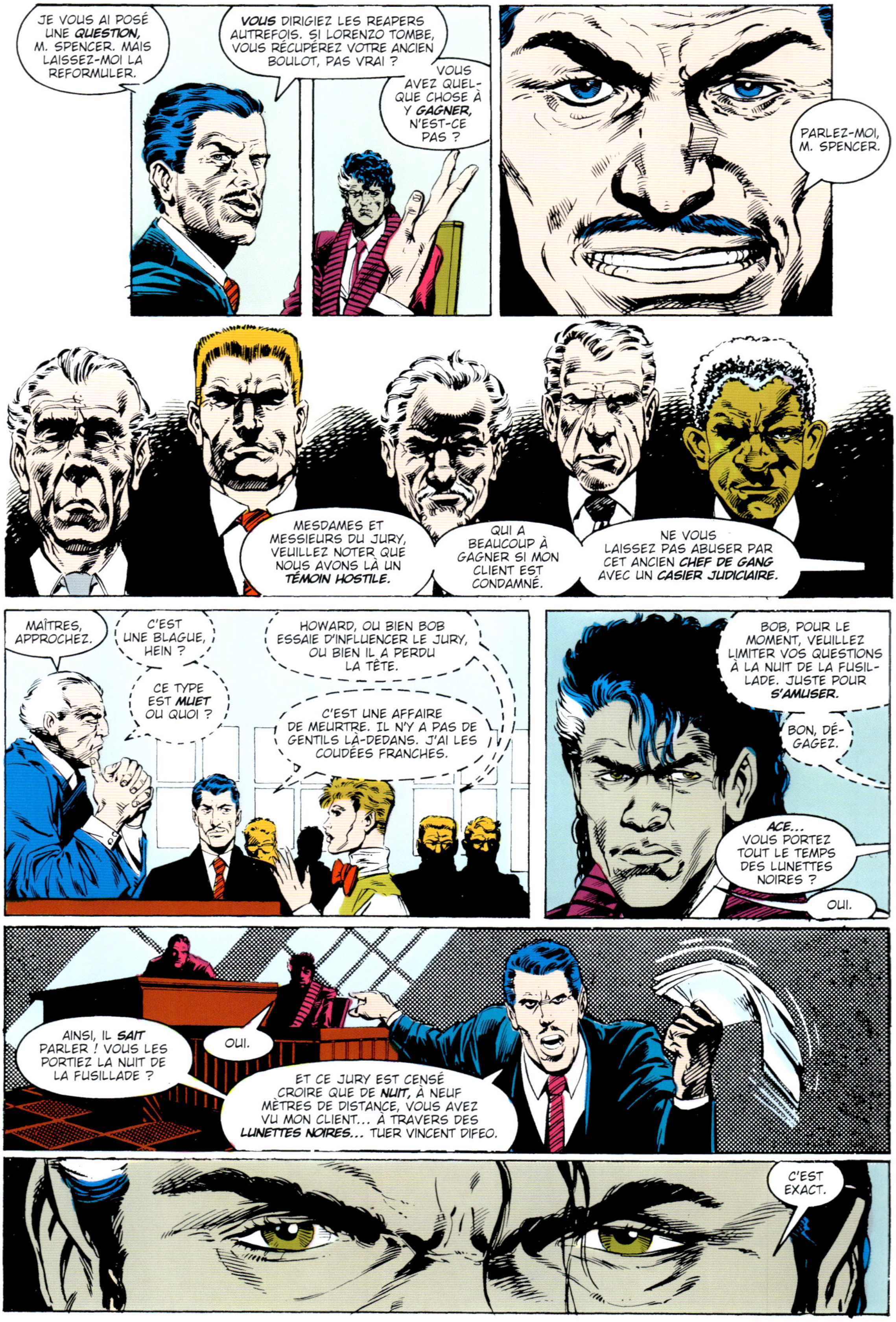

JE VOUS AI POSÉ UNE QUESTION, M. SPENCER. MAIS LAISSEZ-MOI LA REFORMULER.
VOUS DIRIGIEZ LES REAPERS AUTREFOIS. SI LORENZO TOMBE, VOUS RÉCUPÉREZ VOTRE ANCIEN BOULOT, PAS VRAI ?
VOUS AVEZ QUELQUE CHOSE À Y GAGNER, N'EST-CE PAS ?
PARLEZ-MOI, M. SPENCER.
MESDAMES ET MESSIEURS DU JURY, VEUILLEZ NOTER QUE NOUS AVONS LÀ UN TÉMOIN HOSTILE.
QUI A BEAUCOUP À GAGNER SI MON CLIENT EST CONDAMNÉ.
NE VOUS LAISSEZ PAS ABUSER PAR CET ANCIEN CHEF DE GANG AVEC UN CASIER JUDICIAIRE.
MAÎTRES, APPROCHEZ.
C'EST UNE BLAGUE, HEIN ?
CE TYPE EST MUET OU QUOI ?
HOWARD, OU BIEN BOB ESSAIE D'INFLUENCER LE JURY, OU BIEN IL A PERDU LA TÊTE.
C'EST UNE AFFAIRE DE MEURTRE. IL N'Y A PAS DE GENTILS LÀ-DEDANS. J'AI LES COUDÉES FRANCHES.
BOB, POUR LE MOMENT, VEUILLEZ LIMITER VOS QUESTIONS À LA NUIT DE LA FUSILLADE. JUSTE POUR S'AMUSER.
BON, DÉGAGEZ.
ACE... VOUS PORTEZ TOUT LE TEMPS DES LUNETTES NOIRES ?
OUI.
AINSI, IL SAIT PARLER ! VOUS LES PORTIEZ LA NUIT DE LA FUSILLADE ?
OUI.
ET CE JURY EST CENSÉ CROIRE QUE DE NUIT, À NEUF MÈTRES DE DISTANCE, VOUS AVEZ VU MON CLIENT... À TRAVERS DES LUNETTES NOIRES... TUER VINCENT DIFEO.
C'EST EXACT.

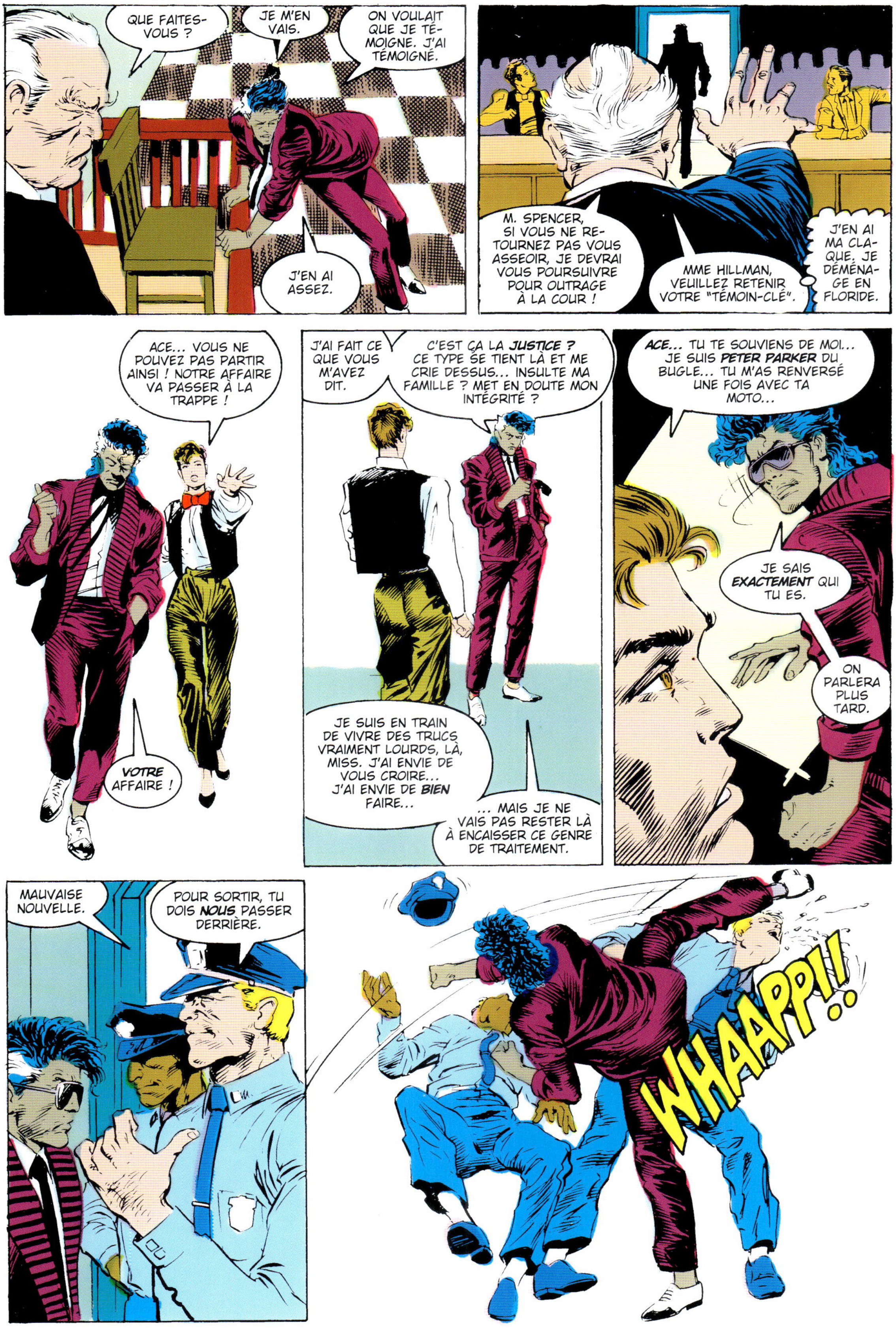
QUE FAITES-VOUS ?
JE M'EN VAIS.
ON VOULAIT QUE JE TÉMOIGNE. J'AI TÉMOIGNÉ.
J'EN AI ASSEZ.
M. SPENCER, SI VOUS NE RETOURNEZ PAS VOUS ASSEOIR, JE DEVRAI VOUS POURSUIVRE POUR OUTRAGE À LA COUR !
MME HILLMAN, VEUILLEZ RETENIR VOTRE "TÉMOIN-CLÉ".
J'EN AI MA CLAQUE. JE DÉMÉNAGE EN FLORIDE.
ACE... VOUS NE POUVEZ PAS PARTIR AINSI ! NOTRE AFFAIRE VA PASSER À LA TRAPPE !
VOTRE AFFAIRE !
J'AI FAIT CE QUE VOUS M'AVEZ DIT.
C'EST ÇA LA JUSTICE ? CE TYPE SE TIENT LÀ ET ME CRIE DESSUS... INSULTE MA FAMILLE ? MET EN DOUTE MON INTÉGRITÉ ?
JE SUIS EN TRAIN DE VIVRE DES TRUCS VRAIMENT LOURDS, LÀ, MISS. J'AI ENVIE DE VOUS CROIRE... J'AI ENVIE DE BIEN FAIRE...
... MAIS JE NE VAIS PAS RESTER LÀ À ENCAISSER CE GENRE DE TRAITEMENT.
ACE... TU TE SOUVIENS DE MOI... JE SUIS PETER PARKER DU BUGLE... TU M'AS RENVERSÉ UNE FOIS AVEC TA MOTO...
JE SAIS EXACTEMENT QUI TU ES.
ON PARLERA PLUS TARD.
MAUVAISE NOUVELLE.
POUR SORTIR, TU DOIS NOUS PASSER DERRIÈRE.
WHAAPP!!

IL A ESSAYÉ.
IL A FRANCHEMENT FAIT DE SON MIEUX.
IL AVAIT ABANDONNÉ SON PRINCIPE DE NON-INGÉRENCE ; DÉCIDÉ DE FAIRE CE QUE SA CONSCIENCE LUI DICTAIT.
IL AVAIT DÉCIDÉ DE BIEN FAIRE.
IL A VRAIMENT ESSAYÉ.
ÇA N'A PAS MARCHÉ.

VOTRE HONNEUR, LA DÉFENSE DEMANDE UN NON-LIEU POUR MANQUE DE PREUVE !
N-NON ! VOUS NE POUVEZ PAS LE LAISSER SORTIR !
IL A TUÉ MON MARI... MON VINCENT !!!
MAMAN... ASSIEDS-TOI...
PAS DE NON-LIEU, MAÎTRE. JE PEUX JUSTE DÉCLARER UN VICE DE PROCÉDURE. SI LE MINISTÈRE PUBLIC VEUT RELANCER L'AFFAIRE, ÇA LE REGARDE.
LE PRÉVENU EST LIBRE.
LIBRE ?! MAIS CETTE BRUTE A TUÉ MON PÈRE !
IL L'A TUÉ !!
QU'EST-CE QUE JE FAIS LÀ ?!
JE SUIS VENU PRENDRE DES PHOTOS...
... ET FAIRE PASSER UNE RANCUNE D'ADOLESCENT...
MAIS IL Y A DE VRAIES PERSONNES, LÀ. BLESSÉES... SOUFFRANT.
C'EST ÇE... CE ACE, LÀ. C'EST DE SA FAUTE.
À CAUSE DE LUI, LA MORT DE MON PÈRE N'EST PAS VENGÉE.
J'SAIS PAS, MISS... JE TROUVE QUE MON FRÈRE EST TRÈS BIEN.
VOTRE HONNEUR... DE GRÂCE...
ASSEYEZ-VOUS, MME HILLMAN.
UN HOMME EST MORT, M. LE JUGE !
UN INNOCENT DONT LE SEUL CRIME A ÉTÉ D'ÊTRE DANS LA LIGNE DE TIR. SON MEURTRIER EST ASSIS À DEUX MÈTRES DE VOUS.
VOUS NE POUVEZ PAS LE RELÂCHER DANS LA NATURE.
JE COMPRENDS, MME HILLMAN...
... MAIS PERSONNE NE PEUT RIEN Y FAIRE.
JE SAVAIS QU'IL FERAIT LE NÉCESSAIRE.

EH BIEN, JE CHERCHAIS UNE BONNE RAISON...
MAINTENANT, J'EN AI UNE.
EN PARTANT AU MILIEU DU PROCÈS, ACE A VIOLÉ DE NOMBREUSES LOIS ET IL A MIS UN VÉRITABLE MEURTRIER EN LIBERTÉ.
ET ÇA CRAINT VRAIMENT.
LE JUGE LANCERA UN MANDAT D'ARRÊT... IL SERA ASSIGNÉ À COMPARAÎTRE ET À TÉMOIGNER...
MAIS JE NE VAIS PAS ATTENDRE TOUT CE TEMPS.
J'AI VRAIMENT CRU À CE NUMÉRO DE "ACE A CHANGÉ". C'EST TOUJOURS UNE CRAPULE. IL N'A RIEN APPRIS.
EH BIEN, JE VAIS LUI ENSEIGNER UN TRUC OU DEUX.
HEUREUSEMENT QUE PERSONNE N'A VU PETER PARKER JETER UN SPIDER-TRACEUR SUR LA JAMBE D'ACE QUAND IL SORTAIT.
ET C'EST ENCORE MIEUX QU'IL SOIT RESTÉ COLLÉ APRÈS QU'ACE A FRAPPÉ CES GARDES. CELA DIT, PEUT-ÊTRE QU'IL SAVAIT QUE JE L'AVAIS POSÉ SUR LUI.
QU'A-T-IL VOULU DIRE PAR "JE SAIS EXACTEMENT QUI TU ES" ? COMMENT POURRAIT-IL ?
MON SENS D'ARAIGNÉE PICOTE. CE DOIT ÊTRE...
... CHEZ ACE. LA VACHE, JE PENSAIS QUE J'HABITAIS DANS UN TAUDIS.
COMMENT PEUT-ON VIVRE COMME ÇA ?
ENCORE MON SENS D'ARAIGNÉE. ÇA VEUT DIRE DE LA...
COMPAGNIE !
KKERR--AAASSHH!
POLICE !!

OH, GÉNIAL. L'ENDUIT DU PLAFOND EST MITEUX... IL SE FISSURE...
JE L'AVAIS PRÉVENU. J'AVAIS PRÉVENU CE JEUNE SPENCER QUE SI NÉCESSAIRE, JE REVIENDRAIS AVEC LA POLICE. IL N'AVAIT PAS À GARDER CETTE FILLE.
JE ME DOUTAIS QU'IL FERAIT QUELQUE CHOSE COMME ÇA QUAND J'AI APPRIS QUE SA MÈRE ÉTAIT MORTE HIER. IL EST DÉSESPÉRÉ.
IL A EMMENÉ LA FILLE ET S'EST ENVOLÉ.
JE SAVAIS QUE CE COUP SE RETOURNERAIT CONTRE MOI UN JOUR...
SPIDER-MAN !!
EN FAIT, JE SUIS L'INSPECTEUR DES PLAFONDS.
FAITES REFAIRE L'ENDUIT, L'AMI. JE NE VOUS DONNE QU'UN AVERTISSEMENT CETTE FOIS.
LA PROCHAINE FOIS, CE SERA UNE AMENDE.
SPIDER-MAN ! ÉCOUTE, JE NE SAIS PAS POURQUOI TU ES LÀ... ET JE M'EN MOQUE...!
JE M'APPELLE HANES, DES SERVICES DE PROTECTION DE L'ENFANCE. SPENCER S'EST ENFUI AVEC UNE MINEURE...
CE N'EST PAS VRAI... CE N'EST PAS POSSIBLE...!
TOUT LE MONDE CONSIDÉRAIT CE MEC COMME UN HÉROS...
ET IL ENLÈVE UN ENFANT ?!
MON ANTIPATHIE POUR ACE ÉTAIT PEUT-ÊTRE FONDÉE, APRÈS TOUT ! C'ÉTAIT PEUT-ÊTRE MON SENS D'ARAIGNÉE QUI ESSAYAIT DE M'AVERTIR... EN RECEVANT DE MAUVAISES VIBRATIONS.
CE N'ÉTAIT PAS QU'UNE QUESTION D'ORGUEIL OU DE JALOUSIE... C'ÉTAIT UN SIXIÈME SENS ME METTANT EN GARDE !
ET JE L'AI IGNORÉ... JE L'AI REJETÉ !

EH BIEN, JE VAIS TOUT DE SUITE RÉPARER CE CAFOUILLAGE !
VOILÀ CAPTAIN LUNETTES DE SOLEIL.
ACE !
IL FAUT QU'ON DISCUTE, TOI ET MOI.
ALORS METS FIN À TA CAVALE.
JE DOIS RESTER EN CAVALE, MAN.
C'EST TOUT CE QUI ME RESTE.
REAPERS !!
VISEZ UN PEU !!
GARAGE
VOILÀ ACE, LE TRAÎTRE !!
SPIDEY VA NOUS RENDRE SERVICE ET LE BUTER !

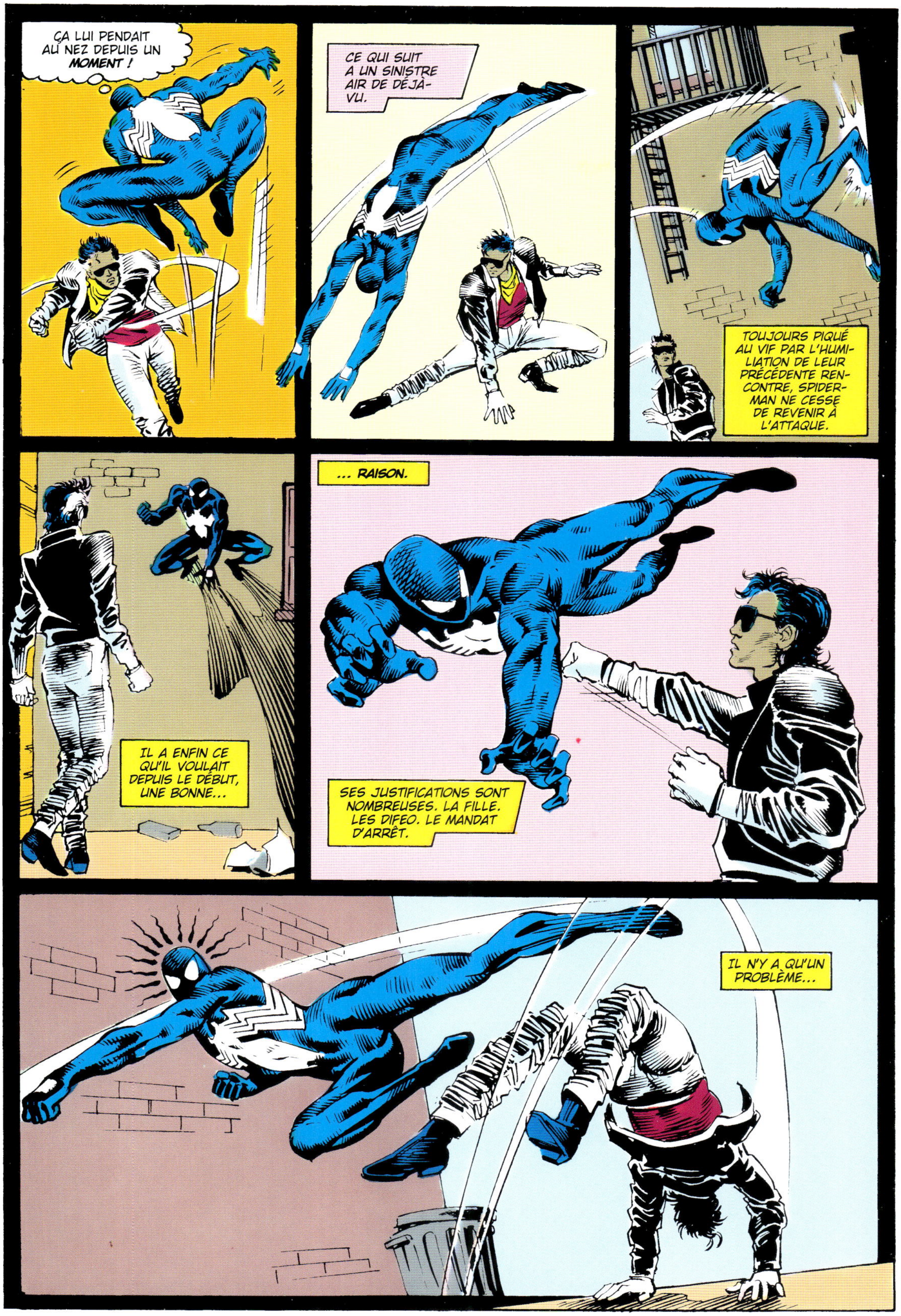
ÇA LUI PENDAIT AU NEZ DEPUIS UN MOMENT !
CE QUI SUIT A UN SINISTRE AIR DE DÉJÀ-VU.
TOUJOURS PIQUÉ AU VIF PAR L'HUMILIATION DE LEUR PRÉCÉDENTE RENCONTRE, SPIDER-MAN NE CESSE DE REVENIR À L'ATTAQUE.
IL A ENFIN CE QU'IL VOULAIT DEPUIS LE DÉBUT, UNE BONNE...
... RAISON.
SES JUSTIFICATIONS SONT NOMBREUSES. LA FILLE. LES DIFEO. LE MANDAT D'ARRÊT.
IL N'Y A QU'UN PROBLÈME...

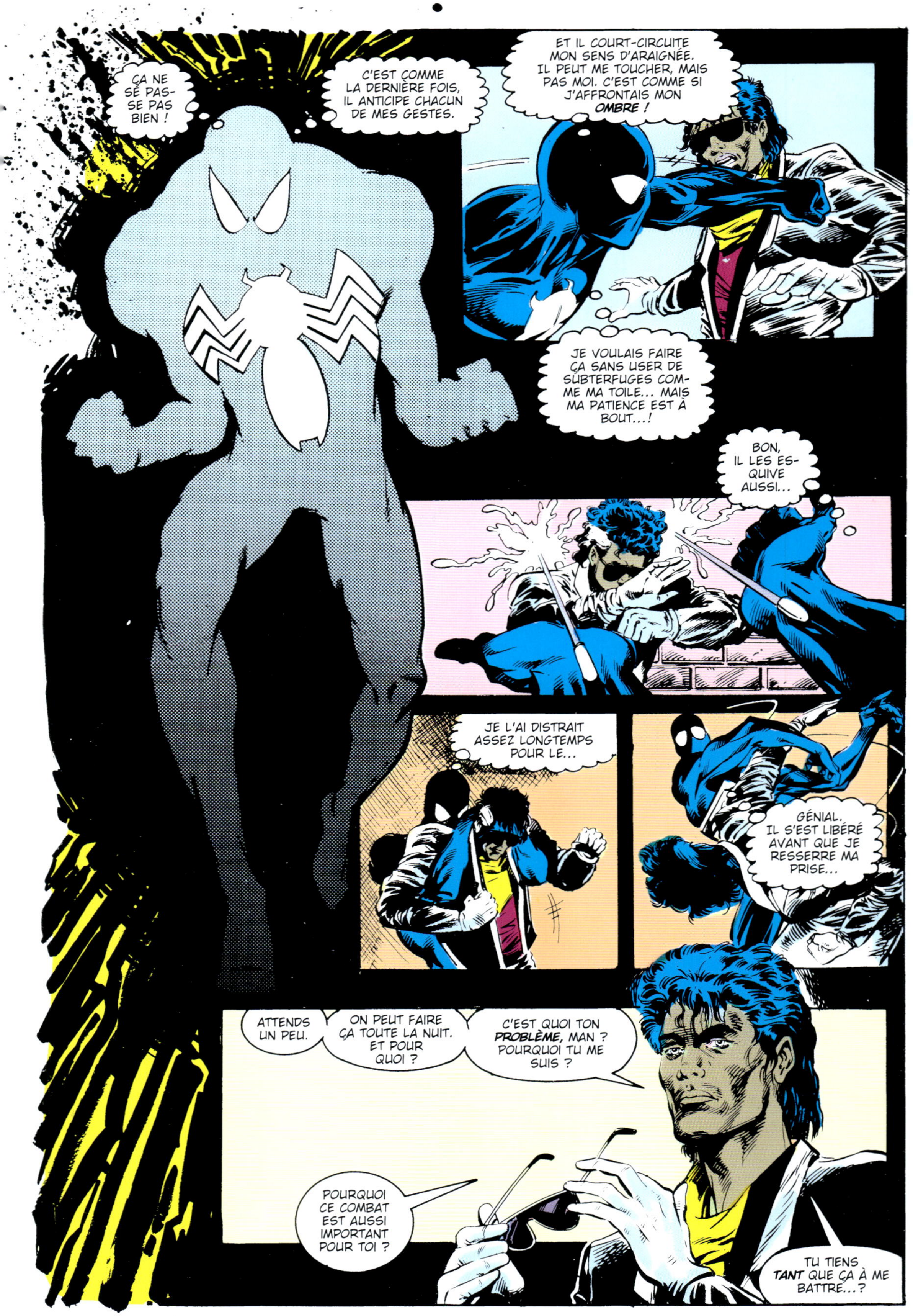
ÇA NE SE PASSE PAS BIEN !
C'EST COMME LA DERNIÈRE FOIS, IL ANTICIPE CHACUN DE MES GESTES.
ET IL COURT-CIRCUITE MON SENS D'ARAIGNÉE. IL PEUT ME TOUCHER, MAIS PAS MOI. C'EST COMME SI J'AFFRONTAIS MON OMBRE !
JE VOULAIS FAIRE ÇA SANS USER DE SUBTERFUGES COMME MA TOILE... MAIS MA PATIENCE EST À BOUT...!
BON, IL LES ESQUIVE AUSSI...
JE L'AI DISTRAIT ASSEZ LONGTEMPS POUR LE...
GÉNIAL. IL S'EST LIBÉRÉ AVANT QUE JE RESSERRE MA PRISE...
ATTENDS UN PEU.
ON PEUT FAIRE ÇA TOUTE LA NUIT. ET POUR QUOI ?
C'EST QUOI TON PROBLÈME, MAN ? POURQUOI TU ME SUIS ?
POURQUOI CE COMBAT EST AUSSI IMPORTANT POUR TOI ?
TU TIENS TANT QUE ÇA À ME BATTRE...?

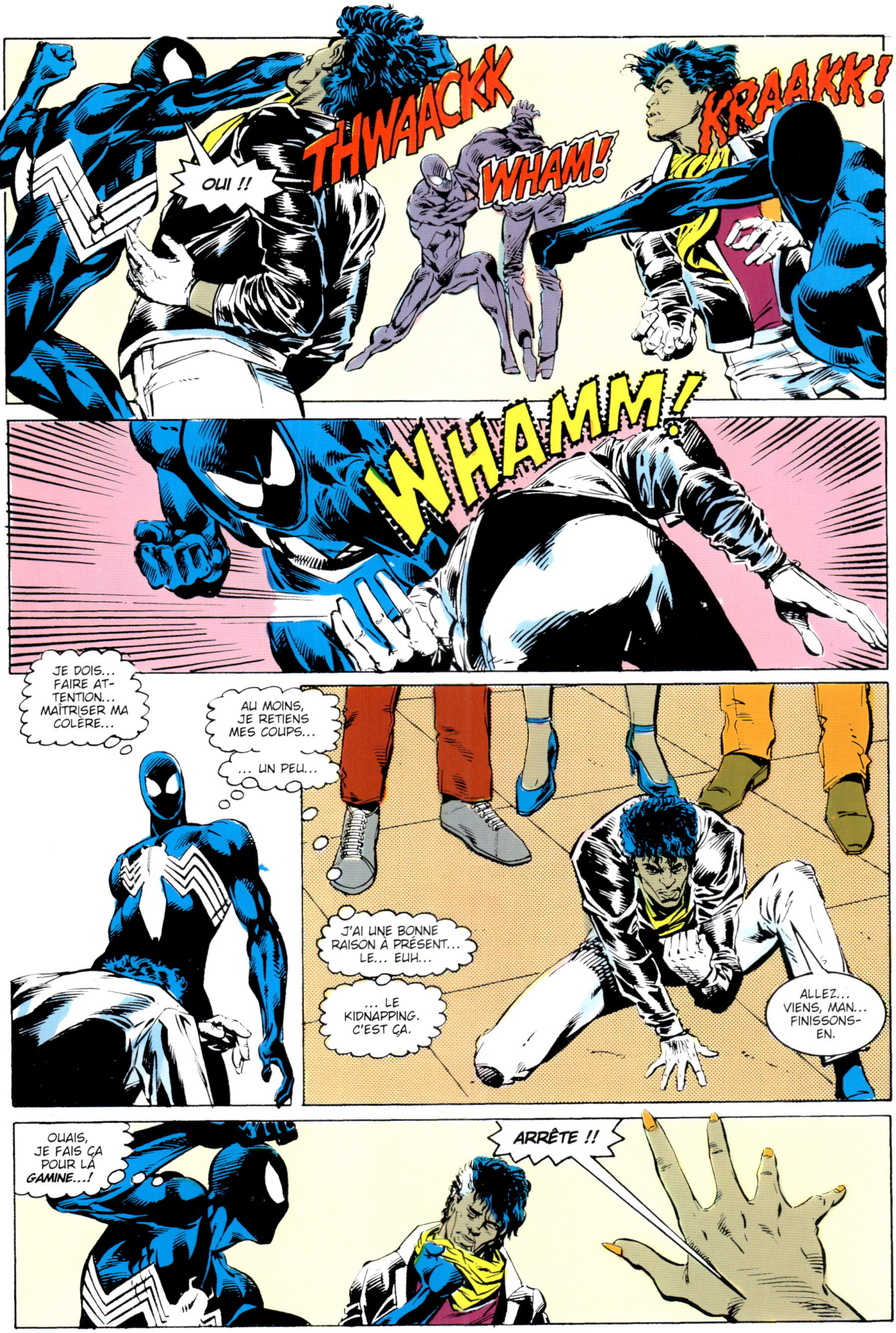

OUI !!
THWAACKK
WHAM!
KRAAKK!
WHAMM!
JE DOIS... FAIRE ATTENTION... MAÎTRISER MA COLÈRE...
AU MOINS, JE RETIENS MES COUPS...
... UN PEU...
J'AI UNE BONNE RAISON À PRÉSENT... LE... EUH...
... LE KIDNAPPING. C'EST ÇA.
ALLEZ... VIENS, MAN... FINISSONS-EN.
OUAIS, JE FAIS ÇA POUR LA GAMINE...!
ARRÊTE !!

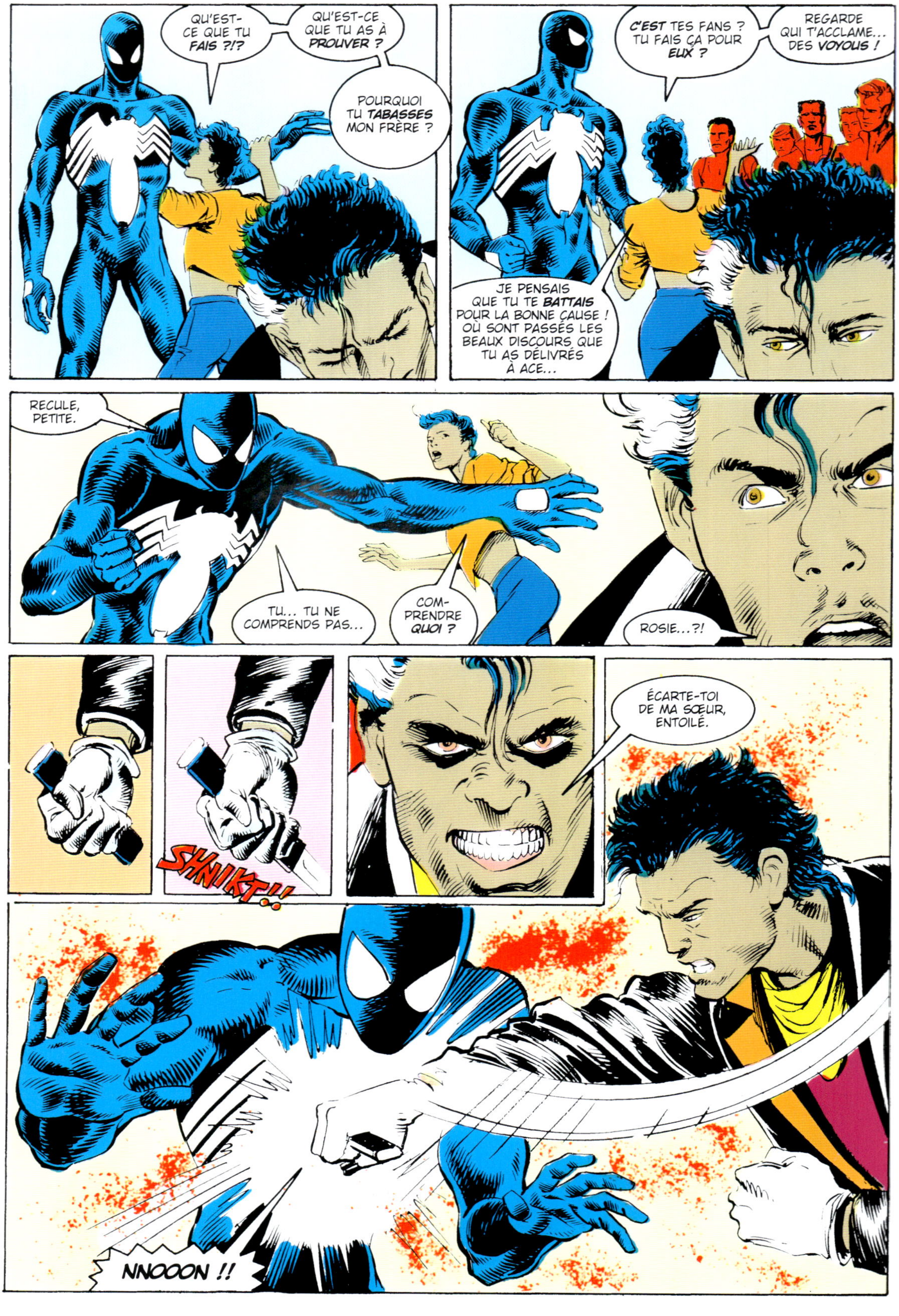

QU'EST-CE QUE TU FAIS ?!?
QU'EST-CE QUE TU AS À PROUVER ?
POURQUOI TU TABASSES MON FRÈRE ?
C'EST TES FANS ? TU FAIS ÇA POUR EUX ?
REGARDE QUI T'ACCLAME... DES VOYOUS !
JE PENSAIS QUE TU TE BATTAIS POUR LA BONNE CAUSE ! OÙ SONT PASSÉS LES BEAUX DISCOURS QUE TU AS DÉLIVRÉS À ACE...
RECULE, PETITE.
TU... TU NE COMPRENDS PAS...
COMPRENDRE QUOI ?
ROSIE...?!
SHNIKT !!
ÉCARTE-TOI DE MA SŒUR, ENTOILÉ.
NNOOON !!

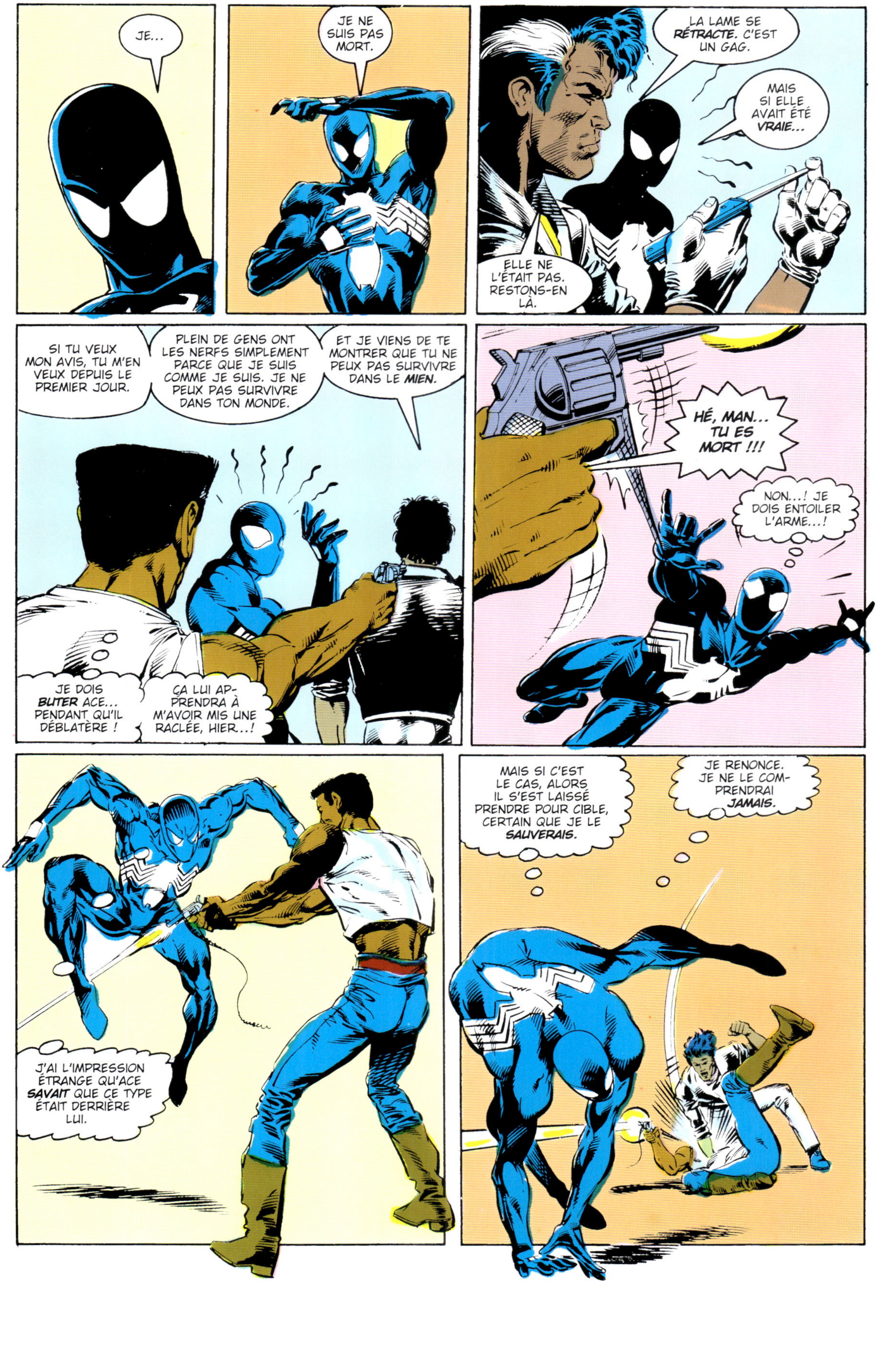

JE...
JE NE SUIS PAS MORT.
LA LAME SE **RÉTRACTE**. C'EST UN GAG.
MAIS SI ELLE AVAIT ÉTÉ **VRAIE**...
ELLE NE L'ÉTAIT PAS. RESTONS-EN LÀ.
SI TU VEUX MON AVIS, TU M'EN VEUX DEPUIS LE PREMIER JOUR.
PLEIN DE GENS ONT LES NERFS SIMPLEMENT PARCE QUE JE SUIS COMME JE SUIS. JE NE PEUX PAS SURVIVRE DANS TON MONDE.
ET JE VIENS DE TE MONTRER QUE TU NE PEUX PAS SURVIVRE DANS LE **MIEN**.
JE DOIS **BUTER** ACE... PENDANT QU'IL DÉBLATÈRE !
ÇA LUI APPRENDRA À M'AVOIR MIS UNE RACLÉE, HIER...!
HÉ, MAN... TU ES MORT !!!
NON...! JE DOIS ENTOILER L'ARME...!
J'AI L'IMPRESSION ÉTRANGE QU'ACE **SAVAIT** QUE CE TYPE ÉTAIT DERRIÈRE LUI.
MAIS SI C'EST LE CAS, ALORS IL S'EST LAISSÉ PRENDRE POUR CIBLE, CERTAIN QUE JE LE **SAUVERAIS**.
JE RENONCE. JE NE LE COMPRENDRAI **JAMAIS**.

ALORS ? JE L'EMBARQUE ? EN SUIS-JE CAPABLE ?
MES "BONNES RAISONS" POUR LE TROUVER SONT-ELLES JUSTIFIÉES ?
LE FAIT QU'IL ME "TUE"... ET QU'ENSUITE IL DÉPENDE DE MOI POUR LE SAUVER... A CHANGÉ LA DONNE.
J'AIMERAIS AVOIR TOUTES LES RÉPONSES MAIS JE NE LES AI PAS. EN FAIT, J'AIMERAIS BIEN EN AVOIR CERTAINES.
ACE A RAISON. LUI ET MOI SOMMES DE DEUX MONDES DIFFÉRENTS.
JE ME TIRE, REAPERS. ROSIE ET MOI QUITTONS LA VILLE.
LORENZO SERA BIENTÔT REMIS EN LIBERTÉ. VOUS POUVEZ L'AVOIR.
JE N'AI PLUS BESOIN DE TOUT ÇA.
MAIS JE NE PENSE PAS QU'ON SOIT SI DIFFÉRENTS QUE ÇA.
RALENTIS, GRAND FRÈRE...
ON A TOUT LE TEMPS AU MONDE.

LE LENDEMAIN, AU CRÉPUSCULE.
AVEC LE DÉPART DE MON FRÈRE ACE, LES REAPERS PEUVENT ENFIN SORTIR DE SON OMBRE !
ILS SONT LÀ, QUELQUE PART. LES POURRIS QUI ONT TUÉ MON PÈRE. À BAFOUER LA MÉMOIRE DE VINCENT DIFEO.
LE PREMIER TRUC QU'ON VA FAIRE, C'EST ÉLIMINER LES DRAGONS. TOUT LE MONDE SAURA QUI RÈGNE SUR LES RUES.
NE T'EN FAIS PAS, PAPA. MON PISTOLET ET MOI... ON VA RÉUSSIR LÀ OÙ LE SYSTÈME A ÉCHOUÉ.
ON EST UNIS CORPS ET ÂME, REAPERS !
ON EST UNIS CORPS ET ÂME, PAPA...
... ET JE JURE SUR TA TOMBE D'APPRENDRE LE RESPECT À CES POURRIS.
J'AI UNE BONNE **RAISON...**
ET LA GUERRE CONTINUE...

SPECTACULAR SPIDER-MAN

1986

MARVEL®
© 1985 MARVEL COMICS GROUP
LE TOUT NOUVEAU, TOUT BEAU
PETER PARKER, THE SPECTACULAR
SPIDER-MAN
65¢
110
JAN
APPROVED BY THE COMICS CODE AUTHORITY
LA CONCLUSION CHOQUANTE DE LA SAGA LA PLUS EXPLOSIVE DE L'ANNÉE !
SPIDER-MAN® AFFRONTE DAREDEVIL® L'HOMME SANS PEUR
... EN MÉMOIRE DE MES PÉCHÉS !
BUCKLER RUBINSTEIN

MARVEL
LE TOUT NOUVEAU, TOUT BEAU
PETER PARKER, THE SPECTACULAR
SPIDER-MAN
CROSSOVER
GUERRES SECRÈTES II
© 1985 MARVEL COMICS GROUP
75¢
111
FÉV
APPROVED BY THE COMICS CODE AUTHORITY
LE PUMA A ÉTÉ DOTÉ D'UNE PUISSANCE INCROYABLE... IL FAIT TROIS FOIS SA TAILLE NORMALE !
JE DOIS SAUVER LE BEYONDER...!
NON !
NE T'EN MÊLE PAS, SPIDER-MAN ! LE SORT DE L'UNIVERS EST EN JEU !
À CHACUN SON RÔLE...
R. BUCKLER

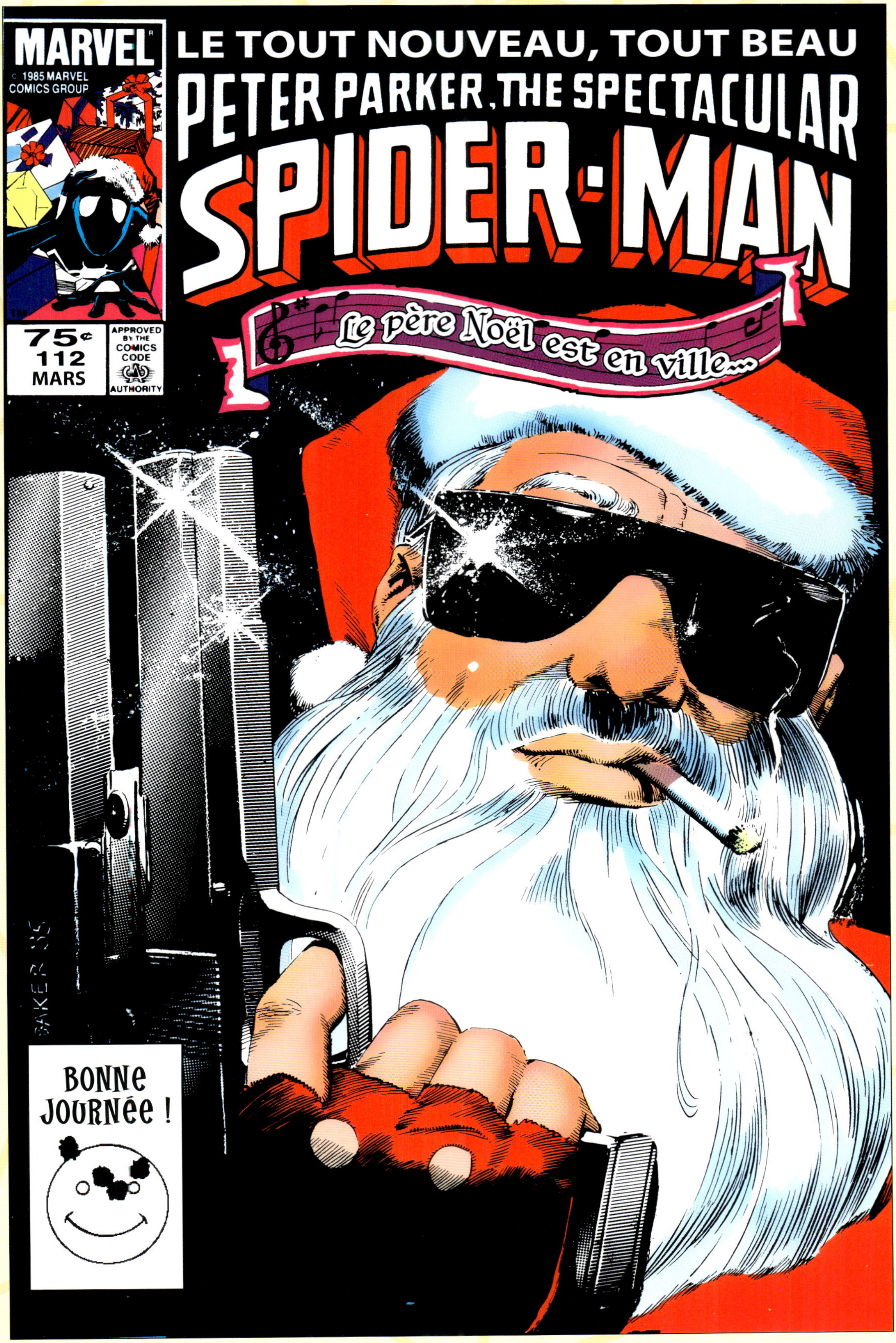
MARVEL
© 1985 MARVEL COMICS GROUP
LE TOUT NOUVEAU, TOUT BEAU
PETER PARKER, THE SPECTACULAR
SPIDER-MAN
Le père Noël est en ville...
75¢
112
MARS
APPROVED BY THE COMICS CODE AUTHORITY
BAKER 85
BONNE JOURNÉE !

MARVEL 25ÈME ANNIVERSAIRE
© 1985 MARVEL COMICS GROUP
LE TOUT NOUVEAU, TOUT BEAU
PETER PARKER, THE SPECTACULAR
SPIDER-MAN
75¢
113
AVR
APPROVED BY THE COMICS CODE AUTHORITY
LA MAISON DE TANTE MAY EST ASSIÉGÉE ! SPIDEY EST PRIS ENTRE DEUX FEUX !
UNE MAISON DIVISÉE...!
STING
R. BUCKLER '85

MARVEL®
25ÈME
ANNIVERSAIRE
LE TOUT NOUVEAU, TOUT BEAU
PETER PARKER, THE SPECTACULAR
SPIDER-MAN
75¢
114
MAI
APPROVED BY THE COMICS CODE AUTHORITY
© 1986 MARVEL COMICS GROUP
pollard

LE TOUT NOUVEAU, TOUT BEAU
PETER PARKER, THE SPECTACULAR
SPIDER-MAN
MARVEL
25ÈME
ANNIVERSAIRE
© 1986 MARVEL COMICS GROUP
75¢
115
JUIN
APPROVED BY THE COMICS CODE AUTHORITY

MARVEL®
25ÈME ANNIVERSAIRE
© 1986 MARVEL COMICS GROUP
75¢
116
JUIL
APPROVED BY THE COMICS CODE AUTHORITY
LE TOUT NOUVEAU, TOUT BEAU
PETER PARKER, THE SPECTACULAR
SPIDER-MAN™
SPIDER-MAN N'A PLUS DE COSTUME...
... DENTS DE SABRE VIENT DE LE LACÉRER...
LA PROIE DE
DENTS DE SABRE !

MARVEL®
25ÈME
ANNIVERSAIRE
LE TOUT NOUVEAU, TOUT BEAU
PETER PARKER, THE SPECTACULAR
SPIDER-MAN
PERDU AU COMBAT
CONTINUE DANS CE NUMÉRO !
©1986 MARVEL COMICS GROUP
75¢
117
AOÛT
APPROVED BY THE COMICS CODE AUTHORITY
OÙ EST SPIDER-MAN ?
CONFRONTATION ENTRE LA CHATTE NOIRE ET DOCTEUR STRANGE
DE L'ACTION ! DE L'INTRIGUE ! DU SUSPENSE !
ACHÈTE-LE, AMI LECTEUR,
CE NUMÉRO À TOUT POUR PLAIRE...
... EN DEHORS DU TYPE QUI TISSE DES TOILES.

MARVEL 25ÈME ANNIVERSAIRE
LE TOUT NOUVEAU, TOUT BEAU
PETER PARKER, THE SPECTACULAR
SPIDER-MAN
© 1986 MARVEL COMICS GROUP
75¢ US
95¢ CAN
118
SEP
APPROVED BY THE COMICS CODE AUTHORITY
ALEXANDER A LE POUVOIR DE DÉTRUIRE UNE VILLE.
LE S.H.I.E.L.D. A LE POUVOIR DE DÉTRUIRE ALEXANDER.
SPIDER-MAN CONTRE LES AGENTS DU S.H.I.E.L.D.
R. BUCKLER
"TOUT N'EST QUE POUSSIÈRE"

MARVEL®
25ÈME
ANNIVERSAIRE
75¢ US
95¢ CAN
119 OCT
APPROVED BY THE COMICS CODE AUTHORITY
© 1986 MARVEL COMICS GROUP
LE TOUT NOUVEAU, TOUT BEAU
PETER PARKER, THE SPECTACULAR
SPIDER-MAN
DENTS DE SABRE EST DE RETOUR !
ET CETTE FOIS, IL A SOIF DE
SANG !
K. BUCKLER

MARVEL®
25ÈME
ANNIVERSAIRE
© 1986 MARVEL COMICS GROUP
TM
LE TOUT NOUVEAU, TOUT BEAU
PETER PARKER, THE SPECTACULAR
SPIDER-MAN
75¢ US
95¢ CAN
120 NOV
APPROVED BY THE COMICS CODE AUTHORITY
B/JR

MARVEL
25ÈME
ANNIVERSAIRE
© 1986 MARVEL COMICS GROUP
TM
75¢ US
95¢ CAN
121 DÉC
APPROVED BY THE COMICS CODE AUTHORITY
LE TOUT NOUVEAU, TOUT BEAU
PETER PARKER, THE SPECTACULAR
SPIDER-MAN

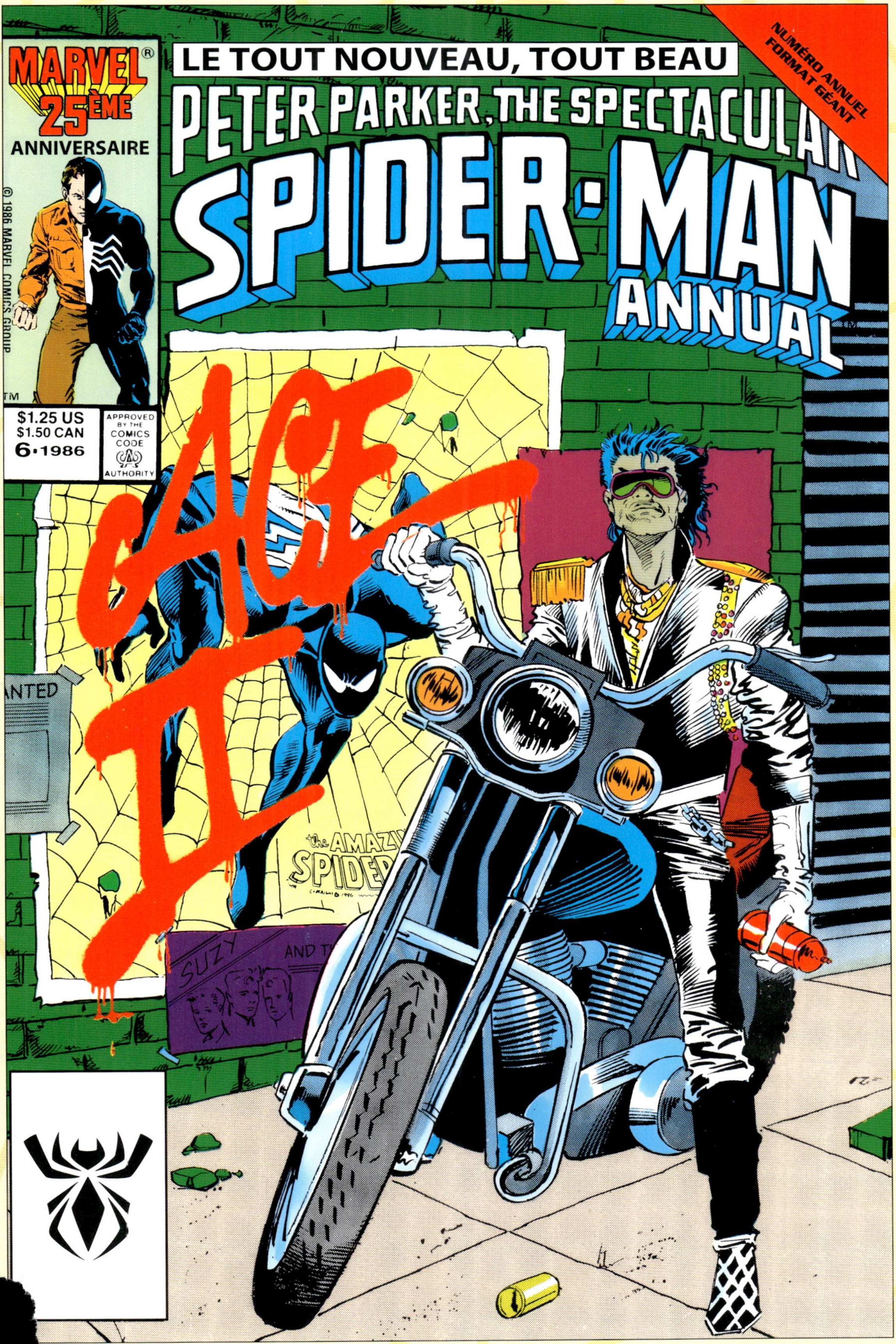
MARVEL®
25ÈME
ANNIVERSAIRE
LE TOUT NOUVEAU, TOUT BEAU
PETER PARKER, THE SPECTACULAR
SPIDER-MAN
ANNUAL
NUMÉRO ANNUEL
FORMAT GÉANT
© 1986 MARVEL COMICS GROUP
$1.25 US
$1.50 CAN
6•1986
APPROVED BY THE COMICS CODE AUTHORITY
ACE
II
SUZY

SPECTACULAR SPIDER-MAN™

1986